U0581475

全世界无产者，联合起来！

列宁全集

第二版增订版

第七卷

1902年9月—1903年9月

中共中央 马克思 恩格斯 列 宁 斯大林 著作编译局编译

人民出版社

《列宁全集》第二版是根据中国共产党中央委员会的决定，由中共中央马克思恩格斯列宁斯大林著作编译局编译的。

凡　　例

1. 正文和附录中的文献分别按写作或发表时间编排。在个别情况下，为了保持一部著作或一组文献的完整性和有机联系，编排顺序则作变通处理。

2. 每篇文献标题下括号内的写作或发表日期是编者加的。文献本身在开头已注明日期的，标题下不另列日期。

3. 1918 年 2 月 14 日以前俄国通用俄历，这以后改用公历。两种历法所标日期，在 1900 年 2 月以前相差 12 天（如俄历为 1 日，公历为 13 日），从 1900 年 3 月起相差 13 天。编者加的日期，公历和俄历并用时，俄历在前，公历在后。

4. 目录中凡标有星花 * 的标题，都是编者加的。

5. 在引文中尖括号〈　〉内的文字和标点符号是列宁加的。

6. 未说明是编者加的脚注为列宁的原注。

7.《人名索引》、《文献索引》条目按汉语拼音字母顺序排列。在《人名索引》条头括号内用黑体字排的是真姓名；在《文献索引》中，带方括号[　]的作者名、篇名、日期、地点等等，是编者加的。

目　　录

1903 年

附　录

插 图

前　　言

本卷收载列宁在1902年9月至1903年9月的著作。

这个期间，俄国的社会民主主义运动有很大发展。在《火星报》的影响下，社会民主党扩大了它对社会生活各个领域的影响，它的革命思想和革命口号不仅深入到工厂，而且还深入到农村和军队。这个期间，工人运动急剧高涨，政治罢工多于经济罢工。1902年11月在顿河畔罗斯托夫发生了整个城市的罢工和游行示威。1903年27个城市举行了五一游行示威和集会，这是俄国无产阶级的一次全国性行动。1903年7—8月又发生席卷整个俄国南部的总罢工。这表明，下一步就是在全俄范围内把无产阶级的力量联合起来。这个期间，自发的农民起义扩展到了俄国中部黑土地带、伏尔加河流域和格鲁吉亚。沙皇政府调动大批正规军配合警察镇压罢工、游行示威和农民起义。在俄国革命日益迫近的形势下，把俄国社会民主党的各个分散的地方组织联合成一个坚强的集中的工人阶级的革命政党，实行集中统一的领导，成了当时面临的迫切任务。俄国革命社会民主党人在条件业已成熟的情况下，根据《火星报》所制定的建党的思想原则和组织原则，从1902年夏开始筹备俄国社会民主工党第二次代表大会。1903年夏举行的第二次代表大会表明，列宁为在俄国建立一个新型的无产阶级政党而进行的斗争取得了胜利。

本卷的开篇是《就我们的组织任务给一位同志的信》，列宁在这封信中阐述了关于无产阶级革命政党各级委员会的建立及其工作的计划。鉴于在专制制度下开展工人运动这一特殊历史条件，列宁提到的一个重要组织原则是必须建立党的两个协调一致的中央机关即中央机关报和中央委员会，前者担负思想上的领导工作，后者则担负直接的实际的领导工作，而且两个组织的行动统一应由它们的组成人员以及它们经常举行的定期联席会议来保证。列宁提到的另一个重要组织原则是用集中制指导俄国社会民主工党地方组织的全部活动。按照列宁的想法，每一个城市要建立一个统一的委员会来领导本组织的整个生活，同时集中的、处于地下状态而严格保密的领导机关应当同群众建立密不可分的联系；党的工作的各个部门应做到专业化并相应地使每人对委托给自己的工作负责。这样，党的每一个地方组织都是由领导者（主要是职业革命家）和广泛的外围小组组成的。列宁认为：如果说对运动以及无产阶级革命斗争在思想上和实践上的领导方面需要尽量集中，那么，党中央（因而也就是全党）在对运动的了解方面、在对党负责方面则需要尽量分散；这种分散是实行革命集中的必要条件和必要修正。列宁还论证了地方社会民主组织机构的层次、类型和职能，提出了对地方委员会加以改造以适应秘密工作需要的建议。列宁的这封信把他在《怎么办？》一书中所阐述的组织原则具体化了。

本卷中的一些著作批判了崩得分子提出的按联邦制建党的原则。这些著作是：《论崩得的声明》、《犹太无产阶级是否需要“独立的政党”》两文，以及为俄国社会民主工党第二次代表大会所拟的关于崩得问题的决议草案和在代表大会上就崩得问题所作的多次发言，还有在代表大会后所写的《崩得民族主义的顶峰》一文。崩得坚持同俄国社会民主工党保持联邦关系的原则，崩得的所谓联邦，就是在各单个的完全独立的整体之间订立条约，这些整体只能根据双方自愿取得一致意见来确定它们的相互关系。列宁坚决拒绝按民族主义的原则建党，指出联邦制会使无产阶级的各组织隔绝和疏远。列宁坚持在全党问题上的集中同地方组织在一切地方事务上的自治相结合的原则。列宁认为，称崩得为独立的政党，那就把民族问题上的基本错误弄到荒谬绝伦的地步。列宁指出，“在同专制制度、同全俄资产阶级斗争的问题上，我们应当以一个统一的、集中的战斗组织出现，我们应当不分语言和民族依靠整个无产阶级，依靠在经常共同解决理论问题和实际问题、策略问题和组织问题中团结一致的无产阶级，而不应当建立一些各行其是的组织，不应当分散成为许多独立的政党而削弱自己进攻的力量”（见本卷第 104 页）。

收进本卷的《论亚美尼亚社会民主党人联合会的宣言》和《我们纲领中的民族问题》两文对俄国社会民主党人的民族问题纲领作了论述。俄国是一个多民族国家，正确处理民族问题至关重要。列宁在前一篇文章中指出，俄国社会民主党人在民族问题上应当遵循两个基本原则：“第一，不要求民族自治，而要求政治自由、公民自由和完全平等；第二，要求国内每个民族都有自决权。”（见本卷第 89 页）列宁所理解的民族自决是指有分离并建立独立国家的绝对权利。列宁认为：无产阶级应做的事情不是鼓吹联邦制和民族自治，而是把所有民族中尽可能广泛的工人群众更紧密地团结起来，为建立民主共和国和社会主义而斗争；社会民主党人要求承认每个民族具有自决权，这件事本身仅仅说明无产阶级政党应当永远无条件地反对任何用暴力或非正义手段从外部影响民族自决的企图;社会民主党人所关心的并不是各民族的自决,而是每个民族中的无产阶级的自决。列宁在后一篇文章中再次指出:社会民主党人无条件地承认各民族争取民族自决的自由的斗争,但这不意味着必须支持任何民族自决的要求;社会民主党人应当使民族自决的要求完全服从于无产阶级阶级斗争的利益,不要破坏现代无产阶级政治斗争的统一;资产阶级民主派以为民主制度可以消灭阶级斗争,他们用"全民"利益的观点,甚至从永恒的绝对的道德原则的观点来提出自己的一切政治要求,社会民主党人无情地揭露这种幻想,不管它表现为抽象的唯心主义哲学,还是表现为无条件地要求民族独立。

俄国革命的前途取决于占俄国人口绝大多数的农民,取决于无产阶级领导农民斗争的能力。农民问题自然是即将到来的资产阶级民主革命的重要问题。本卷收载的列宁的小册子《告贫苦农民(向农民讲解社会民主党人要求什么)》,用俄国农村的具体材料和通俗易懂的语言向农民说明社会民主党人要求什么以及他们正在为人民争取哪些改善,为什么贫苦农民应该跟工人一起走。列宁指出:俄国社会民主工党的第一个要求是马上取消"纳税"农民负担的一切赎金、一切代役租、一切义务,并要求把从人民那里勒索去的赎金还给人民;俄国社会民主工党还要求马上完全废除连环保和一切限制农民支配自己土地的法律;俄国社会民主工党还要为农民争取的一个重要改善是取消对农民的农奴制盘剥。在这本小册子中,列宁对俄国农村的阶级结构、阶级关系作了分析。列宁认为,贫苦农民的首要任务是同全体农民一起为消灭农奴制残余而斗争,但是,只有反对地主奴役这第一步,贫苦农民才能同富裕农民一起走。贫苦农民还要和工人阶级结成联盟，以夺取地主和资产阶级的全部土地和全部工厂，建立社会主义社会。这个小册子出版时，附有一个俄国社会民主工党纲领草案，为此列宁在小册子中对这个纲领草案作了扼要介绍。

收进本卷的《社会革命党人所复活的庸俗社会主义和民粹主义》、《一个针对社会革命党人的基本论点》、《一篇驳社会革命党人的文章的片断》、《一本驳社会革命党人的小册子的提纲》、《一篇驳社会革命党人的文章的提纲》继续批判了社会革命党人。列宁指出，社会革命党人在马克思主义和以机会主义批评马克思主义的问题、俄国资本主义以及由这个资本主义产生的无产阶级的地位和任务的问题上没有明确的态度。列宁揭露社会革命党人重犯庸俗社会主义的错误，歪曲马克思主义的阶级学说，从收入来源而不是从对生产资料的关系的方面来寻找现代社会划分为阶级的特征。列宁说，社会革命党人重新搬出了自由主义民粹派所谓的农民的"劳动经济"（或者是"人民生产"）同资产阶级经济截然对立的"粉红色的假社会主义"的思想，企图把"劳动经济"理论和阶级斗争理论调和起来。列宁还说，社会革命党人作为一个派别或"政党"，在一个时期会得到发展，但它的纲领同它对现代社会革命化过程所持的实际态度之间存在着根本矛盾，它在现代社会主义的一切最重要的原则问题上都没有采取科学的、革命的马克思主义的立场。列宁认为，社会革命党人从理论上的立场错误转到了实践上的立场错误，他们的小资产阶级意识形态腐蚀无产阶级的阶级意识。此外，本卷所载的《论社会民主主义运动的任务》、《新事件和旧问题》、《关于"自由社"》以及《革命青年的任务（第一封信）》，也涉及社会革命党人的小资产阶级实质和他们给社会主义事业带来危害的策略和活动。

上述《新事件和旧问题》以及本卷的其他一些文章如《关于游行示威》、《专制制度在动摇中……》、《司徒卢威先生被自己的同事揭穿了》等,阐述了俄国革命运动的新发展和群众性工人斗争的策略。列宁说,从罗斯托夫的罢工以及因参加游行示威而被判罪的下诺夫哥罗德的工人在法庭上的演说中可以看到,反对专制政府的全民武装起义正在成熟,它已经不仅是革命者头脑和纲领中的思想,而且是运动本身必然的、实际上很自然的下一个步骤,是群众从俄国实际生活中吸取了宝贵教训和接受了出色教育,以至愤懑日益加深、经验日益丰富和勇气日益增大的结果。列宁认为,只有这种能向大家表明工人阶级政治觉悟和革命积极性明显提高的群众运动,才称得上是真正革命的行动,才能够真正激励为俄国革命进行斗争的人,因此,应该使展开了真正斗争的群众更有组织性,更有准备,要善于扩大和加强对他们的经常不断的、坚持原则的、全面的社会民主主义的教育。列宁号召把群众性的工人斗争引导到反对已在动摇的沙皇专制制度的运动上来。

有关俄国社会民主工党第二次代表大会的文献占了本卷的很大篇幅。这次代表大会在俄共历史上具有深远意义,它解决了第一次代表大会所未能解决的问题。第一次代表大会宣告了党的成立,也提出了党的任务。但第一次代表大会没有制定出正式的纲领和章程,在第一次代表大会之后出现的是一个涣散、分裂和动摇的时期,作为一个统一组织的党实际上并不存在。第二次代表大会为党制定了纲领和组织章程,通过了一系列关于策略的决议,确立了由经过斗争锻炼的职业革命家所组成的党的领导核心。

收进本卷的列宁关于第二次代表大会的文献分为两大部分。

属代表大会筹备期间的那一部分文献有《关于俄国社会民主工党各委员会和团体向全党代表大会的报告的问题》(一封给社会民主党各地方组织的信)、《〈关于“组织委员会”成立的通告〉后记》、《俄国组织委员会告俄国革命社会民主党人国外同盟、国外俄国社会民主党人联合会和崩得国外委员会书的草案》、《俄国社会民主工党章程草案》以及一组决议草案:《关于崩得在俄国社会民主工党内的地位的决议草案》、《关于经济斗争的决议草案》、《关于五一节的决议草案》、《关于国际代表大会的决议草案》、《关于游行示威的决议草案》、《关于恐怖手段的决议草案》、《关于宣传工作的决议草案》、《关于对青年学生的态度的决议草案》、《关于力量配置的决议草案》、《关于党的书刊的决议草案》。属代表大会召开期间的那一部分文献有《关于崩得退出俄国社会民主工党的决议草案》、《关于各独立团体的决议草案》、《关于军队工作的决议草案》、《关于农民工作的决议草案》、《关于为教派信徒出版报刊的决议草案》等等，还有在讨论各种问题时的发言共47次。此外，编在《附录》中的出自列宁的《俄国社会民主工党第二次代表大会材料》共11件。以上这些文献说明了列宁为代表大会的筹备和召开所做的大量工作和所起的重要作用，也表现出列宁同机会主义分子(工人事业派分子、经济派分子、崩得分子、中派和不稳定的“温和的”火星派)所进行的斗争。

第二次代表大会对普列汉诺夫和列宁所拟制而由《火星报》编辑部提交代表大会的党纲草案展开了针锋相对的辩论。列宁的发言批驳了机会主义分子的错误观点。工人事业派分子亚·马尔丁诺夫认为社会主义意识会在工人阶级中自然形成，反对将其灌输到自发的工人运动中去;他的目的是要在纲领中塞进否认党在无产阶级解放运动中的先锋领导作用的“经济主义”私货。经济派分子弗·阿基莫夫否认马克思主义关于资本主义制度下无产阶级绝对贫困化和相对贫困化的理论，断言无产阶级物质生活条件的不断改善似乎成了资本主义发展的规律。列宁指出他们的论调同伯恩施坦改良社会主义的思想有着直接的联系。列宁说，“‘经济派’把棍子弄弯了。矫枉必须过正，要把这根棍子弄直，就必须把棍子弯向另一边”，“俄国社会民主党人将永远地把被形形色色机会主义弄弯了的棍子弄直”（见本卷第253页）。第二次代表大会把为实现无产阶级专政而斗争列入党纲，这在马克思和恩格斯逝世后是第一次。阿基莫夫反对把无产阶级专政的要求写进党纲，他所持的理由是：西欧各国社会民主党的纲领中没有类似的要求。列宁把阿基莫夫及其同伙的观点称为社会改良主义的观点，指出他们发表机会主义的见解达到了否认无产阶级专政的地步。列宁所起草的党纲土地部分在大会上引起了激烈的争论。列宁写于大会前的论证党纲土地部分的重要文章《答对我们纲领草案的批评》被作为列宁关于土地问题的报告分发给了出席大会的代表。列宁在一系列发言中对土地纲领作了详尽的阐释，说明了农民作为无产阶级同盟者的作用，论证了工人阶级政党在资产阶级民主革命和社会主义革命中的土地纲领要求的区别。列宁认为，把割地即1861年改革后从农民手里割去并成了盘剥农民的手段的那部分土地归还给农民的要求具有重大政治意义。归还割地只是解决土地问题的第一步，列宁在上述《告贫苦农民》的小册子中曾指出，在革命达到一定规模的情况下可以提出没收全部地主土地的要求。代表大会通过了党纲，这给俄国社会民主工党的思想统一奠定了基础。为了便于研究列宁有关这个党纲的文章和讲话，本卷把这个党纲附于卷末。

第二次代表大会讨论了列宁提交的党章草案。这个党章草案以集中制思想为基础，从原则上确定了解决一切组织问题的方法，其中对接纳党员、根据完备的党组织代表选举制召开代表大会、实行集体领导、讨论和通过决议要经过简单的多数、实行地方组织在地方事务上的自治等重大问题作出了明确规定。在讨论党章第1条即党员资格的条文时发生了尖锐的分歧。列宁的条文是：凡承认党纲、在物质上支持党并亲自参加党的一个组织的人，可以作为党员；而尔·马尔托夫的与此相对立的条文是：凡承认党纲并在党的一个组织领导下经常亲自协助党的人都可以成为党员。在《火星报》编辑部中，格·普列汉诺夫支持列宁，而亚·波特列索夫、帕·阿克雪里罗得、维·查苏利奇则支持马尔托夫。列宁的党章第1条条文的出发点是：党作为无产阶级的先进部队应该是尽量有组织的；只有那些能够为工人阶级的事业忘我斗争并在群众中进行工作的人才能入党。列宁认为，马尔托夫的条文必然为一切涣散、动摇分子和机会主义分子敞开入党之门。列宁指出："这个条文必然力求把**各色各样的人**都变成党员！马尔托夫同志自己也不得不有保留地承认这一点，他说：'如果你们愿意，那就算是党员。'而这一点，正是我们所不愿意的！这正是我们如此坚决地反对马尔托夫条文的原因！宁可十个办实事的人不自称为党员（真正办实事的人是不追求头衔的！），也不让一个说空话的人有权利和机会当党员。"（见本卷第271—272页）以马尔托夫为首的机会主义者的联盟最终以微弱的多数票通过了马尔托夫的条文。但是代表大会所通过的整个党章基本上还是出自列宁的。实践证明，列宁关于党员资格的条文的内容完全正确，因此，俄国社会民主工党第三次代表大会修改党章时采纳了列宁的这一条文。

收进本卷的文献还反映了第二次代表大会选举中央机关的情况。到代表大会的最后阶段，火星派分子已形成两个持不同政治立场的主要派别。在选举中央机关即《火星报》编辑部和中央委员会时，火星派分子终于分裂成了多数派和少数派，即布尔什维克和孟什维克。组成多数派的是坚定的火星派即列宁派，组成少数派的是所有马尔托夫分子以及“中派”和其余的火星派分子。第二次代表大会上出现的布尔什维克和孟什维克的划分，导致了两个政党——真正的无产阶级政党和小资产阶级的妥协政党——的建立。列宁后来就此写道：“布尔什维主义作为一种政治思潮，作为一个政党而存在，是从 1903 年开始的。”（见本版全集第 39 卷第 4 页）第二次代表大会所建立的布尔什维克党沿着在俄国争取民主革命和社会主义革命的胜利的道路不断前进。

在《列宁全集》第 2 版中，本卷文献比第 1 版相应时期的文献增加 35 篇。

弗·伊·列宁

（1900年）

就我们的组织任务给一位同志的信[1]

（1902年9月）

亲爱的同志：我很高兴满足您的要求，对您所写的《圣彼得堡革命党的组织》（您指的大概是俄国社会民主工党的彼得堡的工作组织）草案提出批评。您提出的问题很重要，不仅圣彼得堡委员会的全体委员，甚至所有的俄国社会民主党人都应该参加讨论。

首先，我完全同意您对原先的（您称之为“联盟式的”）组织“联合会”之所以不适用所作的解释。您指出先进工人缺乏认真训练和革命教育，工人事业派[2]十分高傲十分顽固地用“民主”原则来维护所谓的选举制，工人不积极参加活动。

总之：（1）缺乏认真训练和革命教育（不仅工人如此，知识分子也是如此）；（2）不恰当地过分地采用选举原则；（3）工人不积极参加**革命**活动，——的确，这不仅是圣彼得堡党组织的主要缺点，而且也是我们党许多其他地方组织的主要缺点。

据我对您信中所谈的组织草案的一些要点的了解，我完全同意您对组织任务的基本看法，而且也赞同您的组织草案。

我完全同意您的看法：应当特别强调全俄工作的任务和全党的任务。这一点，您的草案第1条是这样表述的：“《火星报》[3]是**党**的（而不仅是一个委员会或者一个区的）领导中心，它在工人中间有固定的通讯员，并且同组织的内部工作有密切的联系。”我只想指出一点：报纸可以而且应当成为党**在思想上的**领导者，应当对理论上的道理、策略原则、一般组织思想和全党在某个时期的共同任务加以阐发。运动直接的**实际**领导者，只能是专门的中央组织（姑且称之为中央委员会吧），它**亲自**同所有的委员会保持联系，它包括了全体俄国社会民主党人中所有优秀的革命力量，并**处理**一切全党性事务，如分发书刊，印发传单，调配力量，指定某些人或某些组织管理专门机构，准备全俄游行示威和起义，等等。鉴于必须严守秘密和保持运动的继承性，我们党可以而且应当有**两个**领导中心：中央机关报和中央委员会。前者应担负思想上的领导工作，后者则应担负直接的实际的领导工作。这两个组织的行动统一，它们之间必不可少的团结一致，不仅应由统一的党纲来保证，而且应由**两个组织的组成人员**（两个组织即中央机关报和中央委员会的成员之间应当完全协调一致）以及它们经常举行定期联席会议来保证。只有这样，一方面，中央机关报才可以不受俄国宪兵的破坏，保证其一贯性和继承性；而另一方面，中央委员会才可以经常在所有重大问题上同中央机关报协调一致，并且可以相当自由地直接**处理**运动中的一切实际问题。

因此，章程第1条（根据您的草案）最好是不仅指出党的什么机关应当成为领导机关（当然，指出这一点是必要的），而且要指出地方组织应给自己提出一项任务：为**建立**、支持和巩固那些中央机构积极工作，而没有这些中央机构，我们党是无法作为一个政党存在的。

其次，您在关于委员会的第2条中说，委员会应当"领导地方组织"（也许最好是说，领导"党的全部地方工作和所有地方组织"，至于具体措辞，我就不多谈了），委员会的成员中应当既有工人，又

Россійская Соціальдемократическая Рабочая Партія.

Пролетаріи всѣхъ странъ, соединяйтесь!

Письмо къ товарищу

о нашихъ организаціонныхъ задачахъ

Н. Ленина

Изданіе Центральнаго Комитета Р. С.-Д. Р. Партіи.

ЖЕНЕВА
Типографія Партіи. Rue de la Coulouvrenière. 27.
1904

1904 年列宁《就我们的组织任务给一位同志的信》小册子封面
（按原版缩小）

有知识分子，把他们分成两个委员会则是有害的。这种看法无疑是完全正确的。俄国社会民主工党委员会应当是一个，它的成员应当是完全自觉的、愿意完全献身于社会民主活动的社会民主党人。应当特别努力使尽可能多的工人成为完全自觉的职业革命家并且进入委员会。① 既然委员会是单一的，而不是双重的，委员会成员**本人**是否认识很多工人，就具有特殊的意义。为了领导工人中发生的一切事情，要什么地方都能去，要认识很多人，要有各种门路，等等，等等。因此，委员会中应当尽可能包括工人运动中工人出身的所有主要**带头人**。委员会应当领导地方运动的**一切**方面，管理党的**全部**地方机构、人力和物力。委员会应当怎样组成，您没有讲，也许这里我们也同您的意见一致，认为在这方面未必需要作出特别规定；委员会怎样组成，这是各地社会民主党人的事情。不过也许应该指出，委员会必须根据多数（或者三分之二等等）委员的决定来补充委员，应当注意把自己联络的关系交到可靠的（革命态度上）安全的（政治意义上）地方，注意及早培养候补者。一旦我们有了中央机关报和中央委员会，新的委员会就应当在中央机关报和中央委员会的参与和同意下组成，委员尽量不要搞得太多（这些人的水平要比较高，对革命工作的专业要比较精通），但是也要有足够的人数，以便管理**各**方面的事务，保证进行充分的磋商，切实执行决议。如果委员人数相当多，经常集会有危险，那么可以从委员会中再选出一个人数极少（例如 5 人或者更少）的专门**指挥**小组，其中一定要有书记和最有实际指挥一切工作才干的人参加。**特别重要的**是这个指挥小组一定要有候补者，这样在一旦

① 应当努力使那些在工人群众当中联系最多和“名声”最好的工人革命家参加委员会。

遭到破坏时工作才不致中断。指挥小组的活动及其成员等，都要由委员会的全体会议批准和决定。

其次，**在**谈了委员会**之后**，您又提出一些委员会的下属机构：(1)辩论会（“优秀的”革命家会议）；(2)区小组及(3)每个区小组下设的宣传员小组；(4)工厂小组；(5)由该地区各工厂小组代表组成的“代表会”。我完全同意您的意见：往后建立的**所有**的机构（除了您谈的以外，应当还有很多各种各样的机构）都应该隶属于委员会，必须成立区小组（指很大的城市）和工厂小组（无论何时何地）。但是，在某些细节上我不完全同意您的意见。例如关于“辩论会”，我认为这样的机构**完全不需要**。“优秀的革命家”全都应当参加到委员会中去或者担任各项专门的工作（印刷，交通联络，巡回鼓动，组织身份证办理处、反特务和反奸细小组或军队工作小组等等）。

“会议”既要在委员会中间召开，又要在**每个**区、每个工厂小组、宣传员小组、职业性（织工、机械工、制革工等）小组、大学生小组、写作小组等中间召开。有什么必要为召开会议设立专门机构呢？

其次，您要求给“所有愿意写稿的人”提供向《火星报》直接投稿的机会，这是完全合理的。只是不应把“直接”二字理解为把到编辑部去的路线和编辑部的地址都告诉“所有愿意写稿的人”，而是说一定要把**所有愿意写稿的人**的信件转交（或转寄）给编辑部。编辑部的地址要使**相当多的人**知道，但并不是告诉所有愿意写稿的人，而只能让那些可靠的和擅长做秘密工作的革命者知道——比如，在一个区里不是把地址只告诉一个人，但也只是告诉几个人；还应当使所有参加工作的人和各种小组**有权**把自己的决定、愿望和要求**既向委员会**反映，也向中央机关报和中央委员会反映。

如果我们能保证做到这一点，即使不成立“辩论会”这种不灵便、不保密的机构，同样也能做到让**全体党的工作者进行充分的磋商**。当然，还应当尽量举行人数尽可能多的各种活动家**亲自**参加的**会议**，不过这里的问题是要严守秘密。各种大会和会议在俄国只能作为例外偶尔召开，并且要极其谨慎，只许“优秀的革命家”参加，因为大会一般容易混进奸细，参加大会的人也容易受到特务跟踪。我想也许最好这么办：在可以召开大型的（比如说，30—100 人）会议时（例如夏天在森林中或者在特意找到的秘密住宅里），让委员会派一两名“优秀的革命家”去，并且**注意**参加大会的人选，也就是说，比如邀请尽量多的工厂小组的可靠成员参加等等。但是这些会议不要固定化，不要列入章程，不要定期召开，不要让每个与会者都了解其他所有参加大会的人，即了解到他们全都是小组的“代表”等等；正因为如此，我不仅反对设立“辩论会”，而且也反对设立“代表会”。为了代替这两个机构，我想大致提出如下的原则。委员会应该注意召开有尽可能多的实际参加运动的人和一般工人出席的大型会议。开会的时间、地点、理由和人员都要由委员会确定并且负责秘密地安排。当然，这丝毫不限制工人们在郊游地和森林中举行不拘形式的会议等等。也许，章程里不提这一点更好一些。

其次，关于区小组。我完全同意您的意见：区小组最重要的任务之一就是做好**分发**书刊的工作。我认为，区小组主要应该是委员会和工厂的**中介人**，甚至多半是**传递人**。区小组的主要任务应当是做好秘密散发委员会的书刊的工作。这是一项极其重要的任务，因为如果保证区的专门的书刊投递员小组**同**该区**所有的工厂**、该区尽量多的**工人住宅**保持经常联系，这对于举行游行示威和组织起义有重大意义。迅速地做好书刊、传单和宣言等等的传递工作,以及使整个代办员网都习惯于这项工作,就等于给未来的游行示威或起义做好了**一大**半准备工作。等到群情激昂、发生罢工和骚动的时候再投递书刊,就为时已晚了。这种工作只有逐步进行,每月**必定**进行两三次,才能够养成习惯。如果没有报纸,也可以而且应当分送传单,无论如何不要使这个散发书刊的机构无事可做。这个机构应当力求完善,做到一夜之间就能使圣彼得堡的所有工人都接到通知,也可以说,都动员起来。只要经常不断地把传单从一个中心传递到比较小的中介人小组,再由中介人小组分给书刊投递员,这项任务就决不是什么空想。我认为,区小组除了作为纯粹中介人和传递人以外,它的管辖范围不应该扩大到其他职能方面去,或者确切些说,在扩大时应该特别小心谨慎,否则只会对工作的秘密性和严整性有害处。区小组当然也可以开会讨论党的一切问题,但是地方运动的一切共同问题只应由委员会来**决定**。只有传递和散发工作的技术问题才允许区小组独自处理。区小组的成员应当由委员会确定,就是说,委员会**指定**一两名委员(或者甚至不是委员的人)作为某某区的代表,委托这些代表去**建立区小组**。区小组的全体成员也要由委员会批准。区小组是委员会的一个分部,只是代行委员会的职权。

现在再来谈谈宣传员小组问题。由于宣传人员缺乏,未必能够在每个区都单独建立这样的小组,而且这样做也未必理想。宣传应当由整个委员会按照统一的精神来进行,而且应当严格地集中起来,所以,我想可以这样办:由委员会委托几个委员组成宣传员小组(这个小组可以是委员会的一个分部,也可以是**委员会的一个机构**)。这个宣传员小组在保密方面得到各区小组的**帮助**,**在全市**,在委员会所"管辖的"整个地区进行宣传工作。必要时,这个小组可以成立分组，随后把它的某一部分职能转托给分组，但是这一切都必须经过委员会批准，委员会无论什么时候都绝对有权派遣自己的代表参加每个小组、分组或者与运动多少有关联的小组。

应当适应运动的需要，按照这种委托的方式，即按照设立委员会的分部或它的机构的方式，建立各种各样的小组：如大中学生小组、官员协助者小组、交通联络小组、印刷小组、身份证办理小组、安排秘密住宅小组、监视特务小组、军人小组、武器供应小组、筹建“有收益的财务机构”小组等等。建立秘密组织的全部艺术应在于利用**一切力量**，“让每个人都有事可做”，同时保持对整个运动的**领导**，当然，保持领导不是靠权力，而是靠威信，毅力，靠比较丰富的经验、比较渊博的学识以及比较卓越的才能。这一点是针对通常可能产生的下面这种反对意见而说的：如果中央**偶然**出现一个大权在握的**无能的**人，那么严格的集中制就很容易断送整个事业。这种情况当然可能发生，但是不能拿选举制和分散制作为防止出现这种情况的手段，在专制制度下进行革命工作，无论在多大的范围内搞选举制和分散制，都是绝对不能容许的，并且简直是有害的。任何章程也不能防止这种情况的出现，只有“同志式的影响”才能防止。开始时可由各个分组作出决议，随后由它们向中央机关报和中央委员会提出申诉，直到最后（在最坏的情况下）**推翻**完全无能的当权者。委员会应当尽可能实行分工，必须记住：各方面的革命工作需要具备各种才能的人，有时完全不适于做组织工作的人，竟是一个不可多得的鼓动员；有时不善于从事需要严守秘密的工作的人，竟是一个非常好的宣传员；等等。

谈到宣传员，我还想顺便说几句，就是搞这项工作的人当中能力不强者往往**太多**，因而降低了宣传工作的水平。有时只要是大学生，我们就不加选择地把他当成宣传员，每个**青年**都要求“给他一个小组”等等。这种现象应当制止，因为这样做害处甚多。真正坚持原则和有才能的宣传员**很少**(要成为这样的宣传员必须好好学习，逐步取得经验)，应当对这种人进行专门训练，充分使用他们，极其爱护他们。应当每周给他们上几次课，善于及时把他们派到其他城市去，组织一些能干的宣传员到各城市去巡回宣传。应当把大批刚参加工作的青年更多地派到实际工作机构中去，我们往往不重视这些机构，却让大学生在各小组跑来跑去，还美其名曰“宣传”。当然，到严格的实际工作的机构去同样需要有扎实的训练，但即使是“刚参加工作的人”，在那里毕竟还是比较容易找到事干的。

现在谈一谈工厂小组。工厂小组对我们特别重要:运动的全部主要力量就在于各**大**工厂工人的组织性，因为大工厂里集中的那一部分工人，不但数量上在整个工人阶级中占优势，而且在影响、觉悟程度和斗争能力方面更占优势。每个工厂都应当成为我们的堡垒。为此，“工厂的”工人组织应当同任何革命组织一样，内部是秘密的，外部(就是说，在其对外交往上)是“枝脉纵横的”，应当把自己的触角伸得远远的，伸到各个方面去。我要强调指出，在这里，工人革命家小组也一定要成为核心和领导者即“主人”。我们应当完全摒弃**包括**“工厂”小组**在内**的那种纯粹工人式的和工会式的社会民主党组织的传统。工厂小组和工厂委员会(为了把它同其他数量一定很多的小组区分开来)应当由极少数**革命者**组成，这些人**直接**接受**委员会**的委托和委员会给予的职权，在工厂内进行社会民主党的一切工作。工厂委员会的全体成员都应把自己看成是委员会的代办员，应该服从委员会的一切指示，应该遵守“作

黨底建設叢書第一種

關於我們的組織任務

——給一個同志的信——

列寧著

1933

關於我們的組織任務——給一個同志的信

——列寧全集第四卷第一五九——一七四頁——

親愛的同志們！我很喜歡履行你們的請求，叫我對於你們「彼得堡革命政黨的組織」草案，給以批評（我想你大概說的是彼得堡俄國社會民主工黨的彼得堡組織）。你所提出的問題的重要，實在使彼得堡的全體委員，以至於所有的俄羅斯社會民主黨人，都應該參加討論。

首先我聲明，我完全同意你們所說明的關於過去（你所謂「聯合的」）「聯合的」組織之不適當。你指出先進工人們沒有嚴格的準備與革命的訓練；又指出所謂選舉制度，就是「工人事業」派根據「民主」原則所拚命擁護的制度；你們又指

1933 年上海中华书店出版的

列宁《就我们的组织任务给一位同志的信》

小册子(当时译《关于我们的组织任务——给一个同志的信》)的

扉页及正文

战大军”的一切“法令和常规”，他们加入了这支军队，在战争期间不经长官允许就无权离开军队。因此，工厂委员会的组成具有很重大的意义。委员会应当关心的主要问题之一就是建立好这些分委员会。我想可以这样办：委员会委托自己的一些委员（假定说，再加上工人中那些因某种原因没有进入委员会，但是从经验、对人的了解、智慧和联系来说又是有用的人）在各个地方建立工厂分委员会。专门委员会和各区的全权代表共同商量问题，确定一系列的会见，好好地考察工厂分委员会的委员候选人，对他们进行“寻根究底的”盘问，必要时可以考验他们，这样，专门委员会可努力为该工厂分委员会亲自直接物色和考察**尽可能多的**委员候选人，最后，把每个工厂小组的成员提交委员会批准，或者授权某个工人去组织、筹划和配备好整个分委员会。这样，委员会可以决定这些代办员中间谁同委员会保持联系，**以及如何**保持联系（通常是经过区的全权代表，但是这种通例也可以有所补充和修改）。鉴于这些工厂分委员会十分重要，我们应该尽可能使**每个**分委员会既有中央机关报的通讯地址，又在可靠的地方设置联络关系**储存处**（就是说，可以把在一旦遭到破坏时为立即恢复分委员会所需要的情报源源不断地送到党中央去保存起来，那里是俄国宪兵鞭长莫及的地方）。自然，给予通讯地址这件事应当由委员会根据情况和材料确定，而不是根据“民主”分配通讯地址这种不现实的权利来确定。最后也许有必要附带说说，有时不去建立由几个委员组成的工厂分委员会，而仅仅指派委员会的一名代办员（及其候补者）是需要的，或者**更为方便**。工厂分委员会一成立，就应当着手建立一系列担任各种任务、具有不同的秘密程度和组织形式的工厂小组。例如，书刊投递散发小组（最重要的职能之一应该是使之成为我们自己的真正的邮局，不仅散发的方法，而且连挨户投递的方法都要经过试验和检查，必须了解所有的住户和通往这些住户的路线）、秘密书刊阅读小组、监视特务小组①、专门领导职工运动和经济斗争的小组、宣传鼓动员小组，这些宣传鼓动员要善于同人们攀谈并且长时间地**完全合法地**进行这种谈话（谈机器，谈视察，等等），使谈话成为公开的没有危险的，借此了解人，摸清底，等等②。工厂分委员会应当力求通过各种小组（或代办员）网掌握整个工厂，吸收尽量多的工人参加工作。分委员会工作的成绩如何，要看这种小组多不多，流动宣传员是否可能深入这些小组，而主要的要看小组在**散发书刊**、搜集情报和通讯方面的经常性工作搞得好不好。

因此我认为，组织的总的形式应当是这样：由委员会领导整个地方运动和社会民主党的全部地方工作。委员会设立附属机构和分部，例如，第一，设立**善于执行任务的代办员网**，它要包罗全体（尽可能全体）工人群众，组织的形式可以是区小组和工厂分委员会。这个代办员网在和平时期散发书刊、传单、宣言和委员会的秘密通知；在战争时期则组织游行示威等等集体行动。第二，委员会成立一系列为整个运动服务的小组（进行宣传、交通联络和各种秘密活动，等等）。所有的小组和分委员会等，都应当是委员会的附属机构或分部。其中一些人将直接申请加入俄国社会民主工党，

---

① 我们应当使工人认识到：处死特务、奸细和叛徒，有时当然是绝对必要的，但是把这种做法作为一种工作方法，那是极不适当的，而且是错误的；我们应当设法建立一个组织来揭露并追踪特务，使他们**不能为非作歹**。把特务统统处死是办不到的，但是建立一个组织来侦察特务的行踪并对工人群众**进行教育**，则是**可以做到而且应当做到的**。

② 还需要建立一些战斗小组，组织服过兵役的或者特别强壮和灵巧的工人在游行示威、越狱等等时协助工作。

一经委员会批准就成为党员,(受委员会委托或经委员会同意)担负一定的工作,保证服从党机关的指示,享有党员的权利,可以成为委员会委员的直接候选人,等等。另一些人将不加入俄国社会民主工党,他们是由党员建立的那些小组的成员,或者是与某个党小组接近的那些小组的成员,等等。

和委员会的成员一样,**所有**这些小组的成员在一切**内部**事务上当然都是彼此平等的。这里唯一的例外就是:只有这个委员会所指定的某个人(或某些人)才有权**亲自**同地方委员会(以及同中央委员会和中央机关报)进行联系。在所有其他方面这个人同其余的人都是平等的,其余的人都同样有权向地方委员会、中央委员会和中央机关报递交(只不过不是亲自递交)声明书。因此,上述的例外实质上丝毫不违反平等原则,而只是对秘密工作的绝对要求所作的必要让步。如果委员会的成员不把"自己"小组的声明书送交委员会、中央委员会或中央机关报,那他就要负公然违反党员义务的责任。其次,至于各种小组的秘密程度和组织形式则依它们的职能而定,因此,这里的组织将是极其多种多样的(从最"严格的"、狭隘的、不开放的到最"自由的"、广泛的、公开的、形式不很固定的)。例如,书刊投递员小组须要严守秘密和军事纪律;宣传员小组虽然也要保密,但是军事纪律就不必很严格;阅读合法书刊或座谈职工的需要和要求的工人小组的保密程度就更低,如此等等。书刊投递员小组成员必须是俄国社会民主工党的党员,应该认识一定数量的党员和党的负责人。研究职工劳动条件和拟订职工各种要求的小组,其成员不一定必须是俄国社会民主工党的党员。大学生自学小组、军官自学小组和职员自学小组都有一两个党员**参加**,有时甚至根本不该让人知道他们是党员,等等。但是一方面，我们应当**绝对**要求所有这些所属小组**尽可能地**规定工作的**形式**，即：参加各小组的每一个党员必须对这些小组进行工作的情况正式负责，同时必须采取**一切**措施，使中央委员会和中央机关报既对每个小组的成员，又对小组的整个工作**机构**以及全部工作内容**都有充分的了解**。这样做是必要的，既可以使中央了解整个运动的**全**貌，又可以在最广大的人员中物色担任党的各种职务的人选，可以使全国各个这样的小组（通过中央）向某一小组学习，还可以及时防止出现奸细和可疑分子，总之，这样做，在任何情况下都是绝对必要的。

怎样能做到这一点呢？就是向委员会定期打报告，要尽量把这些报告的大部分内容向中央机关报汇报，安排中央委员会和地方委员会的委员到各个小组去视察，最后，**必须**把同这个小组的联络关系，即该小组几个成员的姓名和地址，交到可靠的地方（并交中央机关报和中央委员会的党常务局）。只有打了报告和交了联络关系，才能认为参加该小组的党员履行了自己的义务；只有那时全党才能向每个做实际工作的小组**学习**；只有那时我们才不怕遭受破坏，因为只要各种小组的联络关系在，我们中央委员会的代表总是容易**立即**找到接替的人，把工作恢复起来。这样，即使委员会遭到了破坏，整个机器也不致被摧毁，只不过是失去一些领导人，而且他们都已经准备了候补者。不要以为在秘密工作的条件下送交报告和转交联络关系是办不到的，只要我们有这个愿望，而我们的委员会、中央委员会或中央机关报还存在，送交（或转寄）报告和转交联络关系在现在和**将来**总是可以办到的。

这里，我们接触到了整个党组织和党的活动的一个极重要的原则：如果说对运动以及无产阶级革命斗争在思想上和实践上的

领导方面需要**尽量集中**的话，那么党中央（因而也就是全党）在对运动的**了解**方面，在对党**负责**方面，则需要**尽量分散**。领导运动的应该是数量尽量少、类型尽量同一、由富有经验的职业革命家组成的小组。参加运动的应该是无产阶级各阶层（以及人民中的其他阶级）中数量尽量多、类型尽量多种多样的小组。对待每一个这样的小组，党中央不仅应该随时掌握有关小组活动的确切材料，而且应该随时掌握有关小组**成员**的尽量**全面的材料**。我们应当集中领导运动。我们也应当尽量**分散对党负责**（也是**为了集中领导**，因为不了解情况就不可能有集中），使每个党员、每个参加工作的人、每个加入党或与党接近的小组都**对党负责**。这种分散是实行革命集中的必要条件和**必要修正**。只有彻底实行了集中，同时我们又有中央机关报和中央委员会，每个最小的小组才有可能向中央机关报和中央委员会打报告（不仅有可能打报告，而且在多年的实践中已使向中央机关报和中央委员会打报告**定期化**），才不会因某个地方委员会人员偶然组成不当而导致可悲的结局。现在，当我们来深入地研究党的实际的统一和建立真正的领导中心的时候，我们应当牢牢记住，如果我们在对领导中心负责和使领导中心了解党的机器的各个大小齿轮的情况等方面不实行**最大限度的分散，这个领导中心就会是软弱无力的**。这种分散无非是**分工**的另一面，这种分工已经被公认为我国运动中一种最迫切的实际需要。地方委员会中的一大堆人，他们什么事情都管，不担当单独一项革命工作，不负责专门机构，不把既已承担下来的、经过深思熟虑和充分准备的工作干到底，而把大量时间和精力花在无谓的忙乱上面；同时有很多大学生小组和工人小组，其中一半是委员会根本不知道的，另一半是庞大的，没有专门化，缺乏职业训练，不能吸取其他小组的经验，像委员会一样忙于没完没了的“无所不包的”会议，忙于选举和制定章程等等。如果党中央仍旧被这样一些老式的地方委员会**挡住道**而不能做直接的实际工作，那么，无论是正式承认某一个领导组织，无论是建立正式的中央委员会，都不能使我们的运动真正统一起来，都不能建立牢固的战斗的党。要使党中央能很好地进行工作，地方委员会应该**改造自己**，使之成为专门的更“切合实际的”组织，能在某一项实际工作中做到真正“尽善尽美”的地步。为了使党中央不仅能够提出建议、进行说服和争论(迄今为止就是这样做的)，而且能够实际指挥乐队，党中央必须确切知道：什么人在什么地方拉什么提琴，过去和现在在什么地方学过什么乐器，学得如何；什么人在什么地方走了调，为什么走了调(音乐开始刺耳时)，为了纠正不和谐的音调，需要调谁去，怎样调和调到什么地方，等等。应当坦白地说，现在我们要么除了知道委员会的宣言和一般报道之外丝毫不了解委员会的**内部真实**工作情况，要么只是从自己的友人和熟人那里了解一些情况。但是，如果以为一个能领导俄国工人运动和准备向专制制度发动总攻的大党可以仅仅局限于这一点，那就未免太可笑了。委员会成员的人数应当减少；尽量委托其中每一个人担任一定的专门的需要汇报的负责工作；建立专门的、精干的指挥中心；建立善于执行任务的代办员网，这些代办员使委员会同每个大工厂保持联系，定期散发书刊并使党中央确切了解书刊散发情况和整个工作机构；最后，建立很多团体和小组担负各种工作或者团结接近社会民主党、帮助社会民主党、准备参加社会民主党的人，使委员会和党中央随时了解这些小组的活动(和成员)——这就是圣彼得堡委员会和其他一切党的委员会进行改组所应当包含的内容，也正是章程问题所以不大重要的原因。

为了更清楚地说明我的建议用意何在，我是从分析章程草稿开始谈的。我希望这样可以使读者了解：其实可以**不要章程**，而代之以定期报告各小组的情况和每项工作任务的执行情况。章程上可以写些什么呢？委员会领导一切（这本来就很清楚）。委员会选出指挥小组（并非总是需要这样做，一旦需要，问题就不在于章程，而在于向党中央**报告**这个小组的成员及其候补者的情况）。委员会分配各个委员担任各方面的工作，责成每个委员把工作进程定期向委员会、向中央机关报和中央委员会报告（这里向党中央报告分配工作的情况比在章程中作出规定更为重要，由于我们人力不足，规定**往往**不能兑现）。委员会应该确定由谁当委员。委员会可以增补委员。委员会可以指定成立区小组、工厂分委员会、某某小组等（如果要一一列举，就会没完没了，而在章程里大概也没有这种必要，只要把建立的机构向党中央报告就行）。区小组和分委员会要建立些什么小组……　现在拟定这样的章程没有多大用处，因为各种小组和分组的活动，我们几乎没有（很多地区则根本没有）全党性的经验，要取得这种经验，不是需要章程，而是需要建立党内（如果可以这样说的话）汇报制。我们每一个地方组织至少要在章程上花几个晚上的工夫，如果这些时间用来让每个委员就他所担负的专门工作**向全党**作考虑周密的详细报告，那么事情就会好上一百倍。

章程所以没有用处，不仅因为革命工作并非总是要采取固定的形式。不，固定的形式是需要的，我们应当尽可能**使**一切工作都具有**固定的形式**。固定的形式的适用范围大大超过人们一般的想象，但这不是通过章程可以达到的，而只有靠（我们一而再、再而三地说过)向党中央确切报告,只有那样才会有同真正的责任制和(党内)报告制相联系的真正的固定的形式。我们解决**严重的**冲突和意见分歧,实际上根本不是“按照章程”投票,而是用斗争和“退出”相威胁,这我们谁不知道呢? 我们**大多数**委员会近三四年的党内生活,就充满了这样的内部斗争。很遗憾,这种斗争并没有用一定的形式规定下来,不然的话,它给党的教益就会大得多,给我们的继承人留下的经验也会多得多。但是,**这种**有益的必要的形式的产生,并不是靠什么章程,而仅仅是靠建立**党内报告制**。在专制制度下,除了定期向党中央汇报外,我们不可能有党内报告制的其他手段和武器。

只有广泛地学会运用这种报告制,我们才能真正取得让各种组织发挥作用的经验,只有以这种广泛的多年的经验作基础,才能制定出**不是纸上的章程**。

1902 年胶印出版

译自《列宁全集》俄文第 5 版
第 7 卷第 7—25 页

关于游行示威[4]

（1902 年 10 月 6 日〔19 日〕以后）

我们觉得，写信人把问题提得有点过分直率，而且对游行示威的组织性的意义估计不足。在这样一件重要的事情上，我们所做的工作还很少，我们应该首先把主要力量投入组织工作。只要我们还没有紧密团结的革命组织，能够调动几支精锐的人民队伍去从各方面领导游行示威，失败总是在所难免的。一旦这样的组织建立起来，并且在工作过程中通过一系列试验得到巩固，那么它（也只有它）就能解决该在何时和怎样武装起来，以及该在何时和怎样使用武器的问题。这个组织应当认真地加快“动员速度”（这个问题写信人强调得完全对，也极其重要），扩大积极参加游行示威的人数，培养指挥人员，开展对群众的鼓动工作，吸引“旁观的人群”参加“游行示威”，把军队“引入歧途”。正因为这个向武装街头斗争过渡的步骤非常“残酷”，而且“迟早难免”，所以只有**直接**领导运动的坚强的革命组织才能够采取而且必须采取这一步骤。

载于 1946 年《列宁全集》俄文第 4 版第 6 卷

译自《列宁全集》俄文第 5 版第 7 卷第 33 页

政治斗争和政治手腕

（1902年10月15日〔28日〕）

现在似乎很难责备俄国政府的对内政策不够果断、不够明确了。它同内部敌人的斗争进行得十分激烈。一些要塞、城堡、监狱、区警察局的拘留所，甚至临时当做监狱的私人住房和宅邸都从来没有像这样塞满了被捕的人。已经没有地方可以容纳全部被捕的人了；不设立特别的"遣送队"，已经不可能用通常的"运输方式"把全部被流放的人送往西伯利亚了；已经没有力量和经费对所有囚犯都采用同样的管理制度了。那些惊慌失措而又刚愎自用的地方当局的胡作非为，使囚犯们感到特别愤慨，于是他们就抗议、斗争和绝食。而最高当局则一面让小人物好好对付已被逮捕的内部敌人，一面热心地继续"改善"和改组警察机构，以便进一步斩草除根。这是一场公开的和真正的战争。愈来愈多的俄国普通人不仅看到了这场战争，而且程度不同地直接感觉到了这场战争。在宪警别动队的前卫后面，一个臃肿的、立法的庞然大物在缓慢地但是不停地向前移动着。就拿最近一个月的法律来说，那你们首先就会看到一些将芬兰最后残存下来的些许自由都剥夺殆尽的新法令，还会看到关于贵族储金互助会的内容广泛的法律。第一个措施完全破坏了芬兰法庭和参议院的独立，使总督能够了解一切情况，掌管一切事务，也就是说，事实上把芬兰变成了俄国的许多无权的、受屈辱的省份之一。警察官方的报纸《芬兰报》[5]指出，今后可以指望一切地方机关的活动"协调一致"了…… 我不知道这是对遭到最卑鄙、最残酷打击的手无寸铁的敌人进行幸灾乐祸的嘲弄呢，还是以犹杜什卡·戈洛夫廖夫[6]的精神在夸夸其谈。

上述第二项法律是贵族等级事务特别会议的新产儿，这次会议所已赐予祖国的，是对西伯利亚土地的掠夺("在西伯利亚培植领地占有制")[7]。在工商业危机严重、农村极端贫困、千百万工人农民忍饥挨饿、受苦受穷的情况下，老百姓的钱除了用来送给那些不幸的贵族土地占有者先生们而外，自然无法想象还有什么更好的用场了。首先，政府一次就发给每个贵族储金互助会一笔款子("数额由国王陛下裁夺"!)，其次，在今后十年内，地方贵族自己能够募集到多少，政府就给多少。储金会将帮助那些难以支付借款利息的人。既然指出可以从老百姓腰包掏钱来还债这条捷径，贵族先生们就可以大借其债而无所顾忌了。

仿佛是有意对这一迫害、暴虐和掠夺的政策进行总结、概括和说明，出现了沙皇在库尔斯克和圣彼得堡向贵族、地方自治人士、农民和工人发表的演说。沙皇感谢贵族为他效劳，说这种效劳是"真心实意"的，沙皇答应将不断关怀领地占有制的巩固，说"这种领地占有制是俄国社会制度和道德力量历来的支柱"。对地方自治人士，沙皇则什么都不提，既不提支柱，不提俄国的道德力量，也不提真心实意的效劳。他只是向他们简单明了地宣布：他们的"职责是安排地方的经济需要"，他们只有牢记这一点，只有卓有成效地履行这一职责，才能有把握受到他的厚待。这是对地方自治人士的立宪企图的十分明确的答复，这是对他们的直接警告(或者不如说是挑战)，是在向他们进行威胁：只要他们稍微超越"安排地方的经济需要”的界限，“厚待”就要取消。

其次，沙皇公开斥责农民“骚动”和“掠夺庄园”，并且把那些因饥饿和绝望而举行暴动的农民遭到屠杀和毒打说成是“罪有应得”，并要农民记住亚历山大三世曾经命令他们必须“听贵族代表的话”。最后，沙皇对工人不谈别的，只谈“敌人”，说**他的**敌人也应该是工人的敌人。

总之，贵族是沙皇制度的忠实奴仆和历来的支柱。地方自治人士（或者说是地方自治机关的贵族?）应当受到警告。农民应当受到斥责，应当听命于贵族。而对于工人则直截了当地提出**敌人**问题。这是一些大有教益的演说。把这些演说加以对比，是很有教益的。如能通过传单、小组座谈和会议座谈使尽量多的人读到这些演说的原文，了解演说的真正意义，那就再好不过了。对这些演说原文加上通俗易懂的注解，就可以成为一份向工人阶级、小工商业者和农民中最不开展的阶层的最愚昧部分进行鼓动的最出色的材料。不过，除了“愚昧的”人民，俄国很多有知识有教养的普通人，特别是一般自由派中的普通人，尤其是地方自治人士中的普通人，都不妨对沙皇的演说好好思索一番。因为从戴皇冠的人物口中并不是经常都能听到对内战（即居民中各阶级之间的战争、同内部敌人的战争）作这样肯定的承认、证实和宣布的。而公开承认战争正是一种很好的手段，可以用来揭露形形色色的政治手腕，即揭露种种掩盖、回避和抹杀战争或者缩小战争性质的企图。

我们所说的政治手腕，既来自政府方面，也来自主张走和平道路的反政府派方面，有时甚至还来自革命派方面（诚然，在后一种情况下，表现形式是特殊的，与前两种不同）。政府方面的政治手腕，就是有意识地献媚、收买和腐蚀，一句话，推行那套叫做“祖巴托夫政策”[8]的办法。所谓祖巴托夫政策，其实质就是答应进行相当广泛的改良，实际上只打算把答应的东西实现那么一点儿，并以此要求放弃政治斗争。现在甚至连地方自治人士中的某些人都已经看出，内务大臣普列韦先生同德·尼·希波夫先生(莫斯科省地方自治局主席)的谈判就是推行“地方自治机关的祖巴托夫政策”的开始。普列韦答应要“更好地”对待地方自治机关(参看《解放》杂志[9]第 7 期)，答应明年年初召开地方自治局主席会议，来“解决关于安排地方自治机关的一切问题”，并以此要求地方自治人士“根本不提在最高政府机关中的代表权问题”。看来，问题是再清楚不过了：诺言是十分含糊其词的，而提出的要求呢，只要这种要求得到满足，那么地方自治机关所渴望的东西就无法实现。要对付这种政治欺骗、魔术手法和腐蚀，只有一个办法：无情地揭露魔术家，同警察专制制度进行坚决的政治斗争(在俄国情况下，就是进行**革命斗争**)。从《解放》杂志的表现来看，我国的地方自治人士还不能胜任这项任务。他们用政治手腕来对付政治手腕。他们的机关刊物极不坚定，这种不坚定在《解放》杂志第 7 期上表现得特别明显，因为不仅编辑部，而且连编辑部也认为意见不尽相同的某些撰稿人都就这个问题在发表意见。有人认为普列韦的诺言就是圈套，就是祖巴托夫政策，社论中认为这只是某些地方自治人士的意见，同时还登载了其他一些“愿意遵循大臣先生指示”(!!)的地方自治人士的意见。编辑部还远没有想到要对地方自治机关的祖巴托夫政策大举进攻。它警告地方自治人士不要向政府“让步”(见《解放》杂志第 5 期和第 6 期)，但是它却没有坚决谴责希波夫先生及其同伙，这些人听从了警察老狐狸的劝告，并且抛弃了春季地方自治人士代表大会纲领中的第 4 条(这一条指出必须由选举产生的地方自治活动家去补充关于农需工业需要问题特别会议的成员)。编辑部在社论中所得出的结论,不是说由于一部分地方自治人士受了警察的邪恶诱惑而使地方自治机关失去了体面,而是说政府同地方自治机关谈判的事实本身"证明了地方自治机关现在已经是一个'代表机关'"(!!),并且还认为普列韦先生许诺的"代表大会"(普列韦先生好像只讲过"会议"吧?)"无论如何是令人满意的",因为它"不能不使地方自治机关和政府之间的关系明朗化"。编辑部"坚信,地方自治活动家们在代表大会上能够显示出他们应有的身份——人民的代表,而不是大臣们在经济方面的助手"。如果只是从这篇社论来看,那倒反而应该坚信,地方自治人士将会步希波夫先生及其同伙的后尘,也成为警察机关的"助手"(当其他地方自治派没有把他们排挤掉或没有使他们有所改变的时候)。

看了社论中所玩弄的政治手腕之后,再来读读安东·斯塔里茨基先生,尤其是地方自治会议议员T先生这两位撰稿人后来的文章,倒是不费劲的。前一位撰稿人把希波夫先生及其同伙的行为叫做"失策",他劝告地方自治人"不要忙于考虑自己在普列韦先生所举办的某种代表大会上的长子权",劝他们不要受诱惑,也不要玩弄政治手腕。编辑部加了一个注说:"我们大体上同意文章作者的意见",显然认为不能片面地谴责政治手腕。①

第二位撰稿人则公开反对《解放》杂志所持的整个立场,对它的不彻底和不坚决进行了抨击,对诸如以"人民的无政府状态"为

① 我们从刚刚收到的《解放》杂志第8期上看到,希波夫先生的政治手腕和失策已在受到比较严厉的谴责。祝他们成功!也许,发生在这位尊敬的活动家身上的事情,会促使编辑部从它对自由主义和革命派别的关系的基本看法上寻找"政治手腕"的根源吧?

通词的这种假话加以谴责，他表示“不能够满足于一些不彻底的办法，必须下决心干到底”，“必须抛弃合法反政府派那些卑躬屈膝的不彻底的办法……”，“要不怕牺牲，勇往直前”，“我们〈地方自治人士〉如果不成为革命者，就不能够对俄国的政治解放事业作出重大贡献”。我们衷心欢迎这位地方自治会议议员先生的这些诚恳而坚定的谈话，并竭诚劝告一切关心这个问题的人们都来读一读。这位地方自治会议议员先生**完全**肯定了我们在《火星报》上对《解放》杂志的纲领所作的评价[10]，不仅如此，他的文章不但证明我们的看法是正确的，而且证明我们对自由主义的不彻底性进行无情揭露也是合情合理的。原来即使在地方自治派中也还是有一些厌恶任何摇摆不定的人，对他们，我们尤其应当站在我们的立场上无情地批判这种摇摆不定来予以支持。

《解放》杂志的编辑当然不同意地方自治会议议员T先生的意见，他客气而坚决地声明：“我们对很多问题持另一种看法……”那还用说！那么编辑部的反对意见究竟是什么呢？归结起来主要有两点：第一，司徒卢威先生认为，他和某些革命者不同，他“在原则上”是宁愿走和平道路的；第二，他责备这些革命者不够宽容。我们就来看看这些反对意见吧。

司徒卢威先生在他那篇《关于一次责难》的文章（该文署名：编辑）中引了我在《曙光》杂志[11]第2—3期合刊上发表的一篇文章（《地方自治机关的迫害者和自由主义的汉尼拔》）。他特别不喜欢的自然是这样一句话：“人民哪怕只把政府好好地教训一次”，那就会有“多么巨大的历史意义”①。你看，司徒卢威先生是坚决和绝

① 见本版全集第5卷第53—54页。——编者注

对不同意那种认为暴力革命胜于和平改革的意见的。他说，俄国最坚定的革命者在原则上都更愿意走和平的道路，而这个光荣的传统是任何学说都消灭不了的。

很难设想还有什么比这个论断更虚伪、更牵强的了。起义的奴隶有权说他宁可同奴隶主和睦相处，而拒绝起义的奴隶也这样讲，那就是可耻的虚伪了，这一点难道司徒卢威先生不懂得吗？他说，“可惜，**或者说幸而**，俄国的革命因素还没有成熟”，这番话却“幸而”揭了他的老底。

至于说到革命思想的光荣传统，司徒卢威先生最好还是免开尊口吧。我们只要举出《共产党宣言》的有名的结束语[①]就够了。我们只要指出恩格斯对杜林的驳斥就够了，恩格斯在《宣言》发表30年以后，当德国工人被剥夺了俄国人民从未有过的一部分权利的时候，驳斥杜林说：

“在杜林先生看来，暴力是绝对的坏事，第一次暴力行为是原罪，他的全部叙述只是哀诉这一暴力行为怎样作为原罪玷污了到现在为止的全部历史，一切自然规律和社会规律怎样被这种恶魔力量即暴力可耻地歪曲了。但是，暴力在历史中还起着另一种作用，革命的作用；暴力，用马克思的话说，是每一个孕育着新社会的旧社会的助产婆；它是社会运动借以为自己开辟道路并摧毁僵化的垂死的政治形式的工具——关于这些，杜林先生一个字也没有提到。他只是在叹息和呻吟中承认这样一种可能性：为了推翻进行剥削的经济，也许需要暴力，这很遗憾！因为在他看来，暴力的任何使用都会使暴力使用者道德堕落。他说这话竟不顾每一次革

① 参看《马克思恩格斯文集》第2卷第66页。——编者注

命的胜利带来的道德上和精神上的巨大跃进！而且这话是在德国说的，在那里，人民可能被迫进行的暴力冲突至少有一个好处，即扫除三十年战争的屈辱在民族意识中造成的奴才气。而这种枯燥的、干瘪的、软弱无力的传教士的思维方式，竟要强加给历史上最革命的政党！”①

现在我们来谈第二点——关于宽容的问题。司徒卢威先生（像很多社会革命党人[12]和公众代表那样）甜言蜜语地教训我们说：在各个派别之间，应当“互相谅解”，“赤诚相见”和“宽宏大量”。我们倒要问问他：如果我们赤诚相见而您觉得不够宽容，那可怎么办呢？假定我们认为《解放》杂志中既有一只右手，又有一只为害的、变节的左手，那么赤诚相见是不是一定要使我们去同这只左手进行无情的斗争呢？当社会革命党人在社会主义的理论问题上、在自己全部策略中对阶级斗争的态度问题上都表现出冒险主义的时候，这种赤诚相见是不是一定要使我们去同他们的这种冒险主义（也是政治手腕）作斗争呢？要求削弱和放松这种斗争去迎合那些斗争的对象愿意称之为宽容的东西，这难道有一丁点儿政治意义吗？

先生们，是时候了，丢掉你们那种故作天真假献殷勤的态度吧！是时候了，应该懂得一个简单的道理：要保证实际上（而不是口头上）协同一致地进行斗争以反对共同的敌人，不能靠政治手腕，不能靠已故的斯捷普尼亚克曾经称之为自我克制和自我隐藏的东西，不能靠外交上的互相承认这种暗中约定的谎言，而要靠真正参加斗争，真正在斗争中团结一致。当德国社会民主党人反对

① 见《马克思恩格斯文集》第9卷第191—192页。——编者注

军事警察反动派和封建僧侣反动派的斗争，同依靠人民的一定阶级（如自由派资产阶级）的某一个名副其实的政党的斗争真正一致的时候，他们的行动就协同起来了，而并没有讲互相承认的漂亮空话。至于有目共睹、尽人皆知的事实，就无所谓承认不承认了（何况我们并不请求谁来承认工人运动！）。只有把政治和政治手腕混为一谈的人，才能认为论战的"口气"会妨碍真正的政治联盟。只要不是真正参加我们的斗争，而是说一些支吾搪塞的空话，不是某个社会阶层或阶级真正靠拢我们的斗争，而只是实行冒险主义的策略，那么无论怎样威胁恐吓或是苦苦哀求，都丝毫不能加速"互相承认"的来临。

载于1902年10月15日《火星报》第26号

译自《列宁全集》俄文第5版第7卷第34—42页

社会革命党人所复活的庸俗社会主义和民粹主义

（1902年11月1日〔14日〕）

嘲笑产生了好效果。在以《革命冒险主义》①为题的两篇文章中，我们就表示坚信：我们的社会革命党人从来不愿意直截了当地确切地肯定自己的理论立场。《革命俄国报》[13]为了推翻这个恶意的和不公正的假设，在第11号上发表了以《纲领问题》为题的一组文章。祝他们成功！迟做总比不做好。我们预先对《革命俄国报》关于“纲领问题”的所有文章表示欢迎，并且保证密切注意，看看是否真能从中读到什么**纲领**。

为了这个目的，我们来仔细看看第一篇文章：《农村中的阶级斗争》。不过首先要指出，我们的对手一再过分地……“自我陶醉”，说什么（第11号第6页）：“我们的纲领已经提出来了。”先生们，这个说法不对！你们什么纲领都还没有提出过，就是说，你们不仅没有完整地、以党的名义正式叙述过自己的观点（狭义的纲领，哪怕是纲领草案也好），甚至对这样一些基本的“纲领问题”，如马克思主义和以机会主义批评马克思主义的问题，俄国资本主义以及由这个资本主义产生的无产阶级的地位、作用和任务等问题，

① 见本版全集第6卷第365—386页。——编者注

都还根本没有确定自己的态度。据我们所知，“你们的纲领”，无非就是**在**革命的社会民主党和机会主义派**之间**，**在**俄国马克思主义和俄国自由主义民粹派**之间**，采取非常不明确的立场。

你们妄图脚踏两只船，结果陷入了无法解脱的矛盾之中，这一点我们可以马上用你们选择的问题来说明。《革命俄国报》（第11号）说：“我们并不是不懂得，而是不承认现代的农民作为一个整体属于小资产阶级阶层。在我们看来，农民分为两个原则上不同的范畴：(1)靠剥削自己的劳动力〈!??〉为生的劳动农民；(2)在不同程度上靠剥削别人的劳动力为生的农村资产阶级，即中等资产阶级和小资产阶级。”社会革命党人的理论家认为“收入的来源”（占有别人的无酬劳动）是资产阶级的阶级的“基本特征”，因此认为农村无产阶级和“独立农民”（以把自己的劳动用于生产资料为生的农民）之间“在原则上非常相似”。“两者的生活基础都是作为政治经济学的特定范畴的**劳动**。这是一。第二，两者在现在的条件下都遭受**残酷剥削**。”所以他们应当归并为劳动农民这**一个**范畴。

我们故意这样详细地叙述了《革命俄国报》的论断，是为了使读者能对此好好思索一下，对它的理论前提作一番估价。这些前提之毫无根据是显而易见的。从收入来源中去寻找社会不同阶级的基本特征，这就是把分配关系放在首位，而分配关系实际上是生产关系的结果。这个错误马克思早已指出过，他把看不见这种错误的人称为庸俗的社会主义者。区别各阶级的基本标志，是它们在社会生产中所处的地位，也就是它们对生产资料的关系。占有某一部分社会生产资料，将其用于私人经济，用于目的在出售产品的经济，——这就是现代社会中的一个阶级（资产阶级）同失去生产资料、出卖自己劳动力的无产阶级的基本区别。

再往下看。"两者的生活基础都是作为政治经济学的特定范畴的**劳动**。"作为政治经济学的特定范畴的不是劳动，而只是劳动的社会形式，劳动的社会结构，或者换句话说，是人们在参加社会劳动中的相互关系。这里是以另一种形式重复了我们上面已经分析过的庸俗社会主义的错误。社会革命党人声称，"农村业主同雇农之间的相互关系与独立农民同债主和富农之间的相互关系，其实质是完全相同的"，他们说这种话，至少是完全重复了德国庸俗社会主义的错误。例如，这一派的代表人物米尔柏格曾经说过：业主同工人的关系与房产主同房客的关系，其实质是一样的。我国的米尔柏格之流也同样不能分辨剥削的基本形式和派生形式，而只限于装腔作势地谈论一般的"剥削"。我国的米尔柏格之流也同样不懂得，正是对雇佣劳动的剥削才是整个现代掠夺制度的基础，正是这种剥削把社会分成了不可调和地互相对立的阶级，只有从**这种**阶级斗争的观点出发，才能透彻地评价剥削的其他各种表现，而不致陷入模糊不清和无原则的境地。所以，我国的米尔柏格之流必然要遭到珍视自己运动的完整性、珍视自己革命旗帜的"美名"的俄国社会主义者坚决无情的反击，正像德国的米尔柏格曾经遭到坚决无情的反击一样。

为了更清楚地指出我国社会革命党人"理论"的混乱，我们再从实际方面来考察一下这个问题，用一些具体例子来加以说明。第一，绝大多数的小资产阶级随时随地都在**从事劳动**，都在遭受剥削。不然为什么要把它们算做过渡的中间的阶层呢？第二，小手工业者和小商贩同商品经济社会中的农民完全一样，也在**从事劳动**，也在遭受剥削。我们的社会革命党人是不是也想创造"劳动的"工商业居民的"范畴"来代替无产阶级的"狭隘的"范畴呢？第三，为了使社会革命党人能够明白他们很不喜欢的“教条”的意义，请他们设想一下市郊的农民吧，这种农民不雇用工人，靠自己的劳动和出售各种农产品为生。我们敢相信：即使是狂热的民粹主义者也不敢否认**这种**农民属于小资产阶级，不敢否认无法把他们和雇佣工人“归并”为一个**阶级**（注意，这里所指的只是阶级，而不是政党）。但是在商品经济日益发展的社会中，市郊的兼营小商贩的农民同一切小农的地位有什么原则上的区别呢？

试问，社会革命党人先生们这样接近（就说得婉转些吧）庸俗社会主义，其原因何在呢？也许是这位作者偶然表现出来的气质吧？为了驳倒这种假设，只要引用《革命俄国报》第11号上的下面这段话就够了。作者大声喊道：“这里的问题似乎完全在于同一经济范畴的规模〈大资产者和小资产者〉，而不在于两种经济范畴，即劳动经济和资产阶级资本主义经济之间的原则差别〈请听听！〉！”很难设想还有什么可以更全面更清楚地证实我们在《革命冒险主义》一文中曾经说过的那句话了：剥开社会革命党人的外壳，你们就能看到瓦·沃·先生的原形。凡是稍微了解俄国社会政治思想演进情况的人，从这一句话就可以弄清楚社会革命党人的立场。粉红色的假社会主义曾经粉饰过（而且现在还在粉饰）在我国知识界占统治地位的自由主义民粹派。大家知道，这种社会主义的基础，就是关于农民的“劳动经济”同资产阶级经济截然相反的思想。经过米海洛夫斯基、瓦·沃·和尼古·—逊等先生们从它各个不同角度详细探讨过的这种思想，是俄国马克思主义曾经抨击过的堡垒之一。我们说过，要帮助破产的受压迫的农民，就必须丢掉幻想，正视现实，现实正在粉碎关于劳动经济（或者是“人民生产”？）的模糊的幻想，向我们表明农民经济的**小资产阶级结构**。我国也同各国一样，要发展和巩固小的劳动经济，只有把它转变为小资产阶级经济才有可能。这种转变实际上已在进行，劳动农民变为小企业主这一**真正的**实际趋势，已经为实际生活的事实雄辩地证明了。因此，只要商品经济在发展，我国的农民也同任何小生产者一样，是属于小资产者范畴的：他们分化出少量的企业主和大批的无产阶级，这种无产阶级通过半工人和半业主的一系列过渡阶段（这些过渡形式存在于一切资本主义国家和一切工业部门）同“小业主”保持着联系。

社会革命党人对于两种社会主义思潮的交替，对于旧的俄国社会主义同马克思主义之间的斗争采取了什么态度呢？他们只要有可能，就干脆想回避分析问题的实质。当回避不了的时候，当人们要求那些想建立独立“政党”的人作出明确解释的时候，当人们嘲笑和公开责备他们没有原则，强迫他们作出答复的时候，他们才再次搬出民粹主义关于“劳动经济”的旧理论，重犯庸俗社会主义的老错误。我们再说一遍，第11号上那篇文章企图把“劳动经济”的理论和阶级斗争的理论“结合起来”，我们不能期待还有什么能比这篇文章更好地证实我们指责社会革命党人毫无原则是正确的了。

*　　　*　　　*

我们还要指出一件好笑的事，就是《革命俄国报》第11号企图“体面地”解释为什么要决定回避原则性的论战。原来，《火星报》在《革命冒险主义》一文中引错了话。例子呢？例子就是漏掉了“有些地方”这几个字（有些地方土地在从资本手中转到劳动手中）。真是骇人听闻！竟然漏掉了几个无关紧要的字！《革命俄国报》也许会灵机一动，想断定“有些地方”这几个字对**估计整个**土地的转让问题(估计这是不是资产阶级过程)**多少有些**关系。让它试试吧。

其次,《火星报》只援引到“国家”两字为止,后面还有“当然不是现在的国家”这几个字。更恶毒的是(让我们自己来补充吧),《火星报》胆敢把这个国家称为**阶级的**国家。我们这些“好心未得好报的”对手,是否想断言在我们所分析的“最低纲领”中,可以**不**谈阶级的国家呢?

最后,《火星报》还援引了4月3日的传单,在这个传单中,《革命俄国报》**自己**也认为对恐怖手段的评价是言过其实的。是的,我们也**援引了**《革命俄国报》的这个附带声明,不过我们自己补充了一句:我们认为这是“左右逢源”,是含糊不清的暗示。《革命俄国报》对此非常不满,并且对详情细节作了一番解释和说明(这样,**实际上**就证实了有含糊不清、需要解释的地方)。这些解释究竟是什么呢?原来,4月3日的传单根据党的要求已经作了**修正**。可是这些修正“还被认为不够充分”,因此就从传单中删去了“党”的字样。但是“党刊印”的字样保留下来了,而且4月3日的另一张(“真正的”)传单对意见分歧或言过其实只字不提。《革命俄国报》引用了这些解释以后,觉得这些解释只是证明《火星报》要求解释(指左右逢源和暗示)是正当的,于是自己问自己:党怎么能够在自己的印刷所里刊印它所不同意的传单呢?《革命俄国报》回答说:“这同以俄国社会民主工党名义刊印《工人事业》杂志、《火星报》、《工人思想报》[14]和《斗争》[15]的情况完全一样。”说得很好。但是第一,我们的各种刊物不是在“党”的印刷所里刊印的,而是在各派的印刷所刊印的。第二,当我们同时出版《工人思想报》、《工人事业》杂志和《火星报》的时候,我们自己也把这种情况称为**混乱现象**。

请看，由此可以得出结论：社会民主党自己揭发和抨击**自己的**混乱现象，并且竭力通过严肃的理论工作来消除这种现象；而社会革命党人只是**在**别人揭发了他们**以后**才开始承认自己的混乱现象，并且借此机会再次夸耀自己的兼收并蓄，这种兼收并蓄使他们在同一天就同一个政治事件刊印两种传单，传单中对这个事件（新的恐怖行动）的政治意义作了截然相反的解释。社会民主党人懂得思想混乱不会有什么好结果，所以宁愿“首先划清界限，然后统一”①，这样才能保证将来的统一既能持久又富有成效。可是社会革命党人“各抒己见”②，对自己的“纲领”作了解释，玩弄“实际”统一的假象，并且傲慢地对我们说：只是你们这些社会民主党人才有各种各样的“集团”，我们是一个党！先生们，你们说得很对，但是历史告诉我们：“集团”和党之间的关系，有时就像法老的瘦牛和肥牛**18**之间的关系一样。“党”是各种各样的。例如，曾经有过“俄国政治解放工人党”，可是，它只存在了两年，而且它的存在也和它的消失一样无声无息。

载于 1902 年 11 月 1 日《火星报》
第 27 号

译自《列宁全集》俄文第 5 版
第 7 卷第 43—50 页

---

① 参看本版全集第 4 卷第 316 页。——编者注

② 只要把前“社会革命党人联合会”的《我们的任务》一文同前“社会革命党”的《宣言》（《火星报》第 5 号谈到过这个宣言）比较一下，然后再同《俄国革命通报》杂志**16**第 1 期的编辑部声明、《革命俄国报》第 7—11 号上的“纲领性的”文章，以及所谓“俄国政治解放工人党”**17**所出版的小册子《自由》（《革命俄国报》不久以前报道了“俄国政治解放工人党”同社会革命党合并的消息）比较一下，就清楚了。

一个针对社会革命党人的基本论点

（1902年11月3日〔16日〕以后）

对于社会革命党人，对于如何评价这个派别**各**方面的活动（及其全部实质），我提出一个基本论点。这个基本论点是：**社会革命党人的整个派别和他们的整个政党，无非是小资产阶级知识分子“哀斯卡莫”**①**我国的工人运动，也就是“哀斯卡莫”俄国的整个社会主义运动和整个革命运动的一种企图。**

我得赶紧解释一下，为什么我一定要在这个对我至关重要的论点中使用一个不常用的、多数读者无疑看不懂的外来语。“哀斯卡莫”本身的意思就是欺骗，就是用欺骗的办法把别人劳动的成果据为己有，抹杀别人的全部劳动，就是愚弄和欺诈等等。不难看出，为什么我要抛开这些俄文词而选用一个外来语。“愚弄、欺诈、欺骗”这些字眼肯定会使我们想到是故意地、有意识地撒谎，这是一；第二，会使我们以为撒谎的人是出于自私的、不诚实的动机。然而我决不是想指责社会革命党人是什么有意撒谎或动机不纯。完全不是。我并不怀疑，社会革命党人作为一个派别，作为一个“政党”是能够产生的（或者说是能够从民意党人[19]那时候保存下来的），是能够在最近发展壮大并多少得到巩固的，这**完全**是由于

① 此处列宁用的俄语动词“эскамотировать”源出法语“escamoter”，意为欺骗、蒙骗，发音为“哀斯卡莫”。——编者注

他们吸引了一批无疑倾向革命、充满英勇的自我牺牲精神、真心实意愿为自由的利益和人民的利益献出生命的人。但是，人们真心实意地、深信不疑地采取一定的社会政治立场，这丝毫不能预先解决这种立场是否绝对虚伪、是否有内部矛盾的问题。从这个立场出发进行最高尚的活动，其结果不是必然会（即使活动者意识不到并违反他们的意志）“哀斯卡莫”工人运动，引诱它离开正确的道路，把它带进死胡同吗？

我来打个比方，看看能否说明我的意思。假定我们置身在广袤无边、阴暗潮湿、密密层层的半原始森林里。假定只有放火毁掉森林，才能为被森林所覆盖和包围的整个地区的经营开发扫清道路，而要在这个森林里弄到火种并且让火一直着下去，那是非常困难的。必须把木材弄干，它们遍地都是，但是很难点燃，而且在潮湿沉闷的空气中往往很容易一再熄灭。必须把易燃的木材收集到一起。必须让点燃起来的火一直着下去，看管好每一个新燃起来的火苗，让火焰烧得旺旺的，要不断地、坚持不懈地为燃起燎原之火作好准备，没有这样的大火，阴暗潮湿的森林还会依然如故。然而这项工作十分艰巨，这不仅由于外部的气候条件不好，也由于唯一完全可作引火用的这种木材太少：这种木材无论在什么条件下都不会熄灭，真的着起来了，就会一直烧下去，它的火焰不同于那种数不清的鬼火，鬼火没有内在的力量，在过去往往着不多长时间就要熄灭。现在，这种主要燃料正在熊熊燃烧，已使温度普遍上升，也给其他的许多鬼火增添了力量和光辉，可是这时突然有人出来过于自信地宣称：信奉只有唯一主要的、唯一绝对可靠的燃料这种过时的教条，是多么狭隘！认为其他一切小火只是辅助手段，只是辅助因素，认为无论如何必须首先地和主要地只抓住**一种**材料，是多么死板！为了燃起真正的燎原之火，老是没完没了地准备，准备，而听任可恶的坏蛋即树梢把阴暗潮湿掩盖并保存下来，是多么片面！应当点燃花炮，把树梢打掉，烧光，吓唬一切黑暗势力，造成一时的轰动，让人们受到激励、鼓舞和刺激。这些人办事可麻利得很。他们舒了口气，抛掉了所谓主要燃料的陈腐偏见。他们心安理得地把各种各样的人都吸收进来，不管这些人的观点、见解、信仰和希望是什么，因为：我们是一个行动的党，即使我们中间有人赞成把火弄灭的主张也无关紧要。他们大胆地号召人们对任何一星火花和燃放花炮采取同样的态度，轻蔑地把过去的教训撇在一边，说什么如今燃料多得多了，即使轻举妄动也是允许的！……既然这些人给运动带来很大危害，能否认为他们是一些普通的骗子呢？绝对不能。他们根本不是骗子，只是制造花炮的巧匠。

顺便说说，这也是我对某些社会革命党人的回答，他们只不过把冒险主义者这个术语译成了骗子（日内瓦的拉法伊洛夫先生）和小偷（伯尔尼的日特洛夫斯基先生）[20]。我曾回答他们说，先生们，不要什么都从刑法的意义上去理解！不要把两种冒险行为混同起来：一种是革命派别的冒险行为，他们有内部矛盾、没有原则、动摇不定、以大吹大擂来掩饰内容空洞因而注定要破产，另一种是骗子手的冒险行为，他们明知自己的所作所为要受到刑事处分，明知自己的诈骗有被揭穿的危险。我们指责你们是冒险主义者，直率地、确切地指出（见《火星报》第23号和第24号）[①]这是你们在国际社会主义的一切基本问题上毫无原则造成的，这是你们仓促炮制出来、加上可口调味品端给“顾客”的那个土地纲领的观点混乱不堪

① 见本版全集第6卷第365—386页。——编者注

所造成的，这是你们的恐怖主义策略的动摇不定和没有根基所造成的。你们却回答说：看，有人骂我们是冒险主义者、小偷、骗子，有人侮辱我们，欺负我们！最尊敬的先生们，这些号叫简直等于说：实质上你们没有什么可以反驳的。

试问：什么东西能够说明我提出的论点是正确的呢？我应当指出社会革命党人的哪些特点和特征，才能证明我在这个论点中对这个派别所作的评价是正确的呢？如果这个评价是正确的，那么任何一个（应当这样希望）多少是诚实的严肃的社会主义者都不会否认必须同这个派别展开坚决无情的战斗，必须在尽量广泛的人民阶层面前彻底揭露他们的危害性。为了能够全面地分析这个问题的实质，我建议首先要注意那些构成这个问题的**答案**的东西。愿那些企图否认我这个评价的正确性的人，不要只限于“埋怨”或“修正”，而是直截了当地作出答复：**他们**认为为了证实这个论点的正确，有哪几点必须证明？

这个论点的中心点（小资产阶级知识分子“哀斯卡莫”工人运动）就是“哀斯卡莫”这一事实，换句话说，就是这个“政党”的原则、纲领同它对现代社会革命化过程所持的实际态度之间所存在的根本矛盾。这个矛盾就在于“社会革命党人”的党无论在国际运动问题上，或者在俄国运动问题上，实际上绝对没有采取科学的、革命的、社会主义（=马克思主义）的立场。实际上这个“党”的特点就是在现代社会主义的一切最重要的原则问题上毫无原则……①

载于1936年《无产阶级革命》杂志第7期

译自《列宁全集》俄文第5版第7卷第51—55页

① 手稿到此中断。——俄文版编者注

论社会民主主义运动的任务

（1902 年 11 月底）

一面是伪善地向工人阶级和“合法”反政府派大献殷勤，一面是如瓦尔或奥博连斯基之流疯狂的恶棍肆意行凶，二者互相配合，——这说明政府想对它无力摧毁的人民群众和阶层进行腐蚀和分化，想诱使为数不多的革命力量去追击每一个单独的恶棍，以减轻政府自己的任务。至于政府的某些代表人物是否意识到这一点，或者在多大程度上清楚地意识到这一点，都无关紧要。重要的是政府全部丰富的政治经验和警察本能促使它制定的那种策略，**事实上**正具有这样的意义。当革命运动完全深入到人民中真正革命的各阶级，向着深度和广度发展，很快就要成为不可战胜的力量时，挑唆精锐的革命力量去攻击那些施行最凶残暴力的普通匪首，这对政府是有利的。但是我们不应受这种挑拨。我们不应当在真正人民革命的隆隆雷声初鸣的时候，就张皇失措，鲁莽从事，并且为了使自己的思想和心情舒展一下就把欧洲和俄国的全部经验、一切比较明确的社会主义信念、一切对原则坚定的而不是冒险主义的策略的要求统统抛掉。总之，我们不应当让复活民意主义以及重犯民意主义在理论上和实践上的全部错误的企图得逞，社会革命党人过去曾抱有这种企图，现在则不断地实现这一企图。对于腐蚀群众和挑拨革命者的行为，我们不应当用那种为旧的最有害的错误和新的思想动摇大开方便之门的“纲领”来回答，也不应当用那种使革命者更加脱离群众的策略来回答——脱离群众是我们软弱无力和不能立即进行坚决斗争的主要根源。我们应当用巩固革命者和人民之间的联系来回答，而要建立这样的联系，在今天只有靠发展和巩固社会民主主义工人运动才能做到。只有工人运动才能把真正革命的和先进的阶级发动起来。这个阶级在现代政治制度和社会制度崩溃中没有什么可以失去的，它是这些制度最后的和必然的产物，只有它才是这些制度绝对的和不可调和的敌人。只有依靠革命的马克思主义理论，依靠国际社会民主党的经验，我们才能把我国的革命运动同工人运动结合起来，才能建立不可战胜的社会民主主义运动。我们只有用名副其实的工人政党的名义，才能在不动摇自己的信念的情况下，号召全国一切进步分子都来进行革命工作，号召全体受苦受难的劳动者都来支持社会主义。

载于 1939 年《无产阶级革命》杂志第 1 期

译自《列宁全集》俄文第 5 版第 7 卷第 56—57 页

新事件和旧问题

（1902年12月1日〔14日〕）

最近半年或9个月以来，我国革命运动的特征是出现了短暂的“平静”时期，——同过去革命运动暴风骤雨般的迅速发展相比而言——看来，这一时期就要结束了。尽管这种“平静”时期是短暂的，尽管任何一个细心的了解情况的观察者都很清楚，工人们普遍的愤懑情绪（短期内）没有公开表现出来决不意味着这种情绪已经停止向深度和广度发展了，然而，在我们那些倾向革命，但往往既同工人阶级没有巩固的联系、在明确的社会主义信念方面又没有坚固基础的知识分子中间，一方面有人发出了许许多多悲观失望、对群众性工人运动丧失信心的论调；另一方面，有人主张重新采用个人政治暗杀的旧策略，作为当前必须采用的政治斗争手段。自去年一段时期的游行示威以来的几个月里，我国已经成立了“社会革命党人”的“党”，他们大声叫嚷说游行示威留下了令人沮丧的印象；说什么“可惜，人民还不能很快……”；又说什么在口头和文章上谈论武装群众**当然**容易，但是现在必须着手进行“个人的反抗”，不要总是借口在无产阶级群众中进行鼓动和组织群众性冲击这一个任务（在对工人运动不再抱“教条主义”信仰的知识分子看来，这个任务是单调“乏味”的！），来否认个人恐怖手段的绝对必要性。

然而,乍看起来极为普通而“平常的”一次罢工[21]在顿河畔罗斯托夫爆发了,这次罢工所引起的事件清楚地表明,社会革命党人企图重犯民意主义及其理论上和策略上的全部错误,是多么荒谬,多么有害。这次有成千上万工人参加、由纯粹经济性质的要求引起的罢工,很快就演变成了政治事件,尽管有组织的革命力量极少参与。群众(据某些参加者说,达到两三万人)举行了就严肃性和组织性来说均令人惊讶的政治集会,在这些会上人们热切地宣读和介绍了社会民主党的传单,发表了政治演说,向完全是并非有意集合在这里的、没有受过训练的劳动人民讲解了社会主义和政治斗争的初步常识,给他们上了关于怎样对待士兵和怎样号召士兵的具体的“实物”课。行政当局和警察张皇失措(也许一部分原因是军队不可靠?),无力阻挠在俄国从未有过的一连几天在露天举行的群众性政治集会。最后出动了军队,群众拼死进行抵抗,而一位同志的被枪杀,又成了第二天抬着遗体举行政治游行示威的导火线……　但是,社会革命党人对这件事也许另有看法,在他们看来,在罗斯托夫被枪杀的六位同志如果为暗杀某些警察恶棍而牺牲,想必“更相宜”吧?

我们则认为,只有这种能向大家表明工人阶级政治觉悟和革命积极性明显提高的群众运动,才称得上是**真正革命的**行动,才能够真正激励为俄国革命进行斗争的人。这不是那种同群众的联系仅仅限于口头声明、限于已发表的判决书等的臭名远扬的“个人的反抗”。这是一大群人的真正的反抗,而这种反抗之缺乏组织性、缺乏准备和带有自发性质又使我们想到:夸大自己的革命力量,那实在不聪明;群众就在我们的眼前展开了真正的斗争,应该使他们更有组织性,更有准备,忽视这一任务,那简直是犯罪。不应靠枪杀来制造激动人心的理由，制造进行鼓动和提高政治思想的材料，要学会整理、利用和掌握俄国生活所提供的绰绰有余的材料，——这才是革命者唯一应该承担的任务。社会革命党人对那些在自由派客厅和民间小酒馆里引起那么多窃窃私议的政治暗杀的巨大“鼓动”作用赞不绝口。在社会革命党人看来，用发动政治**事件**来代替(或者甚至是补充)对无产阶级的政治教育是毫无价值的(反正他们已摆脱了稍微肯定的社会主义理论的一切狭隘的教条!)。我们则认为，**只有**由群众亲自登场、由群众的情绪引起，而不是由某个组织“抱着特殊目的”排演的事件，才能够起到真正重大的“鼓动的”(激励人心的)作用，并且不仅仅有激励人心的作用，同时还有(这点更加重要得多)教育的作用。我们认为，成百次暗杀沙皇的行动决不会起到这种激励人心的作用和教育的作用，这只能靠数万名工人参加集会，讨论他们的切身利益和政治同这种利益的联系，——这只能靠参加斗争，以真正**唤起**无产阶级中愈来愈多“没有触动过的”阶层奔向更加自觉的生活，投入更加广泛的革命斗争。有人对我们说政府(它不得不以普列韦先生之流更换西皮亚金先生之流，把最卑鄙无耻的恶棍“选来”供职)在解体，而我们确信，**牺牲**一个革命者的生命即使可以干掉十个恶棍，也无异于使我们自己的队伍解体，因为我们的队伍本来人数就太少，少得连工人们“要求”他们做的一切工作都做不过来。我们认为，表明政府真正解体的是这样一些情况，也只能是这样一些情况：通过斗争本身真正组织起来的广大群众使得政府张皇失措；街头的群众明白了，甚至派来“绥靖”的军队中的一部分人也开始明白，工人阶级先进分子的要求是正当的；当局在采取军事行动对付数万人民以前，就已经犹豫动摇，感到无法实际估计这些军事行动会引起怎样的后果；群众认定并感到内战战场上牺牲的人是自己的同志和自己的同伴，满怀着新的仇恨，准备去同敌人决一死战。这里，人民的敌人已经不是个别的恶棍，而是整个现存制度，与人民为敌的是地方和彼得堡的当权者、警察、哥萨克和军队，至于宪兵和法庭就更不用说了，只要举行人民起义，它们始终都要插手，历来如此。

不错，是起义。尽管一个遥远的外省城市的这次罢工运动开始时看来离"真正的"起义还很远，可是它的发展和结局使人不禁想到的正是起义。罢工的起因很平常，工人提出的要求也微不足道，这既特别清楚地表明无产阶级(它一下子就认识到铁路工人的斗争是他们的共同事业)团结的强大力量，又表明他们容易接受政治思想和政治宣传，也表明他们有决心在同军队的直接战斗中挺身捍卫自由生活和自由发展的权利——这些权利已成为一切有思想的工人共同的和最基本的东西。顿河区委员会在传单(传单全文，我们在下面予以转载)中对"全体公民"说，罗斯托夫的罢工是俄国工人要求政治自由的总高潮中的一次爆发，这是千真万确的[22]。在这类事件中，我们确已亲眼目睹反对专制政府的全民武装起义正在成熟，它已经不仅是革命者头脑和纲领中的思想，而且是运动本身必然的、实际上很自然的**下一个**步骤，是群众从俄国实际生活中吸取了宝贵教训和接受了出色教育，以至愤懑日益加深、经验日益丰富和勇气日益增大的结果。

我讲了必然的和自然的步骤，现在来赶紧附带说明一下：**除非**我们一步也不偏离我们那日益迫近和已经面临的任务，即帮助这些已经奋起的群众更勇敢、更齐心地进行斗争，派给他们不是两个，而是几十个街头演说家和领导者，建立能够指导群众的真正的战斗组织，而不是建立指导(假如说是指导的话)一些抓不住的个人的所谓“战斗组织”。自不待言，这项任务是很艰巨的，不过我们完全可以把近来人们常常引用得很不恰当的马克思的话改动一下说：“一步**实际**运动比一打”个人暗杀和个人反抗“更重要”，比数百个清一色知识分子的组织和“党派”更重要。[23]

除了罗斯托夫战役以外，在最近政治事件中最为突出的是对游行示威者判处苦役。政府决定采用从鞭笞到判处苦役的种种办法来吓唬人们。而工人对政府作了多么出色的回答啊（他们在法庭上的演说[24]我们将在下面引用），这个回答对于所有叫嚷游行示威产生了令人沮丧效果的人来说是极有教益的，他们这样叫嚷不是为了激励人们在这条道路上继续开展工作，而是为了鼓吹臭名远扬的个人反抗！工人的这些演说是无产阶级的基本群众对罗斯托夫这类事件作出的精彩解释，同时也是一则出色的声明（我要说，这是一个“公告”，假如这个词不是警察的专用语的话），它对运动的“实际”步骤方面所作的长期而艰苦的努力是极大的鼓舞。这些演说的出色之处，在于它们通俗地、极其确切地描述了，工人在现代社会中“受压迫、遭贫困、被奴役、受屈辱和被剥削”的这些平时**千百万次**重复着的事实，怎样促使工人觉悟起来，使他们愈来愈“愤懑”，并且用革命行动来表现这种愤懑（为了说明下诺夫哥罗德工人们演说的特色，我**不得不**使用上面的几个词，这些词我都加上引号，因为这些正是马克思在《资本论》第1卷最后几页上的名言，它们曾使“批评家”、机会主义者、修正主义者等等大肆鼓噪、徒劳无益地企图反驳和揭露社会民主党人，说他们讲得不对①）。

正因为发表这些演说的是普通工人，而不是觉悟程度很高的

① 参看《马克思恩格斯文集》第5卷第874页。——编者注

先进分子，甚至不是以某个组织成员的身份，而只是以普通群众的身份发表演说，正因为他们所强调的不是他们个人的信念，而是俄国每一个无产者或半无产者生活中的事实，他们的结论才会产生十分令人鼓舞的印象，这个结论是："这就是我们自觉地参加反对专制政府的游行示威的原因。"他们作出这个结论所依据的事实极为寻常、"比比皆是"，这就能保证几千、几万、几十万人都能够作出而且也必然作出这样的结论，如果我们能够坚持、扩大和加强对他们的经常不断的、坚持原则的、全面的革命的（社会民主主义的）教育的话。下诺夫哥罗德的四个工人说，既然我们感觉到了自由的气息，我们为了反对政治奴役和经济奴役甘愿去服苦役。罗斯托夫的几千名工人夺得了几天政治集会的自由，击退了多次镇压手无寸铁的群众的武装进攻，他们仿佛在同这四个工人遥相呼应地说：我们甘愿献身。

现在我们只需对那些有眼可看、有耳可听的人[25]说：以此将取胜。

载于 1902 年 12 月 1 日《火星报》
第 29 号

译自《列宁全集》俄文第 5 版
第 7 卷第 58—64 页

为下诺夫哥罗德工人在法庭上的演说写的前言

(1902年12月1日〔14日〕)

这里转载的是俄国社会民主工党下诺夫哥罗德委员会石印出版的下诺夫哥罗德工人的演说。这些演说朴实地叙述了工人们的贫困生活以及他们日益增长的愤慨和斗争决心，对这些演说再作什么补充，只会冲淡人们的印象。现在，我们的职责是尽一切努力使成千上万的俄国工人读到这些演说。扎洛莫夫、贝科夫、萨梅林、米哈伊洛夫和他们的同志们在法庭上英勇地维护了他们的"打倒专制制度!"的战斗号召，他们的榜样将鼓舞俄国整个工人阶级去作同样英勇的坚决斗争，争取全国人民的自由，争取向着光辉的社会主义未来奋勇前进的工人运动的自由。

载于1902年12月1日《火星报》第29号

译自《列宁全集》俄文第5版第7卷第65页

致 中 学 生[26]

（1902年12月1日〔14日〕）

我们衷心祝贺学生们坚毅的创举的同时，要向学生们提出同志式的忠告。希望你们努力把自我教育、培养自己成为坚定刚毅和坚韧不拔的社会民主党人作为自己组织的主要目的。把这项极端重要和必不可少的准备工作同直接的实际工作尽量严格地区分开来。希望你们在加入作战大军的行列时（和加入**以前**），竭力同地方的或全俄的社会民主党组织建立最密切的（和最秘密的）联系，这样你们就不致在着手工作时孤立无援，你们就不必从头做起，而只需继续从前做过的事情，使你们能够立刻各就各位，把运动向前推进，把它提到更高的阶段。

载于1902年12月1日《火星报》第29号

译自《列宁全集》俄文第5版第7卷第66页

关于“自由社”[27]

(1902年12月15日〔28日〕)

“革命社会党人”先生们对分析意见分歧的实质抱什么态度，从下面即可看出。列宁在《怎么办?》这本小册子中公开向“自由社”提出挑战，请他们反驳如下的论点：为了**扩展和加强群众工作**必须成立“革命家的组织”。那本小册子还对纳杰日丁先生详细说明了，理论上的轻率，纲领上的浮躁(是“革命社会党人”，又像是社会民主党人!)，以及策略上在革命主义和“经济主义”[28]、恐怖主义和无产阶级阶级斗争之间的动摇不定，是十分有害的，是很不体面的。那本小册子直截了当地指出并且证明，“自由社”**正在堕落到蛊惑人心的地步**①。纳杰日丁先生宁愿回避这种公开的挑战。这位高贵的武夫不是光明正大地进行公开的战斗，而宁愿从组织纠纷的角落进行活动。在“为工人办的杂志”(??)上，“自由社”不阐述自己的观点，只是在暗中低声指摘，嗾使“群众”去反对“革命家的组织”，硬要他们相信《火星报》正在砍掉“经济主义”的“健康的树干”[29]。对实质问题进行争论，不过是知识分子的消遣而已。对于“群众”，只要大声号叫反对“发号施令”，说些俏皮话就够了：什么“空肚子和圣灵”，“带钉子的害人靴子”，“蠢猪和笨脑袋”，“衰弱的脑室”和“一副猪嘴脸”，“揪住衣领、打掉牙齿”，等等。(见《评

① 参看本版全集第6卷第106—121页。——编者注

论》第30—35页)我国的革命社会党人和社会革命党人先生们在继续把“群众性的”书刊降低到浅陋的通俗书刊的水平,由此他们自认有功,要求有权在党的一切重大问题上散布瓦解和腐蚀的影响。纲领是骑墙的纲领,策略是骑墙的策略,实际活动是蛊惑人心的活动,这就是“革命社会主义”“自由社”的嘴脸。

载于1902年12月15日《火星报》第30号

译自《列宁全集》俄文第5版第7卷第67—68页

《告全俄公民》传单的引言[30]

（1902 年 12 月 20 日〔1903 年 1 月 2 日〕）

我们转载的顿河区委员会的传单对重大事件作了总结，非常清楚和正确地评价了这些事件，作出了社会民主党人愿意一再重复的实际结论。这一传单共印 6 500 份，于 12 月发往俄国各城市。

载于 1903 年 1 月 1 日《火星报》第 31 号

译自《列宁全集》俄文第 5 版第 7 卷第 69 页

一篇驳社会革命党人的文章的片断

（1902年12月）

社会主义和工人运动的结合（这种巩固的和真正革命的运动的**唯一**保证），是件不容易的事情，因此在这过程中出现各种动摇是不足为奇的，——正好两年前，我们在《火星报》创刊号的第一篇文章①上就是这样写的。有的派别路子选对了，但是把自己在这条路上的任务规定错了，同这种派别进行斗争是必要的；有的派别根本不考虑把比较严整和周密的社会主义和工人运动结合起来，同这种派别进行斗争就更为必要得多。这种派别没有社会基础，也没有同某个确定的社会阶级发生任何联系，它企图用奔放的热情、“兼收并蓄的”纲领来掩盖自己内部的虚弱无力。所谓“兼收并蓄”，**就是**把各种不同的和相互对立的纲领无原则地结合起来。由于纲领具有这种性质，它同样可以既适用于知识分子，又适用于无产阶级，也适用于农民。同时，在大多数知识分子背后是什么社会阶级，以及在自由主义反政府派背后是什么社会阶级，都可以不必理会（何况那个自由主义民粹派自称是非阶级的派别，对于这个派别，旧的俄国社会主义没有能力，现代的社会革命党人也没有能力

① 见本版全集第4卷第334页。——编者注

采取批判的态度)。至于对待农民,他们的生活基础和他们在俄国和世界的社会经济演进中的地位这些"该死的"问题都根本不必解决,可以讲一些一般的革命的和社会主义的(乍看起来是社会主义的)空洞词句,这些词句尽可能不同任何一种已经确定和已经宣布的解决农民问题的办法相矛盾。现在我们处于暴风骤雨的时期,斗争的爆发此起彼伏,这样的时期使人有可能在这种斗争的"喧嚷声中"回避各种各样的原则问题,只是富于同情心地支持各种形式的斗争,在比较平静的时期想出"个人的反抗"来。于是就出现了这样一种派别,它在口头上很革命,在实际的观点和同革命阶级的关系方面却一点也不革命,——它在激烈地攻击政府方面是革命的,而对这个政府的总策略却根本不能作出正确的评价,对这种策略也不能制定正确的对策。事实上不难看出,尽管有种种突变和动摇,尽管政府在某些个别场合下会表现出惊慌失措,但是它的策略总的说来还是清楚地显示出两条实行自卫的主要路线。

载于 1939 年《无产阶级革命》杂志第 1 期

译自《列宁全集》俄文第 5 版第 7 卷第 70—71 页

关于俄国社会民主工党各委员会和团体向全党代表大会的报告的问题

（1902 年 12 月—1903 年 1 月）

组织委员会[31]的一个委员请求我把我们党各委员会和团体向党的第二次代表大会提出报告时最好能予以答复的那些问题开列清单寄给他。下面，我把这些问题大致开列了一张清单，不过，我先得就这张清单的长短问题说几句。不言而喻，报告**最好**涉及社会民主党的工作的**一切**部门，因此，一个理想的报告所要涉及的问题几乎无所不包。当然，要提出这样全面的报告简直是不可想象的。不过我认为，组织委员会尽力使每个委员会或团体了解**所有**值得代表大会注意的（和对代表大会有用的）问题，是非常重要和非常必要的。同第一次代表大会相比，我们的第二次代表大会将更具有**成立**大会的性质，因此应当竭尽全力使报告更全面，更充实，每个团体提出的报告提纲**愈**理想，我们的代表大会对整个运动就了解得愈充分，愈准确，代表大会取得的成果就愈巩固。

各委员会和团体准备报告和讨论这些报告等工作，应在代表大会以前尽早进行。同时，各委员会和团体做到以下几点是极为重要的：第一，在许多成员中间分配起草报告的工作；第二，在拟就报告的**每一**部分后，**立即**将该部分的副本（决不要等到拟好报告的**全文**）送到国外去，即送到可靠的地方去；第三，这项工作不仅要尽量吸收现在的成员而且要尽量吸收过去的成员参加，不仅要尽量吸收现在担任工作的成员而且要尽量吸收现在不担任工作的成员即在流放地和国外的成员参加。可以委托这些人或者就某一组问题起草报告，或者就他们在委员会或团体内工作的那段时间起草报告。这些报告，或者报告的一些部分，可以大大减轻代表们在代表大会上的任务。同样不言而喻的是，代表们应当利用那些对报告中的问题作出了许多答复的党的文献，就是说应当尽力把这种文献加以综合，取其精华，纠正错误，补充和加入因考虑到保密原因而未能刊登出来的东西等等（这项工作要吸收暂时在国外的各委员会和团体的过去的成员参加，这也是十分重要的）。谈到保密问题，这里要补充一点，对某些问题不能作出也不应作出书面答复，因为这样会泄密。但是，对这些问题的答复，各委员会和团体必须加以考虑、准备和讨论，因为在党的代表大会上，关于这些问题的报告是**一定要作的**（即使不在代表大会的全会上作，也要向特别委员会作，向中央委员会作，等等）。

为了吸收尽量多的人来草拟报告，最好**尽量广泛地**散发**这份**问题**清单**（连同各个委员会、团体或同志所作的补充），而且只有这些问题和报告是为党的第二次代表大会准备的这一点，应当对广大的社会民主党人保密。

最后，有这样一个问题：报告应该包括哪段时间？从形式上说，报告包括第一次代表大会到第二次代表大会这段时间，即从1898年到1903年。但是，由于第一次代表大会既不完备，时间又太短，而且是在十分不利的条件下举行的，因此报告最好追溯到1898年以前的那段时间。

还应当附带说明一下，极详尽地列出报告的问题，决不能解释为只有最熟悉运动历史的同志或者一般最能回答所有这些问题的同志才是代表大会最好的代表。代表大会应当在统一运动和把运动大力向前推进方面起实际的作用，最好的代表应当是那些最有毅力、最有威信和最能献身于革命工作的同志，即使新同志也行。报告可以由许多人草拟，此外，在某些情况下，派遣的代表也许可能不止一人：如果这样，特别希望能让**大量工人**代表参加代表大会。

现在我就把问题列出来，这些问题共分为8项或8类（把问题一一分开，甚至分成几类，常常是勉强的，这无非是为了评述的方便，因为所有问题相互之间都有极为紧密的联系）。

一　工人运动及其历史和现状

1. 工业条件和状况的简短说明。当地的（工业的、商业的、手工业的等等，也许还有农业的）无产阶级的人数、成分、分布和其他特点。

2. 受到社会主义鼓动的工人的范围有多广？哪些区？哪些工厂？哪些家庭工人？等等。尽可能详细地叙述这部分工人自运动开始以来的发展情况。

3. 尽可能全面地列举出过去的罢工，详细地叙述每次规模较大的罢工。最好有综合材料。

4. 除罢工外，工人们是否有过出色的抵制行动和其他集体行动[①]？关于这些行动的详细情况。

---

① 是否有过集体声明？公开集会？是否参加过公开的“揭露”？等等。

5. 过去和现在有过哪些工人小组、储金会、自学团体、工人组织和工会？尽可能全面地叙述所有这类团体，其组织形式、主要成分、人数、存在时间、活动性质，在这方面的试验结果等等。

6. 是否有过建立合法的工人团体的尝试？关于每一次这种尝试及其成就、影响、命运、现状和意义的详细材料。也谈一谈祖巴托夫协会。是否有过为了社会民主党的利益而利用合法团体的尝试？

7. 当前危机的影响如何？主要根据工人的材料说明这次危机的特点。失业者，他们的情绪，对他们的鼓动等等。

二 地方社会主义者小组的历史，社会民主党人的出现，他们内部的派别斗争

8. 到社会民主党人出现时，是否还有旧的社会主义者组织的痕迹？这些痕迹表现在哪里，影响如何？什么时候和什么人开始在工人阶级中进行宣传鼓动？是民意党人？他们对社会民主党人的态度如何？

9. 单个的社会民主党人或单个的社会民主党小组是在什么时候和什么情况下出现的？尽可能详细地叙述**每个**小组（根据提出来的大纲），它的意义和对后来的小组的影响。

10. 地方小组中的社会民主主义观点是如何形成和发展的？其他地方（如城市）的影响如何？国外书刊的影响如何？合法马克思主义的（和“批评马克思主义的”）书刊的影响如何？尽可能详细

К вопросу о докладах комитетов и групп Росс. С.Д.Р.П. общепартийному съезду.

Один из членов Орг. Комит. обратился ко мне с просьбой прислать список вопросов, по которым желательно получить доклады к-тов и групп нашей партии на 2-ом съезде. Привожу здесь примерный список таких вопросов, но предварительно скажу несколько слов по поводу длины этого списка. Само собой разумеется, что доклады желательны по всем отраслям с.-д. работы и потому идеальный доклад охватывал бы едва ли не бесконечное количество вопросов. Мечтать о возможности

1902年12月—1903年1月列宁《关于俄国社会民主工党各委员会和团体向全党代表大会的报告的问题》手稿第1页

（按原稿缩小）

地说明第一种、第二种和第三种影响。

11. 社会民主党人内部的意见分歧。在 1898 年的宣言[32]发表以前，是否有过意见分歧？表现在哪里？有没有留下文件？对宣言的反应如何？它引起了什么样的和什么人的抗议或者不满？所谓"经济主义的"观点是怎样出现的？它们是怎样发展和传播的？更确切地有根有据地描述这一点，对地方运动的每一个经济主义"阶段"是非常重要的。在对党的各个机关刊物——《工人报》[33]（1897 年），国外《工作者》文集及其《小报》[34]，《工人思想报》，《工人事业》杂志，《火星报》，《曙光》杂志，《斗争》，《生活》杂志[35]等等——的评价上和在各个机关刊物的拥护者之间的斗争中，意见分歧是如何表现的？

补 11。社会民主党中的工人和"知识分子"之间是否有过分裂和纷争？弄清楚这些分裂和纷争的原因和影响是非常重要的。

12. 在地方小组中，派别斗争是如何进行的？只在社会民主党知识分子中进行？还是也在工人中进行？也在同社会民主主义运动有联系的大学生中进行？斗争是否表现为分裂？表现为成立各自独立的小组？斗争是否由于一般的原则问题而爆发？由于传单的内容？由于游行示威的问题？由于对学生运动的态度问题？由于五一节提出的要求问题？

较详细地叙述派别斗争的经过、后果和这方面的现状。

三　地方委员会、地方团体和小组的组织情况

13. 委员会（或团体、小组，如果数量很多，就一一说明）的主要

成员是哪些人？学生？工人？成员的补充是通过选举（如何选举？）还是通过别的方法？是否有专门的知识分子委员会和工人委员会？是否有专门的技术组、宣传组、鼓动组？是否有专门的写作组、中心组、区小组、地方组、执行组？它们的相互关系按照“章程”（如果有这种章程的话）规定怎样，实际情况又怎样？是否召开全体会议？会议的职能是什么？多长时间开一次？规模如何？如何组织同其他城市和国外的联系（即派专人、专门的小组或者不属于小组的人等等）？如何组织分发书刊的工作？如何组织巡视工作？

从组织工作经验中得出什么结论？在委员会中，在知识分子中和工人中对组织原则的主要看法是什么？

详细弄清专门的知识分子委员会和工人（工厂工人、手工业者等等）委员会产生的原因和**后果**，是特别重要的。

14. 工作是否扩展到邻近地区和其他地区？以怎样的形式扩展：是有组织地扩展，还是偶尔扩展？是否有过成立**区**组织或加入这种组织的尝试？

同其他地方的联系的性质。

区组织产生和工作的历史。区中心委员会的成分如何？它对地方委员会的态度如何？如何募集经费？是否有区储金会？是否有书刊储存处？区组织对工作的范围、工作的稳定性、各委员会之间的联系和其他等等的影响。

15. 委员会的财政情况如何？是否有委员会成立以来全部收支（按委员会的报表，如果有的话）的综合材料？通常的和平均的预算，收入来源的性质，向工人募捐的款项，成员交纳的款项，书刊、晚会的收入，各种捐款，等等（《解放》杂志和社会革命党在这方面的影响)。

支出的范围和性质:技术方面的开支?人员的生活费?巡视工作的开支?等等。

四　地方工作的性质、内容和范围

16.宣传。宣传员(小组)的成分、人数和活动方式如何?他们中间是否有工人?大学生是否占多数?是否有经验较多的同志进行监督和指导?是否有讲演的通用提纲,提纲是否随时修改?工人的反应和他们对某些题目的要求如何?是否有过把报告准备得很好的报告员派到各城市、各地区去的经验?朗读会的成员、人数、次数和情况如何?

17.经济鼓动。传单的印发是从什么时候开始的?能否计算一下所印发的各种传单有多少份(能否大致计算一下?)?这种鼓动在哪些地区、工厂和劳动部门进行?传单的编写和批准的程序如何?工人是否参加?出版和**散发**的技术如何?是否有工人书刊投递员?传单满足需要的程度如何?

18.政治鼓动。如何从经济鼓动过渡到政治鼓动?这种过渡是从什么时候开始的?是否引起过异议?第一批政治性传单是什么时候出现的?是否有一个时期**仅仅**印发经济性传单?政治鼓动的问题提法和起因是什么?从传单的性质和散发的范围尽量详细地叙述政治鼓动的扩大情况。最好有文件,因为了解政治鼓动的**所有情形**和所有范围是很重要的。政治鼓动是否只在工人中进行,还是也在其他阶级中进行(参看下面)?传单的编写方法和程序如何？对传单的需要如何？传单满足需要的程度如何？更需要地方性传单还是更需要一般性传单？

19. 书刊。散发哪些秘密出版物？把它们列举出来，指出散发的程度，委员会和工人（或者公众）对待**每一种**出版物（小册子等）的态度以及散发的时间，指出哪些阶层主要需要哪些书刊。

小组中散发书刊和集体阅读书刊的情况如何？哪些东西需要由知识分子来作解释？是否广泛地建立阅读讲解小组？读哪些作品？

20. 地方的和全党的机关刊物。地方机关刊物的历史：多长时间出一次？印数多少？编写工作如何安排？材料的收集和保管情况如何？（有无遗失？）地方机关刊物和全党机关刊物的撰稿工作组织得如何？是否有专门的写作组、“记者”？同著作界的联系如何？用什么方法寄送通讯稿？是通过委员会，还是通过私人，范围是否广泛？是否有过利用大学生和被流放的人的尝试？

关于机关刊物的总结和要求。

21. 五一游行示威。每次五一游行示威的经过和对将来的教训。

22. 游行示威。每次游行示威的综合材料。是否有组织一般游行示威，尤其是组织回击的尝试？是否有组织武装的尝试？工人和一般“实际工作者”对这点的看法如何？

补充和审查党的关于游行示威的文献。

现今对这个问题的态度。

五　同其他种族和其他民族的革命的（特别是社会民主党的）团体的关系

23.是否有其他民族和其他种族的工人？在他们中间的工作进行得怎样？是有组织地进行，还是偶尔地进行？用什么语言进行？同使用其他语言共同工作的社会民主党人的团体的关系如何？最好对这些关系作确切详细的说明。是否有意见分歧？是关于民族纲领的原则问题的意见分歧？还是策略上的意见分歧，组织上的意见分歧？为了共同工作，最好有什么样的关系？是否可能有**统一的**党的机关刊物？联邦制是否理想，哪种类型的联邦制？

六　印刷所、交通联络和秘密工作的安排

24.印刷所。开办印刷所的经验。经费开支和所用的人力。生产能力。对本地的印刷所（以便印刷传单?）和许多城市共用的印刷所的需要如何？这项工作的技术、组织、财务和保密等情况。

25.交通联络。过去是否有这方面的联系？有活动吗？每一种活动的经过情况以及关于活动的布置、进程、结果和对未来的展望的详细材料。理想的组织形式。

26.秘密工作的安排。是否有秘密住所？标志如何？是否有暗号？如何取得身份证？这方面的经验如何？在这方面是否有联系？

如何安排约会？

如何监视特务？同特务和奸细斗争的情况如何？斗争的形式，过去的形式和应采取的形式如何？

密码。城市和城市之间、市内以及同国外如何通信？

是否有关于“如何对付审讯”问题的读物？是否需要这种或类似的小册子？

委员会的档案工作如何？过去有档案吗？是否保存？现在呢？

七　在工人阶级以外的其他居民阶层中的联系和活动

27.农民中的工作情况如何？是否有单独的联系？是否有这种联系的详细材料？如何建立联系和如何保持联系？同什么样的农民有联系？同农业工人有联系吗？到农村去的工人的作用如何？

进行过哪些宣传？小册子、传单的散发情况如何？是些什么小册子和传单？成绩如何？

现状和对未来的展望。

28.大学生。是偶然的和个人的影响，还是有组织的影响？是否有很多社会民主党人出身于大学生？是否同大学生小组、同乡会、大学生联合会有联系？如何建立这些联系？是通过阅读小组？散发书刊？大学生中的主要情绪和各种情绪转化的经过。

对学潮的态度如何？

大学生参加游行示威的情形如何？是否事先对这个问题有过商量？

是否有大学生宣传员，如何培养他们？

29. 中等学校、中学、教会学校等等以及商业学校的情况如何？同中学生的联系的性质如何？对待他们中间的运动发展新阶段的态度如何？是否作过建立小组和组织学习的尝试？是否有过（或是常有）刚毕业的（或者未毕业的）中学生就参加社会民主党的情形？有小组和阅读小组吗？散发书刊的情形如何？

30. 同“社会”的联系如何？过去和现在都有联系吗？同哪些阶层有联系？是否通过募集经费和散发书刊建立联系？是否为了建立公开的图书馆，为了收集消息和通讯建立联系？“社会”对待社会民主党的态度有何变化？对社会民主党书刊的需求如何？同官吏、邮电和铁路职员、工厂视察机关、警察局职员、僧侣等的联系如何？

最好介绍一下委员会的各个委员同各阶层进行个人联系的经验。

31. 同军界的联系如何？社会民主党人中服过兵役的知识分子和工人的作用如何？同军官和士兵的联系如何？如何维持和利用这种联系？这种联系在鼓动、宣传、组织和其他方面的意义。

关于这个问题和前几个问题最好有特别详细的材料，因为这是些新问题，并且必须把许多分散的措施综合起来，联结起来。

八　非社会民主党的革命派和反政府派的状况，对待它们的态度

32. 自由主义派别。自由主义民粹派。在社会中？在大学生中？《解放》杂志，它的传播（在大学生中间？在工人中间？）和影响如何？是否有"解放派"小组？它们对待社会民主党人的态度。

社会民主党人对《解放》杂志的兴趣和看法。是否利用这个杂志来进行宣传和鼓动？

是否开大会进行辩论？

33. 社会革命党人。他们在当地出现的详细经过如何？何时出现？前身是民意党人？转变为社会革命党人？"经济主义"的影响如何？社会革命党人同外界的联系的性质如何，同什么样的人联系？他们的小组的性质和成分如何？老战士？大学生？工人？同社会民主党人的斗争情况如何？斗争的进程和进行斗争的方式如何？

社会民主党人和社会革命党人的联合团体。这些团体的详细历史，关于这些团体的工作、传单、决议及其他等等材料。

造成社会革命党人力量强大或弱小的特殊条件如何？是否热衷于恐怖手段？在大学生中？在工人中？

社会革命党人在农民中的工作如何？他们在农民中的联系和活动的性质如何？他们的"土地纲领"的影响如何？

34. 其余的集团和派别。"自由社"，"俄国政治解放工人党"，

马哈伊斯基派[36],工人旗帜派[37],等等。关于他们的观点和他们对待社会民主党人的态度的说明,关于他们同外界的联系和工作情况的材料。

载于1924年《无产阶级革命》杂志第1期

译自《列宁全集》俄文第5版第7卷第72—82页

莫斯科的祖巴托夫分子在彼得堡

（1903年1月1日〔14日〕）

《莫斯科新闻》[38]（1902年12月15日第345号）刊登了工人Ф.А.斯列波夫《给出版者的信》，这封信的**全文**我们在下面予以转载。第一，我们想鼓励我们最尊敬的"笔友"，《莫斯科新闻》编辑格林格穆特先生，因为他登载了一份这样有趣的文件。而格林格穆特先生显然需要得到鼓励，因为他那种给革命鼓动提供（和阐明）材料的极有益的活动，近来不知为什么减弱了，疲沓了……不大热情了。要多鼓点劲，同事！第二，彼得堡工人现在最重要的任务是密切注视祖巴托夫分子的每一个步骤，更经常地搜集、更广泛地传播和更详尽地向每个人说明下列消息：与特务勾结在一起的工人怎样同过去的、现在的和将来的将军、上层社会的女士和"真正俄国的"知识分子在一起会谈。

下面就是这封信。我们在括号里加了一些按语。

"阁下：能否把下面的情况登载在真正的俄国人所尊敬的《莫斯科新闻》上：

本月10日，在彼得堡'俄罗斯会议'[39]所在地举行了'俄罗斯会议'委员会委员会议，会议专门讨论了同俄国工厂工人生活有关的问题。参加会议的有彼得堡社会最著名的代表人物：前华沙总督助理K.B.科马罗夫将军，总检察长A.B.瓦西里耶夫，A.П.韦列田尼科夫上校，前基辅总督阿普拉克辛伯爵，阿·巴·伊格纳季耶夫伯爵，П.А.哥连尼舍夫-库图佐夫伯爵，扎布茨基将军，纳济莫夫海军上将，尼古拉·维亚切斯拉维奇·冯·普列韦，国民教育部办公会议成员 И.П.赫鲁晓夫，总参谋部的教授佐洛塔廖夫，瓦·西·克里文柯，Н.Ф.葛伊甸伯爵，杰米扬年科夫将军，大司祭奥尔纳茨基和其他教会代表；参加会议的还有彼得堡上层社会的女士们以及市政管理机关的列利亚诺夫市长和杰赫捷廖夫议员。新闻出版界的代表有：《光明报》编辑维·维·科马罗夫，《俄罗斯通报》杂志编辑瓦·李·韦利奇科，《新时报》撰稿人瑟罗米亚特尼科夫，《政府通报》前编辑康·康·斯卢切夫斯基，《断片》杂志[40]编辑兼出版者雷金，画家卡拉津等人。会议开幕时，由工人 И.С.索柯洛夫（关于这个人，《火星报》第 30 号上的一篇文章中提到了他，文章援引了《光明报》发表的一份比较完整的彼得堡工人祖巴托夫分子的名单。——《火星报》编者）作了关于工厂工人状况的报告。报告人主要阐明了工业城市中工人阶级的现状，他们在物质上和精神上的需要以及他们的求知欲望等（可惜没有把索柯洛夫先生的报告登出来！否则看看他怎么只能“阐明”工人的求知欲望，而不提警察对工人这种欲望的压制，倒是很有意思的。——《火星报》编者）。莫斯科工人代表（说莫斯科保安处的代表，岂不更为正确吗？斯列波夫先生，难道您和您的伙伴们不是为了得到警察局的钱才到彼得堡来的吗？——《火星报》编者），包括我在内，也都荣幸地出席了‘俄罗斯会议’，并向尊敬的会议报告了莫斯科工人的状况。我们在报告里首先代表俄国工人向‘俄罗斯会议’的成员们表示深切谢意，感谢他们允许工人的代表阐明俄国工人阶级目前的处境。其次，我们请求俄国上层社会的代表人物认真注意俄国工人的教育问题(当然是咯！工人正要等着从上层阶级那里得到教育——大概是用皮鞭进行教育吧！——《火星报》编者),教育现状远远不能令人满意,居心叵测的人正在成功地利用这一点进行社会主义宣传(要是教育不发达对**社会主义者**有利,那么,为什么这个**政府**还要封闭工人学校,封闭阅览室呢？这里有点不大对头吧,斯列波夫先生！——《火星报》编者),这不仅对工人有害,而且对整个俄罗斯国家也有害。再次,我们竭力提请尊敬的会议注意,莫斯科的工人希望团结成一个亲密的家庭,以便建立自己的互助储金会,因为这对工人摆脱极度贫困是至关重要的,但是莫斯科的厂主对工人的这种想法并不同情。为此,我们请求尊敬的会议的成员们提醒政府当局注意给工人互助储金会贷款的问题(请看《火星报》第29号发表的下诺夫哥罗德工人萨梅林在法庭上的演说,其中谈到他是怎样因参加经济小组而被逮捕的。这就是所谓的教育,这就是所谓的储金会！——《火星报》编者)。毫无疑问,在物质需要方面帮助工人,就是对在工人中进行恶意宣传的最有力的反驳(难道斯列波夫先生——这个姓放在他身上真是太合适了①！——真的以为觉悟的工人会为了一点小恩小惠而放弃对自由的追求吗？至于"在物质需要方面帮助"不觉悟的愚昧的**群众**,即使那些身居高位、庇护祖巴托夫分子的人自己也无能为力,因为要进行这种帮助,就得首先改变建立在群众痛苦上的整个社会制度。——《火星报》编者)。这些伪善的工人'**同情者**'常常说,工人要改善生活,非通过造反、暴动和反抗当局等手段不可。不幸的是,这种教唆有时居然也会得逞,这是尽人皆知的。和平地改善工人的

① 俄文中Слепов(斯列波夫)与слепой(瞎子)字形和发音均相近。——编者注

生活是对鼓动者最好的反驳。其次，我们荣幸地向尊敬的会议报告：在莫斯科，失业现象虽然极其严重，但是社会主义的宣传近来没有一点成效（而我们在不久以前，就听说莫斯科进行过大逮捕！要是宣传没有成效，那么为什么要进行逮捕，逮捕的又是谁呢？？——《火星报》编者），这正是因为工人们已经开始组织起来，他们自己有互助会、消费者协会，因为当局对工人的需要已经给予了同情和关怀，给了他们开办普通教育讲座的机会等等。——除上述一切以外，我们还向会议报告了莫斯科所发生的一些事件，在那里我们充当了工人和厂主之间的仲裁人，因此不仅消除了，而且防止了可能爆发的骚动，例如在加肯塔尔工厂、布朗雷兄弟工厂和多勃罗夫-纳布戈尔茨工厂，情况就是这样。我们也谈到了古容冶金工厂工人罢工的问题，这个厂的压延车间和制钉车间的工人原来已经停工，可是由于我们的干预，这才没有酿成骚动，工人们听从了我们同志式的忠告而复工了（这种"同志式的"忠告，工人们已经听得够多了，每次罢工，不论是警察还是工厂视察员总要来劝他们"复工"的。这不是同志式的忠告，而是警察式的忠告。——《火星报》编者）。

'俄罗斯会议'的成员们十分赞赏地听取了我们的报告（听帮助警察办事的工人的报告，还能不赞赏！——《火星报》编者），许多人都发表了意见，说要认真考虑工人的问题，要使工人有可能、有办法摆脱社会主义学说的影响（真是绝妙的写照：将军和神父，祖巴托夫特务分子和忠于警察精神的作家们竟打算"帮助"工人摆脱社会主义学说的影响！顺便也打算帮助捕获那些因不小心而落入圈套的工人。——《火星报》编者），在政府法令的监督下和在真正热爱自己祖国、渴望祖国繁荣富强的那部分知识分子的领导下，容许工人有首创精神（好一个在警察监督下的首创精神！不，工人现在所要求的，已经是以不受警察管制、自由选择工人自己所信任的那些知识分子当领导者为条件的首创精神。——《火星报》编者)。维·维·科马罗夫、A.B.瓦西里耶夫、韦列田尼科夫上校、杰赫捷廖夫先生、画家卡拉津、德·彼·哥利岑公爵以及其他许多人对工人问题也抱着极其热情的态度。也曾经提出必须成立设有中央领导机关的工人特别委员会的见解，这种特别委员会在防止工人和厂主之间发生误会方面将会起到良好的作用。据杰赫捷廖夫先生的说法，这样做是应当允许的，因为群众永远也不可能自觉行动，最能够影响工人群众的就是工人自己，他援引法国为例，说明那里现有的这类机构正在卓有成效地实现上述任务。(不错，工人委员会在法国和整个欧洲都是卓有成效的。这是对的。但它们之所以卓有成效，是因为那里的工人有政治自由，有自己的工会、自己的报纸、自己的议会代表。难道杰赫捷廖夫先生以为彼得堡工人全都这么幼稚，连这点都不懂得吗？——《火星报》编者)——关于政府贷款给工人互助储金会的问题，也得到了'俄罗斯会议'成员们的同情。会议结束时决定选举一个特别委员会，就这个问题商讨办法。——我们希望您，编辑先生，一个真正的俄国人，也能同情我们工人，把上述情况在您的报纸上发表出来，以便我们的这些优秀人士联合起来，共同斗争，反对我们祖国的敌人，这些敌人在人民群众中引起骚乱，散播内讧的种子，削弱对历代崇尚的古训的忠诚、对最高权力的尊重和敬仰。我们坚信，俄国也有这样的人，他们准备贡献出自己的力量为祖国服务，把自己的精力和才能献给祖国，齐心协力，筑起一道不可超越的屏障，抵挡住俄国的荒诞和邪恶行为。

工人　Ф.А.斯列波夫"

斯列波夫先生在最后不得不泄露了天机！政府对工人的需要的一切支持，一切同情，归根结底就是在工人中组织集团来反对社会主义。这才是实情。除了皮鞭和监狱、流放和监禁之外，祖巴托夫分子工人先生们还要培养工人“对最高权力的尊重和敬仰”，这对工人来说倒是很有意思的。没有一个有理智的工人会在公开的集会上说出他脑子里所想的东西，——那简直是等于自投警察的罗网。但是通过**自己的**报纸，**自己的**传单和**自己的**集会，我们就能够而且一定会使新的祖巴托夫运动完全有利于社会主义。

载于1903年1月1日《火星报》第31号

译自《列宁全集》俄文第5版第7卷第83—88页

《关于“组织委员会”成立的通告》后记[41]

（1903年1月15日〔28日〕）

“四年前，几个俄国社会民主主义组织统一成了‘俄国社会民主工党’，制定了一个组织计划和一些总的活动原则，这在党所发表的《宣言》中已作了阐明。可惜这个第一次尝试未能成功：当时还没有具备为建立统一的、强有力的、坚持不懈地为使无产阶级摆脱各种压迫和剥削而斗争的社会民主党所必需的因素。一方面，俄国社会民主党的实际活动形式本身才刚刚在形成；不久前才踏上斗争道路的社会民主党还正在寻找能最好地贯彻自己的理论观点的途径，它的步伐还不够大胆，不够坚定。作为社会民主党活动基础的工人运动，已经发展成为大规模的罢工，它一迸发出灿烂夺目的光芒，就使得许多人眼花缭乱，看不见革命社会民主党的如此清楚明确的任务和目的，一味醉心于狭隘的工会斗争。另一方面，政府不断采取镇压手段来打击尚未巩固、尚未深深扎下根子的社会民主党组织，破坏了各种继承性，摧毁了活动的一切传统。

但是这个没有成功的尝试并不是没有影响的。我们的先驱们所遵循的建立有组织的无产阶级政党的思想，从那时起就成为全体觉悟的社会民主党人的指路明灯和向往的目标。这四年来，我们曾不止一次地试图实现最早的社会民主党活动家的这个遗志。但是迄今为止，我们仍然像四年前一样，处于组织涣散状态。

与此同时，生活向我们提出的要求却愈来愈高。如果说党的最早的活动家的任务是唤醒工人群众中沉睡着的革命力量，那么我们的任务就复杂得多。我们必须把这种觉醒起来的力量引上正路，领导和指导这种力量。我们应当准备在不久的将来就听到这样的呼声：‘把我们引向你们号召我们去的地方吧!’如果那时我们还像现在这样分散,这样毫无准备,措手不及,那就太可怕了。不要以为我们把形势说得太严重了。谁要是能够透过五光十色的表面现象深入地探索一下,谁要是能够洞察事物内部发展着的过程,他就不会认为我们言过其实了。

但是,使形势变得更加严重的,还有其他情况。我们正处在具有重大意义的历史时期。由俄国生活的整个进程引起的工人阶级的觉醒,使得社会各个阶层都活动起来。他们程度不同地意识到必须努力组织起来,以便通过不同的方式参加反对陈旧制度的斗争。祝他们成功! 对任何一个参加这场斗争的人,社会民主党当然只能表示欢迎。但是必须警惕:不要让这些同盟者把社会民主党当成他们手中的工具,不要让他们把社会民主党推出主要的活动舞台,不要让他们夺去反专制斗争中的领导地位,而主要的,是不要让他们危害前进中的革命斗争,把斗争引入歧途。凡是密切注意近几年来革命斗争的人都会明白,这种危险并不是什么臆想中的幽灵。

因此,俄国社会民主党目前面临着任何地方委员会,甚至任何区的组织都不能胜任的重大任务。不论地方组织多么完善,它们也不能胜任这项任务,因为这项任务已经超出地方的范围。只有靠团结成为一支集中的、纪律严明的队伍的全体俄国社会民主党人的集体力量,才能完成这项任务。但是,实行统一,该由谁来倡议呢?

彼得堡‘斗争协会’、联合起来的南方各委员会和各组织中央委员会、《火星报》组织、崩得两个中央委员会(国内的和国外的)、‘国外俄国社会民主党人联合会’以及其他几个组织的代表在去年举行的代表会议上讨论了这个问题。代表会议委托某几个组织的代表成立一个组织委员会,把真正恢复俄国社会民主工党的任务担当起来。

为了执行这项决议,彼得堡‘斗争协会’、《火星报》组织、‘南方工人’社①的代表们成立了组织委员会,它的首要任务就是**为召开党的代表大会准备条件**。

但是召开代表大会是一件极其复杂的工作,并且需要相当长的时间才

---

① 当时也曾建议崩得派遣自己的代表参加组织委员会,但是我们不知道由于什么原因崩得对这一邀请没有作出反应。我们希望,这些原因纯属偶然,希望崩得将很快派出自己的代表。

能完成,因此在党的中央机构恢复以前,组织委员会将担负某些全国性的工作(印刷全国性传单,整个的交通联络和技术工作,建立各委员会之间的联系等等)。

不言而喻,由某几个组织个别倡议成立的组织委员会,只是对那些已经授予它或者将要授予它全权的组织才具有约束力。对于所有其他的委员会和团体来说,组织委员会只是一个为它们提供服务的局部性组织。

组织委员会毅然担负的任务十分艰巨。而它之所以敢于担负起这样的任务,只是因为统一的工作太迫切,分裂现象太明显,涣散状态的继续存在对整个事业的威胁太大。组织委员会在着手工作的同时认为,它的工作能否取得成绩,在很大程度上将取决于社会民主党各委员会和组织对它的态度,而这种态度本身将是检查它对目前形势的估计是否正确的准绳。

组织委员会

1902年12月"

* * *

新成立的我们党的组织委员会的声明本身已经讲得非常清楚,我们也就不必多费唇舌去谈论这一步骤的重大意义了。统一,即恢复党的完整是俄国社会民主党人最紧要的、迫切需要完成的任务。这个任务很困难,因为我们需要的,不是几群倾向革命的知识分子的统一,而是所有领导工人运动以唤起居民中整整一个人数众多的阶级去争取独立生活、去进行斗争的人的统一。我们需要的,是在严格的有原则的团结基础上的统一,这种统一是所有或大部分委员会、组织、团体、知识分子和工人(他们在各种不同环境不同条件下进行活动,有时是通过各种完全不同的途径树立起自己的社会民主主义信念的)都必须自觉地和坚决地去实现的。这种统一不仅不能靠下一道命令来建立,而且也不能只靠与会的代表通过一些决议就一下子建立起来,应当经常不断、一步一步地准备和建立这种统一,也就是说要使全党代表大会能够巩固已做的工作，纠正其中的缺点，将业已开始的工作继续下去，并为今后更广泛更深入的工作奠定和正式确立牢固的基础。因此我们特别欢迎组织委员会以明智审慎而谦逊的态度进行自己的工作。组织委员会并不要求对广大的俄国社会民主党人具有任何约束力，它只为全体俄国社会民主党人**提供服务**而已。希望一切俄国社会民主党人、委员会和小组、组织和团体、现在担任工作的人和暂时不担任工作的人（被流放的人等等）都能迅速响应这个号召，争取同组织委员会建立直接的和密切的联系，全力积极支持整个宏大的统一工作。我们应当努力做到使**每一个**俄国社会民主党人的团体**都能**同组织委员会建立联系，**都能**同它团结友爱地一起工作。其次，组织委员会在把筹备和召开全党代表大会当做它的首要任务的同时，也担负起**为运动提供服务的**某些全国性的工作。我们深信，没有一个社会民主党人不认为组织委员会这样扩大职权是迫切需要的，因为这只是扩大**提供服务**的范围而已，这种服务将满足已经成千上万次地提出过的要求，并不需要谁放弃任何的“权利”，而只想尽快地在实践上消除隔绝状态，来共同安排一系列联合措施。最后，组织委员会断然宣称召开代表大会是一件极其复杂的工作并且需要相当长的时间才能完成，我们认为这是完全正确和恰当的。当然，这决不是说要延迟召开代表大会。绝对不是。要是讲到代表大会的迫切性，那么连花一个月时间准备代表大会我们也认为太“长了”。但是，如果考虑一下我们的工作条件，考虑一下我们必须在代表大会上认真地反映整个运动的情况，那么即使这一段时间再延长五倍十倍，也不会使任何一个多少有点经验的工作人员泄气的。

愿尽快统一和恢复党的工作取得各方面的成就。让我们不仅用言词，而且立刻用每个人的行动来表示支持吧。俄国的和国际的革命社会民主党万岁！

载于1903年1月15日《火星报》第32号

译自《列宁全集》俄文第5版第7卷第89—93页

俄国组织委员会
告俄国革命社会民主党人国外同盟、
国外俄国社会民主党人联合会和
崩得国外委员会书的草案[42]

(1903 年 1 月 22 日或 23 日〔2 月 4 日或 5 日〕)

为了执行俄国社会民主工党(1902 年)春季代表会议[43]的决定,**组织委员会**向俄国革命社会民主党人国外同盟[44]、国外“俄国社会民主党人联合会”[45]和崩得[46]国外委员会建议成立俄国社会民主工党组织委员会国外分会。

俄国组织委员会的这个国外分会应有如下职权:

(1)深入研究国外社会民主党人组织派代表出席代表大会的问题。这个问题由俄国组织委员会和代表大会本身作最后决定;(2)从国外协助代表大会的召开(如筹款、办护照等);(3)准备实现国外社会民主党人组织的统一,这是党和整个俄国社会民主主义工人运动的利益迫切需要的。

载于 1946 年《列宁全集》俄文第 4 版第 6 卷

译自《列宁全集》俄文第 5 版第 7 卷第 94 页

论崩得的声明

（1903年2月1日〔14日〕）

我们刚收到崩得的《最新消息》[47]第106号(2月3日(1月21日))，其中一篇报道谈到崩得一个非常重要的、坚决的和极其可悲的行动。原来，崩得中央委员会已在俄国就组织委员会的通告发表了一项声明。其实确切些说，声明是针对组织委员会通告中的**脚注**的，因为崩得在它声明中所论述的**主要**只是针对这条脚注的。

事情的原委就是这样。我们的读者都知道，组织委员会在这条掀起(像是由它引起的吧！)一场轩然大波的可怕的"脚注"中曾一字不差地写过如下的话：

"当时也曾建议崩得派遣自己的代表参加组织委员会，但是我们不知道由于什么原因崩得对这一邀请没有作出反应。我们希望，这些原因纯属偶然，希望崩得将很快派出自己的代表。"①

请问，还有比这更自然更清白的脚注吗？组织委员会怎么能采取别的态度呢？不提崩得是不对的，因为组织委员会并没有忽视过崩得，而且只要崩得还按照1898年党代表大会的决定留在俄国社会民主工党内，就不能忽视崩得。而既然没有不提崩得，那就必须说我们是邀请过它的。这不是很清楚吗？更清楚的是，既然

---

① 见本卷第75页。——编者注

组织委员会不知道崩得保持沉默的原因，那它正**应该**说："我们不知道由于什么原因。"组织委员会补充说：我们希望，这些原因**纯属偶然**，希望崩得将很快派出自己的代表——这是组织委员会公开坦率地表明自己希望**和崩得一起**组织代表大会和恢复党的工作。

显而易见，如果崩得也有这种愿望，那只要应我们通过秘密途径和报上刊载的声明所发出的**邀请**派出代表就行了。崩得不但不这样做，反而跟这条脚注(!!)**展开了论战**；而且在报上发表的声明中对组织委员会的任务，对召开代表大会的条件**单独地专门**阐述了自己的意见和看法。在研究崩得的"论战"以前，在分析崩得的看法以前，我们要最坚决地**抗议**崩得在报上专门发表声明，因为这一行动违反**共同**进行革命工作特别是组织工作的最基本的规则。先生们，二者必居其一：要么你们**不愿意**在一个**共同的**组织委员会中工作，那当然不会有人来抱怨你们单独发表声明了。要么你们愿意一起工作，那你们就**有义务**不向公众单独发表自己的意见，而是把意见提给组织委员会中一起工作的同志，组织委员会只有作为整体才能公开发表意见。

崩得自己当然看得很清楚，它发表声明是直接违反协力进行**共同**事业的一切规则的，它为了替自己开脱，就强词夺理地说："既然我们没有可能通过亲自参加会议或参加《通告》的拟定工作来发表自己对即将举行的代表大会的任务的看法，我们就只好发表这个声明，以便哪怕稍微弥补一下这个缺陷。"请问，难道崩得当真想让人相信它"没有可能"给组织委员会写信吗？或者"没有可能"给圣彼得堡委员会、给《火星报》组织[48]、给"南方工人"社[49]写信吗？而派遣自己的代表到上述任何一个组织中去也都没有可能吗？在这些"异常"困难的，也许对崩得这样一个软弱的、没有经验的、失去任何联系的组织来说是特别困难的措施中，崩得是否想点办法采取过一个呢？

先生们，不必躲躲闪闪了！这样既不聪明又不体面。你们单独发表声明，是因为你们**想**单独发表声明。而你们想单独发表声明，是为了想马上表明和贯彻自己那个在**新的**基础上建立同俄国同志的关系的**决定**，即不是根据1898年的党章**加入**俄国社会民主工党，而是同它建立**联邦制的**联盟[50]。关于联邦制和民族问题的**论战**[51]**，是由我们发动的，现在已被搁下很久了**，我们希望这个问题能在整个代表大会上得到详细全面的**讨论**，所有的或者绝大多数俄国同志肯定也都是希望这样做的，可是你们却不这样做，而是**破坏**共同讨论。你们不是作为彼得堡、南方和《火星报》的同志，希望同他们共同讨论（无论**在代表大会召开以前**，或**在代表大会上**）相互关系的最好形式，——你们是公然作为同俄国社会民主工党全体党员相分离的**一方**，向全党提出**自己的条件**。

俄国谚语说，爱情不能强求。既然崩得不愿意同俄国社会民主工党保持在1898年的代表大会上建立起的正确的、最密切的联系，它当然不会再保持原来的关系。我们并不否认崩得有发表自己意见和表示自己愿望的"权利"（非万不得已，我们一般是不会来谈革命事业中的"权利"的）。但是我们感到非常遗憾的是，崩得没有一点分寸，它单独公开发表自己的意见，正好是在被邀请参加共同组织（组织委员会）的时候，而这个组织**对这个问题并没有预先发表任何绝对肯定的意见**，它之所以召开代表大会，正是为了讨论各种各样的意见。

崩得想**挑拨**所有对问题持有不同看法的人立即发表自己的意见。行啊！对这一点，我们当然不会反对。我们要告诉俄国无产阶级，特别要向犹太无产阶级重复说明，崩得现在的领导人犯了严重的政治错误，这个错误肯定会被时间纠正，被经验纠正，被运动的发展纠正。崩得曾经支持过“经济主义”，助长过国外的分裂，曾经通过决议说经济斗争是政治鼓动的**最好的**手段。对这点我们反对过，斗争过。斗争帮助改正了旧的错误，现在这种错误大概已经不存在了。我们曾经同醉心于恐怖手段的现象斗争过，看来，这种现象甚至消失得更快些。我们深信，醉心于民族主义的现象也会消失的。犹太无产阶级终究会明白：同俄国无产阶级**最紧密地**团结在一个党内，是他们最切身的利益所要求的；预先判断犹太人在自由的俄国的演进是否会不同于他们在自由的欧洲的演进，是愚蠢透顶的；崩得只能提出（在俄国社会民主工党内）在涉及犹太无产阶级的事务方面完全自治这样的要求，而这一点，1898 年代表大会已完全确认，从来也没有谁否认过。

不过我们还是回过来谈崩得的声明吧。崩得把组织委员会《通告》的脚注说成是“另有所指”。这是近乎诽谤的谎言。崩得中央委员会隔了几行字自己也承认，“我们的代表没有参加会议的原因纯属偶然。”而组织委员会是怎么说的呢？它希望崩得代表缺席的原因是偶然的。你们自己证实了这种假设，自己又在生气。这是为什么呢？再说，偶然的事情谁也无法事先知道。可见，崩得国外委员会硬说组织委员会**知道**妨碍出席的原因，这是毫无根据的。总之，崩得国外委员会在这个事件中扮演了很不光彩的角色：它在崩得中央委员会的声明中加进了虚构的东西，这些东西甚至同中央委员会自己的话直接相矛盾！既然被邀请的是崩得中央委员会（而不是国外委员会），既然崩得中央委员会自己都说这些缺席的原因纯属偶然，那么崩得国外委员会又怎么能确定组织委员会**知**

道崩得缺席的原因呢??

崩得中央委员会说:“我们深信,会议发起人稍加努力,这些偶然的原因就不会妨碍我们作出反应……” 我们要问任何一位公正的人士:如果有两个打算到组织委员会会合的同志异口同声地都说妨碍他们见面的原因“纯属偶然”,那么**挑起公开的论战**,辩论谁对缺席一事有更多的过错,这是否恰当,是否光彩?我们要指出,我们对崩得的缺席早就表示了(当然不是在报纸上,而是在信件中)遗憾,就我们所知,崩得曾受到**两次**邀请:第一次是写信邀请的,第二次是面托崩得某委员会转告的。

崩得抱怨说,会议以后**几乎过了一个月**,代表才到。是啊,这真是骇人听闻的罪行,当然应该揭露出来,因为它特别突出地表明,崩得甚至两个月以后还不准备派代表,这是多么遵守时间啊!

代表“没有履行诺言”,把组织委员会《通告》的转抄稿或印样在散发以前**一定**寄来…… 我们劝我们的俄国同志们同某些人谈话一定要作记录。《火星报》组织也曾经许下诺言要把《通告》的转抄稿和印样给我们寄来,但是转抄稿我们根本没有收到,而看到印样的时间也比那些同《火星报》组织没有关系的组织成员要**迟得多**。希望崩得派解答一下这个问题:如果我们在报刊上责难《火星报》组织违背诺言,就我们来说是否得体?组织委员会的代表答应崩得中央委员会要立即写信给负责印刷《通告》的同志,叫他们延期印刷——这才是**真正的**诺言(就我们掌握的情况可以作出这样的判断)。这个诺言已经履行了,但是延期印刷已经办不到了,因为没有时间同印刷部门进行联系了。

总而言之,组织委员会的发起人写了信,面托某委员会代为转达，又派了代表到崩得中央委员会去，崩得却一连数月没有来过**一封信**，更不用说派代表了！而崩得竟在报刊上提出责难！崩得国外委员会令人惊奇地断言，会议发起人的所作所为“令人惊奇”，他们的行动和他们的目的矛盾极大，他们表现“急躁”（相反，崩得中央委员会却责备他们迟缓！），他们想“给人造成印象”，似乎崩得“漠不关心”！！

我们还要就崩得对组织委员会的如下责难说几句。崩得说组织委员会没有作出如下“唯一正确的结论”：“既然党实际上不存在，那么即将举行的代表大会应当具有成立大会的性质，因此俄国现有的一切社会民主党组织，无论是俄罗斯的还是其他一切民族的社会民主党组织，都应当有权参加代表大会。”崩得力图回避那个使它感到不快的事实，即俄国社会民主工党虽然没有统一的中央，但是它的存在由许多委员会和机关刊物体现出来了，并且有第一次代表大会的《宣言》和决定，顺便说说，在那次代表大会上，也有一些以犹太无产阶级的名义进行活动的人，他们还没有发生经济主义、恐怖主义以及民族主义动摇。崩得正式提出“一切”民族都有“权利”建立早已建立了的俄国社会民主工党，这清楚地证明，它正是为了臭名远扬的“联邦制”问题才掀起这场风波的。但是这个问题不应当由崩得先提出来，在真正的革命者中间也不应当谈什么“权利”。现在摆到日程上的是俄国社会民主工党的主要核心的团结和统一的问题，这是尽人皆知的。不能不同意“一切”民族都派代表出席代表大会，但是也不能忘记，**只有在这个核心形成以后**（或者至少是确实巩固了以后），才能考虑**扩大**核心以及核心同其他组织联合的问题。当我们自己还没有在组织上统一起来，还没有坚定地走上正确的道路以前，同我们联合对“其他一切”民族不会有什么好处！至于“其他一切”民族派代表出席我们代表大会的**可能性**（不是“权利”，先生们！）的问题，取决于组织委员会和俄国各委员会的一系列策略措施和组织措施，一句话，取决于组织委员会活动的成功。而崩得一开始就对组织委员会百般干扰，这是历史事实。

载于 1903 年 2 月 1 日《火星报》
第 33 号

译自《列宁全集》俄文第 5 版
第 7 卷第 95—101 页

论亚美尼亚社会民主党人联合会的宣言

(1903 年 2 月 1 日〔14 日〕)

高加索出现了一个新的社会民主党组织:**“亚美尼亚社会民主党人联合会”**[52]。我们知道,这个联合会开始自己的实际活动已经半年多了,而且已经有了自己的亚美尼亚文机关报。我们收到了这家机关报的创刊号。报纸的名称是《无产阶级报》[53],报头上有“俄国社会民主工党”的字样。上面刊载了好几篇文章、短评和通讯,其中阐明了促使“亚美尼亚社会民主党人联合会”成立的社会条件和政治条件,并大体拟定了联合会的活动纲领。

题为《亚美尼亚社会民主党人宣言》的社论这样写道:“‘亚美尼亚社会民主党人联合会’是广泛分布在全俄各地的俄国社会民主工党的一个分支,它的活动同俄国社会民主工党完全一致,并将同俄国社会民主工党一道为整个俄国无产阶级,尤其是亚美尼亚无产阶级的利益而奋斗。”其次,作者指出,高加索资本主义发展迅速,这一过程所引起的结果,就其力量之大和范围之广来说,都非常惊人。接着作者谈到了高加索工人运动的现状。在巴库、梯弗利斯和巴统这样一些高加索的工业中心,资本主义企业规模巨大,工厂无产阶级人数众多,那里的工人运动已经深深扎根。但是由于高加索工人的文化水平极低,因此到目前为止,他们同业主的斗争自然或多或少带有不自觉的自发的性质。所以需要有一种力量能够把分散的工人的力量联合起来，能够使工人的要求具有鲜明的形式，能够培养工人的阶级自觉。这种力量就是社会主义。——随后，联合会在扼要地叙述了科学社会主义的基本原理以后，阐明了自己对待国际社会民主主义运动中，尤其是俄国社会民主主义运动中的当前各个派别的态度。宣言中说："照我们的意见，无论靠工人阶级自己进行的经济斗争，还是靠局部的政治改革和社会改革来实现社会主义的理想，都是不可想象的；只有彻底摧毁整个现存制度，实行应以无产阶级政治专政为序幕的社会革命，这种理想才有可能实现。"接着，联合会指出俄国现存的政治制度是敌视一切社会运动特别是工人运动的制度，并且声明，它最近的任务就是对亚美尼亚无产阶级进行政治教育，使他们参加整个俄国无产阶级推翻沙皇专制制度的斗争。联合会不完全否认工人同厂主进行局部经济斗争的必要性，但是并不认为这种斗争具有独立的意义。联合会承认这种斗争，是因为这种斗争能改善工人的物质状况，有助于培养工人的政治自觉和阶级团结精神。

我们尤其感兴趣的，是联合会对民族问题的态度。宣言中说："鉴于俄国存在着许多不同的民族，它们处于文化发展的不同阶段，只有广泛发展地方自治才能保障这些不同民族的利益。因此我们认为将来在自由的俄国必须建立一个**联邦制的**〈黑体是我们用的〉共和国。至于高加索，由于它的居民种族极不相同，我们将努力团结当地分属于不同民族的一切社会主义者和工人；我们将努力建立一个统一而巩固的社会民主党组织，以便更有成效地同专制制度进行斗争。在将来的俄国，我们承认一切民族都有自由的自决权利，因为我们只把民族自由看做是整个公民自由的一种形式。根据这个论点，同时考虑到我们上面所指出的高加索居民分属不同的种族，各种族之间又不存在地理上的界限，我们认为不可能把高加索各民族实行政治自治的要求列入我们的纲领；我们只要求文化生活方面的自治，即语言、学校、教育等方面的自由。"

我们衷心欢迎"亚美尼亚社会民主党人联合会"的宣言，特别是它在民族问题的正确提法方面所作的卓越尝试。如能把这种尝试进行到底，那就太好了。俄国一切社会民主党人在民族问题上应当遵循的两条基本原则，联合会都**拟定得**完全正确。这就是：第一，不要求民族自治，而要求政治自由、公民自由和完全平等；第二，要求国内每个民族都有自决权。不过，这两条原则"亚美尼亚社会民主党人联合会"还没有完全贯彻。事实上，**从他们的观点出发**能否提出成立**联邦制的**共和国的要求呢？联邦制**是以**存在着一些自治的、民族的、政治的统一体**为前提的**，而联合会却拒绝提出民族自治的要求。联合会如果要做到立论前后完全一致，就应当从纲领中删去成立**联邦制的**共和国的要求，只提出成立一般民主共和国的要求。**鼓吹**联邦制和民族自治并不是无产阶级应做的事情，提出这类必然导致要求成立自治的**阶级**国家的要求，也不是无产阶级应做的事情。无产阶级应做的事情就是要把所有民族中尽可能广泛的工人**群众更紧密地**团结起来，以便**在尽可能广阔的舞台上**为建立民主共和国和社会主义而斗争。由于当局采用一系列令人愤懑的暴力，当前让我们表演的全国性舞台已经建立起来，而且还将继续存在并日益扩大，那么，正是为了成功地同各种剥削和压迫进行斗争，我们应当把深受压迫、最善于斗争的**工人阶级**的力量联合起来，而不是使之分散。要求承认每个民族具有自决权，这件事本身仅仅说明我们无产阶级政党应当永远无条件地**反对任何**

用暴力或非正义手段从外部影响人民**自**决的**企图**。我们一直履行着自己这种否定的义务(对暴力进行斗争和提出抗议),从我们这方面来说,我们所关心的并不是各民族的自决,而是每个民族中的**无产阶级**的自决。因此,俄国社会民主党永远必须遵循的总的基本纲领,应当只是要求公民(不分性别、语言、宗教、种族、民族等等)的完全平等和公民的自由的民主的**自**决权。至于说到对**民族**自治要求的**支持**,那么这种支持根本不是无产阶级经常性和纲领性的职责。只有在个别的特殊情况下,这种支持才是无产阶级所必须提供的。对于亚美尼亚社会民主党来说,这种特殊情况并不存在,这是"亚美尼亚社会民主党人联合会"自己也承认的。

我们希望有机会再来谈谈联邦制问题和民族问题[①]。现在,在结束本文的时候,我们再次向俄国社会民主工党的新成员——"亚美尼亚社会民主党人联合会"表示欢迎。

载于1903年2月1日《火星报》
第33号

译自《列宁全集》俄文第5版
第7卷第102—106页

① 见本卷第218—226页。——编者注

对欧洲和俄国的土地问题的马克思主义观点[54]

（1903 年 2 月）

讲 演 提 纲

第一讲。**土地问题的一般理论**。资本主义农业的形成。商业性农业发展的各种形式和农业雇佣工人阶级的形成。马克思的地租理论。所谓的批评学派（布尔加柯夫先生，赫茨先生，大卫先生，切尔诺夫先生，马斯洛夫先生也可以算一个，还有其他人）学说的资产阶级性质，该学派企图用自然规律（如臭名远扬的土地肥力递减规律）来解释为什么存在土地占有者向社会索取的贡赋。农业中资本主义的矛盾。

第二讲。**农业中的小生产和大生产**。

所谓的批评学派竭力抹杀小生产者在现代社会中所处的奴隶地位。分析被该学派（莫·黑希特，卡·克拉夫基，奥哈根）完全曲解的专题研究著作。

第三讲。**续上**。巴登调查。调查结果完全证实了马克思主义的观点。德国农业统计的一般材料。关于大资本的大地产退化的神话。农业中的机器。中等农户耕畜的极端恶化。农业中的合作社;德国 1895 年关于奶品协作社的大量材料。农业中的合作社和工业中的托拉斯在形式上的差别,这种差别使所谓的批评学派无法理解两者的社会经济内容是完全一样的。

第四讲。**土地问题在俄国的提法**。民粹主义世界观的基础,这种世界观作为土地民主派原始形态的历史意义。农民问题(村社和人民生产)的中心意义。农民分化为农村资产阶级和农村无产阶级。研究这一过程的方法及其意义。资本主义经济代替徭役经济。民粹主义观点的反动性。当前历史时期的要求:肃清农奴制残余和使农村阶级斗争自由发展。

第一讲的提要

一 般 理 论

马克思关于资本主义生产方式发展的理论,既适用于工业,也适用于农业。不要把资本主义的基本特点和它在农业中和工业中的不同形式混淆起来。

现在来分析一下,形成资本主义农业制度的过程有哪些基本特点和哪些特殊形式。产生这一过程的原因有两个:(1)商品生产和(2)这时,作为商品出现的,不是产品,而是劳动力。当劳动力一进入交换,整个生产就变成了资本主义生产,同时形成了无产阶级这个特殊的阶级。农业中商品生产的增长和雇佣劳动的发展,其形式不同于工业,因此,在这里应用马克思的理论可能使人觉得不正确。但是必须知道农业是以怎样的形式变成资本主义农业的。为此,首先要弄清楚两个现象:

一、商业性农业是怎样发展的? 和

二、工人阶级是怎样形成的?

一、这一过程的主要现象就是工业人口迅速增长和产品运往市场。这就是说,要广泛地发展商业性农业,就必须大大增加非农业人口。这个过程的表现形式各种各样,在进口粮食或出口粮食的国家都可以看到。工业人口的迅速增长又造成工业国家的粮食不足,也就是说,在技术条件不变的情况下,不从别国进口粮食就无法维持。在全部土地私有的情况下,对粮食的需求不断提高,其结果就形成了垄断价格。

这一点对于说明地租很重要。

商业性农业的形成过程本身,同工厂工业不尽相同。在工业中,这采取简单的、直线的形式;在农业中,情况却不同:那里大多是商业性农业和非商业性农业相互掺杂,各种不同的形式结合在一起。每一个地区,运往市场的主要是某**一种**产品。一方面,地主的生产,特别是农民的生产是商品性生产,另一方面,这种生产又保留着自己的消费性质。

获得货币的需要,使得自然经济逐步向商品经济转化。货币的权力不仅压迫着西欧的农民,也压迫着俄国的农民。地方自治局统计表明,甚至在宗法式经济的残余非常严重的地方,农民从属于市场的现象也十分普遍。

二、雇佣工人阶级的形成过程就是农民分裂为下述两个阶层的过程,即(1)把农业当成工业的农场主;(2)雇佣工人。这个过程通常叫做农民的分化。特别在俄国,这个过程表现得很突出。早在封建制度时代,这个过程就为经济学家觉察到了。

形成的特点。

这个过程进行得不平衡。在雇佣工人阶级形成的同时,既有宗法制度存在,又有新的资本主义制度在形成。雇佣工人阶级同土地有着这样那样的联系,因此这个过程的形式也就多种多样。

关于资本主义农业的统治

地　租

资本主义国家的居民分为三个阶级:(1)雇佣工人,(2)土地占有者,(3)资本家。有些地方可能还不存在这种明确的划分,在研究制度时,对这些地方特点只能不予理会。

马克思认为,产品主要分为必要产品和剩余产品。剩余产品中的某一部分,即扣除了资本的平均利润所剩下的那一部分,就是地租。在发达的资本主义社会中,平均利润是在竞争影响下形成的,竞争使剩余产品不是按工人人数的比例,而是按投入企业的资本总量的比例,在资本家之间进行分配。

马克思在《资本论》第3卷中考察了平均利润的形成过程。在肥力不同的土地上,资本将获得不同的利润:在较坏土地上利润较少,在较好土地上利润较多,即获得超额利润。(还在马克思以前,李嘉图就奠定了地租理论的基础。)由于粮食市场价格的垄断,由于粮食数量普遍不足,价格就由较坏土地来决定。按照马克思的说法,同较坏土地和距离市场最远的土地相比,从较好土地或距离市场近的土地上所获得的超额利润叫做**级差**地租。

地租是土地占有者从农场主那里索取的。

超额利润的数量不同可以有两种情况:(1)由于肥力不同,(2)由于资本使用不同。其次,除了土地私人经营的垄断而外,还有土地私有权的垄断,这就是说,土地占有者要到粮食价格上涨时,才肯把土地租给农场主,这样他就能获得**绝对**地租,这种地租是一种基本的垄断。绝对地租可能是:(1)一种纯粹的垄断(在这种情况下,严格分析起来,它不应当叫做地租)。(2)绝对地租可以从农业资本的超额利润中产生,这是由于下述情况造成的:在农业中,技术水平较低,因此可变资本(=创造利润的资本)所占的比重比工业中高。因而农业中的利润率应当比工业中高。而土地占有权的垄断阻碍农业中的高额利润同工业中的低额利润平均化。于是从不受平均化影响的较高的农业利润中产生了名副其实的绝对地租。绝对地租的来源就是粮食价格的上涨。级差地租则来自产品。近几年的特点是一些新国家被吸引到商业中来,这就引起了危机。

土地价格是一种预先计算出来的地租。因此它被看做是从一定数量的资本中所得到的收入。在购买土地时,需要花费资本,这种资本可以提供平均地租这种收入。因此工业的迅速发展进程在欧洲大大抬高了地租,并使之固定下来。

不久以前出版的马斯洛夫的《俄国农业发展的条件》一书,大部分都是论述地租理论的,而在这个问题上,他所持的观点是极其错误的,只是重复诸如布尔加柯夫先生这样一些资产阶级的所谓马克思的“批评家们”所提出的论据。马克思曾经指出,旧的英国政治经济学把这个问题看得过于简单,不是把它看做一个创造特殊历史条件的过程,而是看做一个创造自然条件的过程,因此就提出论断说:地租是由于较好土地必然转到较坏土地形成的。但是往往也有相反的情况,因为土地常常是能改良的。这些批评家从马克思倒退到资产阶级经济学那里去了。

对地租理论的另一种狭隘理解,就是把级差地租的形成规律同土地肥力递减规律结合起来,根据后一种规律,在同一块土地上,利润似乎会递次减少。李嘉图认为较好土地转到较坏土地的原因,是由于**不可能**向土地投入愈来愈多的资本。俄国的“批评家们”全都起来维护土地肥力递减的理论,在其他问题上想成为马克思主义者的马斯洛夫也是如此。然而为这一理论辩护的论据无非是一些俏皮话,如说什么要是不承认这个理论,那就得承认一小块土地可以养活整个国家。

马克思曾经同这种理论进行了斗争。这种理论从算术的角度来看待资本的耗费,忽视了一般经济条件,因而陷入了谬误。假定在任何时候都可以投入愈来愈多的资本,那么这个理论是正确的,但是这要以改变耕作制度为前提,而农业中的耕作制度好几个世纪都一成不变,这就使投资受到一定的限制。技术如果不发生变化,就不可能继续投资,或者只能在狭小的范围内继续投资。马克思指出,在工业中也不能在同一块土地面积上无限制地发展生产:如果企业占有一定的土地面积,那么要发展企业,就必须扩大企业。**如果**土地得到合理的耕种,那只会改进生产,因此马克思得出结论说,这样使用土地不仅没有坏处,反而有好处。这个“**如果**”正好被那些反对马克思理论的人忽视了。于是,那位冒牌马克思主义者马斯洛夫,就能用自己在这个问题上的观点把很多人引入歧途。在我们的时代里,有无数的例子:要后退,不前进;马斯洛夫的著作就是这样一个实例。

农业人口在绝对地减少,农业生产却在日益进步。在 19 世纪,这种进步是同商业性农业的发展密切相联的。它表明了当代资本主义制度的一个基本特点,即农业中的竞争、农业市场和居民的分化已经形成。这种进步有力地推动了农业的发展,但是每一个进步都引起矛盾,这些矛盾使人们无法利用新的、科学的农业的全部生产力。资本主义建立了大生产,产生了竞争,随之而来的是土地的生产力受到掠夺。人口集中于城市,使土地无人耕种,并且造成了不正常的新陈代谢。土地的耕作没有得到改善,或者说没有得到应有的改善。

社会主义的批评早就注意到了这一点(如马克思)。赫茨先生,以及后来我国的布尔加柯夫先生、切尔诺夫先生和司徒卢威先生却指出,以李比希的学说为依据的马克思的理论已经过时了。"批评家们"的这种见解是完全错误的。资本主义破坏了土地经营和土地肥力之间的平衡(由于城市同农村的分离),这是毋庸置疑的。很多著作家赞成的不是马克思主义理论,而是对这一理论的"批评",但是他们自己的材料却驳倒了他们。例如诺西希(Nossig)就是如此。根据他的材料,看来土地的生产力没有得到补偿,没有把从土地上索取的东西归还给土地。必须有人造肥料和厩肥。要求每公顷土地平均所施的60 000公斤肥料中有⅓是天然肥料,但是在现有的耕作制度下,这一点是办不到的。

总之,资本主义在农业中的影响表现如下:

它要求雇佣工人获得自由,它排斥一切旧的盘剥形式。但是农业雇佣工人依旧处于受压迫的地位。压迫加重了,这就要求进行更加激烈的斗争。

资本主义大大增加了土地占有者所索取的贡赋,大大提高了级差地租和绝对地租。飞涨的地租又阻碍着农业的进一步发展。

载于1932年《列宁文集》俄文版
第19卷

译自《列宁全集》俄文第5版
第7卷第107—116页

犹太无产阶级是否需要“独立的政党”

（1903 年 2 月 15 日〔28 日〕）

在“立陶宛、波兰和俄罗斯犹太工人总联盟国外委员会”出版的《最新消息》第 105 号（1903 年 1 月 15 日（28 日））上《关于一份传单》（指俄国社会民主工党叶卡捷琳诺斯拉夫委员会的传单）这篇短文中，有下面一个既离奇又重要，而且真正“会引起一些后果”的论点：“犹太无产阶级已形成为〈原文如此！〉独立的〈原文如此！〉政党崩得。”

这点我们至今不知道。这是新闻。

迄今为止，崩得是俄国社会民主工党的一个组成部分，而且就在（就在！）《最新消息》第 106 号上，我们看到崩得中央委员会的声明，声明的标题还是《俄国社会民主工党》。不错，崩得在自己最近的第四次代表大会上曾决定更改自己的名称（没有附带声明愿意听取俄罗斯同志关于俄国社会民主工党某部分的名称问题的意见），决定把新的**联邦制的**关系“贯彻”到俄国党的章程中去。崩得国外委员会退出国外“俄国社会民主党人联合会”并同这个联合会订立联邦制协定，如果这就叫做“贯彻”的话，那甚至可以说它已经“贯彻了”这种关系。

但是，当《火星报》对崩得第四次代表大会的决定有争议时，崩得自己就非常明确地声明：它只想在俄国社会民主工党内**贯彻自己的愿望和决定**，就是说，它坦率而明确地承认：在党没有通过新的章程以前，在党没有确定对崩得新的关系以前，它还是俄国社会民主工党的一个部分。

可是现在却突然说犹太无产阶级已**形成为独立的**政党了！我们再说一遍：这是新闻。

崩得国外委员会对叶卡捷琳诺斯拉夫委员会所进行的可怕的不聪明的攻击，也同样是新闻。我们终于得到了（**尽管可惜已经很晚了**）这份传单，并且可以毫不犹豫地说：对**这样的**传单进行攻击，无疑是崩得方面的重大政治步骤①。这个步骤同宣布崩得为独立的政党是完全吻合的，同时它本身也充分展示了这个新政党的面目和行动方式。

可惜限于篇幅，我们不能全文转载叶卡捷琳诺斯拉夫的传单了（它几乎要占《火星报》两栏的篇幅②）；我们只指出，这份出色的传单把社会民主党对锡安主义[56]和反犹太主义的态度向**叶卡捷琳诺斯拉夫市**（我们马上就要解释，为什么强调这几个字）的犹太工人作了很好的说明。同时，这份传单对犹太工人的感情、情绪和愿望深表关切，完全是同志般的关切，以至特别预先声明和强调指出：**“即使是为了保存和进一步发展你们的**〈传单是对犹太工人讲的〉**民族文化”**，**“即使是为了纯粹的民族利益”**（黑体是传单上原有的），也必须在俄国社会民主工党的旗帜下进行斗争。

但是崩得国外委员会（我们差点儿说成新政党的中央委员会

① 当然，如果崩得国外委员会在这个问题上反映整个崩得观点的话。

② 我们打算在我们即将付印的小册子[55]中，全文转载这个宣言和崩得国外委员会对宣言的攻击。

了)却猛烈攻击这份传单,说**它对崩得只字不提**。这就是传单唯一的、然而是不可宽恕的弥天大罪。因此叶卡捷琳诺斯拉夫委员会被责备为缺乏“政治观念”。叶卡捷琳诺斯拉夫的同志受到责难,说他们“始终没有领会关于建立单独的犹太无产阶级力量〈!!〉的组织的必要性的思想〈多么深奥和重要的思想!〉”,说他们“始终痴心妄想摆脱它(崩得)”;说他们散播关于反犹太主义同资产阶级各阶层及其利益有联系,而不是同工人阶级各阶层及其利益有联系的“〈和锡安主义〉同样有害的神话”。因此劝告叶卡捷琳诺斯拉夫委员会“抛弃那种讳言独立的犹太工人运动的恶习”而“承认崩得存在的事实”。

请问:叶卡捷琳诺斯拉夫委员会是否真的就犯了罪?它是否真的非得提到崩得不可?对这些问题只能作出否定的回答,原因很简单,因为这份传单不是对全体“犹太工人”讲话(像崩得国外委员会对传单完全错误地表述的那样),而是对“**叶卡捷琳诺斯拉夫市**的犹太工人”(崩得国外委员会忘了引用叶卡捷琳诺斯拉夫市这几个字!)讲话。在叶卡捷琳诺斯拉夫**没有任何的崩得组织**。(对于俄国南方,崩得第四次代表大会曾经作出决定:在犹太组织已经加入党的委员会而不从这些委员会中分出来也能完全满足需要的城市中,一般**不应建立单独的崩得委员会**。)既然叶卡捷琳诺斯拉夫的犹太工人并没有组成单独的委员会,那就是说,他们的运动(和当地的整个工人运动是不可分离的)完全由叶卡捷琳诺斯拉夫委员会来领导,该委员会使他们**直接**共同隶属于俄国社会民主工党,而党则**应当**号召他们**为全党**而不是为党的个别部分工作。显而易见,在这种情况下,叶卡捷琳诺斯拉夫委员会不但不应提到崩得,而且恰恰相反,如果它想宣传“建立单独的犹太无产阶级力量的组织〈不如说是**没有力量**的组织〉[①]的必要性"(如崩得分子所想的那样),那么,它就犯了极大的错误,不仅直接违反了党章,而且直接违反了无产阶级阶级斗争团结一致的利益。

其次,叶卡捷琳诺斯拉夫委员会受到责备,说它在反犹太主义问题上不"了解情况"。崩得国外委员会对大规模的社会运动表现出真正幼稚的观点。叶卡捷琳诺斯拉夫委员会在说到**近几十年来国际**反犹太主义运动的时候指出:"这个运动已经从德国扩展到其他的国家,而且正是在资产阶级各居民阶层中,而不是在工人阶级各居民阶层中到处找到了它的拥护者。"崩得国外委员会却怒气冲冲地说:"这是〈和锡安主义神话〉同样有害的神话。"反犹太主义"已经在工人群众中扎根","了解情况的"崩得举了两件事实来证明:(1)工人参加了琴斯托霍瓦的大暴行;(2)日托米尔的12名(**十二名!**)工人基督教徒的行为,他们参加了罢工,并且威胁说要"杀尽一切犹太佬"。证据确实很有分量,尤其是后一条!《最新消息》编辑部太习惯于利用5人或10人大罢工了,居然把日托米尔12名愚昧工人的行为拿来作为对国际反犹太主义同某部分"居民阶层"之间有联系的评价。这真是太妙了!如果崩得分子不是愚蠢地和可笑地对叶卡捷琳诺斯拉夫委员会大动肝火,而是稍微思考一下这个问题,哪怕去查阅一下他们不久前用依地语出版的考茨基论社会革命的小册子,那么他们就会懂得,反犹太主义正是同资

① 崩得是在为"没有力量的组织"效劳,例如它使用了这样的说法:"基督教的工人组织"中我们的同志。这种说法和对叶卡捷琳诺斯拉夫委员会的所有攻击都是同样毫无道理的。我们不知道什么"基督教的"工人组织。那些属于俄国社会民主工党的组织从来没有按宗教信仰划分过党员,从来不过问他们的宗教信仰,而且任何时候也不**会**这样做,即使当崩得在**实际上**"形成为独立的政党"的时候。

产阶级各居民阶层的利益，而不是同工人阶级各居民阶层的利益有**确定无疑的**联系。只要稍微再想一下，他们就会懂得：不要说几十个，就是几百个没有组织起来的、其中十分之九还完全是愚昧的工人参加了某次大暴行，当代反犹太主义的社会性质也不会因此而改变。

叶卡捷琳诺斯拉夫委员会起来反对（正当地反对）锡安主义者关于反犹太主义永远存在的神话，而崩得这样怒气冲冲地出来纠正，只是搞乱了问题，在犹太工人中散布了**模糊**他们的阶级意识的观念。

从俄国整个工人阶级争取政治自由和争取社会主义的斗争的观点来看，崩得对叶卡捷琳诺斯拉夫委员会的攻击是极不明智的。从“独立的政党崩得”的观点来看，这种攻击就变得可以理解了：决不容许把“犹太”工人同“基督教”工人不可分割地组织在一起！决不容许“撇开”崩得，不通过崩得，不提到崩得，以俄国社会民主工党或者它的委员会的名义直接向犹太工人讲话！

出现这种令人深感痛心的事情并不是偶然的。既然在有关犹太无产阶级的事务方面你们要求的不是自治，而是“联邦制”，——你们就**不得不**称崩得为“独立的政党”，以便有可能**不惜任何代价**贯彻这个联邦制。但是把崩得称为独立的政党，正是把民族问题上的基本错误弄到荒谬绝伦的地步，结果不可避免地必然成为犹太无产阶级和全体犹太社会民主党人转变看法的出发点。1898年章程规定的“自治”保证了犹太工人运动可能需要的一切：用依地语进行宣传和鼓动，出版书刊和召开代表大会，提出特殊的要求来发展一个共同的社会民主党纲领，满足由于犹太人的生活特点所产生的地方性需求。在其余各方面，都必须完全同俄罗斯无产阶级最密切地结合在一起，这是为了整个俄国无产阶级斗争的利益。害怕这样的结合会发生"多数压制少数"，事实上是毫无根据的，因为在**犹太**运动的特殊问题上，正是这种自治可以保证不会发生多数压制少数的现象，而在同专制制度、同全俄资产阶级斗争的问题上，我们应当以一个统一的、集中的战斗组织出现，我们应当不分语言和民族依靠整个无产阶级，依靠在经常共同解决理论问题和实际问题、策略问题和组织问题中团结一致的无产阶级，而不应当建立一些各行其是的组织，不应当分散成为许多独立的政党而削弱自己进攻的力量，不应当造成隔阂和隔绝，过后再拿声名狼藉的"联邦制"这种膏药来治疗人为的病痛。

载于1903年2月15日《火星报》
第34号

译自《列宁全集》俄文第5版
第7卷第117—122页

专制制度在动摇中……

(1903年3月1日〔14日〕)

专制制度在动摇中。专制君主自己在人民面前公开承认了这一点。这就是沙皇2月26日诏书的重大意义。诏书中那么多的套话、但书和托词，都改变不了业已采取的步骤的历史意义。

沙皇的开场白还是老一套——**暂时还是**老一套："受命于天……"而他的收场戏则半是胆怯、半是虚假地向那些受到**社会信赖**的人士求援。沙皇自己已经感觉到，那个受命于天的政府能够在俄罗斯支撑下去的时代快要一去不复返了，今后只有代表**人民意志**的政府才能成为俄国唯一巩固的政府。

沙皇重申自己的神圣誓言：一定要保存俄罗斯国家的永久基石。把这句官方语言译成普通俄国话就是：一定要保存专制制度。亚历山大三世(在1881年4月29日的诏书中)曾经毫不犹豫地公然这样声明过——当时革命运动正处于低潮。现在，当"打倒专制制度"的战斗号召愈来愈响亮、愈来愈有感染力的时候，尼古拉二世却只想用一小块遮羞布来掩盖自己的声明，并且羞答答地把他那位永志不忘的父亲抬了出来。这是毫无意义的、卑鄙的诡计！问题已经提得很直截了当，而且已经提上了街头：专制制度应不应该存在下去。任何一种以答应维护专制制度为出发点的关于"改革"(姑且称之为"改革"吧！)的诺言，都是弥天大谎，都是对俄国人民的嘲弄。不过，当局自己向全体人民发出的这份诏书，满纸尽是虚假而伪善的诺言，要在全民面前揭露政府当局，没有比这份诏书更好的了。

沙皇在谈论(仍然是挂着一块遮羞布)革命运动时，抱怨“骚动”妨碍改善人民福利的工作，扰乱人心，使人民脱离生产劳动，正在毁掉沙皇心中所珍视的力量，毁掉祖国所需要的年轻的力量。正**因为**那些正在被毁掉的革命运动的参加者是沙皇心中所珍视的，**所以**沙皇才马上许下诺言，要严厉杜绝一切脱离社会生活常规的现象，也就是要对自由言论、工人罢工和人民游行示威进行疯狂的迫害。

这已经够了。这已经足够了。伪善的言词是不攻自破的。我们敢于肯定地说，这番“沙皇的诺言”一旦传遍俄国的各个角落和穷乡僻壤，一定会成为有利于革命要求的最出色的鼓动。凡是稍微有一点荣誉感的人，对沙皇的这番诺言只会作出一种反应：**要求**无条件立即释放**一切**正在受到监禁、流放或拘留的政治犯、宗教犯以及因罢工和反抗当局而被判刑的犯人，无论他们是否经过审判、是否已经判决。

我们已经看到沙皇的话是多么伪善。现在我们再来看看，他讲了些**什么**。

他主要讲三个问题。第一，关于宽容异教问题。他说，我们的保证一切教派信教自由的基本法律应当得到确认和巩固。但是信正教应当居于统治地位。第二，沙皇谈到关于修改有关农村状况的法律问题，关于受到社会信赖的人士参加这次修改的问题，以及关于一切臣民共同努力来巩固家庭、学校和社会生活中的道德原则问题。第三，关于使农民便于脱离村团的问题，关于使农民摆脱限制人的连环保[57]的问题。

针对尼古拉二世的这三项声明、诺言和建议，俄国社会民主党提出了三点要求，这是党早已提出、始终捍卫并全力广为宣传的三点要求，现在沙皇颁布了诏书，针对这个诏书，应当特别有力地重申这三点要求。

第一，我们要求立即无条件从法律上承认集会自由、出版自由，要求大赦一切"政治犯"和一切教派信徒。只要这点做不到，任何关于宽容异教、关于信教自由的言词就始终是一种毫无价值的儿戏和卑鄙的谎言。只要不宣布集会自由、言论自由和出版自由，对非官方的信仰、非官方的意见和非官方的学说横加迫害的可耻的俄国式暴虐就不会消失。打倒书报检查制度！反对宪警保护"占统治地位的"教会！俄国觉悟的无产阶级将为这些要求战斗到最后一滴血。

第二，我们要求召开全民立宪会议，这个会议应当由全体公民无一例外地选举产生，它还应当在俄国建立选举产生的管理机关。地方人士会议、省长属下的地主议会和贵族代表（也许还有选举出来的代表吧？）先生们的代表理事会这套把戏该收场了！专权的官吏把一切地方自治机关拿来寻开心，就像猫拿老鼠寻开心一样，一会儿把它放开，一会儿又用自己柔软的脚爪来摆弄它，这套把戏也该收场了！只要全民代表会议一天不召开，任何关于信任社会、关于社会生活道德原则的言词就始终是一派谎言，俄国工人阶级反对俄国专制制度的革命斗争也始终不会削弱。

第三，我们要求立即无条件从法律上承认农民同其他一切等级完全平等，要求设立**农民委员会**，以消灭农村中的一切农奴制残余，并采取重大措施来改善农民的状况。

占俄国人口十分之九的农民的无权地位一天也不能再继续下去了。整个工人阶级和整个国家也都深受这种无权地位之苦；整个俄国生活中的亚洲式野蛮现象都是靠这种无权地位而存在的；由于这种无权地位，俄国各种各样的会议和委员会都搞不出什么名堂(**或者给农民带来了害处**)。沙皇直到现在还想拿先前的官吏和贵族“会议”来支吾搪塞，他甚至谈到领导地方人士工作的“强大的政权”。农民从地方官的例子中已经看得很清楚，这种“强大的政权”是怎么回事。农民在贵族委员会行善之后没有白白度过贫穷困苦和经常挨饿的40年。现在农民一定会懂得，任何“改革”和改善如果不由**农民自己**来进行，那始终是一种骗局。农民一定会明白——我们也要帮助他们弄明白——只有**农民委员会**才不仅能够真正消灭连环保，而且能够真正消灭那些直到20世纪还在压迫着千千万万人民的徭役制和农奴制的一切残余。对城市工人来说，只要有集会自由和出版自由就够了：我们一定能够利用这些自由!! 但是对于散居在穷乡僻壤的、闭塞的、与世隔绝的农民来说，这就不够了，因此工人们应当帮助他们，应当向他们说明，只要他们没有掌握自己的命运，只要没有争取到设立**农民委员会**这个第一步也是主要的一步以谋求自己真正的而不是虚假的解放，他们就一定不可避免地仍然是可怜的奴隶。

有经验的聪明人早已发现，在革命时期，对于政府来说，再没有比开始让步、开始动摇这样的时刻更危险的了。近几年俄国的政治生活出色地证实了这一点。政府在工人运动问题上表现动摇，扶植祖巴托夫分子，结果丢了丑，起了十分有利于革命鼓动的作用。政府原本想在大学生问题上让步，结果也丢了丑，大大加速了大学生的革命化进程。现在政府又在所有内政问题上广泛使用那老一套手法了，它必然还会丢丑，必然会促进、加强和扩大对专制制度的革命进攻！

* * *

我们还必须谈一个实际问题，即如何利用沙皇2月26日诏书来进行鼓动。俄国社会民主党人对斗争手段问题早就作出了回答：组织和鼓动。有人认为这种手段“不够明确”，只有枪杀才是“明确”的手段，对于这些天真的人们的嘲笑，社会民主党人是不会感到难堪的。在现在这种时候，当突然出现一个容易收效的、迫切需要倾全力进行全民性鼓动的机会时，就像过去一样，特别感到缺乏的，仍然是组织性，仍然是迅速开展鼓动工作的能力。

但是我们一定要弥补，而且要不止一次地弥补失去的东西！

首先，我们应当用全俄性的传单和地方性的传单来回答2月26日诏书。如果说，过去的传单全国只印上几万份，现在就要散发几百万份，让全体人民都知道俄国觉悟的无产阶级对沙皇告人民书是怎样答复的，让所有的人都看到我们所提出的明确而实际的要求，并同沙皇就**同一题目**发表的言论加以对比。

其次，我们不能只让怀有善良意图的地方自治人士、贵族、商人、教授以及其他人士的合法会议去感恩戴德地回答2月26日诏书。而且单由社会民主党组织在传单中作出回答也还不够。应当使**工人的每一个小组、每一次会议**都作出自己的回答，正式而庄重地肯定社会民主党提出的要求。应当把这些工人会议（如果可能的话，还有农民会议）的决定都刊登在地方性的传单上，并把这些决定告诉我们的报纸。应当使所有的人都知道，我们认为只有工人和农民自己作出的回答才是人民的回答。让一切小组都马上着手准备好用**实力**来支持我们的基本要求。

再次，我们决不应让各种会议都顺顺当当地通过给沙皇的谢恩呈文。我国自由派先生们假借俄国民意的事情已经干得够多了！他们所说的，既不是自己的想法，也不是有头脑的、准备投入斗争的那部分人民的想法，而是撒谎，这种事情他们也干得够多了！应当设法打入他们的会议，在那里尽量广泛地、公开地、直率地发表我们的意见，表示我们对奴颜婢膝地谢恩的抗议，提出我们对沙皇的**真正的**回答，在这一切会议上既可以宣读和散发传单，也可以在可能范围内公开发表演说（尽管主席先生们往往企图阻止这样的演说）。

最后，我们应当竭力把工人的回答带上街头，用游行示威的方式宣布自己的要求，公开显示工人的人数和力量，他们的觉悟和决心。愿即将到来的五一游行示威既是我们无产阶级的要求的一次总宣告，也是对 2 月 26 日诏书的独特的、专门的、明确的回答！

载于 1903 年 3 月 1 日《火星报》第 35 号

译自《列宁全集》俄文第 5 版第 7 卷第 123—128 页

告贫苦农民

向农民讲解社会民主党人要求什么[58]

（1903年3月1日和28日〔3月14日和4月10日〕之间）

1. 城市工人的斗争

很多农民大概已经听说过城里闹工潮的消息。有的人自己到过首都和工厂，见过当地被警察叫做造反的事情。有的人认识一些参加过工潮而被长官赶回乡里的工人。有的人得到过讲工人斗争的传单和小册子。有的人只是听那些见多识广的人讲过城里发生的事情。

从前闹风潮的只是大学生，而现在各大城市里，成千上万的工人都起来造反了。他们多半是同自己的老板、同厂主和资本家作斗争。工人们搞罢工，工厂里的全体工人同时停工，要求增加工资，要求不强迫他们每天干11个钟头或者10个钟头的活，而只干8个钟头的活。工人们还提出其他各种改善工人生活的要求。他们要求工厂的设备好一些，要求给机器加上专门的安全装置，免得干活的人受伤致残，希望他们的孩子能够上学念书，希望病人在医院里能够得到应有的治疗，希望工人的住房像人住的房子，别像狗窝。

警察干涉工人的斗争。警察抓工人，把他们关进监狱，不经法庭审判就把他们驱逐还乡，甚至放逐到西伯利亚去。政府用法律来禁止工人罢工和集会。但是工人既同警察斗，也同政府斗。工人们说：我们千百万工人再也不当牛马了！我们再也不替富人做工而自己仍当穷光蛋了！我们再也不受人掠夺了！我们要联合起来，把所有工人都联合到一个大的工人联盟（工人**政党**）里，齐心协力地去争取更好的生活。我们要争取新的、更好的社会制度：在这个新的、更好的社会里不应该有穷有富，大家都应该做工。共同劳动的成果不应该归一小撮富人享受，应该归全体劳动者享受。机器和其他技术改进应该用来减轻大家的劳动，不应该用来使少数人发财，让千百万人民受穷。这个新的、更好的社会就叫**社会主义社会**。关于这个社会的学说就叫**社会主义**。为这个更好的社会制度进行斗争的工人联盟就叫**社会民主党**。这样的党几乎在所有国家（俄国和土耳其除外）都公开存在着，我国工人和受过教育的人中的社会主义者一起，也建立了这样的党，就是**俄国社会民主工党**。

政府在迫害这个党，可是党不管种种禁令，还是秘密地存在着，出版自己的报纸和小册子，组织秘密的联盟。工人不仅秘密集会，而且还成群结队地走向街头，打着“八小时工作制万岁，自由万岁，社会主义万岁！”的旗帜。为此政府疯狂地迫害工人。它甚至派军队向工人开枪。在雅罗斯拉夫尔和彼得堡，在里加，在顿河畔罗斯托夫，在兹拉托乌斯特，俄国兵都屠杀过俄国工人。①

① 1905年版本中，从“出版”至“俄国工人”这一段文字改为：“现在政府许下了言论自由、集会自由、人身不受侵犯的诺言，但这种诺言只是一种欺骗。警察又在驱散集会了。工人的报纸又被查封了。社会民主党人又被抓起来关进监狱了。争取自由的战士在喀琅施塔得、塞瓦斯托波尔、莫斯科、高加索、南方和全俄都遭到枪杀。”——俄文版编者注

但是工人并没有屈服。他们继续斗争。他们说：无论什么迫害，无论监狱、流放、苦役或死刑，都吓不倒我们。我们的事业是正义的。我们为全体劳动者的自由和幸福而斗争。我们为亿万人民摆脱暴力、压迫和贫困而斗争。工人愈来愈有觉悟。各国社会民主党人的数量迅速增加。不管受到怎样的迫害，我们一定会胜利。

贫苦农民应该搞清楚：社会民主党人是些什么人，他们要求什么，农村里应该做些什么事情来帮助社会民主党人为人民争得幸福。

2. 社会民主党人要求什么？

俄国社会民主党人首先是要争取**政治自由**。他们需要自由，以便广泛地公开地把全俄工人联合起来，为争取新的更好的社会主义的社会制度而斗争。

什么叫做政治自由呢？

要搞清楚这个问题，农民应该先把他现在的自由同农奴制度比较一下。在农奴制度下，没有地主的许可，农民是不能结婚的。现在，不要得到谁的许可，农民就可以自由结婚。在农奴制度下，农民在总管指定的日子一定要替自己的老爷干活。现在，农民替哪个东家干活，在什么日子干，要多少工钱，都可以自由挑选。在农奴制度下，没有老爷的许可，农民是不能离开村子到别的地方去的。现在，只要村社放他走，只要他没有欠税，只要他能领到身份证，只要省长或县警察局长不禁止移居，农民有想上哪儿就上哪儿的自由。也就是说，农民即使现在也还没有想上哪儿就上哪儿的完全自由，还没有迁徙的完全自由，农民还是半农奴。我们下面就要详细地说明为什么俄国农民还是半农奴，他们怎样才能摆脱这种处境。

在农奴制度下，没有老爷的许可，农民就不能置办财产，不能购买土地。现在，农民可以自由置办任何财产(至于退出村社的完全自由，随便处理自己土地的完全自由，农民直到现在也还没有)。在农奴制度下，农民要受到地主的体罚。现在，农民不会受到自己的地主的处罚了，虽然农民至今不能免受体罚。

这种自由就叫做**公民**自由，就是在家务、私事和财产方面的自由。农民和工人可以自由（虽然不是完全自由）安排自己的家庭生活和私事，支配自己的劳动（选择东家），支配自己的财产。

可是，无论俄国工人还是全体俄国人民，直到现在还没有处理自己**全民**事务的自由。正像过去农民是地主的农奴一样，现在全国人民都是官吏的农奴。俄国人民没有权利选举官吏，没有权利选举代表来为全国立法。俄国人民甚至没有权利集会讨论**国家的**事务。正像从前老爷不必征得农民同意就委派总管一样，现在委派官吏来管我们也不用征得我们同意，可是没有这些官吏的许可，我们甚至不能印书报，不能在大家面前给大家讲讲全国的事务！

正像过去农民是地主的奴隶一样，俄国人民直到现在还是官吏的奴隶。正像农奴制度下农民没有公民自由一样，俄国人民直到现在还没有**政治**自由。政治自由就是人民处理自己全民的、国家的事务的自由。政治自由就是人民有权选举自己的议员(代表)

进国家杜马[1](议会)。一切法律都只应由人民自己选举的这个国家杜马(议会)来讨论和颁布,一切赋税都只应由它来决定。政治自由就是人民自己有权选举一切官吏,有权召集各种会议来讨论一切国家的事务,有权不经任何许可就可以随意印书报。

欧洲所有其他国家的人民早就争得了政治自由。只有在土耳其和俄国,人民仍然是苏丹政府和沙皇专制政府的政治奴隶。沙皇专制制度就是沙皇拥有无限的权力。人民根本参加不了国家的机构和国家的管理。沙皇拥有独揽的、无限的、专制的权力,一切法律都由他一个人颁布,一切官吏都由他一个人委派。可是,对于俄国的一切法律和一切官吏,沙皇自然**连了解都做不到**。对于国内所发生的事情,沙皇连了解都做不到。沙皇只不过是批准几十个最大最显贵的官吏的意旨罢了。一个人,不管他多么愿意,像俄国这样一个大国,他是管理不了的。管理俄国的不是沙皇,——所谓一人专制,只不过是一种说法罢了!——管理俄国的是一小撮最富有最显贵的官吏。沙皇能够知道的,只是这一小撮人愿意告诉他的事情。沙皇根本不可能违背这一小撮名门贵族的意旨:沙皇自己就是地主和贵族;他从小就完全生活在这些显贵中间;他就是受这些人培养和教育的;沙皇对全体俄国人民的了解,仅仅限于这些显赫贵族、富裕地主和少数可以出入沙皇宫廷的最富有的商人所了解的情况。

在每个乡公所里,你们都可以看到一幅图画,上面画着沙皇(当今沙皇的父亲——亚历山大三世)。这位沙皇正在向前来庆贺他加冕典礼的乡长们讲话。沙皇吩咐他们:**“要听你们的贵族代表**

---

① 此处和下面的以及本卷第116页和第118页上的“国家杜马”字样,在1905年版本中均改为“人民代表会议”。——俄文版编者注

的话！”当今沙皇尼古拉二世，也说过这样的话。就是说，沙皇自己也承认，只有靠贵族帮忙，由贵族动手，他们才能管理国家。应当牢牢记住沙皇所说的这番要农民服从贵族的话。应当弄明白，那些竭力把沙皇的管理机关说成是最好的管理机关的人，在对人民撒多大的谎。这些人说：在别的国家里，管理机关是选举产生的；那里选出来的都是富人，富人管理又很不公道，他们欺压穷人。俄国的管理机关就不是选举产生的；一切都由专制沙皇来管；沙皇高于一切人，既高于穷人也高于富人。还说沙皇对一切人都很公道，对穷人和富人都一视同仁。

这种话完全是撒谎。每个俄国人都知道所谓我国管理机关的公道是怎么回事。谁都知道我国的普通工人和雇农能否进入国务会议[59]。可是，在欧洲其他一切国家，工厂的工人和种田的雇农都能进入国家杜马（议会）：他们在全体人民面前自由地讲工人的贫苦生活，号召工人团结起来为更好的生活而斗争。谁也不敢出来阻止人民代表的这种讲话，哪个警察也不敢用指头触动他们一下。

俄国没有选举产生的管理机关，管事的，不仅全是富人和贵族，而且是他们中间最坏的人。当权的是沙皇宫廷中那些最会进谗言的人，最会坑害人的人，是向沙皇说谎造谣、拍马讨好的人。他们是秘密进行统治的，人民不知道也不可能知道正在拟定什么法律，正在准备进行什么战争，正在打算增加什么捐税，正在奖赏哪些官吏和为什么要奖赏，又在撤换哪些官吏等等。① 哪个国家

① 1905年版本中，在“等等”后面加了如下一段文字：“是谁向日本人宣战的呢？是政府。是否问过人民他们愿不愿意为争夺中国东北的土地而打仗呢？没有，没有问过，因为国家首脑是通过自己的官吏来统治人民的。由于政府的过错，人民深受残酷战争之苦，数十万名年青的士兵牺牲了，他们的家庭遭到破产，俄国海军全军覆没，俄国军队被赶出中国东北。整个战争耗资20多亿

也没有俄国的官吏多。这些官吏骑在没有发言权的人民的头上，像是一片黑压压的森林；一个普通劳动者休想穿过这片森林，休想得到公道。去控告官吏贪污、掠夺和残暴，哪一次都石沉大海，因为官僚的文牍主义使得一切控告都不了了之。一个人的喊声永远传不到全民的耳朵里，而只会在这片黑压压的密林里消失，在警察的刑讯室里窒息。不是由人民选举产生因而不必对人民负责的大群官吏，结成了一张稠密的蜘蛛网，人们就像苍蝇那样在这张蜘蛛网上挣扎①。

沙皇专制就是官吏专制。沙皇专制就是人民对官吏尤其是对警察的农奴制依附。沙皇专制就是警察专制。

正因为这样，工人就走上街头，在自己的旗帜上写着："打倒专制制度！"、"政治自由万岁！"。正因为这样，千百万贫苦农民应该支持和响应城市工人的这个战斗号召。农村工人和无产农民应该像他们一样不怕迫害，不怕敌人的任何威胁和暴力，不怕开头的失败，起来为全俄人民的自由作坚决的斗争，并且首先要求**召开人民代表会议**。让人民自己在全俄各地选举自己的议员（代表）。让这些议员组成最高会议，由它在俄罗斯建立选举产生的管理机关，使人民摆脱对官吏和警察的农奴制依附，保证人民享有集会自由、言论自由和出版自由的权利！

这就是社会民主党人首先要求的东西。这就是他们的第一个

卢布（20 亿卢布，就是俄国 2 000 万户人家每户合 100 卢布）。人民不需要中国东北的土地。人民不要战争。官吏的政府按照自己的意志摆布人民，强迫他们去进行这场可耻的、毁灭性的、损失惨重的战争。"——俄文版编者注

① 1905 年版本中，在"挣扎"后面加了如下一条脚注："官吏的这种全权叫做官僚统治，而全部官吏则叫做官僚。"——俄文版编者注

要求——**要求政治自由**的含义①。

我们知道:政治自由、选举国家杜马(议会)的自由、集会自由、出版自由还不能使劳动人民马上摆脱贫困和压迫。世界上还没有一种办法,可以马上让城市贫民和贫苦农民不替富人做工。劳动人民不能指望别人,依靠别人,**只有靠自己**。劳动者**如果自己不解放自己**,谁也不会把他从贫困中解放出来的。为了解放自己,全俄国的工人应当联合成一个联盟,联合成一个政党。可是,既然专制的警察政府禁止一切集会,禁止出版一切工人报纸,禁止一切选举工人代表的活动,那么几百万工人就无法联合在一起。要联合起来,就要有建立各种联盟的权利,就要有结社自由,就要有政治自由。

政治自由不能使劳动人民马上摆脱贫困,**可是它能给工人以同贫困作斗争的武器**。要同贫困作斗争,没有也不可能有别的办法,只有靠**工人自己联合起来**。没有**政治自由**,几百万人民就没有

---

① 1905年版本中,在"含义"后面加了如下一段文字:

"政府答应召开由人民代表参加的国家杜马,但是政府的这个诺言再一次欺骗了人民。它希望来参加所谓国家杜马的,并不是真正的人民代表,而是精心挑选出来的官吏、贵族、地主、商人。人民代表应该经过自由选举产生,而政府却不准进行自由选举,查封工人报纸,禁止各种集会,迫害农民协会**60**,将农民选出的代表抓起来关进监狱。既然警察和地方官照旧侮辱工人农民,难道能够有真正的自由选举吗?

人民代表应该由全体人民对等地选举产生,这样,贵族、地主和商人就不可能对工人农民占有优势了。贵族和商人是数以千计,农民则数以百万计。而政府以国家杜马名义召集的这种会议,并没有经过对等的选举。政府在选举中弄虚作假,结果贵族和商人几乎可以得到杜马中的全部席位,而工人和农民则连十分之一的席位也得不到。这是假杜马。这是警察的杜马。这是官吏和老爷的杜马。要召开真正的人民代表会议,就要有完全的选举自由,就要由全体人民来对等地选举。正因为这样,工人社会民主党人提出:打倒杜马!打倒假会议!我们要的是真正的自由的全民代表会议,而不是贵族和商人的代表会议!我们要的是全民立宪会议,让人民对官吏可以充分地行使权力,而不是官吏对人民行使权力!"——俄文版编者注

联合起来的可能。

在人民已经争得了政治自由的欧洲各国，工人早已开始联合起来。那些既无土地又无作坊、终生替别人当雇工的工人，在全欧洲都叫做**无产者**。50多年以前就有人号召工人联合起来。“全世界无产者，联合起来！”——这句话近50年来已经传遍了全世界，这句话在成千上万次工人集会上重复着，这句话在社会民主党用各种文字出版的千百万份书报中都可以读到。

自然，把几百万工人联合成为一个联盟，联合成为一个政党——这是一件非常非常不容易的事情，这需要时间、决心、毅力和勇气。工人受着贫困的折磨，永生永世地替资本家和地主做苦工，人也变得迟钝了，工人往往没有工夫去想想，他们为什么永世受穷，他们怎样才能摆脱这种状况。有人千方百计地阻碍工人联合：或者在像俄国这样没有政治自由的国家里用公开野蛮的暴力手段；或者拒绝雇用宣传社会主义学说的工人；最后，或者用欺骗和收买的办法。可是，无论什么样的暴力迫害，都不能阻止工人无产者为全体劳动人民摆脱贫困和压迫的伟大事业而斗争。工人社会民主党人的数目不断增加。在我们的邻邦德国，就有了选举产生的管理机关。从前德国也是权力无限的专制君主的管理机关。可是德国人民早在50多年以前就打垮了专制制度，用武力取得了政治自由。德国不像俄国，那里的法律不是由一小撮官吏颁布的，而是由**人民代表会议**、议会，或者是德国人所说的**帝国国会**颁布的。凡是成年男子都有选举这个国会的议员的资格。因此可以算出投社会民主党人的有多少票。在1887年，全部选票中有**十分之一**是投给社会民主党人的。到1898年（德国帝国国会最近一次的选举），投社会民主党人的票数**差不多增加了两倍**。全部选票中已经有**四分之一以上**投给社会民主党人了。**有两百多万**成年男子选举**社会民主党人**当国会**议员**①。过去在德国农村工人中间，社会主义的传播还不广泛，但是现在它的传播特别迅速。当雇农、日工和无产贫困的农民大众同自己的城市弟兄联合起来的时候，德国的工人就会胜利，就能建立起使劳动者既不受贫穷，也不受压迫的制度。

工人社会民主党人究竟想怎样来使人民摆脱贫困呢？

要明白这点，就得弄清楚在现在的社会制度下，广大人民群众为什么会受穷。富裕的城市在发展，豪华的商店和房屋在建筑，铁路在修造，工农业中都在采用各种机器和改良技术，——可是千百万人民大众却仍旧没有摆脱贫困，仍旧只是为了养家活口劳碌一辈子。而且失业的人愈来愈多了。无论农村还是城市，根本找不到工作的人愈来愈多。在农村里他们挨饿，在城市里他们落入了颠沛流离的流浪汉的圈子，像野兽那样栖身在城外的土窑里，或者寄居在像莫斯科希特罗夫市场中那样的糟糕透顶的贫民窟和地下室里。

社会一天天富裕繁华，而用自己劳动创造一切财富的千百万人却仍旧过着贫穷困苦的日子。农民饿死，工人失业流浪，商人却把几百万普特粮食从俄国运到国外去；由于商品没有销路，卖不出去，工厂只好停工。这是什么原因呢？

这首先是由于大量的土地和工厂、作坊、机器、房屋、轮船等等都是少数富人私有的。千百万人民在这些土地上、在这些工厂和作坊里做工，而这些土地、工厂和作坊却是属于几千个或几万个富

① 1905年版本中，在“议员”后面加了如下一段文字：“1903年有300万成年男子选举社会民主党人。”——俄文版编者注

人、地主、商人和厂主的。人民为了工钱，为了一块面包而替这些富人当雇工。除了工人少得可怜的一点生活费用以外，生产出来的一切东西统统落在富人手里，统统成了他们的利润、他们的“收入”。从机器和技术改良中所得到的一切好处都归土地占有者和资本家所有：他们聚敛了亿万财富；而劳动者从这些财富中所得到的只是一点可怜的零头。劳动者联合起来做工，在大田产里和大工厂里干活的工人，往往是几百个，有时甚至是几千个。由于这种劳动的联合，由于使用各种机器，干的活就更见成效：现在一个工人生产的东西，比从前没有机器、单独干活时几十个工人生产的东西还多得多。可是，享用这种成就，享用这种劳动生产率的，并不是全体劳动者，而仅仅是极少数的大土地占有者、大商人和大厂主。

常常可以听说，地主和商人“**给**”人民“活干”，“给”穷人工钱。比如有人说：邻近的工厂或邻近的庄园“**养活了**”本地的农民。事实上工人用自己的劳动既**养活了**自己，也**养活了**所有那些本人不做工的人。**但是**，工人**要想得到许可**在地主土地上、在工厂里或铁路上工作，就得把生产出来的东西全部**无偿地交给**私有主，自己所得的只够勉强糊口。可见，实际上并不是地主和商人给工人工作，而是工人做工养活了所有的人，白白地交出了自己的大部分劳动果实。

其次，各个现代国家人民的贫困，是因为劳动者制造的一切物品都为了出卖、为了市场。厂主和手工业者，地主和富裕农民生产任何一种产品，饲养牲畜，播种和收获粮食，**都是为了出卖**，为了进**款**。现在，金钱在任何地方都成了支配力量。人的劳动的一切产品都可以换成钱。用钱可以买到一切想得到的东西。用钱甚至可以买到人，就是说可以强迫穷人替有钱人做工。从前支配力量是土地，——在农奴制度下就是这样；谁有土地，谁就有权有势。而现在，金钱、资本成了支配力量。有了钱，随便多少土地都可以买到；没有钱，即使有土地也没有多大用处，因为没有钱就不能买铁犁或其他工具，不能买耕畜、衣服和其他一切城市出产的商品，更不必说交纳赋税了。为了钱，差不多所有的地主都把自己的田产抵押给银行。为了得到钱，政府向全世界的富人和银行家借债，为了这些债款每年要付出几亿卢布的利息。

为了钱，现在大家相互之间都在进行疯狂的战争。每个人都竭力想贱买贵卖；每个人都竭力想超过别人，尽量多卖些商品出去，压低价格，向别人隐瞒有利的销售地点或者有利的货源。小百姓，即小手工业者和小农，在这场争夺金钱的大混战中情况最不妙，因为他们总是落在富商或富裕农民的后面。他们从来毫无积蓄，生活拮据，每逢遇到困难或者遭到不幸，他们就不得不把最后的一些家什抵押出去或者把耕畜贱价卖掉。一旦落入某个富农或者高利贷者的魔掌，他们就很少能挣脱出来，多半是彻底破产。每年有成千成万的小农和小手工业者锁上自己的家门，把份地无偿地交给村团，变成雇佣工人、雇农、粗工、无产者。富人在这场争夺金钱的斗争中却变得愈来愈富。富人把几百万、几万万的卢布收罗到银行里面去，他们不仅靠自己的钱发财，也靠别人存在银行里的钱发财；小百姓把几十个或几百个卢布存在银行或储金局，每个卢布只得到三四个戈比的利息；而富人把这一笔笔几十个卢布的钱凑成千百万卢布，用这千百万卢布扩大自己的周转额，每个卢布可以赚一二十个戈比的利润。

正因为这样，工人社会民主党人说，要消灭人民的贫穷，唯一

РОССІЙСКАЯ СОЦІАЛЬДЕМОКРАТИЧЕСКАЯ РАБОЧАЯ ПАРТІЯ.

Пролетаріи всѣхъ странъ, соединяйтесь!

Н. ЛЕНИНЪ

Къ деревенской бѣднотѣ.

Объясненіе для крестьянъ, чего хотятъ соціальдемократы.

Съ приложеніемъ
Проекта программы Россійской Соціальдемократической
Рабочей Партіи.

Изданіе Загран. Лиги Русск. Революціонной Соціальдемократіи.

ЖЕНЕВА
Типографія Лиги, Route Caroline, 27.
1903

1903年列宁《告贫苦农民》小册子封面
（按原版缩小）

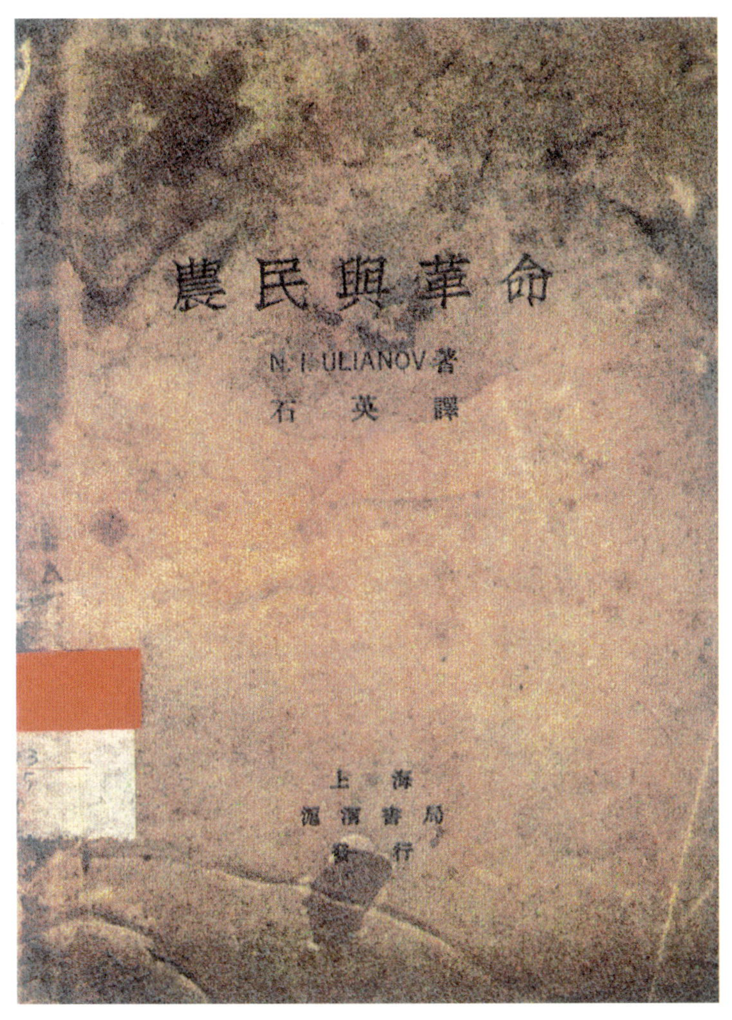

1929年上海沪滨书局出版的
列宁《告贫苦农民》小册子(当时译《农民与革命》)的封面

的办法就是彻底改变全国的现存制度，建立**社会主义制度**，就是说：剥夺大土地占有者的田产、厂主的工厂、银行家的货币资本，消灭他们的**私有财产**并把它转交给全国劳动人民。到那个时候，支配工人劳动的就不是靠别人劳动过活的富人，而是工人自己和他们的代表了。到那个时候，共同劳动的成果以及从各种技术改良和机器中所得到的好处，都将归全体劳动者、全体工人所有。到那个时候，财富将增长得更快，因为工人替自己做工会比替资本家做工干得更好；工作日将会缩短，工人的生活费将得到提高，工人的整个生活将会完全变样。

但是，改变全国的所有制度并不是一件容易的事情。为此需要花很大的力气，需要进行长期顽强的斗争。一切富人、一切私有主、整个**资产阶级**①，将倾全力来卫护自己的财富。官吏和军队将要起来卫护整个富有阶级，因为政府本身就掌握在**富有阶级**手里。工人应当万众一心地同所有靠别人劳动过活的人作斗争；工人应当自己联合起来，并把全体无产者联合成为一个**工人阶级**，联合成为一个**无产阶级**。对工人阶级说来，斗争并不是容易的，然而这场斗争必将以工人的胜利而告终，因为资产阶级，或者说靠别人劳动过活的人，只是人民中极小的一部分。而工人阶级是人民中的绝大多数。工人反对私有主，就是几百万人反对几千人。

为了进行这场伟大的斗争，俄国的工人已经开始联合成为一个社会民主工党。无论这种秘密的、避开警察耳目的联合多么困难，但它还是在巩固和发展着。一旦俄国人民争得了政治自由，工

① 资产者就是私有主。资产阶级就是一切私有主合在一起。大资产者就是大私有主。小资产者就是小私有主。资产阶级和无产阶级也就是私有主和工人、富人和无产农民、靠别人劳动过活的人和替别人做工挣工钱的人。

人阶级联合的事业，社会主义的事业，就会进展得无比迅速，比德国工人的这种事业进展得还要迅速。

3. 农村中的富裕和贫穷、私有主和工人

现在我们知道，社会民主党人要求什么。他们要同整个富有阶级进行斗争，使人民不再受穷。我们农村也和城市一样穷，也许甚至比城市还要穷。农村有多么贫穷，我们现在不去讲它了：每个到过农村的工人，每个农民，对农村中挨饿受冻、贫穷破产的情形，都是一清二楚的。

可是农民不知道他**为什么**会受穷、挨饿和破产，不知道他**怎样**才能摆脱贫穷。要知道这点，首先就要弄明白城市和农村里的种种贫穷困苦是怎么来的。关于这点，我们已经简单地谈过了，大家也已经懂得了，无产农民和农村工人应该同城市工人联合起来。但是这还不够。还应该进一步弄清楚：农村中哪些人会跟着富人走，跟着私有主走；哪些人会跟着工人走，跟着社会民主党人走。应当弄清楚：和地主一样会赚钱和靠别人劳动过活的农民究竟多不多？不把这点弄得一清二楚，任何关于贫穷的谈论都是无济于事的，贫苦农民就不会了解：农村中**哪种人**应当自己联合起来并且同城市工人联合起来；**怎样**使得这种联合成为**可靠的**联盟，使得农民不仅不受地主的欺骗，而且也不受自己的弟兄——富裕农民的欺骗。

为了弄清这点，我们现在就来看一下：农村中地主的力量怎

样，富裕农民的力量怎样。

先从地主谈起。要知道他们的力量，可以先看他们私有土地的数量。俄国欧洲部分的全部土地，包括农民的份地和私有土地在内，大约有 24 000 万俄亩[①]（官地没有计算在内，关于官地我们要专门谈）。其中归农民所有的，即归**1 000 万以上农户**所有的份地，有 13 100 万俄亩。而私有主占有的，即**不到 50 万户**占有的，有 10 900 万俄亩。这就是说，即使取平均数，每个农户只有 13 俄亩，而私有主每户有 218 俄亩！但是，在土地分配上的不平等还要厉害得多，这点我们在下面就会看到。

在私有主的 10 900 万俄亩地中，**700** 万俄亩归**皇族**所有，即属沙皇近支成员的私有财产。沙皇和他的家族，是俄国的头号地主，是俄国最大的地主。沙皇**一姓**的土地比 **50 万**农户的土地还多！其次，教会和寺院占有的土地大约是 600 万俄亩。我们的神父向农民布道说，不要贪财，要禁欲，而自己则巧取豪夺，搞到了大量土地。

另外大约有 200 万俄亩属于各城市和市镇，还有同样数量的土地属于工商企业和公司。9 200 万俄亩土地（确切的数字是 91 605 845 俄亩，不过为了简便起见，我们引用整数）属于**不到 50 万**（481 358）户的私有主。这些私有主中有一半是很小的，他们每户的土地不到 10 俄亩。他们的土地总共不到 100 万俄亩。可是有 **16 000** 户，每户有土地 **1 000** 俄亩**以上**；他们的土地总共有 **6 500 万俄亩**。大土地占有者手里的土地数量有多大，还可以从

① 这里的和下面的有关土地数量的数字已很陈旧。都是 1877—1878 年的数字。可是没有更新的数字。俄国政府只能在漆黑一团的情况下维持下去，所以在我国极少收集有关全国人民生活状况的完整确实的材料。

下面这个事实看出来：**有将近 1 000**(924)**户**，每户都有 **1 万俄亩以上的土地**，他们总共有 **2 700 万俄亩土地**！这 1 000 户占有的土地跟 200 万农户的土地一样多。

很明显，只要几千个富人占着这样大量的土地，千百万人民就**一定**要受穷挨饿，并且会永远受穷挨饿。很明显，要是这样，那么国家政权，政府本身(虽然是沙皇的政府)也总是要被这些大土地占有者牵着鼻子走的。很明显，只要贫苦农民自己还没有联合起来，没有结合成一个阶级来同这个地主阶级作顽强殊死的斗争，他们是不能指望任何人和任何方面的帮助的。

这里必须指出：我国有许多人(甚至许多有教养的人)对地主阶级的力量有一种完全不正确的看法，他们说，"国家"的土地要多得多。农民的这些拙劣谋士说："俄国疆域〈就是俄国的全部土地〉的一大部分，现在就已经是属于国家的。"(这些话是从《革命俄国报》第 8 号第 8 版上摘下来的)这些人的错误是这样产生的：他们听说俄国欧洲部分有 15 000 万俄亩土地是属于**国家**的。这是事实。可是他们忘了，这 15 000 万俄亩差不多全是**远北方**阿尔汉格尔斯克省、沃洛格达省、奥洛涅茨省、维亚特卡省、彼尔姆省的**不宜耕种的土地和森林**。就是说，国家的土地尽是些至今完全不宜经营的土地。而国家所有宜耕种的土地还**不到 400 万俄亩**。况且，这些宜耕种的官地(如在萨马拉省，这种宜耕种的土地特别多)都以很低的、微乎其微的租金租给富人。富人成千成万俄亩地把这些土地租来，再以高昂的租金转租给农民。

那些说国家有很多土地的人，全是些农民的拙劣谋士。实际情况是，许多好地都是大私人土地占有者(沙皇自己也在内)的，连国家本身也掌握在这些大地主手里。只要贫苦农民没有能够联合起来，没有能够通过自己的联合形成一种威慑力量，“国家”就总是地主阶级的驯顺的奴仆。还有一点不应当忘记：以前的地主几乎全都是贵族。贵族现在也还有大量的土地（在 1877—1878 年，115 000 户贵族有 7 300 万俄亩地）。可是现在金钱、资本成了支配力量。商人和富裕农民买了很多很多土地。据统计，30 年来（从 1863 年到 1892 年），贵族失去了（即卖多于买）价值 6 亿多卢布的土地。而商人和荣誉公民[61]却买得了价值 25 000 万卢布的土地。农民、哥萨克和“其他农村黎民”（我们的政府把平民叫做“黎民”，以同“贵人”和“君子”区别开来）买得了价值 3 亿卢布的土地。这就是说，全俄农民每年平均购置价值 1 000 万卢布的土地作为私有财产。

可见，农民是各式各样的：有的受穷挨饿，有的发财致富。可见，那种倾向于地主、会站在富人方面反对工人的富裕农民，正日益增多。因此要同城市工人联合起来的贫苦农民，对这一点应当很好思索一番，应当弄清楚：这样的富裕农民多不多，他们的力量有多大，为了同这种力量作斗争，我们需要怎样的联盟。我们刚才曾提到农民的拙劣谋士。这些拙劣谋士爱说什么农民已经有了联盟。这个联盟就是村社、村团。村社是一支很大的力量。村社的联合把农民团结得很紧；村社农民的组织（也就是联合、联盟）是庞大的（即巨大的，广大的）。

这话不对。这是神话。尽管是好心人想出来的，却终归是神话。我们要是相信神话，那就只会毁了自己的事业，毁了贫苦农民同城市工人联盟的事业。每一个农村居民都应该好好看看自己周围的情况：村社的联合、农民村团像不像个贫苦农民同**一切**富人、同**一切**靠别人劳动过活的人作斗争的联盟？不像，而且也不可能像。在每个村子里，在每个村团里，都有许多雇农、许多贫苦农民，又有自己雇用雇农和把土地买成“死契”的富人。这些富人也是村团里的人，他们在村团里当头目，因为他们有势力。难道我们需要这种有富人参加、富人在里面当头目的联盟吗？完全不需要。我们需要的是**为了**同富人**作斗争**的联盟。所以村社的联盟对于我们是根本不适用的。

我们需要的是自愿的联盟，需要的只是那些懂得他们应当同城市工人联合的人的联盟。而村团并不是自愿的联盟，它是官办的联盟。加入村团的并不是那些给富人干活、想共同和富人作斗争的人。各种各样的人加入村团并非自愿，而是因为他们的父母在这块土地上生活过，替这个地主干过活，是因为官长把他们编入了这个村团。贫苦农民不能自由退出村团；他们不能自由接收外人即被警察编入别乡的人加入村团，可是我们为了自己的联盟，可能正好需要外人加入这里的村团。不，我们需要的完全是另外一种联盟，是只有劳动者和贫苦农民为了同一切靠别人劳动过活的人作斗争而结成的自愿联盟。

村社得势的时代早已过去，而且一去不复返了。当村社得势的时候，农民中间几乎没有雇农和流浪全国找活干的工人，那时候几乎没有富人，大家都同样受农奴主老爷的压迫。而现在，金钱成了支配力量。为了钱，就是同村团的人，互相之间也像恶兽一样厮打。有钱的农民压迫和掠夺起自己同村团的人来，比有的地主还厉害。现在我们需要的不是村社的联盟，而是反对**金钱权力**、反对资本权力的联盟，是各个村团所有农村劳动者同无产农民的联盟，是所有贫苦农民和城市工人为了既同地主又同富裕农民作斗争而结成的联盟。

地主的力量怎样,我们已经知道了。现在要来看一下富裕农民多不多,他们的力量有多大。

关于地主的力量,我们是根据他们田产的大小,他们土地的多少来判断的。地主自由支配自己的土地,自由买卖土地。所以,关于他们的力量,我们可以根据他们土地的多少很准确地判断出来。可是,我国的农民直到现在还没有权利自由支配自己的土地,他们直到现在仍旧是被束缚在自己村团里的半农奴。所以,关于富裕农民的力量,不能根据他们份地的多少来判断。富裕农民发财不是靠自己的份地:他们**购买**许多土地,或者是买成“死契”(变成自己的私有财产),或者是买“若干年”(即租地);他们既从地主那里买地,也从自己的农民弟兄那里买地,从抛弃土地的人和因为贫穷而出让份地的人那里买地。所以,最正确的办法,就是按马匹的多少来分富裕农民、中等农民和无产农民。马匹多的农民几乎总是富裕农民;既然他耕畜多,就说明他种的地多,他除了份地之外还有别的土地,还有存款。而且我们能够弄清楚,在全俄国(即整个俄国欧洲部分,不算西伯利亚和高加索),马匹多的农民有多少。当然,不应该忘记:谈到全俄国,我们只能讲平均数,因为在县与县、省与省之间区别是很大的。比如,城市附近往往有这样的富裕农民-土地占有者,他们的马匹根本不多。有的人经营赚钱的蔬菜业,有的人虽然马匹少,但是奶牛很多,他们做牛奶生意。俄国各地也有这样的农民,他们不靠土地发财而靠买卖发财,他们开榨油厂、碾米厂和其他工厂。凡是住在农村里的人,对本村或本专区的富裕农民都很了解。但是我们应该弄清楚,在全俄国一共有多少富裕农民,他们的力量有多大。这样,贫苦农民才不会盲目地去瞎碰,才能确切地知道他们的朋友和他们的敌人的情况。

我们现在就来看一看，马匹多的农民和马匹少的农民多不多。我们已经说过，俄国的农户总共大约有**1 000 万**。他们现在大概一共有**1 500 万**匹马（14 年以前有 1 700 万匹，可是现在少了一些）。也就是说，平均每**10**户有**15**匹马。不过问题是，少部分人有许多马，而很大的一部分人或者根本没有马，或者马很少。无马的农民**至少有 300 万户**，**有一匹马的**农民大约有 350 万户。这些或者都是完全破了产的农民，或者是无产农民。我们把他们叫做贫苦农民。他们在 1 000 万农户中占**650 万**，就是说**几乎占了⅔！**接着就是中等农民，他们每户有 2 头耕畜。这样的农民**大约有 200** 万户，他们**大约有 400** 万匹马。然后是富裕农民，他们每户有马 2 匹以上。这样的农民有**150 万**户，可是他们有**750** 万匹马。①也就是说，大约六分之一的农户拥有全部马匹的一半。

知道了这点，我们对富裕农民的力量就能够作出相当准确的判断。他们人数很少：在各村团、各乡里，每百户中只有一二十户富裕农民。可是这些数目不多的农户是最富的。所以在全俄国，他们的马几乎同所有其余农户的马加在一起一样多。也就是说，他们种的地也几乎等于全体农民所种的地的一半。这些农民打的粮食要比他们家庭所需要的多得多。他们把很多粮食卖出去。他们的粮食不只是自己吃，而主要是为了出售，为了赚钱。这些农民

---

① 我们再说一遍：这里取的是大约的平均数。富裕农民不一定是整整 150 万，而是 125 万或者 175 万，也许甚至是 200 万。差别不大。问题不在于把每 1 000 户或 10 万户都算准确，而在于弄清楚富裕农民的力量有多大，他们的地位怎样，这样才能够分清自己的敌人和自己的朋友，才不会受各种胡说和无聊空话的欺骗，而对贫苦农民的状况，特别是富裕农民的状况有个确切的了解。

希望每个农村劳动者都能仔细看一看自己的乡和邻近的乡。这样他就会看到，我们是算得对的，平均数字各地都是这样的：每百户中有 10 户、顶多 20 户富裕农民，20 来户中等农民，而其余的都是贫苦农民。

能攒钱。他们把钱存到储金局和银行里去，他们买地置产业。我们已经说过，全俄国农民每年都买很多地：这些地几乎全是这些少数富裕农民买的。贫苦农民想的不是买地，而是怎样把肚子吃饱。他们常常连买粮的钱都不够，哪里还谈得上买地。所以，一切银行，尤其是农民银行，决不是帮助全体农民弄到土地（只有欺骗庄稼人的人或者头脑太简单的人有时才这样说），而只是帮助为数很少的农民，只是帮助富人弄到土地。所以，我们上面提到的那些庄稼人的拙劣谋士在谈到农民买地时，说这种土地是从资本手中转到劳动手中，他们这是在撒谎。土地永远不会转到劳动手中即无产的劳动者手中来，因为土地是要用钱买的。而贫苦农民从来就没有多余的钱。土地只会转到有钱的富裕农民手中去，转到资本手中去，只会转到贫苦农民应当同城市工人结成联盟与之**斗争**的那些人手中去。

富裕农民不但把土地买成死契，他们最多的是把土地租赁若干年，即租地。他们租了大片土地，也就是夺去了贫苦农民的土地。比如，在波尔塔瓦省的一个县（康斯坦丁格勒县）曾经有人计算过富裕农民租了多少土地。结果怎样呢？一家农户租地 30 俄亩以上的，为数很少，每 15 户中只有 2 户。可是这些富人搞到了全部租地的**一半**，每个富人平均有 **75 俄亩**租地！又如塔夫利达省，有人计算过，富人所霸占的农民以**村社**、村团的名义向国家租来的土地有多少。计算表明：只占农户⅕的富人，霸占了全部租地的¾。土地在哪儿都是按钱的多少来分配的，而钱，只是少数富人才有。

其次，现在农民自己也出租很多地。他们放弃份地，是因为没有牲畜，没有种子，无法经营。现在要是没有钱，有了地也无用。

例如萨马拉省新乌津斯克县，每三户富裕农民中就有一户，有时有两户在本村团或别的村团**租种份地**。而出租份地的都是无马农户和有一匹马的农户。在塔夫利达省，有整整**三分之一**的农户出租份地。出租的份地占全部农民份地的¼，共25万俄亩。在这25万俄亩份地中，有15万俄亩(⅗)落在富裕农民手里！这里我们又可以看到，村社联盟、村团对贫苦农民是否适用。在村团里是谁有钱，谁就有势力。可是我们需要的是一切村团的贫苦农民结成的联盟。

正如关于买地的说法一样，还有一种欺骗农民的说法，说他们可以很便宜地买到铁犁、收割机和其他一切改良农具。建立地方仓库和劳动组合，并且说，改良农具会改善农民的生活状况，这完全是一种欺骗。能够得到所有这些改良农具的只是富人，贫苦农民几乎什么也得不到。他们根本顾不上买铁犁和收割机，只要能维持生计就不错了！所有这种"对农民的帮助"，只不过是帮助了富人而已。广大的贫苦农民没有地，没有牲畜，也没有积蓄，改良农具的价钱再便宜一些，对他们也无所帮助。就拿萨马拉省的一个县来说吧，有人计算过富裕农民和贫苦农民各有多少改良农具。发现全部农户中的⅕，即那些最富裕的农户，几乎拥有全部改良农具的¾；而在全部农户中占**半数**的贫苦农民，总共只有全部改良农具的1/30。在全县28 000个农户中，无马农户和有一匹马的农户共有10 000户；这10 000户总共只有**7件**改良农具，而这个县的全部农户一共有改良农具5 724件。5 724件农具中只有7件——这就是贫苦农民在好像是帮助"全体农民"的这一切经济改善中，在铁犁、收割机的推广中所占有的份儿！这就是贫苦农民从空谈"改善农民经济"的人那里所能指望的东西！

最后，富裕农民最主要的特点之一就是他们**雇用雇农和日工**。富裕农民像地主一样，也是靠别人劳动过活的。他们像地主一样，之所以发财致富，是因为农民大众受穷和破产。他们像地主一样，想方设法压榨自己的雇农，要雇农尽量多干活，少拿钱。要是千百万农民没有完全破产，没有被迫去给别人干活，没有被迫当雇工，出卖自己的劳动力，那么富裕农民就存在不下去，他们就无法经营了。那时他们就无从搜刮"丢掉的"份地，无法找到工人。在全俄国，150 万富裕农民大概至少雇了 **100 万**雇农和日工。自然，在私有主阶级和无产者阶级之间、厂主和工人之间、资产阶级和无产阶级之间的大搏斗中，——富裕农民必定要站在私有主方面反对工人阶级。

现在我们知道了富裕农民的状况和力量，再来看一下贫苦农民的生活情况吧。

我们已经说过，全俄国农户的绝大多数即几乎⅔都是贫苦农民。首先，无马农户怎么也不止 **300 万**，现在大概还要多些，可能有 350 万。每逢荒年，每逢歉收，总有几万农户破产。人口不断增加，人口密度愈来愈大，而所有较好土地又都落在地主和富裕农民手里。这样，破产的人年年增加，他们进了城市，进了工厂，当雇农，做粗工。无马的农民，已经是一贫如洗。他们是无产者。他们的生活（姑且算是生活，而确切些说不能算生活，只是勉强度日）不靠田地，不靠家业，只靠**当雇工**。他们是城市工人的亲兄弟。无马的农民，有地也没有用，所以无马农户中有一半**出租自己的份地**，有时甚至把份地无偿地交给村团（而且有时竟还得倒贴！），因为他们没有力量种地。无马的农民种上一俄亩地，最多两俄亩。他们总得再买些粮食（假使有钱买的话），——自己的粮食总不够吃。

有一匹马的农民在全俄国大约有350万户，他们的景况也好不了多少。当然，也有例外；我们已经讲过，有些地方，有一匹马的农民也有生活平平，甚至富裕的。可是我们所说的不是例外的情形，不是个别地方，而是整个俄国。如果把广大有一匹马的农民作为整体来看，那么毫无疑问，他们都是贫苦大众。即使在农业省份，有一匹马的农民也只耕种三四俄亩地，种五俄亩地的很少；他们的粮食自己也不够吃。即使在好年成他们的生活也并不比无马的农民强，就是说他们总是吃不饱，总是挨饿。家业完全破落，牲畜不好，饲料欠缺，要好好侍弄土地也没有力量。例如在沃罗涅日省，有一匹马的农民花在自己全部家业上的钱(牲畜的饲料除外)至多**一年20个卢布！**(而富裕农民花的钱是这个数目的**十倍**。)一年20个卢布，又要租地，又要买牲畜，又要修理木犁和其他农具，又要雇牧人，又要派其他用场！难道这算经营家业吗？这是受罪，是服苦役，是劳碌终身。有一匹马的农民也有出租自己份地的，而且这样的人还不少，这是很自然的。穷人就是有地也没有多大用处。没有钱，靠土地不但得不到钱，而且还吃不上饭。处处都要钱：吃饭要钱，穿衣要钱，经营家业要钱，纳税也要钱。在沃罗涅日省，有一匹马的农民单是纳税，通常一年就要**18个卢布左右**，而他一年总共也搞不到75个卢布来应付**各项**开支。说什么买地，什么改良农具，什么农村银行等等，都不过是一种嘲弄罢了，因为这根本不是为贫苦农民着想的。

究竟到哪里去搞钱呢？只得去找“外水”。有一匹马的农民，同无马的农民一样，也只能靠“外水”来勉强度日。而“外水”是什么意思呢？就是给别人干活，当雇工。也就是说，有一匹马的农民已经不完全是业主了，成了雇工，无产者。因此，这样的农民就称为**半无产者**。他们也是城市工人的亲兄弟，因为各种业主也在用各种方法剥削他们。他们同样除了和社会民主党人联合在一起同一切富人、一切私有主作斗争外，没有别的出路，没有别的生路。修建铁路的是谁？承包人掠夺的是谁？砍伐和浮运木材的是谁？当雇农的是谁？当日工的是谁？在城市里和码头上当粗工的是谁？都是贫苦农民。都是无马的农民和有一匹马的农民。都是农村无产者和半无产者。这样的人在俄国该有多少啊！有人计算过，全俄国（高加索和西伯利亚除外）每年发出的身份证是800**万**张，有时达900**万**张。这些都是零工。他们只在名义上是农民，实际上是雇工，是工人。他们都应该同城市工人结成一个联盟；而投入农村的每一线光明和每一点知识，都将加强和巩固这个联盟。

讲到"外水"，还有一点不要忘记。所有的官吏和像官吏那样思考问题的人都爱说，农民，庄稼汉"需要"两件东西：土地（只是不会很多，——要想多，也无处可得，因为富人早已把土地搜刮光了！）和"外水"。所以，他们说，要帮助人民，就应该在乡村里多办副业，就应该多"给""外水"。这样的话全是伪善。对贫苦农民来说，外水就是当雇工。"给"农民"外水"，就是把农民变成雇佣工人。多好的帮助啊，真没说的！对于富裕农民，则有另外一些要花本钱的"外水"，——比如开磨坊或者别的作坊，买脱谷机，做买卖和干其他行当。把有钱人赚外水同贫苦农民**当雇工**混为一谈，就是欺骗贫苦农民。这种欺骗对富人当然有利，他们最愿意把事情说成这样：似乎一切"外水"**所有**农民都能担得起办得到。但谁要是真心想为贫苦农民好，谁就会把**一切真情实况，而且只是把真情实况**告诉他们。

我们现在还要谈一下中等农民。我们已经说过，从全俄国平均数来说，凡有两头耕畜的农民都可以算是中等农民，这样的农户在 1 000 万农户中大约有 200 万户。中等农民介于富人和无产者之间，——所以他们就被叫做中等农民。他们的生活也是平平：逢到好年成，收支勉强相抵，可是贫困随时可能降临；积蓄要么根本没有，要么寥寥无几。所以，他们的家业是不稳定的。钱，他们很难弄到，因为种庄稼所得的钱他们总不够用，就是够用也是将就凑合。要是去找外水，就得把农活丢掉，田园就要荒芜。可是许多中等农民还是离了外水就没法过，他们不得不去当雇工，贫困迫使他们去受地主的盘剥，去借债。中等农民几乎永远也摆脱不了债务，因为他们不像富裕农民那样有稳定的收入。所以只要欠了债，就等于给自己套上了绞索。他们一身债务，最后落到完全破产为止。中等农民受地主的盘剥最多，因为地主需要没有破产的、既有两匹马又有全套农具的庄稼人去干计件活。中等农民要到外地谋生是很困难的，——为了得到粮食，为了能够放牧，为了租到割地，为了归还冬天欠下的债，他们只得受地主的盘剥。除了地主和富农以外，压迫中等农民的还有富有的乡邻：这些富有的乡邻总是同他抢购土地，决不肯放过可以用某种手段压榨他们的机会。中等农民正是过着这种不上不下的生活。他们既不能算是真正的名副其实的业主，又不能算是工人。所有中等农民都争当业主，想做私有主，可是能够做到这点的很少很少。雇得起雇农或日工、拼命靠别人的劳动发财、踩着别人脊背爬上富人地位的这种人，是很少的。大多数中等农民谈不上雇用别人，他们自己还得受人雇用呢。

凡是富人同贫苦农民、私有主同工人发生斗争的地方，中等农民总是处在中间，不知道该往何处去。富人叫他们到自己那边去，说道：你也算是业主，也是私有主，你同那些穷光蛋工人待在一起干什么？工人则说：富人会欺骗你，要把你抢光；你除了帮我们同一切富人作斗争而外，别无生路。在工人社会民主党人为解放劳动人民而斗争的所有国家里，到处都在进行这场争取中等农民的争论。在俄国，这场争论正好刚刚开始。所以，我们应该好好琢磨这件事，要搞明白富人在干哪些欺骗勾当来引诱中等农民，我们怎样才能揭穿这种骗局，我们怎样才能帮助中等农民找到真正的朋友。要是俄国工人社会民主党人能够马上走上正确的道路，我们就能比德国工人同志快得多地建立起农村劳动人民同城市工人的巩固联盟，就能很快地战胜劳动者的一切敌人。

4. 中等农民向何处去？是到私有主和富人那边去，还是到工人和无产农民这边来？

一切私有主，整个资产阶级，都竭力要把中等农民拉到自己一边去，答应采取各种措施来改善经济（价廉的铁犁、农村银行、播种牧草、廉价出售牲畜、肥料等等），让农民加入各种农业联合组织（书本上把这些联合组织叫做合作社），即各种业主的联合组织来改善经济。资产阶级竭力用这种办法来使中等农民，甚至小农，甚至半无产者不去同工人联合；竭力怂恿他们和富人、和资产阶级站在一起同工人、同无产阶级作斗争。

工人社会民主党人回答说：改善经济是件好事情。买一部铁犁能够便宜些，这并没有什么坏处；现在甚至每个聪明一点的商人都尽量把东西卖得贱些，好招徕顾客。可是，如果向贫苦农民和中等农民说：改善经济和铁犁减价就能帮助他们大家摆脱贫困而自立，同时一点也不触动富人，——那么，**这就是欺骗**。从所有这些改善、减价和合作社（买卖商品的联合组织）中，**得利最多的是富人**。富人愈来愈强大，他们对贫苦农民和中等农民的压迫愈来愈厉害。只要富人还是富人，只要他们还掌握着大部分土地、牲畜、农具和金钱，那么不但贫苦农民，就是中等农民也**永远**摆脱不了贫困。一两个中等农民靠这些改善和合作社的帮助能够爬上富人的地位，可是全体人民和全体中等农民却会更加贫穷。要使**全体**中等农民都能变富，就得打倒富人，而要打倒富人，只有城市工人同贫苦农民结成联盟才行。

资产阶级向中等农民（甚至小农）说：我们把土地、铁犁贱卖给你们，你们要把自己的灵魂出卖给我们，你们要拒绝参加反对一切富人的斗争来作为报答。

工人社会民主党人则说：假使他们真是贱卖，那么有钱为什么不买呢？这是做买卖。可是，自己的灵魂却永远出卖不得。不同城市工人一起进行斗争去反对整个资产阶级，就是让自己永远受穷受苦。商品减价，富人从中得利更大，更加大发其财。至于那些从来就没有钱的人，只要他不把这些钱从资产阶级手里夺过来，东西无论怎么便宜，对他也并无好处。

举个例子来说吧。拥护资产阶级的人喋喋不休地谈论各种合作社（贱价买进高价卖出的联合组织）。甚至有一些自称“社会革命党人”的人，也跟着资产阶级瞎嚷嚷，说什么农民最需要的是合作社。在我们俄国，也开始办起了各种合作社；不过我国的合作社还很少，而且在没有得到政治自由以前，合作社也多不了。而在德国，农民中间各种各样的合作社是很多的。看看这些合作社对谁的好处最大吧。全德国一共有14万农村业主参加牛奶和奶制品的销售协作社。这14万农村业主(为了简单起见，我们还是取整数吧)共有奶牛110万头。在全德国一共有**400万**贫苦农民，其中加入协作社的只有4万人，这就是说，每100个贫苦农民当中**只有1个人**得到这些合作社的好处。这4万贫苦农民总共只有10万头奶牛。其次，中等业主即中等农民有**100万**，其中加入合作社的有5万人(就是说100个人里有5个人加入)，他们有奶牛20万头。最后，富有业主(地主和富裕农民算在一起)有**33万多人**，其中加入合作社的有5万人(这就是说每100人里有**17人**加入!)，而他们的奶牛则有80万头!

由此可见，合作社首先对谁好处最大。由此可见，那些叫嚷要用各种贱价买进高价卖出的联合组织来拯救中等农民的人，是在怎样愚弄庄稼人。资产阶级想出很低的价钱"收买"庄稼人，使他们不靠拢那些号召贫苦农民和中等农民站到自己那边去的社会民主党人。

我国也办了各种干酪劳动组合和牛奶收集站。我国也有好多人在叫嚷说，劳动组合、村社联盟、协作社——这就是庄稼人所需要的。可是请看看这些劳动组合、协作社、村社租地对谁有利吧。在我国，每100个农户中间，至少有20户根本没有奶牛；30户只有1头奶牛：这些农户是因为穷得没办法才把牛奶卖掉，自己的孩子却没有奶喝，挨饿，大批大批地死去。而富裕农民则每户有3头、4头或者更多的奶牛。这些富裕农民拥有的奶牛占全体农民的奶牛的一半。干酪劳动组合到底是对谁有利呢？很明显，首先是对地主和农民资产阶级有利。很明显，**对他们有利的是**：中等农民和贫苦农民跟着他们走，并认为要摆脱穷困，不靠全体工人同整个资产阶级作斗争,而靠各单个小业主的努力来改变现状,爬上富人的地位。

一切拥护资产阶级、冒充小农的支持者和朋友的人,用各种方法来赞助和鼓励这样的努力。而很多天真幼稚的人认不清披着羊皮的狼,跟着资产阶级说谎,以为这样做对小农和中等农民有好处。例如,他们在书本上和讲演中论证说,小经济是最有利和最能赚钱的经济,小经济正方兴未艾;说什么正因为这样,在农业中,小业主到处都是这么多;说什么正因为这样,这些人才死死地守着土地(而不是因为所有的较好土地都被资产阶级占去了,所有的钱也都在他们手里,贫苦农民只好一辈子挤在一小块地上受煎熬!)。这些善于花言巧语的人又说:小农并不需要很多的钱;小农和中等农民比大农更加节俭勤劳,善于过更简朴的生活:他们喂牲畜不必买干草,用麦秆就行;他们不必买昂贵的机器,起早贪黑地干就能赶上机器;他们修理东西用不着出钱找人,节日里自己拿起斧头干干木工活就行了——结果比大业主省钱得多;他们不必去养价钱很贵的马匹或者犍牛,用奶牛耕地就行——德国的贫苦农民就是用奶牛来耕地的,而我国的人民已经贫困到极点,不仅用奶牛耕地,甚至开始用人来耕地了!这多么合算!多么便宜!中等农民和小农是这样勤劳,这样刻苦,生活这样节俭,规规矩矩,不想社会主义,而只想自己的家业——这多么值得赞赏!他们不跟那些举行罢工反对资产阶级的工人走,而跟富人走,老想做个体面人!要是大家都这样刻苦,这样勤劳,生活这样节俭,不喝酒,多存钱,少买各色花布,少生儿育女,——那么大家都会过上好日子,什么贫穷困苦都不会有了!

资产阶级把这样的花言巧语说给中等农民听,有些头脑简单的人就信以为真,自己也跟着说起这些话来![①] 其实,这些花言巧语不过是对农民的欺骗和戏弄罢了。这些善于花言巧语的人把贫穷,把赤贫叫做便宜而有利的经济。贫穷迫使中等农民、小农起早贪黑地干活,每块面包节省着吃,每个戈比紧抠着花。当然啦,一条裤子穿三年,夏天出门打赤脚,木犁坏了用绳子扎一扎,奶牛用房顶上拆下来的烂麦秆来喂养,还有什么比这更"便宜"更"有利"的呢! 可是随便请哪一个资产者和富裕农民来经营经营这种"便宜"而"有利"的经济吧,——大概他们马上就会把自己的花言巧语忘得一干二净的!

赞扬小经济的人有时也想让农民得点好处,其实只是害了农民。他们用花言巧语来欺骗庄稼人,正像用**开彩**来骗人一样。我现在来说一下开彩是怎么回事。比如我有一头奶牛,值50个卢布,我想把这头奶牛拿来开彩,叫大家都来买一个卢布一张的彩票。出一个卢布可能得一头奶牛! 人们中彩心切,于是一个个卢布源源而来。收齐100个卢布之后,我就来开彩:谁中彩,谁就用一个卢布换到了一头奶牛,其余的人什么也没得着。这头奶牛对人们来说是不是"便宜"呢? 不,很贵,因为多付了一倍的钱,因为只有两个人(开彩的人和得到奶牛的人)毫不费力地发了财。他们是靠其余99个人送掉了自己的钱而发财的。所以,谁要是说开彩对人民有利,谁就简直是在欺骗人民。同样,谁要是答应用各种合

---

① 在我们俄国,那些想为庄稼人好,可是时不时难免冒出这些花言巧语的头脑简单的人,就叫做"民粹派",或者也叫做"小经济的拥护者"。由于缺乏理智而跟着他们走的还有"社会革命党人"。在德国,善于花言巧语的人也不少。其中有一个叫做爱德华·大卫的,他不久以前写了挺厚的一本书。他在这本书里说道:小经济比大经济不知要合算多少;因为小农不乱花钱,耕地不用养马,用奶牛就行了,奶牛除了耕地,还可以挤牛奶。

作社(高价卖出贱价买进的联合组织)、各种经济改善、各种银行以及诸如此类的东西使农民摆脱贫穷困苦,谁也就是在欺骗农民。正像开彩时一人中彩,而其余的人都吃亏一样,这儿也是一个中等农民走运成了富人,而他的99个同伴则一辈子当牛做马,摆脱不了穷困,甚至更加破产。让每个农村居民好好地留意一下自己的村团和整个周围地区吧:中等农民变成富人而不再受穷的到底多不多?一辈子摆脱不了穷困的有多少?破产之后离乡背井的又有多少?我们已经知道,我们全俄国中等农户不出200万户。假定贱价买进高价卖出的一切联合组织为现在的10倍。结果会怎么样呢?顶多能有10万个中等农民上升为富人。这是什么意思呢?就是说100个中农里有5个人发了财。而其余95个人呢?他们的生活仍然困难,而许多人的生活还会更加困难得多!至于贫苦农民,那就破产得更厉害了!

很明显,资产阶级正是要使尽量多的中等农民和小农跟富人走,要他们**相信**不同资产阶级作斗争也能摆脱穷困,要他们**指靠**自己勤勉、自己刻苦、自己致富,而不要**指靠**同农村工人和城市工人的联盟。资产阶级一心只想让庄稼人去这样空想空指望,一心只想用各种花言巧语来哄骗他们。

要揭穿所有这些善于花言巧语的人的骗局,只要问他们三个问题就行了。

第一个问题。既然俄国24 000万俄亩宜耕种的土地中有1亿俄亩是私人土地占有者的地,既然16 000个最大的土地占有者占有6 500万俄亩地,劳动人民能摆脱贫穷困苦吗?

第二个问题。既然150万户富裕农户(农户一共是1 000万)占了农民的全部所种的地、农民的全部马匹和农民的全部牲畜的一半,并且占了农民的全部积蓄和存款的一大半,既然这个农民资产阶级靠压迫贫苦农民和中等农民、靠榨取雇农和日工的劳动变得愈来愈富,既然650万农户都是破产的贫苦农民,总是挨饿,靠当各种雇工挣口饭吃,劳动人民能摆脱贫穷困苦吗?

第三个问题。既然金钱成了支配力量,既然用钱什么都可以买到:可以买工厂、买地,甚至可以买人当雇佣工人,当雇佣奴隶,既然没有钱就无法生活、无法经营家业,既然小业主、贫苦农民必须为了挣钱而同大业主进行斗争,既然几千个地主、商人、厂主和银行家拥有几亿卢布,而且还支配着一切集中了几十亿卢布存款的银行,劳动人民能摆脱贫穷困苦吗?

无论用多少花言巧语来说明小经济或合作社如何有利,都无法回避这些问题。这些问题的答案只能有一个:能够解救劳动人民的真正的"合作社",是贫苦农民同城市工人社会民主党人为反对整个资产阶级而结成的**联盟**。**这样的**联盟扩大和巩固得愈快,中等农民就会愈快地懂得资产阶级答应的东西完全是骗人的,中等农民也就会愈快地站到我们这边来。

资产阶级知道这点,所以除了花言巧语之外,它还到处造社会民主党人的谣。它说:社会民主党人要剥夺中等农民和小农的财产。**这是造谣**。社会民主党人要剥夺的,只是大业主的财产,**只是靠他人劳动过活的人**的财产。社会民主党人**决不会剥夺不雇用工人的小业主和中等业主的财产**。社会民主党人捍卫和维护的是全体劳动人民的利益,不但卫护最有觉悟、最团结的城市工人的利益,而且也卫护农村工人的利益,以及卫护小手工业者和农民的利益,只要他们不雇用工人,不跟富人走,不站到资产阶级那边去。**社会民主党人为争取工人和农民生活中的一切改善而斗争**,只要这些改善在我们摧毁资产阶级统治以前可以马上实行，只要这些改善可以促进同资产阶级的这种斗争。不过，社会民主党人不欺骗农民，他们把**全部真情实况**都告诉农民，他们事先就直截了当地对农民说：只要资产阶级还在统治，任何改善都不能使人民摆脱贫穷困苦。为了使**全体人民**知道社会民主党人是怎样的人，他们的要求是什么，社会民主党人就制定了自己的**纲领**①。纲领就是简要、清楚、准确地宣布**党所努力争取和为之斗争的一切目标**。社会民主党是唯一提出清楚、准确的纲领的党，它使全体人民知道并看到这个纲领，使党内所有的人，无一例外都真正愿为把全体劳动人民从资产阶级压迫下解放出来而斗争，而且正确了解谁应当联合起来进行这种斗争和怎样进行这种斗争。另外，社会民主党人认为必须直截了当地、公开地和准确地在纲领中**讲清楚劳动人民为什么会受穷受苦**，为什么工人的联盟愈来愈扩大和加强。只说生活太坏，只号召造反是不够的，这一点随便哪个说空话的人都做得到，就是没有多大用处。要使劳动人民搞清楚他们**为什么**会受穷，**他们**应当**同谁联合起来**为摆脱贫穷而斗争。

我们已经说过了，社会民主党人要求什么，劳动人民为什么会受穷受苦，贫苦农民应当同谁作斗争，应当同谁联合起来进行这种斗争。

现在我们来说说工人和农民生活中**有哪些改善**是我们**马上**就可以通过自己的斗争争取到的。

---

① 见本篇末尾**附录**——社会民主党的《**火星报**》和《**曙光**》杂志提出的俄国社会民主工党纲领**62**。

5. 社会民主党人正在为全体人民和工人争取哪些改善？

社会民主党人正在为使全体劳动人民从一切掠夺、一切压迫、一切不公平中解放出来而斗争。要得到解放，工人阶级首先应当联合起来；而要联合，就应当有联合的自由、联合的权利，就应当有**政治自由**。我们已经说过，专制的管理机关就是官吏和警察对人民的奴役。所以，全体人民都需要政治自由，只有一小撮宫廷的和能够接近宫廷的达官显贵除外。不过最需要政治自由的是工人和农民。富人可以贿赂官吏和警察，不至于吃他们胡作非为的亏。富人可以向最高当局告状。所以，警察和官吏向富人找碴儿的时候比向穷人找碴儿的时候要少得多。工人和农民没有钱去贿赂警察和官吏，有冤没处申，也打不起官司。只要国内还没有**选举产生的管理机关**，没有**人民代表会议**，工人和农民就永远无法免受警察和官吏敲榨勒索、胡作非为和欺凌侮辱之苦。只有这样的人民代表会议才能使人民免受官吏的奴役。每个觉悟的农民都应该支持社会民主党人，社会民主党人向沙皇政府要求的，首先和最主要的就是[①]**召开人民代表会议**。代表应该由全体人民选举，不分等级，不分贫富。选举应该是自由的，不受官吏的任何干扰；监督选举的应该是人民代理人，而不是巡官和地方官。到那个时候，全体人民

① 1905年版本中，从“支持”至“就是”这一段文字改为：“赞成要求立即”。——俄文版编者注

的代表就能讨论人民的一切需要，就能在俄国建立起更好的制度①。

社会民主党人要求，未经法院判决，警察不得把任何人监禁起来。官吏如随便抓人，应予严办。要使官吏不再横行霸道，就要让人民自己选举官吏，使每个人都有权直接到法院去控告每一个官吏。不然的话，向地方官控告巡官，或者向省长控告地方官，那有什么用呢？地方官当然只会包庇巡官，省长当然只会包庇地方官，结果还是控告人遭殃：不是坐牢，就是被流放到西伯利亚。在我们俄国（像其他各国一样），只有当任何一个人都有权向国民会议和选举产生的法庭控告，都有权在口头上或者在报纸上自由地诉说自己的疾苦的时候，官吏才不敢胡来。

俄国人民直到现在还处于对官吏的农奴制依附地位。没有官吏的许可，人民不能开会，也不能出书办报！这难道不是农奴制依附吗？既然不能自由开会，不能自由出书，又怎么去管束官吏和富人呢？自然，任何真实反映人民疾苦的书籍和言论，官吏都要禁止。拿这本书来说，社会民主党就得秘密印刷，秘密散发才行。不管是什么人，只要查出他有这本书，他就得吃官司，坐监牢。可是工人社会民主党人却不害怕，这类说实话的书，他们出版得愈来愈多，并且愈来愈多地散发给人民阅读。无论什么样的监狱和迫害，

① 1905年版本中，在“制度”后面加了如下一段文字：

“我们已经说过，国家杜马并不是真正的人民代表会议，而是警察的骗局，因为它的选举是不平等的（贵族和商人对农民和工人占有优势），它的选举不是自由的，而是在警察的强制下进行的。国家杜马不是人民代表会议，而是贵族和商人的警察会议。召开国家杜马并不是为了保障人民的自由和保证建立选举产生的管理机关，而是为了欺骗工人和农民，进一步奴役他们。人民需要的不是御用的杜马，而是经全体公民无区别地和对等地自由选举产生的立宪会议。”——俄文版编者注

都阻止不了争取人民自由的斗争！

社会民主党人要求取消等级，要求国内全体公民完全平等。现在我们这里有不纳税等级和纳税等级[63]，有特权者和非特权者，有贵族出身和平民出身；对于平民甚至还可以拷打。没有哪一个国家的工人和农民会受到这样的屈辱。除了俄国之外，没有哪一个国家对不同的等级有不同的法律。现在，该是俄国人民也要求每个庄稼人都享有贵族享有的**一切权利**的时候了。农奴制度已经废除40多年了，还有拷打，还有**纳税**等级，这不是耻辱吗？

社会民主党人要求人民有迁徙和从业的完全自由。**迁徙自由**是什么意思呢？这就是说，农民有权想去哪儿就去哪儿，想迁哪儿就迁哪儿，可以选择任何一个乡村或者城市居住，不必经过任何人批准。这就是说，俄国也应当取消身份证（在其他国家身份证早就没有了），无论哪个巡官，无论哪个地方官，都不得妨碍任何一个农民随意选择居住和做工的地点。俄国的庄稼人被官吏管得紧紧的，不能自由地迁居城市，不能自由地上新的地方落户。大臣命令省长不要准许**随便**迁移！庄稼人该上哪儿去，省长比庄稼人自己还清楚！庄稼人像小孩子一样，不得到官长许可就不敢动一下！这难道不是农奴制依附吗？随便哪一个破落的贵族都可以对成年的种地的业主发号施令，这难道不是对人民的侮辱吗？

现任"农业大臣"叶尔莫洛夫先生写了一本书，叫做《**歉收和人民的灾难**》（饥荒）。他在这本书里直截了当地说：既然本地的地主老爷需要人手，庄稼人就不应该迁移。这位大臣老实不客气地公开这样说，他以为这些话庄稼人听不见，也听不懂。既然地主老爷们需要廉价的劳动者，为什么要让人迁走呢？人口密度愈大，对地主就愈有好处，人民愈穷，雇人就愈便宜，人民就愈顺从地去忍受各种压迫。从前是总管维护老爷的利益，而现在是地方官和省长维护他们的利益。从前是由总管下命令在马厩里惩罚，现在则由地方官下命令在乡公所里鞭打。

社会民主党人要求取消常备军，而代之以民兵，让全体人民都武装起来。常备军是脱离人民的军队，是训练来向人民开枪的军队。如果不在军营里把士兵关上几年，不在那里对他们进行惨无人道的严格训练，难道他们会向自己的弟兄工人和农民开枪吗？难道他们会去反对饿着肚子的庄稼人吗？为了保卫国家不受敌人进犯，根本不需要常备军，有民兵就足够了，如果全国每个公民都武装起来，那俄国就什么敌人都不用害怕了。人民也可以不受军阀制度的压迫了：军阀制度**每年耗资好几亿卢布**，所有这些钱都是从人民身上搜刮去的，因此，捐税这样重，生活愈来愈苦。军阀制度更加强了官吏和警察对人民的统治。为了掠夺别的民族，例如夺取中国人的土地，就需要军阀制度。人民的负担并不因此减轻，反而由于征收新税更加沉重了。用全民武装代替常备军，就能大大减轻全体工人和全体农民的负担。

同样能大大减轻全体工人和全体农民的负担的是**取消间接税**，这点社会民主党人正在争取做到。间接税就是不直接按土地或家业征收的税，而是由人民在购买商品时付更多的钱来**间接**交纳的。国家对白糖、烧酒、煤油、火柴和其他各种消费品征税，这种税是由商人或者厂主交给国家的，自然，他们并不是用自己的钱来交纳，而是用买主付给他们的钱来交税。烧酒、白糖、煤油、火柴的价钱提高了，每个买主买一瓶烧酒或一俄磅白糖时不但要付商品价，而且要付商品税。比如，假使你花 14 个戈比去买一俄磅白糖，那么大约就有 4 个戈比是税：糖厂主已经把这笔税款交给了国库，现在是从每个买主身上把钱收回来。所以,间接税就是消费品的税,就是用抬高商品价格的办法由买主来交的税。人们有时说:间接税是最公道的税,买多少东西,就交多少税。这种说法不对。间接税是最不公道的税,因为穷人付的间接税要比富人重得多。富人的收入相当于农民或者工人的十倍,甚至百倍。可是,难道富人需要的白糖也多百倍吗?难道他们需要的烧酒、火柴或者煤油也多十倍吗?当然不会的。富人家买的煤油、烧酒、白糖,比穷人家不过多一倍,至多也不过多上两倍。这就是说,富人交纳的间接税在他收入中所占的**份额**比穷人**少**。假定一个贫苦农民的收入一年为 200 卢布;假定他花 60 个卢布去买那些上了税的、因而涨了价的商品(白糖、火柴、煤油都加上了**消费税**,即商品没有运到市场以前厂主就得交纳的税;官卖烧酒的价钱,国家直接提高了;花布、铁和其他商品涨价,是因为便宜的外国货不纳很高的关税就不准运进俄国)。这 60 个卢布中间有 **20 个卢布**是税。也就是说,贫苦农民收入的每一个卢布中要纳 **10 戈比**的间接税(还没有算上直接税:例如赎金税、代役税、土地税、地方自治机关税、乡镇税和村社税等等)。可是一个富裕农民的收入有 1 000 卢布,他花 150 个卢布买那些上了税的商品;这 150 个卢布中他只付了 **50 个卢布**的税。这就是说,富裕农民收入的每一个卢布中只交 **5 戈比**间接税。一个人愈富,他所交纳的间接税在他的收入中所占的份额也**愈少**。所以,间接税是**最不公道的税**。间接税就是向穷人抽的税。农民和工人合起来占全国人口的$^9/_{10}$,他们交纳了全部间接税的$^9/_{10}$或$^8/_{10}$。而在全部收入中农民和工人得到的大概至多也只是$^4/_{10}$!所以,社会民主党人要求取消间接税,征收**累进**所得税和**累进**遗产税。也就是说:收入愈多,税就应当愈重。谁有 1 000 卢布的收入,就让他每卢布交 1 戈比的税；谁有 2 000 卢布的收入，就让他每卢布交 2 戈比的税；以此类推。收入最少的（例如收入在 400 卢布以下的）完全用不着交税。最大的富翁要交最多的税。这种**所得**税，或者更正确些说，**累进所得**税，要比间接税公道得多。正因为这样，社会民主党人要求取消间接税，征收累进所得税。但是，一切私有主、整个资产阶级当然不愿意这样做，当然要反对的。只有贫苦农民和城市工人结成坚固联盟，才能从资产阶级手里**争得**这种改善。

最后，对于全体人民，尤其是对于贫苦农民，一个很重要的改善，就是社会民主党人所要求的儿童的**免费教育**。目前农村的学校要比城市里少得多，并且无论哪里都只有富有阶级、只有资产阶级才能让孩子受到很好的教育。只有使**所有儿童**受到免费的义务教育，才能使人民摆脱，哪怕是部分地摆脱目前这种愚昧状态。贫苦农民深受愚昧之苦，特别需要受教育。不过，我们需要的当然是真正的、自由的教育，而不是官吏和神父所希望的那种教育。

其次，社会民主党人要求每个人都有充分的、完全自由地随便信仰哪种宗教的权利。欧洲各国中只有俄国和土耳其还保留着一些可耻的法律，来整治不信正教而信其他教的人，整治分裂教派[64]，整治其他教派信徒，整治犹太人。这些法律或是干脆禁止某种宗教，或是禁止传布这种宗教，或是剥夺信仰这种宗教的人的某些权利。所有这些法律，都是极不公道、极专横、极可耻的。每个人不仅应该有随便信仰哪种宗教的完全自由，**而且**应该有**传布任何一种宗教和改信宗教**的完全自由。哪一个官吏都根本无权过问任何人信什么教，因为这是个信仰问题，谁也不能干涉。不应该有什么“**占统治地位的**”宗教或教会。一切宗教，一切教会，在法律面前应该一律平等。各种宗教的教士可以由信那种教的教徒来供养，国家不应该用国库的钱来资助任何一种宗教，不应供养任何教士，不管是正教的，分裂教派的，还是其他任何教派的教士。社会民主党人正在为此而斗争。在这些措施还没有无条件实行以前，人民就一直要因为信教问题而受到警察的可耻迫害，就一直避免不了警察给某一种宗教同样可耻的施舍。

* * *

我们已经知道了社会民主党人要为全体人民，尤其是为贫苦农民争取哪些改善。现在我们来看看，社会民主党人要为工人——不仅为工厂工人和城市工人，而且也为农村工人——争取哪些改善。工厂工人住得更挤更集中；他们在很大的车间里干活；他们更容易得到有教养的社会民主党人的帮助。由于所有这些原因，城市工人开始同业主斗争的时间比所有其他工人都要早得多，他们争得了更大的改善，还争取到了工厂法的颁布。但是社会民主党人也在为**一切**工人争取这种改善：既为城市和农村中那些在家里给雇主干活的手艺人，又为那些被小作坊主和手工业者雇用的工人，为建筑工人（木匠、泥水匠等等），为林业工人，为粗工，**也同样为农村工人**争取这些改善。所有这些工人，以工厂工人为榜样并且在工厂工人的帮助下，现在开始在全俄国团结起来，为改善生活条件、缩短工作日、**提高工资**而斗争。社会民主党给自己提出的任务，是支持**一切**工人为改善生活而进行的斗争，帮助他们大家把最坚定可靠的工人组织成为（联合成为）坚固的联盟，用散发书籍传单、派遣有经验的工人到新参加斗争的工人那里去的办法帮助他们，总之用一切可能的办法来帮助他们。当我们争得了政治自由，我们在人民代表会议中就会有自己人即工人代表，社会民主党人，他们会像其他国家中自己的同志一样，要求颁布有利于工人的法律。

这里我们不打算把社会民主党要替工人争取的**一切**改善都一一列举，因为这些改善在纲领中已经写清楚了，而且在《俄国的工人事业》这本书里也已经作了详细的说明。这里我们只要指出其中几项主要的改善就够了。工作日应规定一昼夜不超过8小时。每星期应有一天休息不做工。加班加点应该绝对禁止，做夜工也应该绝对禁止。16岁以下的儿童应该受到免费教育，因此不准雇用不满16岁的儿童做工。妇女不应在对身体有害的生产部门做工。因工受伤致残时——如因管脱谷机和风车等等而受伤致残时——雇主应给予工人赔偿。对一切雇佣工人都应该发工资，而且应该总是**每星期**发一次，而不应像对农村雇工那样，常常两三个月才发一次。每星期按时领工资，工资必须是现钱而不是商品，这对工人来说是很重要的。雇主老爱把各种质次价高的商品硬塞给工人顶工资；为了杜绝这种不合理现象，就一定要用法律来禁止用商品支付工资。其次，年老的工人应该领取国家发放的养老金。工人用自己的劳动养活所有富有阶级和整个国家，所以他们同官吏一样有权领取养老金。为了使业主不敢滥用自己的地位去破坏有利于工人的规章，就应当指派视察员，他们不但应该视察各个工厂，而且也要视察大的地主田庄，视察所有雇用工人的企业。这些视察员不应该是官吏，不应该由大臣或省长委派，不应该替警察办事。视察员应该**由工人选出**；国家应该给工人自己自由选出来的代理人支付薪金。这些选举产生的工人代表还应该注意使工人的住房有较好的设备，使业主不敢强迫工人居住那种像狗窝似的房子或土窖（这在农村干活是常事），使他们遵守关于工人休息的条例，等等。同时不要忘记，只要没有争得政治自由，只要警察拥有无限权力，用不着对人民负责，无论工人选出什么代表都不能带来任何好处。谁都知道,现在警察未经审问就擅自抓人,不但抓工人代表,还抓一切敢替大家说话、敢揭露违法行为和号召工人团结起来的工人。但是,当我们有了政治自由,工人代表就会给我们带来很多好处。

应该**绝对禁止**一切雇主(厂主、地主、承包人、富裕农民)任意克扣工人的工资,比如因出了废品扣钱,以罚款的形式扣钱等等。雇主**任意**克扣工资,这是违法行为,是暴行。业主不得以任何形式、以任何克扣的办法来减少工人的工资。业主不得私设公堂,擅自审判(扣下工人工资往自己腰包里装的法官真是个好法官!),而应该由**真正的法庭**来审理,这个法庭应该由对等的工人代表和业主代表选出。只有这样的法庭,才能公正地判断业主对工人、工人对业主的各种不满。

社会民主党人要为整个工人阶级争取的就是这些改善。每个田产上、每个庄园里、每个承包人那里的工人,都应该想办法同可靠的人一起讨论他们应该争取什么改善,应该提出什么要求(在不同的工厂、不同的庄园以及在不同的承包人那里,工人的要求当然会各不相同)。

社会民主党的各个委员会帮助全俄国工人明确地规定自己的要求,同时还帮助他们编印传单等等来申述这些要求,好让全体工人、业主和长官都知道。只要工人能够同心同德地坚持自己的要求,业主就不得不让步,不得不同意。在城市里,工人已经用这个办法争得了很多改善,现在手艺人、手工业工人和农村工人也在开始联合起来(组织起来),为实现自己的要求而斗争了。在我们还没有争得政治自由以前,我们只能秘密地进行这种斗争,避开警察的耳目;因为警察是禁止任何传单和工人的任何联合的。一旦我们争得了政治自由，我们就能在大家面前更加广泛地公开进行这种斗争，让全俄国所有劳动人民都能够联合起来，能够更加同心协力地保护自己不受迫害。加入**社会民主工党**的工人愈多，他们的力量就愈大，他们就能愈快地使工人阶级得到完全的解放，不再受任何压迫，不再去当任何雇工，不再替资产阶级干任何活。

*　　*　　*

我们已经说过，社会民主工党不但在为工人争取改善，而且在为**全体农民**争取改善。现在我们来看一看，社会民主工党正在为全体农民争取哪些改善。

6. 社会民主党人正在为全体农民争取哪些改善？

为了完全解放全体劳动者，贫苦农民应该同城市工人结成联盟，进行反对整个资产阶级其中包括反对富裕农民的斗争。富裕农民会付给自己的雇农尽量少的工钱，逼着他们干更多更重的活；城市和农村的工人则要求：替富裕农民做工的雇农也能够拿较多的工钱，干较轻的活，并且要有休息。这就是说，贫苦农民应该组织自己单独的、没有富裕农民参加的联盟，——关于这点，我们已经讲过了，并且还要反复地讲。

可是，俄国所有的农民，无论富裕农民还是贫苦农民，在许多方面仍旧是农奴：他们都是**卑微的、下贱的、纳税的等级**；他们都受到警官和地方官的奴役；他们往往为了使用割地、饮马场、牧场、草地而照旧替老爷干活，——这同在农奴制度下替老爷干活真是一模一样。**所有的**农民都想要摆脱这种新的农奴地位,**大家**都希望享有充分权利,**大家**都仇恨地主:地主直到现在还在强迫农民**服徭役**——因使用土地、牧场、饮马场和草地为贵族老爷"服工役","为践踏了庄稼"而干活,"为表示尊敬"而派女人去收割庄稼。由于这种种工役,贫苦农民承受的负担比富裕农民更重。富裕农民有时可以出钱顶替为老爷做工,但是大部分富裕农民毕竟还是受到地主沉重的压迫。所以,贫苦农民应该同富裕农民一起为反对自己的无权地位、反对一切徭役、反对一切工役而斗争。我们只有打败**整个**资产阶级(富裕农民也包括在内),才能摆脱**各种**盘剥和**任何**贫困。可是有的盘剥,我们是可以**早些**摆脱的,因为这种盘剥连富裕农民也受不了。在我们俄国,还有好多这样的地方和专区,那里所有的农民直到现在还常常完全同农奴一样。所以,俄国的全体工人和全体贫苦农民应该**左右开弓进行两个方面的斗争**:一方面和全体工人结成联盟**同一切资产者作斗争**;另一方面和全体农民结成联盟**同农村中的官吏、地主-农奴主作斗争**。假使贫苦农民不组成自己单独的、同富裕农民无关的联盟,那么富裕农民就要欺骗他们,耍弄他们,富裕农民自己也将变成地主,穷人不但永远当穷人,而且还得不到联合的自由。假使贫苦农民不和富裕农民一起同农奴制盘剥作斗争,那么,他们仍旧会被束缚、被限制在本地,他们也不会有充分的自由来同城市工人实行联合。

贫苦农民首先要打击地主,至少要甩掉老爷的最可恶、最有害的盘剥,——在这一点上,许多富裕农民和拥护资产阶级的人也会支持贫苦农民的,因为地主的耀武扬威搞得大家都很厌烦了。可是,只要我们一缩小地主权力,富裕农民马上就会现出原形,伸出手来什么都想捞,他们的手可是贪得无厌的,现在就已经捞到好多东西了。可见，贫苦农民要十分警惕，要同城市工人结成坚固的、牢不可破的联盟。城市工人既会帮助农民打掉地主的旧的老爷气派，又能把富裕农民稍稍制服一下（他们已经稍稍制服了一下自己的厂主）。不同城市工人结成联盟，贫苦农民就**永远**摆脱不了一切盘剥和一切贫穷困苦；在这方面，除了城市工人，**谁**也帮不了他们的忙；在这方面，除了指靠自己，他们谁也指靠不上。不过有些改善我们可以早些争取到，可以在这场伟大斗争一开始就马上得到。俄国有许多盘剥是别的国家里早已绝迹了的。这种官吏的盘剥，这种老爷的农奴制的盘剥，**俄国全体农民**是能够**立刻**摆脱掉的。

我们现在来看看，为了使俄国全体农民哪怕摆脱掉最可恶的农奴制盘剥，为了使贫苦农民能够放开手脚同俄国整个资产阶级作斗争，俄国社会民主工党首先争取的是哪些改善。

俄国社会民主工党的第一个要求是：马上取消"纳税"农民负担的一切赎金、一切代役租[65]、一切义务。贵族委员会[66]和俄国沙皇的贵族政府当初把农民从农奴制依附下"解放"出来的时候，他们硬要农民**赎买农民自己的**土地，赎买农民世世代代耕种的土地！这是**掠夺**。是贵族委员会在沙皇政府帮助下公开**掠夺**农民。在很多地方，沙皇政府派军队用**武力**来实行规约[67]，对不愿接受被割剩下来的"极小一块"份地的农民实行军法制裁。如果没有军队的帮助，不靠拷打和杀人，贵族委员会决不可能像他们在解除农奴制依附时那样蛮横无理地掠夺农民。农民应当永远记住，地主的贵族委员会当初是怎样欺骗他们、掠夺他们的，——因为就是现在，只要沙皇政府想为农民颁布新法律，也总是要叫贵族委员会或者官吏委员会去办。不久以前，沙皇下了一道诏书（1903 年 2 月 26 日）。在诏书中，他答应修订和改善关于农民的法律。让谁来修订呢?让谁来改善呢?还是贵族,还是官吏!只要没有争取到设立**农民委员会**来改善农民生活,农民总是要受人欺骗的。地主、地方官和一切官吏对农民一向发号施令,这种情况该结束了!对一切巡官、一切喝得醉醺醺的、被称为地方官、县警察局长或省长的贵族子弟一向存在农奴制依附,这种情况该结束了!农民应该要求得到**自己**处理自己事情的自由,得到**自己**考虑、提出和通过新的法律的自由。农民应该要求成立自由的、经选举产生的**农民委员会**,——只要他们还没有争取到这个,他们就一直要受贵族和官吏的欺骗和掠夺。如果庄稼人自己不来解放自己,如果他们不联合起来把自己的命运掌握在**自己的**手里,那么谁也不会把庄稼人从官吏吸血鬼的手里解放出来。

社会民主党人不但要求立刻完全取消赎金、代役租和各种义务,而且还要求把从人民那里勒索去的赎金**还给人民**。自从贵族委员会把庄稼人从农奴制下解放出来以后,全俄国的庄稼人已经交了好几亿卢布。这笔钱,农民应该要求归还。政府应该对贵族大土地占有者征收特别税;应该夺回寺院的和皇族的(即沙皇近支的)土地;人民代表会议应该用这笔钱来为农民造福。世界上无论什么地方的农民,都没有像俄国农民这样受屈辱,这样贫穷化,这样骇人听闻地大批大批地饿死。我国农民所以落到了饿死的地步,还因为贵族委员会早就掠夺了他们,因为从那时起就连年不断地掠夺他们,从他们那里为旧的农奴主余孽榨取旧的贡赋,榨取赎金和代役租。那些掠夺农民的人应该对这点负责。应该把贵族、大地主的钱拿出来切实救济挨饿的人。挨饿的庄稼人不需要施舍,不需要小恩小惠。庄稼人应该要求把历年交给地主和国家的钱归还他们。到那个时候,人民代表会议和农民委员会就能对挨饿的人给予真正的、切实的救济了。

其次，社会民主工党要求马上完全废除连环保和**一切限制农民支配自己土地的法律**。沙皇 1903 年 2 月 26 日诏书答应废除连环保。现在，废除连环保的法律已经颁布了[68]。可是这还不够。除此而外，还应当马上废除**一切**限制农民支配自己土地的**法律**。要不然，即使取消了连环保，农民也仍旧不可能完全自由，仍旧是半农奴。农民应当得到支配自己土地的**完全自由**：就是可以把土地随便让给或者卖给什么人，不必征得任何人的同意。这正是沙皇的法令所不准许的：一切贵族、商人和小市民都可以自由支配他们的土地，农民却不行。庄稼人是小孩子，要派地方官像奶妈一样地看管他们。应该禁止庄稼人出卖自己的份地，不然他会把钱挥霍一空的！——农奴主就是这样推论的，而现在有些头脑简单的人竟相信农奴主的话，他们想为庄稼人好，也说什么应该禁止庄稼人卖地。甚至民粹派（这些人我们在前面已经讲过了）和自称为"社会革命党人"的人，对这一点也同意了，认为宁可让我们的庄稼人仍然带点儿农奴性质，地是不能让他们卖的。

社会民主党人说：这全是伪善，全是老爷腔调，全是花言巧语！当我们到了社会主义，当工人阶级战胜了资产阶级，一切土地才会归公，那时**谁**也没有权利出卖土地。那么在此以前怎么样呢？贵族和商人可以卖地，农民就不行！？贵族和商人有自由，农民就仍旧要做半农奴！？农民仍旧要恳求长官的允许！？

这全是欺骗，尽管用花言巧语打掩护，但终究是欺骗。

只要准许贵族和商人卖地，农民就应该同贵族和商人完全一样，有出卖自己土地和**完全自由地**支配自己土地的**充分权利**。

当工人阶级战胜了整个资产阶级，它就会剥夺大业主的土地，就会在大的庄园上办起**协作农场**，工人大伙一起种地，自由选举代理人来当管理人员，会有减轻劳动的各种机器，轮班工作，每天不超过 8 小时(甚至 6 小时)。那时候，就是还想照旧单干的小农，他的经营也不会为了市场，不会为了卖给别的什么人，而是为了工人协作社，小农将为工人协作社供应粮食、肉类、蔬菜，工人则把机器、耕畜、肥料、衣服和农民所需要的一切东西无偿供给他们。那时候，大业主和小业主之间再不会为了钱而进行斗争，那时候，再不会有人替别人当雇工，所有的劳动者都是为自己工作，工作中的一切改善和全部机器都是为工人自己造福，都是为了减轻他们的劳动，改善他们的生活。

可是，任何一个明白事理的人都懂得，社会主义不是一下子就能达到的：要做到这点，就必须同整个资产阶级、同形形色色的政府进行殊死的斗争；要做到这点，就必须使全俄国所有的城市工人同贫苦农民一起结成坚固的牢不可破的联盟。这是一项伟大的事业，为了这样一项伟大的事业，就是献出全部生命也在所不惜。而只要我们还没有达到社会主义，大业主总是会为了钱同小业主作斗争的：难道大业主可以自由卖地，小农就不行吗？我们再说一遍：农民不是小孩子，不许任何人对他们发号施令；农民应该同贵族和商人一样，享有不受任何限制的**一切权利**。

还有个说法：农民的土地不是他自己的，而是公有的。公有的土地不许每个人随便出卖。这也全是欺骗。贵族和商人不也有团体吗？贵族和商人不也在组织公司，不也在一起买地买工厂，想买什么就买什么吗？为什么对贵族团体没有想出任何限制的办法，而对于庄稼人，一切警察恶棍却竭力想出限制和禁令来呢？农民从来没有从官吏那里得到过什么好处，而只有挨打、受勒索和侮辱。只要农民还不能亲自处理自己的一切事情，只要农民还没有争得完全的平等权利和完全的自由，就永远得不到好处。农民想使他们的地成为公有的土地，——谁也不敢去阻止他们；他们可以根据自愿达成的协议来组织团体，让什么人参加，要怎么样组织，要订立什么样的团体合同，他们都有完全的自由。要使哪一个官吏都不敢干涉农民团体的事情。要使任何人都不敢作弄农民，不敢胡编一些对农民的限制和禁令。

* * *

最后，社会民主党人正在为农民争取的还有一种重要的改善。他们要求马上限制老爷对庄稼人的盘剥，农奴制的盘剥。自然，只要世上还有贫困，我们就不可能摆脱一切盘剥；而只要土地和工厂还在资产阶级手里，只要金钱还是世上的支配力量，只要**社会主义社会**还没有实现，我们就不能摆脱贫困。可是，在俄国农村里还有很多特别可恶的盘剥，那是别的国家所没有的，虽然别的国家同样还没有实现社会主义。在俄国还有很多对一切地主有利而压迫所有农民的**农奴制盘剥**，这种盘剥可以而且应该首先立即消灭。

现在我们来讲一讲，我们所说的农奴制盘剥是怎样的盘剥。

每一个农村居民都知道下面的情况。地主的土地和农民的土地是连在一起的。在解放农民的时候，从农民那里割去了农民所必不可少的土地，割去了牧场和草地，割去了森林，割去了饮马场。没有这种割地，没有牧场，没有饮马场，农民就毫无办法。不管愿意不愿意，都只得跑到地主那里去，求他准许饮牲畜或者放牧，等等。而地主并不经营自己的田庄，也许一点钱也没有，专靠盘剥农民过日子。农民借用了割地不得不无偿地替地主干活，用自己的马给地主耕地，替他收庄稼割青草，替他打谷，甚至有些地方的农民用自己的农家肥来上老爷的地，给老爷家送麻布、鸡蛋以及各种家禽。这同在农奴制度下完全一样！那时候，农民住在哪个老爷的世袭领地上，就要无偿地替那个老爷干活；现在，农民还常常为了贵族委员会在解放农民时从农民那里割去的那块土地而无偿地替老爷干活。这和徭役制完全一样。在有些省份里农民自己也把干这种活叫做徭役。这就是我们所说的农奴制盘剥。地主的贵族委员会在解放农奴的时候，故意使它们能够照旧盘剥农民，它们故意割去了庄稼人的份地，故意把地主的土地像楔子似地插到庄稼人的地里，使庄稼人连放鸡的地方也没有，它们故意让农民迁到较坏土地上去，故意用地主的地把通饮马场的路隔开来，——总而言之，它们的安排使农民落入了圈套，使农民仍像过去一样很容易束手就擒。我国还有无数农村的农民仍旧像在农奴制时那样，当邻近地主的俘虏。在这样的农村中，无论富裕农民或贫苦农民，大家都被捆住了手脚，完全听凭地主的摆布。这样一来，贫苦农民要比富裕农民艰难得多。富裕农民有时还有自己的地，可以叫雇农替他去服徭役；但是贫苦农民却毫无办法，只好听任地主摆布。在这样的盘剥下，贫苦农民往往连喘口气的工夫都没有；为了要替老爷做工不能到别的地方去，至于同全体贫苦农民和同城市工人自由结成一个联盟、一个政党，那就想都不用想了。

那么，有没有办法可以现在马上就消灭这种盘剥呢？社会民主工党给农民提出达到这个目的的**两个**办法。不过我们还要再说一遍，只有社会主义才能使全体贫苦农民摆脱一切盘剥，因为只要富人还有力量，他们反正总是要压榨穷人的。要一下子完全消灭一切盘剥是办不到的，但是可以大大限制那些既压迫贫苦农民，又压迫中等农民，甚至还压迫富裕农民的最可恶、最卑鄙的农奴制盘剥，可以现在就争取做到减轻农民的负担。

要做到这点有两个办法。

第一个办法——成立由雇农和贫苦农民，以及富裕农民和地主自由选举的代理人组成的法庭。

第二个办法——成立自由选举的**农民委员会**。这些农民委员会不但应该有权讨论和采取各种消灭徭役制、消灭农奴制残余的措施，而且也应该有权**夺回割地并且把割地归还农民**①。

现在我们来稍微详细地谈一下这两个办法。由自由选举的代理人组成的法庭，可以审理农民控告地主盘剥的一切案件。假使地主乘农民急需土地把地租定得过高，这样的法庭就有权减低地租。这样的法庭有权使农民不接受过低的工钱，——例如，地主在冬天用一半价钱雇定庄稼人干夏天的活，那么法庭就要审理这个案子并且规定公道的工钱。这样的法庭当然不应该由官吏组成，而应该由自由选举的代理人组成，雇农和贫苦农民一定要有自己的代表，而且其人数不应少于富裕农民和地主。这样的法庭也要审理工人同业主之间的一切案件。有了这种法庭，工人和全体贫苦农民就会比较容易捍卫自己的权利，就会比较容易联合起来并了解清楚，哪些人能够忠实可靠地支持贫苦农民和工人。

另外一个办法就更加重要了。这就是由每个县的雇农、贫苦农民、中等农民和富裕农民选举代理人，成立自由的**农民委员会**（假使农民认为必要，一县也可成立几个农民委员会；也许他们甚

① 1905 年版本中，在“**农民**”后面加了如下一段文字：

“农民委员会应该有权剥夺地主和一切私有者的全部土地，而且由人民代表会议自己决定如何处理这些转归全民所有的土地。”——俄文版编者注

至可以在每一个乡或者每一个大的村子里成立农民委员会)。农民受了些什么盘剥，农民自己知道得最清楚。至今仍靠农奴制盘剥过活的地主是些什么人，农民自己揭露得最清楚。农民委员会要弄清楚哪些割地、草地或者牧场等等是从农民手里不公道地割去的，要弄清楚这些土地是应该无偿地夺回呢，还是应该由大贵族出钱补偿这些土地的买主。农民委员会至少要使农民从许许多多贵族的地主委员会陷害他们的圈套中挣脱出来。农民委员会要使农民摆脱官吏的干涉，表明农民自己愿意而且能够安排自己的事情，要帮助农民商定自己的需求，使他们认清那些能够忠心耿耿地维护贫苦农民、维护同城市工人的联盟的人。农民委员会是使穷乡僻壤的农民也能自力更生、也能自己掌握自己命运的**第一步**。

所以，工人社会民主党人预先提醒农民：

不要相信任何贵族委员会、任何官吏委员会。

要求召开全民代表会议。

要求设立农民委员会。

要求有出版各种书报的完全自由。

当所有的人都有权在全民代表会议上、农民委员会里和报纸上自由地、无所畏惧地讲出自己的意见和愿望的时候，马上就能看出谁站到工人阶级一边，谁站到资产阶级一边。现在绝大多数的人根本没有想到这一点，有些人是隐瞒了自己真正的意见，有些人自己也还没有弄清楚，有些人则是故意骗人。而到那个时候，大家都会想到这一点，用不着遮遮盖盖，什么事情就很快都搞清楚了。我们已经说过，资产阶级会把富裕农民拉到自己那边去。农奴制盘剥消灭得愈快愈多，农民获得的真正的自由愈多，贫苦农民自己的联合就会愈加迅速，富裕农民同整个资产阶级的联合也会愈加迅速。让他们去联合好了：我们不怕，虽然我们很清楚富裕农民由于这种联合会变得更加强大。我们不是也在联合吗？况且**我们的联盟**——贫苦农民同城市工人的联盟——人数不知要多多少，我们是几千万人的联盟，而他们只是几十万人的联盟。我们也知道：资产阶级会想办法（而且现在已经在想办法！）把中等农民甚至小农都拉到自己那边去，想办法欺骗他们，引诱他们，离间他们，许愿把他们每个人都变成富人。我们已经看到过资产阶级是用什么方法和骗局来引诱中等农民的。所以我们应该事先擦亮贫苦农民的眼睛，事先巩固他们同城市工人的单独的联盟来对付整个资产阶级。

让每个农村居民都好好地看一看自己的周围吧。富裕农民不是时常在抱怨老爷，抱怨地主吗？他们不是在抱怨人民受压迫，抱怨老爷白白荒废土地吗？他们不是喜欢（私下）议论，主张要把这些地交给庄稼人吗？

富裕农民说的话能相信吗？不能。他们要地不是为了人民，而是为了自己。他们现在就已经为自己弄到了土地，有买来的，有租来的，可是还嫌少。**这就是说，贫苦农民和富裕农民一起反对地主的时间是不会很长的。**只有第一步我们能同他们一起走，往后就要分道扬镳了。

正因为如此，我们必须把这第一步同别的许多步以及我们最后的主要的一步区分清楚。农村中的第一步就是完全解放农民，给农民以充分的权利，建立农民委员会以收回割地[①]。而我们在城市和农村里的最后一步是一样的：**剥夺地主和资产阶级的全部**

① 1905年版本中，在“割地”后面还加了如下的字样：“并剥夺地主的全部土地”。——俄文版编者注

土地和全部工厂，建立社会主义社会[①]。在第一步和最后一步之间，我们还必须经过不少的斗争，**谁要是把第一步同最后一步混淆起来，他就是在损害这场斗争，他就是在不知不觉地蒙蔽贫苦农民**。

第一步将由贫苦农民和全体农民一起走：也许会有一些富农掉队，也许一百个庄稼人中会有一个不厌恶任何盘剥。不过绝大多数人还是会一致行动的：全体农民都需要平等的权利。地主的盘剥捆住了全体农民的手脚。可是，最后一步却决不会由全体农民一起走：那时所有富裕农民都要起来反对雇农。那时我们所需要的就是贫苦农民同**城市工人社会民主党人**的坚固联盟了。谁要是对农民说他们一下子就可以走完第一步和最后一步，他就是在欺骗庄稼人，他就是忘记了农民自己之间的大搏斗，忘记了贫苦农民和富裕农民之间的大搏斗。

正因为如此，社会民主党人并没有向农民许愿说**一下子**就能进入人间天堂。正因为如此，社会民主党人首先要求有进行斗争、进行整个工人阶级反对整个资产阶级的广泛的、全民的大斗争的充分自由。正因为如此，社会民主党人指出了**小小的、却是稳当的第一步**。

有些人认为，我们要求设立农民委员会来限制盘剥和收回割地，那是筑了一道篱笆，砌了一堵墙。站住，别再往前走了。这种人根本没有好好地考虑过社会民主党人的要求是什么。要求设立农民委员会来限制盘剥和收回割地，这并不是一堵墙。这是一道门。首先要走出这道门，**才能继续往前走**，顺着宽广的大道走**到**

① 1905 年版本中，从“**剥夺**”至“**社会**”这一段文字改为：“消灭土地和工厂的私有制，建立社会主义社会。”——俄文版编者注

头,直到彻底解放俄国全体劳动人民。只要农民没有走出这道门,他们就仍然是愚昧的和受盘剥的,没有充分的权利,没有充分的真正的自由,甚至彼此都不能彻底弄清谁是劳动者的朋友,谁是劳动者的敌人。所以,社会民主党人指出了这道门,并且说,全世界、全体人民应该首先挤开这道门,把它彻底冲破。但是有些自称为民粹派和社会革命党人的人,他们也想为庄稼人好,吵吵嚷嚷,挥舞双手,想要帮忙,**却看不见这道门**!这些人太盲目无知了,居然说:根本不需要给庄稼人自由支配自己土地的权利!他们想为庄稼人好,可是他们发的议论有时竟同农奴主一模一样!这样的朋友是帮不了什么忙的。既然你看不清应当冲破的第一道门,那么你尽管想为庄稼人好,又有什么用呢?既然你看不见应该怎样走上自由的人民斗争的道路,不仅为城市中的社会主义而斗争,而且为农村中的社会主义而斗争,不仅同地主作斗争,而且**同村团内部、村社内部的富裕农民**作斗争,那么,你尽管也向往社会主义,又有什么用呢?

社会民主党人之所以十分坚定地指出眼前这第一道门,原因也就在这里。现在的困难不在于表示各种各样的美好祝愿,而在于正确地指明道路,在于弄清楚应当**怎样迈出这第一步**。俄国的庄稼人受尽盘剥,俄国的庄稼人仍旧是半农奴,——关于这一点,庄稼人的所有朋友已经讲了40年,写了40年。地主怎样利用各种割地来蛮横地掠夺庄稼人和盘剥他们,——关于这一点,早在俄国社会民主党人出现以前很久,庄稼人的所有朋友就已经写了许多书。现在应该马上帮助庄稼人,应该使他们多少摆脱一些盘剥,——关于这一点,目前所有正直的人都已经看到了,连我们警察政府里的官吏也在开始谈论了。全部问题在于:**怎样着手干,怎

样迈出第一步，首先要冲破哪道门。

不同的人（指那些想为庄稼人好的人）对这个问题有两个不同的答案。每个农村无产者都应该尽量把这两个答案弄清楚，并形成自己明确的、坚定的意见。一个是民粹派和社会革命党人的答案。他们说：首先应该在农民中间开办各种协作社（合作社）。应该巩固村社的联盟。不应该给每个农民自由支配自己土地的权利。让村社有更大的权利，让俄国全部土地都逐渐变成村社的土地①。在买地方面应该给农民提供种种方便，使土地更容易从资本手中转到劳动手中。

另一个是社会民主党人的答案。农民首先应该完全争取到贵族和商人所有的一切权利。农民应该有自由支配自己土地的充分权利。为了消灭最卑鄙龌龊的盘剥，应该设立农民委员会来收回割地②。我们所需要的，不是村社的联盟，而是全俄国各种村团中贫苦农民的联盟，是农村无产者同城市无产者的联盟。成立各种协作社（合作社）和由村社来买地，总是给富裕农民带来更大的好处，总是对中等农民的欺骗。

俄国政府知道应该减轻农民的负担，可是它想拿些小事情应付过去，它想一切都由官吏来包办。农民应该保持警惕，因为官吏委员会也会像从前贵族委员会那样欺骗他们。农民应该要求选举自由的农民委员会。农民不能等待官吏来减轻负担，而要自己掌

---

① 1905 年版本中，在“土地”后面加了如下一段文字：“没收地主的全部土地，并且只将土地平均分配给那些自己耕种土地的人。”——俄文版编者注

② 1905 年版本中，在“割地”后面加了如下一段文字：“农民委员会应当有权剥夺地主的**全部土地**。人民代表将会确定如何处理**人民的土地**。但是我们应当争取彻底实现社会主义社会，不应忘记：只要金钱的权力、资本的权力还存在，任何的平分土地都无法使人民摆脱贫困。”——俄文版编者注

握自己的命运。我们开始可以只走一步，开始可以只摆脱那些最可恶的盘剥，——只要农民能感觉到自己的力量，只要他们能够自由地达成协议和联合起来就行。任何一个有良心的人都不会否认，割地往往成为极蛮横的农奴制盘剥的工具。任何一个有良心的人都不会否认，我们的要求是最起码的和最公正的：让农民自由选举**自己的**、没有官吏参加的委员会来消灭一切农奴制盘剥。

在自由的农民委员会里（如同在自由的全俄代表会议里一样），社会民主党人要马上尽一切力量来巩固农村无产者同城市无产者的单独的联盟。社会民主党人会支持一切有利于农村无产者的措施，帮助他们在迈出第一步之后，尽量迅速尽量同心协力地迈出第二步、第三步等等，直到最后的一步，直到**无产阶级**取得完全**胜利**。可是，为了迈出第二步，明天该提什么要求，现在就能马上说得出吗？不，这是没法说的，因为我们不知道，富裕农民和许多忙于各种合作事业、忙于用各种办法使土地从资本手中转到劳动手中的有教养的人，明天将有什么举动。

也许到明天他们还不会马上同地主勾结在一起，也许他们愿意彻底消灭地主的权力。那就太好了。这正是社会民主党人求之不得的，这样，社会民主党人就将建议农村和城市的无产者要求剥夺地主的全部土地并且把土地交给自由的人民国家。社会民主党人将保持警惕，不使农村无产者在这个过程中受人欺骗，而使他们更好地壮大力量，为无产阶级的完全解放进行最后的斗争。

不过，也许完全是另一种情况。甚至很可能是另一种情况。只要最恶劣的盘剥一受到限制和缩小，富裕农民和许多有教养的人明天马上就会同地主联合起来，那时候起来反对整个农村无产阶级的将会是整个农村资产阶级。那时候如果我们单单同地主作斗争就可笑了。那时候我们应该同整个资产阶级作斗争，并且首先要求有尽量多的自由、尽量多的活动余地来进行这种斗争，要求改善工人生活以促进他们的斗争。

无论在什么情况下，我们第一项的，我们主要的和责无旁贷的任务是：**巩固农村无产者和半无产者同城市无产者的联盟**。为了这个联盟，我们要马上**使人民得到充分的政治自由，使农民得到完全的平等权利和消灭农奴制盘剥**。而一旦这个联盟建立起来并得到巩固，我们就能很容易地揭穿资产阶级用来引诱中等农民的种种骗局，我们就能轻而易举地很快为反对整个资产阶级、反对政府一切势力而迈出第二步、第三步，直到最后一步，我们就能坚定不移地走向胜利，很快地争得**全体劳动人民的完全解放**。

7. 农村中的阶级斗争

什么是**阶级斗争**？这就是一部分人反对另一部分人的斗争，就是广大无权者、被压迫者和劳动者反对特权者、压迫者和寄生虫的斗争，雇佣工人或无产者反对私有主或资产阶级的斗争。在俄国农村中，这场大斗争一直在进行，而且现在还在进行着，尽管并不是所有的人都看得见，并不是所有的人都懂得它的意义。在农奴制时，全体农民群众曾经同受到沙皇政府保卫、袒护和支持的压迫者即地主阶级作过斗争。当时农民还不能联合起来，当时农民还十分愚昧无知，农民在城市工人中间还没有帮手和兄弟；然而农民仍然尽一切力量进行了斗争。农民不怕政府的野蛮迫害，不怕受刑和枪杀，农民不信神父的话，神父们拼命证明农奴制是圣经赞同的,是上帝法定的(当时菲拉列特都主教正是这样公开宣称的!);农民到处起来进行斗争,政府终于让步了,它害怕爆发全体农民的总起义。

农奴制废除了,但是并不彻底。农民仍旧没有权利,仍旧是卑微的、纳税的、下贱的等级,仍旧逃不出农奴制盘剥的魔掌。农民还是在继续骚动,继续寻找充分的真正的自由。同时,在农奴制废除之后,已经出现了新的阶级斗争,就是**无产阶级同资产阶级的斗争**。财富增多了,铁路和大工厂修建起来了,城市的人口更多了,城市更加繁华了;可是,所有这些财富都被极少数人攫为己有,人民反而更加贫穷、破产、挨饿,替别人去当雇工。城市工人开始进行全体穷人反对全体富人的新的伟大的斗争。城市工人已联合成为**社会民主党**,坚定顽强、同心协力地进行着自己的斗争,稳步前进,准备作伟大的最后的斗争,并要求全民的政治自由。

最后,农民也忍不住了。去年,也就是1902年的春天,在波尔塔瓦、哈尔科夫和其他省份农民起来反对地主了,他们打开地主的粮仓,分掉地主的财产,把由庄稼人播种和收获、却被地主攫为私产的粮食分给挨饿的人,他们要求重新分地。农民已经忍受不了无限度的压迫而开始寻求较好的境遇了。农民打定主意——而且主意打得一点不错——与其不斗争而饿死,不如在同压迫者的斗争中牺牲。可是,农民没有争得较好的境遇。沙皇政府宣布他们只是一些暴徒和强盗(因为他们从强盗地主那里夺回了由农民播种和收获的粮食!),沙皇政府派军队像对付敌人一样对付他们,结果农民被打败了,军队向农民开枪,很多人被打死,对农民野蛮地毒打,甚至毒打致死,就连土耳其人也从未这样残酷地虐待过自己的敌人基督教徒。沙皇的使者、省长对农民的虐待最残酷,他们是名副其实的刽子手。兵士强奸农民的妻女。农民受尽了这一切，反而还要受官吏法庭的审判，还要被迫向地主交纳 80 万卢布，而且在法庭上，在这个可耻的、秘密的、刑讯室式的法庭上，甚至不准辩护人讲沙皇的使者、省长奥博连斯基和别的沙皇走狗是怎样残酷虐待和折磨农民的。

农民为正义事业进行了斗争。俄国的工人阶级将永远纪念被沙皇走狗枪杀和打死的殉难者。这些殉难者是争取劳动人民的自由和幸福的战士。农民被打败了，但是他们还要不断地起来斗争，不会因为初次失败而灰心丧气。觉悟工人要倾全力使尽量多的城乡劳动人民了解农民斗争的情形，使他们准备进行新的更有成效的斗争。觉悟工人要倾全力帮助农民**弄清楚：为什么第一次农民起义**（1902 年）**被镇压下去了，应当怎样才能使农民和工人得胜，而不是使沙皇的走狗得胜**。

农民起义被镇压下去了，因为这是愚昧的不觉悟的群众的起义，起义没有确定的鲜明的**政治**要求，就是说没有要求改变**国家**制度。农民起义被镇压下去了，因为它**没有准备好**。农民起义被镇压下去了，因为农村无产者还没有同城市无产者结成联盟。这就是农民第一次失败的三个原因。要使起义能够胜利，就要使起义成为自觉的和有准备的，就要使起义席卷全俄，并且同城市工人结成联盟。而城市工人斗争的每一步，社会民主党的每一本书或每一份报纸，觉悟工人对农村无产者的每次演说，都能使下次起义的时间、起义以胜利告终的时间更加临近。

农民不自觉地起来斗争，那只是由于他们已经忍无可忍，那只是由于他们不肯不声不响、不加反抗就死掉。农民受尽了种种掠夺、压迫和折磨的痛苦，以致他们一刻也不能不相信所谓沙皇仁慈的谣言，不能不相信：凡是明白事理的人都会认为，把粮食分给挨饿的人，分给那些一辈子替人家干活、播种和收割粮食而现在却要守着“老爷的”粮仓饿死的人是公道的。农民好像忘记了，富人、地主和资产阶级把较好土地和一切工厂攫为己有，其目的正是要挨饿的人去替他们做工。农民忘记了，为了保护富有阶级，不仅神父在喋喋不休地进行说教，连拥有无数官吏和士兵的整个沙皇政府也出动了。这点，沙皇政府已经向农民作了提示。沙皇政府那野兽般的暴行使农民看到，什么叫做国家政权，它为谁服务，它保护谁。我们只要常常提醒农民记住这个教训，农民就容易懂得，为什么一定要**改变国家制度**，为什么一定要有**政治自由**。只要愈来愈多的人懂得这一点，只要一切识字的和有头脑的庄稼人都知道首先应当争取的**三个主要要求**，农民起义就不再是不自觉的起义了。第一个要求——召开**全民代表会议，以便在俄国建立由人民选举产生的而不是专制的管理机关**。第二个要求——**所有的人都有出版各种书报的自由**。第三个要求——**法律上承认农民和其他等级权利完全平等并且召开经选举产生的农民委员会来首先消灭一切农奴制盘剥**。这就是社会民主党人的主要的根本的要求，农民现在就不难了解这些要求，不难了解：争取人民自由的斗争**应该从何着手**。而只要农民懂得这些要求，那他们也就会懂得，应该及早地、持久地、顽强地、坚决地**准备**进行斗争，并且不是单独准备，而是同城市工人——社会民主党人一起准备。

每个觉悟的工人和农民应该把最明事理的、最可靠的和最勇敢的同志集合在自己的周围，应该尽量向他们讲清楚社会民主党人的要求是什么，使所有的人都懂得应该进行怎样的斗争，应该提出什么要求。觉悟的社会民主党人应该开始逐步地、慎重地、然而坚持不懈地给农民讲授社会民主党的学说，给他们读社会民主党的书籍，在可靠的人的小会上讲解这些书籍。

但是，解释社会民主党的学说，不能光是照本宣读，还要举出实例，举出我们在自己周围看到的压迫人和不公平的件件事实。社会民主党的学说，是关于反对一切压迫、反对一切掠夺、反对一切不公平的斗争的学说。只有知道压迫的原因并**毕生同一切压迫进行斗争的人**，才是真正的社会民主党人。怎么做呢？觉悟的社会民主党人在本城和本乡集合起来以后，要自己来决定：应当怎么做才对整个工人阶级更有利。我举一两件事例来谈吧。假定说，一个工人社会民主党人回到本乡住几天，或者某个城市的一个工人社会民主党人到了外乡。整个农村，就像蜘蛛网上的苍蝇那样落入邻近地主的魔掌，一辈子都摆脱不了盘剥，没有办法逃脱这种盘剥。应当马上挑选出一些最有见识、最明事理、最可靠、追求真理、不是一见到警察狗腿子就害怕的农民，向他们阐明为什么会产生这种无止境的盘剥，说明地主怎样在贵族委员会里欺骗农民和掠夺农民，说明富人的力量和沙皇政府给富人撑腰，说明工人社会民主党人的要求。当农民弄明白所有这些并不奥妙的情况，就应该在一起好好地思索一番，能不能齐心协力地来反抗这个地主，农民能不能提出自己首要的和主要的要求（像城市的工人向厂主提出自己的要求那样）。如果受到这个地主奴役的是一个大村子或者几个村子，那么，最好是通过代理人，从附近社会民主党委员会那儿弄到**传单**：在传单上，社会民主党委员会开头就会正确地说明农民受到怎样的盘剥，他们首先要求的是什么（要求租地的租金便宜些，或者要求在冬季雇工也按实价而不是按半价计算工钱，或者要求在践踏了庄稼时不予追究，不加迫害，或者其他各种要求）。

所有识字的农民从这样的传单中可以弄清楚究竟是怎么一回事，并且可以向不识字的农民作解释。那时候，农民就会看得很清楚，社会民主党人是支持他们的，社会民主党人是谴责一切掠夺的。那时候，农民就会开始懂得，有哪些改善，虽然是极小的改善，然而终究是改善，只要同心协力地坚持，现在就能马上争取到；有哪些全国范围的大改善，应该同城市工人——社会民主党人一起通过大斗争去争取。那时候，农民会愈来愈广泛地去准备进行这场大斗争，会学习应该怎样寻找可靠的人，应该怎样共同坚持自己的要求。他们有时候或许可以像城市工人那样举行罢工。诚然，农村中搞罢工要困难一些，不过有时还是可能的，而且在别的国家里，比如在地主和富裕农民非常需要人手的农忙季节，也曾有过成功的罢工。如果贫苦农民已经准备好举行罢工，如果大家早已就共同的要求取得了一致意见，如果这些要求已经在传单上作了解释，或者只是在集会上作了很好的说明，——那时候，大家就会同心协力地站在一起，地主就不得不作出让步，或者至少不得不在掠夺方面稍有收敛。如果能在农忙季节同心协力地举行罢工，那么地主，甚至带兵的长官，也想不出什么办法来对付，——时间在一天天地过去，地主面临破产的威胁，于是他很快就会变成好商量的人了。当然，这是件新事。新事往往开头并不顺当。城市里的工人开头也不善于同心协力地进行斗争，不知道他们应该共同提出哪些要求，而只是去捣毁机器，破坏工厂。而现在工人就学会同心协力地斗争了。一切新事情开头都要学习。现在，工人懂得，只要一致奋起，马上能争取到的只是一些改善，——而人民却会习惯于同心协力地反抗，愈来愈广泛地准备进行坚决的伟大斗争。农民也同样能学会怎样反抗最残酷的掠夺者，怎样同心协力地要求改善，应该怎样逐步地、坚定不移地到处为争取自由准备进行大搏斗。觉悟的工人和农民的人数会愈来愈多，农村社会民主党人的联盟会愈来愈巩固，而地主的盘剥、神父的勒索、警察的横行霸道和长官的迫害等件件事实，都会愈来愈擦亮人民的眼睛，使他们习惯于同心协力地进行反抗，习惯于必须用暴力来改变国家制度的思想。

我们在这本书一开头就说过，城市劳动人民现在走上街头和广场，当众公开要求**自由**，在旗帜上写着并且高喊着："打倒专制制度！"这样的日子很快就会来到：那时候，城市劳动人民行动起来不仅是为了沿街呼喊，而是为了进行最后的大斗争，那时候，工人就会万众一心地说："不获自由，战斗到死！"那时候，几百个人在斗争中倒下去，就会有几千个更加坚决的新战士站起来接替他们。那时候，农民也会在全俄国奋起，援助城市工人，为农民和工人的自由而战斗到底。那时候，无论什么样的沙皇军队都抵挡不住。胜利将属于劳动人民，工人阶级将沿着康庄大道前进，去解除全体劳动者的一切压迫，工人阶级将利用自由来为社会主义斗争！

《火星报》和《曙光》杂志共同提出的俄国社会民主工党纲领

我们已经说过了，什么是纲领，为什么需要纲领，为什么只有社会民主党才有明确的纲领。能够最后通过纲领的，只有我们党的代表大会，也就是全体党的工作者的代表会议。现在，组织委员会就在筹备这样的代表大会。可是，我们党的很多委员会都已经公开声明自己同《火星报》意见一致，承认《火星报》是领导报纸。所以，在代表大会召开以前，我们的纲领草案（也就是建议采用的纲领）完全可以使大家确切地了解社会民主党人的要求是什么，所以，我们认为有必要在本书附录中全文引用这个草案。

当然，如果不作解释，并不是每个工人都能懂得纲领中所说的一切的。许多伟大的社会主义者曾致力于创立由马克思和恩格斯最后完成的社会民主党的学说；世界各国的工人历经千辛万苦才得到了我们要加以利用、我们要用来作为我们纲领基础的那个经验。所以，工人应该学习社会民主党的学说，弄懂**自己的**纲领、**自己的**战斗旗帜上的每一句话。工人特别容易明白和领会社会民主党的纲领，因为这个纲领所说的，全是每一个有头脑的工人看见过、经历过的东西。要一下子理解纲领是困难的，希望谁也不要被这个“困难”所吓倒：每个工人阅读和思考得愈多，斗争的经验愈丰富，他对纲领的理解就愈透彻。但是，每个人都应该思考和讨论社会民主党人的**全部**纲领，每个人都应该时刻记住**社会民主党人的全部要求以及他们关于解放**全体劳动人民的**全部想法**。社会民主党究竟是个什么样的政党，社会民主党人希望每一个人都能清清楚楚、毫不含糊、有一个彻底的了解。

我们在这里不能详细地解释全部纲领。这需要专门写一本书。我们只是简要地指出纲领讲的是什么，并且向读者推荐两本参考书。一本是德国社会民主党人卡尔·考茨基的《**爱尔福特纲领解说**》，这本书已经译成俄文。另一本是俄国社会民主党人尔·马尔托夫的《**俄国的工人事业**》。这两本书可以帮助了解我们的全部纲领。

现在我们给我们纲领的每个部分标上号码(见下面纲领),并且指出每个部分的内容。

(一)纲领一开头就说,全世界无产阶级正在为自己的解放而斗争,俄国无产阶级只是各国工人阶级的世界大军中的一支队伍。

(二)其次论述包括俄国在内的几乎世界所有国家的资产阶级制度是怎样的。大多数居民怎样为土地占有者和资本家干活,而自己却受苦受穷,小手工业者和农民怎样日渐破产,而大工厂却在日益发展,资本怎样压迫工人本身和他的妻子儿女,工人阶级的生活状况怎样恶化,失业和贫穷怎样愈来愈严重。

(三)随后讲到工人的联盟,工人的斗争,斗争的伟大目的:解放一切被压迫者,彻底消灭富人对穷人的一切压迫。这里还解释了为什么工人阶级愈来愈强大,为什么它一定会战胜自己的一切敌人,战胜资产阶级的所有保护人。

(四)再次又说,为什么要在世界各国建立社会民主党,它们怎样帮助工人阶级进行斗争,怎样联合和指导工人,教育工人,训练他们去进行大斗争。

(五)接着又说,为什么俄国人民的生活比别国人民还要差,沙皇专制制度是怎样的一大祸害,我们首先必须怎样推翻它并且在俄国建立选举产生的人民的管理机关。

(六)选举产生的管理机关应该为全体人民带来哪些改善?这点我在本书里讲到了,在纲领中也谈到了。

(七)接着纲领指出,为使工人阶级能够生活得比较好些和比较自由地为社会主义进行斗争,应该马上为整个工人阶级争取哪些改善。

(八)纲领中特别指出为使贫苦农民能够较容易较自由地同农

村中的以及全俄国的资产阶级进行阶级斗争，应该首先为全体农民争取哪些改善。

（九）最后，社会民主党告诫人民不要相信警察和官吏的任何许诺和花言巧语，而应该坚决为立即召开自由的全民代表会议而奋斗。

1903 年 5 月由俄国革命社会民主党人国外同盟在日内瓦印成小册子

译自《列宁全集》俄文第 5 版第 7 卷第 129—203 页

司徒卢威先生被自己的同事揭穿了

（1903 年 4 月 1 日〔14 日〕）

《解放》杂志第 17 期使《火星报》，尤其使本文作者感到非常愉快。《火星报》之所以感到愉快，是因为它看到自己为使司徒卢威先生向左转所作的努力有了某些结果，见到了斯·斯·先生对模棱两可所作的尖锐批评，知道“解放派”打算建立“公开地坚决地主张立宪的政党”，并且在纲领中提出普选权的要求。本文作者之所以感到愉快，则是因为斯·斯·先生这位“出色地参与了制定”发表于《解放》杂志第 1 期的《俄国立宪主义者声明》，因而不仅是司徒卢威先生的同事，而且在某种程度上可说是司徒卢威先生的**主人**的人，在**同司徒卢威先生**的论战中，出乎意料地帮了大忙。让我从这第二点开始谈起吧。我在《曙光》杂志第 2—3 期合刊上一篇题为《地方自治机关的迫害者和自由主义的汉尼拔》[①]的文章中，同那位给著名的维特记事写序言的尔·恩·斯·先生展开了论战。我指出尔·恩·斯·先生的整个立场是模棱两可的，他谈到了同专制制度进行斗争的汉尼拔式的誓言[69]，同时又对当权者、对贤明的保守主义者说了一通令人肉麻的话，而且还提出一个“权利与拥有权力的地方自治机关”的“公式”，等等，等等。现在，人们读了《记事》第 2 版都知道尔·恩·斯·先生就是司徒卢威先生。司

① 见本版全集第 5 卷第 18—64 页。——编者注

徒卢威先生觉得我的批评很不中意，他便对我大张挞伐，喋喋不休、怒气冲冲地“对注释又作了注释”。

我们就来看看司徒卢威先生的论据吧。

说明我“论战中的精华”“没有根据和不公允”的第一个例子，就是我说司徒卢威先生厌恶革命家，而无视他的“据说是非常明确的声明”。我们来全文援引这个声明吧。司徒卢威先生写道：“官僚制度自己发给地方自治机关的一份证书，对于那些因为缺乏政治修养或者迷恋于革命空谈，总是不愿意正视俄国地方自治机关的巨大政治意义和它的合法文化活动的人说来，是一个绝妙的回答。”在这篇长文的注释中，司徒卢威先生附带说明：“我们讲这些话，决不是想中伤革命活动家，这些人在反对专横的斗争中表现出的大无畏精神，首先必须予以重视。”

这些就是关于没有根据和不公允的批评“一案的文件”。一个认为这个声明是非常明确的；另一个则认为司徒卢威先生未免弄巧成拙，他“中伤”革命家（**没有指名道姓**），不仅“不指名地”（即不知针对谁）责难这些人无知，而且还认为，似乎只要承认革命家的“大无畏精神”，把指责他们无知的这颗苦药丸包上一层糖衣，就可以迫使他们吞下去。究竟谁是谁非，请读者公断吧。

至于我这方面，只想说一句：各人口味不同。许多自由派认为最机智最英明不过的做法，就是一面给革命家颁发大无畏证书，一面又把他们的纲领贬成空谈，贬成缺乏修养的表现，**甚至不从本质上**对他们的观点**进行分析**。在我们看来，这既不机智，也不英明，而只是卑鄙的支吾搪塞。这是口味问题。俄国的梯也尔之流当然喜欢真正的梯也尔之流那些贵族式的彬彬有礼的、议会式的无懈可击的**机会主义的空谈**。

再往下谈。你看看,我是"假装不懂得'拥有权力的全俄地方自治机关'这个公式就意味着要求宪法",而我在这方面的议论呢,又"再一次证实了〈司徒卢威先生这样认为〉真正的革命空谈而且是恶意的有偏见的空谈在我国国外书刊中已经广为流传〈这种不能吸引人的文风,在《火星报》和《曙光》杂志上表现得尤为突出〉",《记事》第2版第XII页。至于说到恶意的偏见,那么我们很难同司徒卢威先生争论这个问题,因为在我们看来是恭维的话,到他那儿却成了责备。自由派和许多激进派总是把坚定不移的信念称之为偏见,而把对错误观点的尖锐批评称之为"恶意"。这真是毫无办法。是我的过错,是我的极大过错!对于司徒卢威先生之流,我以前是、而且永远是"恶意的有偏见的"。至于另外一个责难,就是带实质性的了。我到底是假装不懂得呢,还是真的不懂得,或者无法懂得?问题在这儿。

我肯定地说,"权利与拥有权力的地方自治机关"这个公式是对俄国广大自由派人士的政治偏见所作的一种无耻的奉承,这"**不是区别敌人和同盟者的旗帜**"(注意这点!),而"只是帮助一些最不可靠的人混到运动中来的一块破布"。(《曙光》杂志第2—3期合刊第95页)①我要问大家:怎么能说我是"假装"呢??我直截了当地说我认为这面旗帜是一块破布,对我的回答却是:你假装不懂得!但这不过是再一次回避**从本质上**去分析这样的问题:"公式"到底是做旗帜更合适呢,还是做破布更合适!

不仅如此。承蒙斯·斯·先生的盛情帮助,我现在能够**实际证明**一个更加大得多的问题。我能够证明,司徒卢威先生"无耻的

① 参看本版全集第5卷第59—60页。——编者注

奉承”不仅是一种想以自己的谦卑去感动政府的庸俗的空论，不仅是一种想把“自由派”团结在最低要求上的不明智的愿望，而且是一种**对司徒卢威先生所知道的专制制度拥护者的**公开的、**直接的“奉承”**。斯·斯·先生无情而坚决地揭发司徒卢威先生，他说，提出“‘国民代表会议’这个含糊不清、模棱两可的〈注意！〉斯拉夫主义的口号”是为了适应自由派立宪主义者同拥护理想的专制制度的自由派二者的“非自然的同盟”。斯·斯·先生恰如其分地把这称之为“政治上的左右逢源”！！于是司徒卢威先生签收不误……称国民代表会议的口号为“含糊不清的，**因为含糊不清所以是有价值的**〈黑体是我们用的！〉，同时又是危险的”。

真是太好了，可不是吗？当社会民主党人把**更为模棱两可的**口号(拥有权力的地方自治机关)称为无耻的奉承的时候，司徒卢威先生装做无辜受辱，假惺惺地说是人家假装不懂得。可是当自由派斯·斯·先生**重复同样的话**时，司徒卢威先生却殷勤地点头称是，签收不误！含糊不清的口号对司徒卢威先生之所以**有价值**，正在于它含糊不清，他甚至一点也不难为情地承认，他要**看风使舵**，危险的口号也准备使用。如果希波夫先生看来有力量、有威信，那么自由派机关报的编辑就要谈拥有权力的地方自治机关。如果斯·斯·先生看来有力量、有威信，那么自由派机关报的编辑就要谈宪法和普选权！这倒是一幅不坏的图画，描绘出自由派阵营中的政治风尚和政治道德…… 只是司徒卢威先生忘了想一想，在这次绝妙的蜕变之后，他的声明还会有什么价值呢：1901 年 1 月司徒卢威先生要求“权利与拥有权力的地方自治机关”；1902 年 12 月司徒卢威先生宣布说，不懂得这就是要求宪法，那是“假装”；1903 年 2 月司徒卢威先生声明说，其实他从不怀疑普选权是公正的，国民代表会议这个含糊不清的口号之所以有价值，正在于它含糊不清。那么试问，无论哪一个政治活动家，无论哪一个俄国公民现在**有什么权利**可以断言，**司徒卢威先生明天不会提出新的"之所以有价值正在于它含糊不清"的口号呢**??

再来谈谈司徒卢威先生回答的后一点。他问道："特·普·[70]先生说地方自治机关的意义在于它是巩固专制制度的工具，这种议论难道不是革命的空谈或毫无生气的学理主义吗?"这里司徒卢威先生看到的，既是沾染上了斯拉夫主义者[71]的思想，又是同哥列梅金观点一致，也是陈腐的教义达到了顶点。司徒卢威先生根本无法理解对于那些为了**避免革命**而进行的不彻底的改革所应采取的**革命**态度。在司徒卢威先生看来，只要指出从上面进行改革的人在耍两面把戏，那就是斯拉夫主义，就是反动，简直同一切欧洲的伊夫·居约分子把对私有制进行的社会主义批判宣布为反动的批判一模一样！司徒卢威先生既然**变成了**改革家，当然就无法理解改革的两面性，无法理解改革的意义在于它是以钦赐改革为代价来巩固统治者的统治的工具，这是毫不足怪的。不过……司徒卢威先生也曾有过懂得这个十分巧妙的把戏的时候。那是很久以前的事了，当时他还"有点儿马克思主义者的味道"。我们曾和他一起在现已停刊的《新言论》杂志[72]上同民粹派作战。在该杂志1897年7月出版的那一期上，司徒卢威先生曾这样讲到尼·瓦·沃多沃佐夫："我记得1890年，当时我在德国作了一次充满了新鲜和强烈印象的夏季旅行之后刚刚回来，当时街上议论纷纷，都在谈论威廉二世的政策和改革计划。沃多沃佐夫认为这种政策和计划是有意义的，而不同意我的意见，在我看来，所谓'社会君主制'这个事实和思想的意义问题，当时就已被坚定不移地否定了(现在更不必说了)。沃多沃佐夫抽象地接受了这种社会改革的**思想**,离开了创造这种思想的实际的社会力量。这就是为什么在他看来天主教社会主义主要是一种有利于社会改革的特殊的思想运动,而不是欧洲资产阶级、部分地也是欧洲封建主义残余用以对付日益增长的工人运动的特殊形式的预防性反应……” 可见,在很久以前,在充满青年人激情的时代,司徒卢威先生就已经懂得,改革可以是一种预防性的反应,也就是说,是一种预防统治阶级垮台的措施,它是针对革命阶级的,虽则也会改善这个阶级的处境。我现在要问读者:究竟谁对?是我在揭露司徒卢威先生对地方自治机关这样的改革的态度有改良主义片面性时进行“革命空谈”呢,还是司徒卢威先生**变聪明了**,“坚定不移地”离开了他曾经(似乎也是坚定不移地)捍卫过的革命者的立场?是我成了斯拉夫主义者和哥列梅金的追随者呢,还是司徒卢威先生身上对社会主义德国之行的“强烈印象”只保持了短短几年??

是啊,是啊,对于印象的**力量**、信念的力量、信念的意义,对于政治道德和政治信念同提出其所以有价值正在于含糊不清的口号二者并行不悖的问题,认识是各不相同的……

最后,我不能不指出司徒卢威先生的某些声明,这些声明使得由于他向左转而造成的好印象大为“减色”。司徒卢威先生刚提出一个民主要求(普遍投票),就迫不及待地谈什么“自由主义**民主派**的政党”了。不太早了点吗?如果**一开头**就不仅在土地纲领和工人纲领中,而且在**政治**纲领中,明确指出党**必须**要求的一切**民主**改革,然后再贴标签,然后再要求从自由派这一“等”提高到自由主义民主派这一等,岂不更好些吗?要知道,普遍投票是民主主义的**最低纲领**,甚至某些容忍普遍选举(在欧洲)的保守派也是承认这个最低纲领的。不知为什么，司徒卢威先生无论在第 17 期还是第 18 期上，都没有从这个最低纲领前进一步。下面我们顺便谈谈司徒卢威先生的一个奇谈怪论，他说社会主义的问题应当被自由主义民主派的政党完全搁在一边，“首先因为社会主义实际上还仅仅是一个问题”。最尊敬的司徒卢威先生，不是因为俄国社会的“自由主义民主派”分子代表**反对**无产阶级的社会主义要求的那些阶级的利益吧？我再说一遍，这一点只是顺便谈到的，为的是指出自由派先生们“否认”社会主义的新**方法**。就问题的实质来说，司徒卢威先生的说法当然是正确的，自由主义“民主派的”政党不是社会主义政党，对这样的党来说，硬充社会主义是不体面的。

关于新政党的策略，司徒卢威先生的说法含糊得不能再含糊了。这是很遗憾的。更遗憾的是他一次又一次地重复和强调“二元策略”的必要性，认为这能把合法的和秘密的活动方式“巧妙地、灵活地和紧密地结合在一起”。从好的方面说，这是避开关于**秘密**活动方式这种迫切问题的遁词。这个问题之所以迫切，因为只有经常不断的秘密活动才能真正决定**党**的面貌。从坏的方面说，这是又重复司徒卢威先生曾经有过的那种躲躲闪闪，当时他提“权利与拥有权力的地方自治机关”，却不提公开地坚决地主张立宪的和“民主的”政党。任何一个秘密政党把秘密活动和合法活动“结合在一起”的**含义是**：它依靠没有直接加入“秘密活动的”群众；它支持合法的抗议，利用合法机会来进行宣传、组织工作；等等。这是众所周知的，人们在谈到**秘密政党**的策略时，并不是指这个。而是说这个政党应该坚定不移地承认**斗争**，说制定斗争的方法，说党员有**义务**不只**局限于**合法的抗议，而应该**一切**服从于**革命斗争**的利益和要求。如果没有经常不断的秘密活动和革命斗争，也就不会有真正**主张立宪的**（更不用说是民主的）**政党**了。把依靠广大群众、利用广泛组织、帮助对合法活动家进行政治教育的革命工作同那种**局限于**合法范围内的工作**混为一谈**，这对斗争事业是极端有害的。

载于1903年4月1日《火星报》
第37号

译自《列宁全集》俄文第5版
第7卷第204—211页

LES BEAUX ESPRITS SE RENCONTRENT

（俄语大意是：智者所见略同）

（1903年4月15日〔28日〕）

1902年6月，我国社会革命党人的著名的最低土地纲领（合作化和社会化）丰富了俄国的社会主义思想和俄国的革命运动。1903年2月，德国有名的机会主义者（也是伯恩施坦主义者[73]）爱德华·大卫的《社会主义和农业》一书出版了。看来，总不能说这本随后出版的机会主义思想的著作包含了前面那个“社会革命党的”思想练习的原本吧？然而，俄国社会革命党人的纲领和德国机会主义者的纲领之间的相似是如此惊人，如此惹人注目，甚至在原则上也完全一样，这又该作何解释呢？会不会《革命俄国报》是“原本”，而大卫的“价值很大的”（照《俄罗斯新闻》[74]记者的评语）著作是副本呢？纲领的两个基本思想以及相应的两个主要条文，像一根红线贯穿在大卫的整个“著作”中。他赞美农业合作社，希望农业合作社会带来各种好处，要求社会民主党促进它们的发展，却看不到（同我国的社会革命党人完全一样）小业主和农业中大小资本家的这种联合组织的资产阶级性质。大卫要求把大农业经济变为小农业经济，并且十分赞赏“des Arbeitsbauern”（直译是“劳动农民”）经营的有利、合理、节约和效率，提出村团对土地的最高所有权和这些小“劳动农民”对土地的使用。可以肯定地说，德国的机会主义者抄袭了俄国“社会革命党人”的东西！“劳动农民”在现代社会中的小资产阶级性，他们在资产阶级和无产阶级之间所处的中间的、过渡的地位，他们俭朴勤劳、节衣缩食、拼命干活以求“出人头地”(即成为名副其实的资产者)，他们力图剥削农业“劳动者”的劳动，——这些，无论德国的小资产者-机会主义者，还是俄国的小资产者——“社会革命党人”，当然是一点也看不到的。

是的，是的，智者所见略同，这样，哪个是副本，哪个是原本这乍看起来难以解答的谜就解开了。反映某一阶级的需要、利益、意向和希望的思想正在社会上流传，尽管披上各种各样的外衣，尽管使用不同的词句(时而是机会主义的，时而是“社会革命党的”词句)，也掩盖不了这些思想的共同点。口袋里藏不住锥子。

在一切欧洲国家，俄国也包括在内，小资产阶级不断“受到压迫”和日趋衰落，这种衰落并不总是表现为直接地和间接地受到排挤，但是在大多数情况下，是日益缩小小资产阶级在经济生活中的作用，使他们的生存条件更加恶化，使他们的生活更加没有保障。无论是工农业中大经济的技术进步，或者是大商店的发展，企业主联合会、卡特尔和托拉斯的增多，以至消费协作社和市政企业的增加，全都在跟小资产阶级作对。小资产阶级在工农业中“受到压迫”的同时，还有一个如德国人所说的“新的中间等级”，即小资产阶级的新阶层——知识分子在产生和发展。他们在资本主义社会中的生活也愈来愈困难了，他们大多数人是以小生产者的观点来看这个社会的。很自然，这必然会使小资产阶级思想和学说以各种各样的形式广为传播，经常复活。很自然，完全被小资产阶级民粹主义思想俘虏的俄国“社会革命党人”原来同欧洲改良主义者和机会主义者是“智者所见略同”，这些人如果想坚持自己的看法，就必然会堕落到蒲鲁东主义[75]的地步。考茨基正是用蒲鲁东主义这个术语对纲领和对大卫的观点作了十分公正的评述。

我们说：“如果想坚持自己的思想”，这就接触到了一个重要的特点（这个特点就是现代社会革命党人既不同于俄国旧民粹派，也不同于某些机会主义者，至少是欧洲机会主义者的地方），这个特点不能不叫做冒险主义者。冒险主义并不考虑坚持自己的思想，他们只想抓住时机，利用思想斗争来坚持无思想性并为之辩护。俄国旧民粹派曾想坚持自己的思想，他们捍卫、鼓吹和信奉自己独特的纲领。大卫也想坚持自己的思想，他坚决反对整个“马克思主义的土地理论”，坚决鼓吹和信奉把大经济变为小经济的思想，他至少有勇气表明自己的意见，不怕公开拥护小经济。至于我国的社会革命党人……怎样说得委婉一些呢？……就“明智”得多了。他们绝不会起来坚决反对马克思，——绝对不会！恰恰相反，他们信口就能引证马克思和恩格斯的话，泪汪汪地担保说，他们**几乎**在一切方面都赞同马克思和恩格斯的意见。他们不反对李卜克内西和考茨基，——相反，他们诚心诚意地深信，李卜克内西是个社会革命党人，——实实在在是个社会革命党人。他们在原则上不拥护小经济，——相反，他们是全力拥护“土地社会化”的，只是无意中才脱口说出这个包罗万象的俄国—荷兰的社会化是可以随便怎样解释的：既可说成把土地转为村团所有、由劳动者使用（简直同大卫完全一样！），也可说成干脆归农民所有，以及还有极“干脆”的解释：无偿地补分土地……

我国社会革命党人的“明智的”方法，我们已经太熟悉了，因此，在结束本文时，我们冒昧地向他们提出一个善意的忠告。

你们的处境显然不太妙，先生们。你们老是担保说，你们同西方的机会主义和改良主义、同小资产阶级对“有利的”小经济的好感毫无共同之处，——但是突然出现了分明是机会主义者和小经济的拥护者的一本书，这位先生分毫不差地“抄袭了”你们的“社会革命党的”纲领！你们的处境可以说是十分尴尬的了。不过也不必为难：摆脱这种处境是轻而易举的。只要……引用考茨基的话就行了。

读者可不要以为这是我们的笔误。一点也不是。考茨基是反对蒲鲁东主义者大卫的，**正因为这样**，同大卫意气相投的社会革命党人才应当完全像以前那次援引恩格斯的话一样来援引考茨基的话。看看《革命俄国报》第 14 号吧，在第 7 版上有类似这样的话：社会民主党对农民的“策略改变”，是由科学社会主义之父之一的恩格斯——就是曾经反对过改变策略的法国同志[76]的那个恩格斯使之“合法化”(!!)了的！怎么能证明这个变幻莫测的论点呢？非常简单。第一，应当“援引”恩格斯的话，说他坚决站在小农一边(而且应当闭口不谈号召全体劳动者站到无产阶级方面来的俄国社会民主党纲领正是表明了这一思想!)。第二，关于改变策略的法国同志“对伯恩施坦派作了让步”，应当说：“**看一看恩格斯对这种让步所作的极好的批评吧**。”我们奉劝社会革命党先生们现在也采用这一个经过考验的方法。大卫的书将土地问题上策略的改变合法化了。主张“合作化和社会化”的纲领的人，也可以留在社会民主党内，这是现在不能不承认的了；只有教条主义者和正统派才会看不到这一点。但是另一方面必须承认[77]，大卫与高贵的社会革命党人不同，他对伯恩施坦派作了某些让步。“**看一看考茨基对这种让步所作的极好的批评吧**。”

真的,先生们,试一试吧。说不定还会再一次获得成功的。

载于1903年4月15日《火星报》第38号

译自《列宁全集》俄文第5版第7卷第212—216页

一本驳社会革命党人的小册子的提纲[78]

（1903 年春）

战斗的现实。战斗刚刚开始。书刊上的论战。

为什么？阐明使战斗成为不可避免的一些根据。

应当特别注意理论上、原则上的意见分歧。

(A)**在革命的马克思主义和机会主义的批评之间采取模棱两可的和无原则的立场。**

1.《俄国革命通报》杂志第 2 期上的一篇（编辑部的）文章。分析这篇文章。

2. **破产论。引用第 55—56 页**上的**一段话**＝否认社会主义在经济上的必要性。（托拉斯被忘记了。）

3. 土地问题。引用第 **57** 页上的一段话（“甚至”）。

4. **价值论**。引用第 **64** 页上的一段话。**“被动摇了”**！

第 **66** 页（又是“甚至”**!**）

{第 67 页和第 48 页＝**整个**社会主义的危机}

5. **“生硬的和绝无仅有的马克思主义正在变成历史”**（第 **75** 页）**!!** 注意

6. **日特洛夫斯基在《社会主义月刊》[79]上的文章……**

7.《当前问题》。赫茨的称赞（第 8 页，注释）。

> “新观点”=经过合作社通往社会主义。
> 并入(B)3。

8.《俄国革命通报》杂志第2期第82页和第87页。“修改”、“重新审查”等。①

9. 总结=完全没有原则性。凡是愿意的人都能成为社会革命党人。

10. 完全背离国际社会主义:“自成一家”。

(B)**在俄国马克思主义和民意主义(更正确地说是自由主义民粹派)之间采取模棱两可的和无原则的立场。**

1. 新的革命运动引起了新旧理论的斗争。俄国社会主义的残余(自由主义民粹派)和俄国马克思主义。社会革命党人的态度是什么?《革命前夜》是典型。(完全不理解理论争论的意义。)

旧的俄国社会主义蜕化为自由主义民粹派。

2. “劳动经济”(社会革命党人的理论)(引自《革命俄国报》第11号第**7**版)。**庸俗的社会主**

① 列宁在手稿上作了一个将第8条移到第6条前面的记号。——俄文版编者注

义＋民粹主义。［参看《俄国革命通报》杂志第 2 期第 100 — 101 页：**阶级斗争＝全体被压迫者的斗争！！**］

3. 资本主义的进步方面和消极方面。《革命俄国报》第 9 号第 4 版。

对比：**外出做零工和到处流浪的进步意义**：第 8 号第 8 版第 2 栏[80]

专页，第 2 版末

参看《当前问题》(第 8 页)：“**新观点**”：“**经过合作社通往社会主义**”。参看(A)7。

根据德国统计资料：合作社＝资产阶级占优势

4. 总结＝借助于“批评”，纯粹是用折中主义的手法把民粹主义和马克思主义混合在一起。

(C)**对阶级斗争和工人运动采取模棱两可的态度**。

1. 从理论立场的错误转到实践立场的错误。他们对待**阶级斗争**和**工人运动**的态度。他们是怎样提出问题的？

2. 引用《俄国革命通报》杂志第 2 期**第 224 页**的一段话。**党**和**阶级**。混乱，其作用是一个：脱离无产阶级的阶级斗争，并向完全未定型的和动摇不定的知识分子敞开大门。

3. **知识分子＋无产阶级＋农民**(第 8 号第 6 版第 2 栏)(反对“狭隘的”正统派)。这意味着＝完全否认阶级斗争。混淆不同阶层。把知识分子的社会改良主义同不过是民主的革命主义——同无产阶级的社会主义——同不开展的农民的要求统统混为一谈。

4. **知识分子**和**无产阶级**。民意党人也同样!!!《俄国革命通报》杂志第3期第9—11页。**专页**。

5. 他们实际上是什么态度？以"经济主义"为例加以说明。《火星报》:工作、说服、教育的漫长过程。《火星报》不抱统一的幻想。

对比:幸灾乐祸

+阻挠革命马克思主义的前进。

总结=无知-袖手旁观。

6. 他们怎样解释自己同社会民主党人的区别呢？第9号第4版第2栏。

问题不在于"他们希望成为"什么,而在于**工人运动**是什么。

整篇著作都是无稽之谈。

不区别是雇佣工人还是独立工人=小资产阶级分子把社会主义加以庸俗化并完全抹杀了同民粹派的界限。一个原则的"真正的思想代表"。**毫无原则!**

(D)**他们正在使工人阶级从属于资产阶级民主派,这是不依他们的意志为转移的。**

1. 我们研究了社会革命党人的理论立场及其对待工人运动的态度。

总结=模棱两可,折中主义。

他们对待俄国资产阶级民主派的态度。

2. 并不存在俄国资产阶级民主派！《俄国革命通报》杂志第 2 期**第 132 页**！！还在同“经济派”战斗时期社会革命党人就发现了这一点。　　参看《当代贞女》[81]。

3. 司徒卢威先生呢？自由主义民粹派呢？他们正是在自由主义民粹派面前表示屈服！！！这就是说他们在资产阶级民主派面前屈服，不向工人阐明阶级的对立，不创立**独立的**社会主义的**意识形态**。

4. **知识分子**＋**无产阶级**＋**农民**是什么意思呢？实际上**知识分子**和**农民**只能是**资产阶级**民主派！！

5. 他们对待自由派的态度呢？请再看一看资本主义的＋和－的公式。（第 9 号第 4 版）

自由派本身不代表阶级。（第 9 号第 4 版）

比你们更代表阶级！

我们同自由派战斗比你们激烈。

奇怪的是：**他们凭言词就相信了自由派**！！**第 9 号第 3—4 版**。（瓦·沃·的说法）

我们在**战斗**，而不是发表冗长的议论：一方面，另一方面。

但是我们懂得，自由派代表着阶级，他们是有生命力的，他们**有社会的民众的**运动，而社会革命党人则没有！！

6. 尔·马·在《曙光》杂志（第 2—3 期）上说得对：社会革命党人之所以有一个两重意思的绰号，是因为他们的社会主义一点不革命，而他们的革命性又同社会主义毫无共同之处。

这一点就＝导致他们在资产阶级民主派面前的失败。

对社会革命党人的**整个立场**所进行的原则性的批判到此结束。应该注意，我们所批驳的正是他们的整个立场，而**不只是**纲领（土地纲领）中的错误，**不只是**策略上的错误（恐怖手段）。

要警惕小资产阶级的社会主义、革命主义和种种动摇。

(E)**土地问题**。

1. 粗浅庸俗的社会主义。相信言词。对运动没有分析。不懂得同农奴制残余进行斗争（第8号第4版：1861年的各项改革为资本主义开辟了广阔的天地!!）。

2. 农民的“平均原则”等等——仅仅迷恋于**民主**要

注意 同《火星报》相比，《俄国革命通报》杂志缺乏准备。《当前问题》（赫茨）。《革命俄国报》第4号（2月）第2版（末尾）：关于农民的论战[1]，和第8号（**6月**）：“**农民协会**”的号召等等。你们的准备不如社会民主党人!

(1) 现代农村能够维持和加强对政府的压力，“并且大概能比我们所想的会更为有力，由于政府的暗探活动和压迫，在多数情况下我们同农民已经多年处于完全隔绝的状态”。《革命俄国报》第4号（1902年2月）第2版。

求。毫无社会主义的
东西。
应该讲实话，而不要堕落
成为蛊惑宣传。

3.“土地的社会化”。资产阶级的国有化？（它在阶级国家中的作用？）“土地的社会化”——空洞的**诺言**（至少是！）。这就是＝民意党人的**事实上“人民已经准备好革命”**。

4.**合作社**（代替阶级斗争！）纯粹是（资产阶级）**小市民的**要求。

5.拥护村社。反对自由支配土地。

6.《人民事业》[82]第 2 期第 18—19 页。怎样把农民的斗争同工人的斗争联合起来？
《人民事业》第 2 期第 51 页：“平民的”。
不便印出。
《人民事业》第 2 期第 63 页：“可以在哪些方面用什么手段进行欺骗”！！
进行欺骗的例子：《革命俄国报》第 11 号第 6 版：敲骨吸髓，贪官污吏等等，等等。

(F)**恐怖手段**。

1.关于巴尔马晓夫的论战。前所未有的论战。
德国人的批判就不是前所未有的吗？
（你们引起不满，然后又硬要别人把这种不满表示出来！！）

2.**关于 4 月 3 日传单的论战**。**引文**（**第 11 号第 25 版末尾**）[83]和**虚构的**结论。

3.《**前进**》**第 5 期**。引文,第 5 期第 7—8 页

同时还有第 9 页[84]

4.恐怖手段。引用第 7 号的一段话(与 4 月 3 日传单中的内容相同:对我们来说重要的不是言论)。第 7 号第 4 版:“恐怖手段能迫使人们**从政治上进行思考**。”

——“比几个月的宣传更可靠”

——“会使丧失信心的人振作起来。”[85]

恐怖手段的逻辑:恐怖手段居于首位,然后才是其余的一切。证据:早在 1902 年 **2 月**,《革命俄国报》(第 4 号)提到首位的就不是战斗组织。

见背面(α)①

5.“不是代替,而是一起”。实际上同群众**没有**联系。缺乏信心,犹豫动摇。**4 年**(1897—1901),而现在民主时期刚刚开始。丢下刻不容缓的、直接的任务。

领导落后于群众。

采取恐怖手段并不危险,因为有群众运动。“情绪”。屈服于它吗?**见背面**(β)。②

第 12 号第 3 版第 1 栏(“阶段论”)。同上:不能闯入监狱[86]。

① 手稿上标有(α)的一段文字是写在这一页的背面的。——俄文版编者注

② 手稿上标有(β)的一段文字是写在这一页的背面的。——俄文版编者注

(α) “在最成熟、最紧要和刻不容缓的问题——建立中央革命组织的问题面前，所有革命技术问题、同军队进行街头斗争的方法，**处决最可恨的沙皇走狗**（黑体是我用的）的问题等等，**均退居次要地位**。” ｛而现在呢？

(1902 年 2 月《革命俄国报》第 4 号第 3 版)

(β) “……当书呆子们打笔仗的时候……”（能否认为恐怖手段仅仅具有激发性作用或者还有恐吓作用）“……**实际生活把**对恐怖手段的**这种需要提到了首位，在这种需要面前，从前的一切反对意见都不应当再讲了**。恐怖行动作为自卫已成为必不可少的……”《革命俄国报》第 7 号第 2 版(1902 年 6 月)

(G)**结束语**。

当代革命者的任务：

(α)在理论上捍卫和发展革命的马克思主义。

(β)尽一切可能参加国际思想斗争。

(γ)发展俄国的马克思主义，运用俄国的马克思主义；同自由主义民粹派进行斗争，向工人阶级揭露它的资产阶级性质和小资产阶级性质。

(δ)无产阶级的组织。有很多空白点。迫切的要求。

(ε)“大批人和没有人”。领导者应当训练群众准备**起义**。

载于 1939 年《无产阶级革命》杂志第 1 期

译自《列宁全集》俄文第 5 版第 7 卷第 381—388 页

一篇驳社会革命党人的文章的提纲[87]

（1903年7月上半月）

论社会革命党（没有纲领的政党）。

理论上没有原则性：民粹主义偏见＋西欧机会主义的资产阶级的“批评”。没有信条，意识模糊。躲躲闪闪……

小资产阶级的意识形态：腐蚀无产阶级的阶级意识，使无产阶级不能对资产阶级民主派采取独立的立场（因为社会革命党人力图把社会民主派同资产阶级民主派合而为一，混为一谈，他们实质上是资产阶级民主派的旁系）。

在理论上和策略上讲空话：不是认真对待革命工作，言过其实，大肆吹嘘和“废话连篇”……（在“人民的”著作中充满了琐碎的小事），

（反对“论战”，毫无原则）。

极端严重的策略错误：恐怖手段，鼓吹恐怖手段，削弱同群众运动的联系。

(α)没有原则性

(β)小资产阶级的意识形态

(γ)讲空话和胡说

(δ)恐怖手段

(ε)散布幻想

？	总结：工人阶级对欧洲的一切资产阶级革命大失所望，因为他们曾经带着资产阶级民主主义的幻想参加这些革命。社会革命党人正在竭尽一切力量“重演”这段历史；我们的职责是：坚决反对这一点，使俄国的无产阶级不致因即将来临的革命感到失望，而是从中获得对自己力量的新的信心，更加精神百倍地去迎接它所面临的更伟大的斗争，孕育巩固的、纯粹无产阶级的组织的萌芽。
＋纲领中民粹主义部分的反动性	
＋思想上、政治上和实践上的危害	

载于1939年《无产阶级革命》杂志第1期

译自《列宁全集》俄文第5版第7卷第389—390页

答对我们纲领草案的批评[88]

（1903 年 7 月 15 日〔28 日〕以前）

伊克斯同志不同意我们草案中土地部分的第 3 条和第 4 条，他提出了自己的草案，其中对所有各条和土地纲领的总论都作了修改。我们先来研究一下伊克斯同志对我们的草案的反对意见，然后再研究他所提出的草案。

伊克斯同志对第 3 条提出异议，他说，我们所提出的没收寺院的（我们愿意再加上：教会的）和皇族的田产，就意味着让资本家出极低廉的价格侵吞土地。他说，恰恰是掠夺农民的人会用掠夺来的钱把这些土地全都买去。在这一点上我们要指出，伊克斯同志在谈到出卖没收的田产时，随心所欲地作出了我们的纲领中本来没有的结论。没收就是无偿地征收财产。我们在草案中所说的就只是这种征收。至于这些土地是否出卖，卖给谁，怎样卖，用什么方式和以怎样的条件出卖，我们的纲领草案只字未提。我们不把自己的手脚束缚起来，待到财产被没收了，待到这种没收的一切社会条件和政治条件都已经明显的时候，我们再来确定处理没收的财产的最适当的形式。伊克斯同志的草案在这一点上和我们的草案不同，不仅要求没收，而且要求把没收的土地转归“民主的国家所有，让居民最适当地使用这些土地”。可见，伊克斯同志排除了对没收的土地进行处理的一种形式即拍卖，却没有确切地提出某种确定的形式(因为“最适当地”使用的内容到底是什么,将会是什么,应当是什么,“居民”中究竟哪些阶级在什么条件下才有权使用,这些都还不清楚)。这样,在如何处理没收的土地的方法这个问题上,伊克斯同志也并没有提出十分确定的东西(而且这也是无法事先确定的),却把拍卖这样一种方法毫无根据地排除在外了。如果说社会民主党无论在什么条件下、无论什么时候都会反对拍卖,那是不正确的。在存在着阶级的警察国家,即使是立宪制的国家里,私有主阶级同依赖这个国家的租地者阶级相比,往往可能是民主制的更加可靠得多的支柱。这是一方面。另一方面,关于没收的土地可能转变为“送给资本家的礼物”的问题,我们的草案远比伊克斯同志的草案有预见(如果能在纲领条文中谈到这方面的预见的话)。好吧,我们来设想一个最坏的情况,假定说,工人政党无论怎样竭尽全力也不能制止资本家的胡作非为和贪婪欲望。[①]在这种情况下,伊克斯同志的条文就为“居民”中的资本家阶级“最适当地”使用没收的土地提供了充分的余地。相反,在我们的条文中没有把基本要求同实现这个要求的方式联系在一起,而只预定由这种实现所获得的款项的十分明确的用途。伊克斯同志说:“社会民主党不能预先规定人民的代表以怎样的具体形式使用他们所掌握的土地”,这里他把土地实现的**方法**(或称“使用的形式”)和由实现所获得的款项的**用途**这两种不同的东西混为一谈了。伊克斯同志把这些款项的用途问题弄得非常模糊,在实现的方法问题上又把自己的手脚束缚起来(虽然是部分地),这样,他就加倍地损害了我们的草案。

① 如果我们能够制止,那么,拍卖就不会成为侵吞和送给资本家的礼物了。

我们认为，伊克斯同志对我们的反驳同样也是不正确的，他说："也不应当向贵族收回赎金，因为许多贵族已经把这笔钱挥霍光了。"其实这根本是无的放矢，因为我们并没有提议简单地"收回"，而是提议征收特别税。伊克斯同志本人在自己的文章中引用的材料表明，大土地占有者把农民很大一部分土地"割去"据为己有，有时抢走了农民土地的¾。所以要求对那些贵族大土地占有者课以特别税完全是理所当然的。给这样获得的款项规定我们所要求的特别的用途，也完全是理所当然的，因为**除了**把国家获得的一切收入归还人民这个总的任务（这个任务只有在社会主义制度下才能充分实现）**以外**，解放了的俄国必然还会面临提高农民生活水平这个专门的和特别迫切的任务，即切实救济在我国专制制度下急剧增加的大批穷人和饥民的任务。

现在来谈谈第 4 条，这条是伊克斯同志全盘予以否定的，虽然他只分析了该条的第一部分，即关于割地的部分，而对规定肃清我国农奴制残余（这种残余因地而异）的第二部分只字未提。我们先从作者一条正式的意见谈起：他认为我们既要求消灭等级，又要求设立农民委员会即等级委员会，这是矛盾的。其实这里的矛盾只是表面现象：为了消灭等级，就需要实行卑微等级即受压迫等级的"专政"，正像为了消灭包括无产者阶级在内的一切阶级，需要实行无产阶级专政一样。我们的整个土地纲领，其目的就是要消灭土地关系方面的农奴制传统和等级制传统，而要消灭这些传统，只能依靠卑微等级，即依靠受这些农奴制残余压迫的人。

其实，作者的主要反对意见是："未必能证明"割地是工役制最主要的基础，因为这些割地的多少取决于农民在农奴制度下是有很多土地的代役农民呢，还是只有很少土地的徭役农民。"割地的多少及其意义取决于各种历史条件的配合”，例如在沃利斯克县，小田产中割地所占的百分比微不足道，而大田产中割地所占的百分比很大。作者在这样论述的时候，没有发现自己已经离开了本题。毫无疑问，割地的分配很不均匀，而且取决于各种不同条件（其中也包括农奴制度下是存在徭役制还是代役制这样的条件）的配合。但是这能证明什么呢？工役制不也是分配得很不均匀吗？工役制的存在不也是取决于各种不同历史条件的配合吗？作者要推翻割地和工役制之间的**联系**，却只论述割地的原因和割地数量不同的原因，只字不提这种联系。作者只有一次提出过接近于他的论点实质的论断，而恰好在这个论断上，他**完全错**了。他在总结自己就代役制或徭役制的影响所作的论述时说：“可见，在农民曾经是徭役农民的地方（**主要是中部农业区**），**这种割地将是微不足道的**，而在农民曾经是代役农民的地方，所有的地主土地都可能是‘割地’。”我们加上着重标记的地方，包含有使作者的全部论据无法成立的严重错误。正是在中部农业区，在这个工役制和一切农奴制残余集中的地方，割地不是“微不足道”，而是很多，这里的割地比代役制对徭役制占优势的非黑土地带要多得多。现在来看一下关于这个问题的材料吧，这个材料是一位搞统计工作的同志给我的[89]。他把《军事统计汇编》中有关改革以前地主农民的土地占有情况的材料同1878年的土地所有情况的统计材料作了一番比较，从而确定了每省割地的多少。在9个非黑土省①，地主农民在改革以前原有土地10 421 000俄亩，1878年还剩下9 746 000俄亩，就是说，割去了675 000俄亩即6.5％的土地，平均每省割地

① 普斯科夫省、诺夫哥罗德省、特维尔省、莫斯科省、弗拉基米尔省、斯摩棱斯克省、卡卢加省、雅罗斯拉夫尔省和科斯特罗马省。

72 800 俄亩。相反，在 14 个黑土省[①]，农民原有土地 12 795 000 俄亩，1878 年还剩下 9 996 000 俄亩，就是说，割去了 2 799 000 俄亩即 21.9%的土地，平均每省割地 199 100 俄亩。只有第三个地区即草原地区是例外，那里 5 个省[②]的农民原有土地 2 203 000 俄亩，1878 年还剩下 1 580 000 俄亩，就是说，割去了 623 000 俄亩即 28.3%的土地，平均每省割地 124 600 俄亩[③]。这个地区是例外，因为这个地区的资本主义制度比工役制占优势，而这里割地所占的百分比却最大。不过这个例外倒更加证实了常规，因为在这里，尽管有割地，尽管供租佃的自由土地的数量最多，但割地的影响被农民占有份地最多这种重要条件抵消了。因此，作者对割地和工役制之间存在联系表示怀疑，那是毫无根据的。**整个说来**，毫无疑问，俄国工役制的中心（中部黑土地区）同时也就是割地的中心。我们强调“整个说来”，是为了答复作者下面的疑问。针对我们纲领中关于归还割去的和成为盘剥工具的那些土地这段话，作者在括号里提出问题：“那么没有成为盘剥工具的那些土地呢？”我们对他的回答是：纲领并不是关于归还割地的法律草案。我们是确定和说明割地的一般意义，并没有谈个别的情况。在民粹派关

① 奥廖尔省、图拉省、梁赞省、库尔斯克省、沃罗涅日省、坦波夫省、下诺夫哥罗德省、辛比尔斯克省、喀山省、奔萨省、萨拉托夫省、切尔尼戈夫省、哈尔科夫省和波尔塔瓦省（在这些省割地占 37%）。

② 赫尔松省、叶卡捷琳诺斯拉夫省、塔夫利达省、顿河省（大概的计算）和萨马拉省。

③ 把三个地区关于割地的这些材料同徭役农民占农民总数的百分比的材料（根据编辑委员会的材料：见《百科辞典》第 32 卷第 686 页《农民》条）作番比较，那就能看出如下的相互关系。非黑土地区（9 个省）：割地占 6.5%；徭役农民占 43.9%（9 个省材料的平均数）。中部黑土地区（14 个省）：割地占 21.9%；徭役农民占 76%。草原地区（5 个省）：割地占 28.3%；徭役农民占 95.3%。可见，这种相互关系同伊克斯同志想确定的那种关系正好相反。

于改革后农民状况的所有文献发表以后，对于割地整个说来是农奴制盘剥的工具这一点，难道还能有什么怀疑吗？我们再问问，既然割地和工役制的联系是从改革后俄国经济的最基本的概念中产生的，那么难道还能否认这种联系吗？工役制是徭役制同资本主义的结合，是“旧制度”和“现代”经营的结合，是通过分配土地进行剥削的制度和通过割去土地进行剥削的制度的结合。用割地进行经营的制度不正是现代徭役制的最突出的例子吗（在那还没听说有公式化的和狭隘的马克思主义者的旧时代，民粹派的文献就已经把这种制度**本身**说成是特别的制度，而不是偶然的现象了）？难道可以认为，现在农民被束缚在土地上**只是**由于缺少迁徙自由的法律，而不是由于同时还存在着用割地进行盘剥性的经营（**一定程度上后者是前者的原因**）吗？

作者对割地和盘剥之间存在联系表示怀疑，又根本不能证实，接着却发表了如下的议论。他说，归还割地就是分配小块土地，这种分配与其说是根据农民经济的需要，不如说是根据历史的“传说”。如同任何一次对数量不足的土地（根本谈不上数量充足）的分配一样，归还割地不会消灭盘剥，只能形成盘剥，因为这样做会**促使**农民去租佃所缺少的土地，即由于需要、为了维持生计而租佃土地，可见它是反动的措施。

这种议论又是无的放矢，因为我们的纲领在土地部分中并没有许下消灭一切贫困的“诺言”（纲领只是在一般社会主义部分中许下了这种诺言），而只许下肃清（哪怕是某种程度上肃清）农奴制残余的诺言。我们的纲领恰恰没有谈到一切小块土地的分配，而只谈到哪怕是消灭一种业已存在的盘剥形式。作者离开了作为我们纲领基础的思路，擅自错误地给我们的纲领加上另外的意义。

且来看看他的论据吧。他拒绝（这点他当然是做得对的）只从土地交错现象上来解释割地，他说："如果割地是一种补充性的土地分配，那就需要研究一下，割地是否足以用来消灭盘剥关系，因为从这个角度来看，盘剥关系是土地少的结果。"我们的纲领中绝对没有一处断言割地足以用来消灭盘剥。只有实行社会主义革命才能消灭一切盘剥，我们在土地纲领中是以资产阶级关系为基础的，要求采取某些措施"以肃清"（甚至没有说这会是彻底肃清）农奴制残余。我们的土地纲领的要点是：农村无产阶级应当和富裕农民一起为消灭农奴制残余、为归还割地而斗争。谁只要仔细研究一下这个论点，他就会明白下面这种反对意见是不正确的、**不恰当的**、不合逻辑的。这种反对意见是：既然割地不足以用来消灭盘剥关系，为什么**仅仅**提割地呢？那是因为越出了消灭农奴制、割地等等的范围，无产阶级就**不能够也不应当同富裕农民一起前进**。**越出这个范围**，整个无产阶级，尤其是农村无产阶级就只能**独自前进**，不能同"农民"一起，不能同富裕农民一起前进，而是要**反对他们**。我们不越出割地的范围，并不是因为我们不想为庄稼人谋福利，也不是因为害怕吓坏资产阶级，而是因为我们不希望农村无产者对富裕农民的帮助**超出必需的范围**，即超出无产者所必需的范围。无产者和富裕农民都饱尝农奴制盘剥之苦；他们可以而且应当一起来反对**这种**盘剥，至于反对**其他的**盘剥，无产阶级就要单枪匹马地干了。因此，把农奴制的盘剥同其他一切盘剥区分开来，在我们纲领中是**严格遵循无产阶级的阶级利益**的必然结果。假如我们在纲领中容许"农民"（即富裕农民加贫苦农民）越出消灭农奴制残余的范围继续一起前进，那我们就违背了无产阶级的阶级利益，我们就离开了无产阶级的阶级立场；这样，我们就会**阻挠农村无产阶级**

彻底**脱离善于经营的农民**的过程，即农村中无产阶级阶级意识提高的过程，这个过程在社会民主党的观点看来是极端必要和至关重要的。抱着旧信仰的民粹派和毫无信仰、毫无信念的社会革命党人对我们的土地纲领感到困惑不解，那是由于他们（例如鲁金先生及其同伙）完全不了解我国农村中实际的经济制度及其演进，完全不了解村社内部正在形成和几乎已经形成的资产阶级关系、资产阶级农民的力量。他们用陈旧的民粹派的偏见，或者更多地是用这些偏见的片断来看待我们的土地纲领，甚至对我们土地纲领的目的是什么、它适合什么样的社会经济关系都没有弄清楚，就开始批评起个别的条文或者条文的措辞来了。如果对他们说，我们的土地纲领中讲的不是同资产阶级制度作斗争，而只提出使农村进入资产阶级制度，那么他们也只是如梦方醒，并没有意识到（由于他们在理论上疏忽大意的通病）他们的困惑不解只不过是民粹主义世界观和马克思主义世界观之间的斗争的一种反应。

在起草土地纲领的马克思主义者看来，关于资产阶级的和资本主义正在发展的俄国农村中的农奴制残余问题，是已经解决了的，只是由于社会革命党人毫无原则，他们才看不到，要进行**实质性**的批评，就应当针对我们对这个问题的解决方法哪怕提出一种条理分明的完整的东西来。对马克思主义者来说，任务就是要避免走两个极端：一方面，不要犯有些人所犯的那种错误，即认为从无产阶级的观点来看，任何当前的临时性的非无产阶级的任务都和我们无关；另一方面，不能因为无产阶级参加完成当前的民主主义任务，就使得无产阶级的阶级意识和阶级特性模糊起来。就土地关系本身来说，这个任务可以归结如下：提出在现存社会的基础上实行土地改革的明确口号，这种改革将最彻底地扫除农奴制残余，最迅速地使农村无产阶级从全体农民中独立出来。

我们认为，我们的纲领已经完成了这个任务。伊克斯同志的问题一点也难不住我们，他问道：如果农民委员会要求的不是割地，而是全部土地，那怎么办呢？我们自己就要求全部土地，不过并不是“为了肃清农奴制残余”（我们纲领的土地**部分**只限于这个目的），而是为了进行社会主义革命。无论在任何时候、任何情况下，我们向“贫苦农民”不断指出的，而且将来还要指出的，正是这个目的。如果认为社会民主党人可以只带上自己纲领的土地部分到农村去，认为社会民主党人可以暂时卷起自己的社会主义旗帜，那就大错特错了。既然要求全部土地就是要求土地国有化或者要求把土地转交给当代的善于经营的农民，那么我们就要从无产阶级利益的角度来评价这个要求，要考虑到各种情况；例如我们不能预先说出，当革命唤醒我们的善于经营的农民来参加政治生活的时候，他们是以民主的革命党的身份出现呢，还是以秩序党的身份出现。我们在起草自己的纲领时，也要准备应付最坏的情况，而如果出现最好的局面，那只会促进我们的工作，给它以新的推动力。

关于这个问题，我们还必须谈谈伊克斯同志的下面的论断。他就分配割地会加强维持生计的租佃这个论点写道：“关于这一点也许有人会反驳说，分配割地的重要性在于它是消灭租佃**这些**割地的盘剥形式的手段，它不会扩大和加强维持生计的小经济。但是不难看出，这种反驳有逻辑上的矛盾。小块土地的分配对经营不断发展的经济来说也是**数量不足的土地的分配**，而这种分配却足以加强维持生计的租佃经济。因此，对数量不足的土地的分配更加加强了维持生计的经济。但是租佃的盘剥形式能否因此而消灭，——这还有待于证明。我们已经证明，租佃的盘剥形式会加强，因为小私有者，即租佃地主土地的竞争者的人数将会增加。”

我们把伊克斯同志的这一论断全部摘录下来，以便读者更容易判断，真正的“逻辑上的矛盾”究竟**在哪里**。一般说来，农民现在是按照农奴制盘剥的条件使用割地。归还割地以后，农民就可以作为自由的私有者使用割地了。归还割地定会**消灭**因割地而产生的农奴制盘剥，这点难道“还需要证明”吗？我们说的是已经造成了特殊的盘剥形式的特殊地段，作者却用“数量不足的土地”这个总的范畴来代替这一局部的概念！这是回避问题。这就是假定割地在目前不会产生任何特殊的盘剥：真是那样的话，归还割地就确实**只不过**是“对数量不足的土地的分配”，我们也确实不会支持这个措施了。但是谁都看得很清楚，事实并非如此。

其次，作者不该把由割地所引起的农奴制盘剥（工役经济**制度**）同维持生计的租佃即同因需要而租佃混为一谈。后一种租佃存在于所有的欧洲国家：在资本主义经济下，小私有者和小租佃者的竞争**随时随地**都把土地的卖价和租价哄抬到“可以进行盘剥的”程度。只要我们还没有摆脱资本主义，我们是怎么也摆脱不了**这种**盘剥的[1]。但是，难道据此就可以反对为消灭特殊的、纯俄国式的盘剥形式而采取的特殊斗争手段吗？伊克斯同志作出这样的论断，仿佛他是以缩短劳动日会增加劳动强度为借口来反对缩短劳动日的。缩短劳动日是局部的改革，它只能消灭一种盘剥形式，即用延长劳动时间的方法进行的盘剥。其他的盘剥形式，例如雇工人“赶工”的盘剥并不会因**这种**改革而消灭，资本主义基础上的任何改革，是无法消灭全部盘剥形式的。

---

① 只有授权法庭降低租价，才能限制和制止这种盘剥，我们在自己的纲领中已经提出了这个要求。

作者说“分配割地是一种巩固盘剥的反动措施”时，他提出的论点同改革以后的农民经济的全部材料有极大的矛盾，以致连他自己都无法坚持这个立场了。他是自相矛盾的，他在稍稍前面一点曾说：“……培植资本主义自然不是社会民主党的事情。不管哪个政党的愿望如何，只要农民的土地使用权扩大，这种事情肯定要发生的……” 不过，既然扩大农民的土地使用权一定会导致资本主义的发展，那么扩大农民对产生特殊的农奴制盘剥的特殊地段的土地**所有权**，这种结果就**更加**不可避免了。归还割地会提高农民的生活水平，扩大国内市场，增大城市对雇佣工人的需要，同时也增大富裕农民和失去工役制经济的某种支柱的地主对雇佣工人的需要。至于说到“**培植**资本主义”，这是十分奇怪的反驳。归还割地，只有当它**仅仅**为资产阶级所需要、**仅仅**对资产阶级有利的时候才会培植资本主义。但是事实并非如此。归还割地对饱受盘剥和工役之苦的贫苦农民来说，至少是同样需要、同样有利的。农村无产者和农村资产者**一起**遭受农奴制盘剥的压迫，这种盘剥在相当大的程度上是以割地为基础的。因此，农村无产者只有使农村资产者**同时**摆脱农奴制盘剥，自己才能摆脱这种盘剥。只有鲁金先生们和那些忘记了自己和民粹派的血缘关系的社会革命党人才会认为这是“培植”资本主义。

伊克斯同志对归还割地的可行性的看法更加不能令人信服。他所提出的关于沃利斯克县的材料正好反驳了他：几乎$\frac{1}{5}$（$\frac{18}{99}$）的田产仍然在原来的所有者手中，就是说，这些割地不通过任何赎买就能直接转入农民手中。还有$\frac{1}{3}$的田产完全落入其他人手中，就是说，这些割地必须用贵族大地产赎买。只有$\frac{16}{99}$的土地才必须向零星买入土地的农民和其他的占有者赎买。我们简直无法理解，在这种条件下归还割地怎么会"不能实现"。还是拿萨拉托夫省的资料来说吧。我们这里有最新的《关于萨拉托夫省农需工业需要问题的材料》(萨拉托夫的书,1903 年版)。以前的地主农民的全部割地面积是 60 万俄亩,即 42.7%。[①] 既然 1896 年地方自治局统计能够根据土地登记簿和其他文件来确定割地的数字,那么农民委员会为什么不能在某一年,比如在 1906 年把这个数字搞得更准确呢?如果拿沃利斯克县作标准,那么不通过任何赎买就可以一下子退还农民大约 12 万俄亩土地,然后从完全转入别人手里的田产中可以一下子赎买(用贵族的土地)大约 20 万俄亩,只有其余的土地,赎买(用贵族的地产)和交换等手续复杂一些,但无论如何决不是"不能实现"的。归还 60 万俄亩的土地对农民来说具有什么意义,可以从以下的事实中看出来:在 90 年代末,萨拉托夫省私有土地租佃的总额约为 90 万俄亩。当然,我们并不想断言目前全部割地都已经租出,我们只不过想清楚地说明那种应当作为财产归还的土地数量同现在**总是**按盘剥的和农奴制盘剥的条件出租的土地数量之间的比例。这种比较极其有力地证明,归还割地会给农奴制盘剥的关系以多么沉重的打击,会给"农民"的革命毅力以多么大的推动,——在社会民主党人看来尤为重要的是——会多么惊人地加速农村无产阶级和农村资产阶级之间在思想上和政治上的分化。因为农民委员会采取剥夺措施所产生的直接的和必然的结果,正是这种切切实实、不可逆转的分化,而决不是全体"农

① 我们注意到,这些最新的地方自治局统计资料完全证实了上述那位做统计工作的同志的意见,即他所提供的关于割地的资料是**估计过低**的。根据**那个**资料,萨拉托夫省的割地总共是 512 000 俄亩(=38%)。其实,连 60 万俄亩的总数**也低于割地的实际数量**。因为第一,它**没有**包括以前的地主农民的**所有**村社,第二,它**只**包括**宜耕种的土地**。

民"根据他们对全部土地的"半社会主义的"和"平等的"要求的联合,如同民粹派现代的追随者所想象的那样。"农民"对地主的态度愈革命,这种分化也将愈迅速,愈深刻。这种分化并不是来自马克思主义研究的统计计算,而是来自农民资产阶级的政治活动,来自农民委员会内部政党间和阶级间的斗争。

请注意:我们提出归还割地的要求,是有意把自己的任务局限在现存制度的范围内。既然我们谈的是最低纲领,既然我们不想搞那种一方面把合作化提到"首位",另一方面又把社会化提到"首位"的无耻的近乎招摇撞骗的空洞计划,我们就**应当**这样做。我们正在回答并非我们提出的问题①,即回答既是地下刊物、"社会"、又是地方自治机关、也许还有政府都在讨论的关于将来的改革问题。我们要是避开这个由改革后的整个俄国历史提出来的、迫切

① 在现存制度基础上进行土地改革的问题在多大程度上"并非我们"提出的,由下面我们所引用的民粹派**最杰出的**理论家之一瓦·沃·先生的一段话可以看出来,这段话出自他活动的全盛时期的一篇文章(1882年《祖国纪事》杂志**90**第8期和第9期)。瓦·沃·先生当时关于我国农业制度这样写道:"我们所研究的制度是我们从农奴制那里继承来的……　农奴制已经瓦解了,但是仅从法律方面和其他某些方面来说是如此,而农业制度却仍旧和过去改革前一样……　农民不能仅仅在分得的份地上继续经营;他们肯定需要使用已被夺去的农地……　为了保障小农经营的正当发展,至少需要保证农民能使用那些……　在农奴制时代不管怎么说是归他们支配的农地。这是为了小农业所能提出的最低的愿望。"那些信仰民粹主义、公开鼓吹民粹主义、不像社会革命党人先生们那样不大体面地躲躲闪闪的人,就是这样提出问题的。社会民主党是从实质上来评价民粹派对问题的提法的,这是它评价资产阶级和小资产阶级的要求的一贯做法。社会民主党把要求中的积极的和进步的部分(同一切农奴制残余作斗争)全都接受了过来,而抛弃了小市民的幻想,指出农奴制残余的消灭,正是要为资本主义的发展,而不是为别的什么发展扫清道路并加快速度。我们提出归还割地的要求,正是为了社会的发展,为了放开无产阶级的手脚,而不是"为了小农业"。我们决没有义务去帮助"小"**农民资产阶级**反对农奴制以至反对大资产阶级。

需要解决然而根本不是社会主义的问题，那么我们就成为无政府主义者或者地道的空谈家了。对这个并非我们提出的问题，我们应当从社会民主党的观点出发，提出**正确的**解决办法，我们应当确定自己对土地改革的立场，这种改革是整个自由派已经要求实行的，任何一个明白事理的人都认为不进行这种改革就谈不到俄国的政治解放。我们在确定**自己**在这场自由主义的（科学意义上的、即马克思主义意义上的自由主义）改革中的立场时，始终绝对忠实于自己的既支援真正的民主主义运动，又始终如一、坚定不移地发展无产阶级的阶级意识的原则。我们提出在这场改革中的实际行动路线，这场改革是政府或自由派很快就要进行的。我们提出一个能推动改革走向革命的结局的口号，这种改革是真正由生活提出来的，而不是由那种暧昧不明的、人道主义的、人人都能接受的社会主义空想所虚构的。

伊克斯同志的纲领草案，正是犯了上述这一错误。它对于在当前对土地关系进行自由主义的改造中应该怎样行动的问题，没有作出任何答复。反而向我们提出糟糕透顶的和自相矛盾的要求土地国有化的条文（第 5 条和第 7 条）。说它自相矛盾，是因为其中时而提出用税收的办法，时而又提出用土地转交给团体的办法来消灭地租。说它糟糕透顶，是因为靠税收消灭不了地租，是因为土地（一般说来）最好转交给民主国家，而不要转交给**小的**社会团体（如现在的或将来的地方自治机关）。至于我们纲领中没有写入土地国有化的要求，理由已经不止一次地提到过，这里就不再重复了。

第 8 条和纲领的实践部分毫无关系，而在伊克斯同志的第 6 条条文中，"土地方面"的东西一点也没有了。至于他为什么去掉有关法庭和降低地租的条文，仍然不得而知。

作者的第1条条文不如我们草案的措辞清楚，而附加的"为了卫护小私有者（而不是发展小私有制）"这一句话又是非"土地的"，不确切的（雇用工人的小私有者用不着卫护），多余的，因为既然我们卫护的是**个人**，而不是小资产阶级的所有制，我们就可以通过要求实行非常明确的社会的、财政的以及其他方面的改革来做到这一点。

载于1903年7月俄国革命社会民主党人国外同盟出版社在日内瓦出版的《伊克斯：论土地纲领。尼·列宁：答对我们纲领草案的批评》一书

译自《列宁全集》俄文第5版第7卷第217—232页

我们纲领中的民族问题

（1903年7月15日〔28日〕）

在党纲草案中，我们提出了建立具有民主宪法的共和国的要求，民主宪法应保证"承认国内各民族有自决权"。许多人觉得我们纲领中的这一要求不够明确，所以在本报第33号上谈到亚美尼亚社会民主党人宣言时，我们对这一条的意义作了如下的说明。社会民主党将永远反对任何用暴力或任何非正义手段从外部影响民族自决的企图。但是，无条件地承认争取民族自决的自由的斗争，这丝毫也不意味着我们必须支持任何民族自决的要求。社会民主党作为无产阶级的政党，其真正的主要的任务不是促进各民族的自决，而是促进每个民族中的无产阶级的自决。我们应当永远无条件地努力使各民族的无产阶级**最紧密地**联合起来。只有在个别的特殊情况下，我们才能提出并积极支持建立新的阶级国家或者用比较松散的联邦制的统一代替一个国家政治上的完全统一等等要求。①

我们纲领中对于民族问题的这个解释，招来了波兰社会党[91]的强烈抗议。在《俄国社会民主党对民族问题的态度》一文（1903年3月《黎明》杂志[92]）中，波兰社会党对于这种"令人惊异的"解释，对于我们"神秘的"自决之"模糊不清"表示愤慨，指责我们是

① 见本卷第87—90页。——编者注

学理主义，是“无政府主义”观点，似乎我们认为“除了彻底消灭资本主义之外，其余什么都与工人无关，因为语言、民族、文化等等都只是资产阶级的虚构”，如此等等。这个论据值得详细地谈一谈，因为它把社会党人中在民族问题上很经常、很普遍的误解几乎暴露无遗了。

我们的解释为什么会这样“令人惊异”呢？为什么会认为它违背了“本”义呢？难道承认民族自决**权**就得**支持**任何民族自决的任何要求吗？我们社会民主党人承认一切公民有自由结社的**权利**，这丝毫不意味着我们必须**支持**组织任何新的社团，丝毫也不妨碍我们发表意见、进行鼓动，反对不适宜的和不明智的组织某种新的社团的想法。我们甚至承认耶稣会教徒有自由传道的**权利**，可是我们反对（当然不是用警察手段来反对）耶稣会教徒同无产者结社。《黎明》杂志说：“如果自由自决这个要求能按它的本义来理解（我们至今是这样来理解的），那我们就满意了。”这就十分明显，违背纲领本义的正是波兰社会党。从形式上看来，它的结论之不合逻辑是肯定无疑的。

但是我们不愿只从形式上来检验我们的解释。我们要直截了当地从实质上提出问题：社会民主党应当永远无条件地要求民族独立呢，还是只在某种条件下提出这个要求？这种条件究竟是什么？波兰社会党在解答这个问题时总是赞成无条件地承认民族独立。因此，它对要求建立联邦制的国家制度、主张“完全地无条件地承认民族自决权”（《革命俄国报》第18号《民族的奴役和革命的社会主义》一文）的俄国社会革命党人脉脉含情，我们就一点也不觉得奇怪了。可惜这只不过是一种资产阶级民主主义的空话，它第一百次、第一千次地表明了所谓社会革命党人的所谓党的本性。

波兰社会党经不起这种空话的引诱，受到这种叫嚣的迷惑，这证明它在理论认识和政治活动方面同无产阶级的阶级斗争的联系是多么薄弱。我们应当**使**民族自决的要求**服从**的正是无产阶级阶级斗争的利益。这个条件正是我们对民族问题的提法同资产阶级民主派的提法的区别之所在。资产阶级民主派（以及跟在他们后面亦步亦趋的现代社会党内的机会主义者）以为民主制可以消灭阶级斗争，所以他们抽象地、笼统地、“无条件地”、从“全民”利益的观点，甚至从永恒的绝对的道德原则的观点来提出自己的一切政治要求。社会民主党人无论何时何地都无情地揭露这种资产阶级的幻想，不管它表现为抽象的唯心主义哲学，还是表现为无条件地要求民族独立。

马克思主义者只能有条件地而且只能在上述条件下承认民族独立的要求，这一点如果还需要证明，我们可以援引一位著作家的话，他曾经从马克思主义观点出发**卫护过**波兰无产者提出的波兰独立要求。1896年，卡尔·考茨基在《波兰完了吗？》一文中写道：“只要波兰无产阶级着手解决波兰问题，他们就不能不主张波兰独立，也不能不欢迎目前在这方面可能采取的每一步骤，因为这种步骤总的说来同正在进行斗争的国际无产阶级的阶级利益是相符的。”

考茨基继续写道：“这个附带条件，无论如何必须加上。**民族独立同正在进行斗争的无产阶级的阶级利益并不是完全密不可分的，不应当在任何情况下都无条件地要求民族独立**[①]。马克思和恩格斯曾经十分坚决地主张意大利的统一和解放，可是这并不妨碍他们在1859年反对意大利同拿破仑结成联盟。”（《新时代》杂

① 黑体是我们用的。

志[93]第14年卷第2册第520页)

你们看:考茨基坚决反对**无条件地**要求民族独立,他不仅坚决要求在一般的历史基础上提出问题,而且正是要求在阶级基础上提出问题。如果我们研究一下马克思和恩格斯对波兰问题的提法,那就会发现,他们一开始就是这样提出问题的。《新莱茵报》[94]曾经用了很大的篇幅来谈波兰问题,它不仅坚决要求波兰独立,而且坚决要求德国为了波兰的自由同俄国作战。然而,马克思同时也抨击过在法兰克福议会[95]主张波兰自由的卢格,因为他只用"可耻的非正义行为"这类资产阶级民主主义的空话解决波兰问题,而不作任何历史分析。马克思并不是那种最怕在革命的历史关头进行"论战"的革命中的腐儒和庸人。马克思用辛辣的讽刺无情地嘲笑了"人道的"公民卢格,用法国北部压迫南部的例子向他说明,在民主派和无产阶级看来,并不是任何民族压迫在任何时候所引起的独立要求都是正当的。马克思引述了一些特殊的社会条件,由于这些条件,"波兰成了俄国、奥地利和普鲁士的革命的部分……甚至波兰小贵族阶级(一部分还站在封建的立场上)也以无比的忘我精神参加民主的土地革命。当德国还在最庸俗的立宪思想和浮夸的哲学思想中徘徊的时候,波兰就已经成了东欧①民主的策源地…… 只要我们〈德国人〉还在帮助压迫波兰,只要我们还把波兰的一部分拴在德国身上,我们自己就仍然要受俄国和俄国政策的束缚,我们在国内就不能彻底摆脱宗法封建的专制政体。建立民主的波兰是建立民主德国的首要条件。"②

---

① 在列宁的引文中是"欧洲"。——编者注

② 参看《马克思恩格斯全集》第1版第5卷第421—422页和第391页。——编者注

我们如此详细地摘录了这些话,因为它们生动地表明,国际社会民主党在几乎整个19世纪后半期对波兰问题的提法,是在怎样的历史条件下形成的。忽视从那时以来已经变化了的条件,坚持马克思主义的旧的答案,那就是只忠于学说的字句,而不是忠于学说的精神,就是只背诵过去的结论,而不善于用马克思主义的研究方法来分析新的政治局势。当时和现在,一个是最后的资产阶级革命运动的时代,一个是在无产阶级革命前夕反动派十分猖獗、各方面力量极其紧张的时代,这两个时代的区别是极其明显的。**当时**整个波兰,不仅农民而且很多贵族都是革命的。民族解放斗争的传统是如此地有力和深刻,甚至在本国失败之后,波兰的优秀儿女还到处去支援革命阶级,东布罗夫斯基和符卢勃列夫斯基的英名,同19世纪最伟大的无产阶级运动,同巴黎工人最后一次——我们希望是最后一次——不成功起义,是紧密地联系在一起的。**当时**,不恢复波兰的独立,民主运动在欧洲确实不可能取得完全的胜利。**当时**,波兰确实是反对沙皇制度的文明堡垒,是民主运动的先进部队。**现在**,波兰的统治阶级、德奥的贵族地主、俄国的工业金融大亨,都在充当压迫波兰的各国统治阶级的支持者。而德国和俄国的无产阶级,同英勇地继承了过去革命波兰的伟大传统的波兰无产阶级一起,在为自己的解放而斗争。**现在**,邻国先进的马克思主义者密切地注视着欧洲政局的发展,对波兰人的英勇斗争充满了同情,不过他们也公开承认:"彼得堡现在已经成为比华沙重要得多的革命中心,俄国革命运动已经比波兰革命运动具有更大的国际意义。"早在1896年,考茨基在赞成波兰社会民主党的纲领中包括恢复波兰的独立要求的时候就有过这样的评语。1902年,梅林考察了1848年以来波兰问题的演进情况,得出了这样的结论:“如果波兰无产阶级要在自己的旗帜上写上恢复波兰的阶级国家(关于这一要求,统治阶级本身连听都不愿意听),那就等于演出历史的滑稽剧:对有产阶级来说这是常有的事(如波兰贵族在1791年就是如此),但是工人阶级却不该堕落到这个地步。如果提出这种反动的空想,为的是吸引那些对民族的鼓动还能有一定反响的知识分子和小资产阶级阶层,让他们接受无产阶级的鼓动,那么这种空想作为卑鄙的机会主义的表现,更应加倍地受到谴责,这种机会主义为了一时微小的和廉价的成功而牺牲工人阶级的长远利益。

这种利益绝对地要求在三个瓜分波兰的国家中的波兰工人义无反顾地同自己的阶级弟兄并肩战斗。资产阶级革命可以建立自由波兰的时代已经一去不复返了;现在,只有通过一场现代无产阶级将在其中砸碎自己身上锁链的社会革命,波兰才有恢复独立的可能。”

我们完全同意梅林的这个结论。只是要指出:我们在论证时即使不像梅林走得那么远,这个结论也是无懈可击的。毫无疑问,现在波兰问题的情况和50年前根本不同了。但是不能认为现在这种情况是万古不变的。毫无疑问,现在阶级的对抗已经使民族问题远远地退居次要地位了,但是,也不能绝对肯定地说某一个民族问题不会暂时地居于政治戏剧舞台的主要地位,否则就有陷入学理主义的危险。毫无疑问,在资本主义崩溃以前,恢复波兰的独立是不可思议的;但是也不能说绝对没有可能,不能说波兰资产阶级不会在某种情况下站到主张独立这边来,如此等等。俄国的社会民主党决不束缚住自己的手脚。它在自己的纲领中承认民族自决权的时候,把**所有的**可能性,甚至凡是**可能发生的**一切情况都估计到了。这个纲领丝毫不排斥波兰无产阶级把建立自由独立的波兰共和国作为自己的口号,尽管这在社会主义以前极少有实现的可能。这个纲领只是要求,真正的社会主义政党不要腐蚀无产阶级的意识,不要掩盖阶级斗争,不要用资产阶级民主主义的空话来诱惑工人阶级,不要破坏现代无产阶级政治斗争的统一。这个条件正是全部关键之所在,只有在这个条件下,我们才承认民族自决。波兰社会党枉费心机地把事情说成似乎它同德国或俄国的社会民主党人的不同之处,就在于这两国的社会民主党人否认自决权,否认要求建立自由独立的共和国的权利。并非如此,是他们忘掉了阶级观点,用沙文主义掩盖阶级观点,破坏当前政治斗争的统一,——正是这一点,使我们看不出波兰社会党是真正的工人社会民主党。请看波兰社会党通常对问题的提法吧:"……我们只能用波兰脱离俄国的方法来削弱沙皇制度,至于推翻沙皇制度则是俄国同志的事情。"又如:"……专制制度消灭以后,我们只会这样来决定自己的命运:使波兰同俄国脱离。"请看,这种即使从恢复波兰独立的纲领性要求看来也是十分奇怪的逻辑引出了多么奇怪的结论。**因为**恢复波兰独立是民主演进可能产生的(不过在资产阶级统治之下肯定不会很有保障)结果之一,**所以**波兰无产阶级不能同俄国无产阶级一起为推翻沙皇制度而斗争,而"只能"用波兰脱离俄国的方法来削弱沙皇制度。**因为**俄国沙皇制度同德奥等国的资产阶级和政府结成日益紧密的联盟,**所以**波兰无产阶级就应该削弱同俄国、德国和其他国家的无产阶级(现在波兰无产阶级正和他们在反对**同一种**压迫)的联盟。这无非是为了迎合资产阶级民主派关于民族独立的见解而牺牲无产阶级最迫切的利益。**和我们推翻专制制度的目的不同**,波兰社会党所追求的是俄国的四分五裂,而只要经济的发展使一个政治整体的各个部分更加紧密地结合在一起，只要世界各国资产阶级愈来愈齐心地联合起来反对共同的敌人——无产阶级，支持共同的盟友——沙皇，那么俄国的四分五裂在目前和将来都只能是一句空话。然而，目前在这种专制制度压迫下受苦受难的**无产阶级力量的四分五裂**，这倒是可悲的现实，这是波兰社会党犯错误的直接后果，是波兰社会党崇拜资产阶级民主公式的直接后果。为了假装看不到无产阶级力量的四分五裂，波兰社会党只得堕落到沙文主义的地步，例如，他们对俄国社会民主党人的观点作了这样的歪曲："我们〈波兰人〉应当等待社会革命，在这以前应该耐心忍受民族压迫。"这简直是胡说八道。俄国社会民主党人不但从来没有提出过这样的劝告，相反，他们自己在为反对俄国境内的任何民族压迫而斗争，并且号召俄国整个无产阶级来进行这一斗争，他们在**自己的**纲领中不仅提出语言、民族等等完全平等，而且承认每个民族有自己决定自己命运的权利。在承认这种权利的时候，我们对民族独立要求的支持，是**服从于**无产阶级斗争的利益的，只有沙文主义者才会把我们的立场解释成俄罗斯人对异族人的不信任，因为实际上，这种立场是由于觉悟的无产者对资产阶级不信任而必然产生的。在波兰社会党看来，民族问题**只是**"我们"(波兰人)同"他们"(德国人、俄国人等等)的对立。而社会民主党人则把"我们"无产者同"他们"资产阶级的对立放在首位。"我们"无产者多次看到，当革命的无产阶级在资产阶级面前站起来的时候，资产阶级是怎样**出卖**自由、祖国、语言和民族的利益的。我们看到，在法兰西民族受压迫、受屈辱最厉害的时候，法国的资产阶级如何卖身投靠普鲁士人，民族抵抗政府如何变成了背叛人民的政府，被压迫民族的资产阶级如何召唤压迫民族的兵士来帮助镇压敢于伸手夺取政权的无产者同胞。正因为如此，我们根本不在乎沙文主义和机会主义的攻击，我们要经常地告诉波兰工人：只有同俄国无产阶级结成最亲密无间的联盟，才能满足目前反对专制制度的政治斗争的要求，只有这样的联盟，才能保证政治上和经济上的彻底解放。

我们在波兰问题上所说的话，也完全适用于任何其他民族问题。万恶的专制制度的历史，给我们遗留下了专制制度压迫下各族工人阶级之间的严重**隔阂**，这种隔阂是反专制制度斗争中极大的弊端、极大的障碍。我们不应当用什么党的独特性或党的"联邦制""原则"使这种弊端合法化，把这种怪事神圣化。比较简单省事的办法当然是走阻力最小的道路，各顾各，"各人自扫门前雪"，崩得现在就想这样做。我们愈是意识到统一的必要性，愈是坚信没有完全的统一就不能对专制制度发起总攻，集中的斗争组织在我国政治制度下愈是显得必要，我们就愈不能满足于用表面"简单"实际十分虚假的办法来解决问题。既然认识不到隔阂的危害，既然不愿意不惜任何代价彻底消除无产阶级政党阵营内的这种隔阂，那就用不着"联邦制"这种遮羞布了，就不必去解决问题了，因为有"一方"实际上并不想解决问题，既然如此，最好还是让生活经验和实际运动的教训去说服人们：受专制制度压迫的各族无产者反对专制制度、反对日益紧密团结的国际资产阶级的斗争要取得胜利，集中制是必不可少的。

载于1903年7月15日《火星报》第44号

译自《列宁全集》俄文第5版第7卷第233—242页

为俄国社会民主工党第二次代表大会准备的决议草案[96]

（1903 年 6—7 月）

1

关于崩得在俄国社会民主工党内的地位的决议草案

崩　得

鉴于：

——无论为了尽快地实现无产阶级的最终目的，还是为了在现存的社会基础上坚定不移地进行政治斗争和经济斗争，战斗的无产阶级最亲密无间的团结都是绝对必要的；

——政府和剥削阶级夸大种族特点和煽动民族仇恨，为了同这种反犹太主义的卑劣企图作卓有成效的斗争，尤其需要犹太无产阶级和非犹太无产阶级的亲密团结；

——犹太无产阶级和非犹太无产阶级的社会民主党组织的完全合并，无论在哪方面都丝毫不会限制我们的犹太同志的独特性，他们可以用任何一种语言进行宣传和鼓动，可以出版适合当地的地方运动或民族运动需要的书刊，可以提出鼓动口号和直接的政治斗争的口号（这些口号将是社会民主党纲领中关于语言和民族文化的完全平等、完全自由以及其他问题总的基本的原则的运用和发挥）；

代表大会坚决反对把联邦制作为俄国党的建党原则，确认以1898年章程为基础的组织原则，即各民族的社会民主党组织在下列事务上实行自治，就是……①

载于1927年《列宁文集》俄文版第6卷

译自《列宁全集》俄文第5版第7卷第245—246页

① 手稿到此中断。——俄文版编者注

2

关于经济斗争的决议草案

经 济 斗 争

代表大会认为，在任何情况下都采取一切措施支持和发展工人的经济斗争、支持和发展他们的工会（主要是全俄的工会），一开始就确定经济斗争和俄国工人的工会运动的社会民主主义性质，是绝对必要的。

载于1927年《列宁文集》俄文版第6卷

译自《列宁全集》俄文第5版第7卷第247页

3

关于五一节的决议草案

五　一　节

代表大会确认已成惯例的五一节庆祝活动，并提请所有党组织注意，要选择当前条件下最适当的时间和方式来庆祝无产阶级解放斗争的国际节日。

载于1927年《列宁文集》俄文版第6卷

译自《列宁全集》俄文第5版第7卷第248页

4
关于国际代表大会的决议草案

国际代表大会

代表大会委任普列汉诺夫同志为俄国社会民主工党驻社会党国际局书记处的代表(撤销由普列汉诺夫和克里切夫斯基共同担任代表的巴黎决定[97])。

代表大会委托中央机关报和中央委员会按照它们之间的协议(或者根据党总委员会的决定),组成俄国社会民主工党出席 1904 年阿姆斯特丹国际社会党代表大会的代表团。

载于 1927 年《列宁文集》俄文版第 6 卷

译自《列宁全集》俄文第 5 版第 7 卷第 249 页

5

关于游行示威的决议草案

游 行 示 威

代表大会认为，组织公开的反对专制制度的游行示威，是对工人群众进行政治教育的极其重要的手段。同时，代表大会建议：第一，要竭力利用沙皇政府的某种暴行已在极广泛的居民阶层中激起公愤这样的时机和条件，来组织游行示威；第二，要尽一切努力吸引工人阶级广大**群众**参加游行示威，并尽可能做好游行示威的**组织工作**，包括准备游行示威、指挥游行示威和领导示威者对军警进行反击等；第三，要着手准备武装的游行示威，在这方面应严格遵循中央委员会的指示。

代表大会同时建议党的所有的委员会和其他组织全面地讨论一下准备武装起义的问题并竭尽全力在工人群众中宣传起义势在必行、不可避免的思想。代表大会专门责成中央委员会采取现在就能采取的准备起义的一切实际措施。

载于1927年《列宁文集》俄文版第6卷

译自《列宁全集》俄文第5版第7卷第250页

6

关于恐怖手段的决议草案

恐 怖 手 段

代表大会坚决拒绝把恐怖手段即个别政治暗杀方式作为政治斗争的方法，这种手段在目前是极其不恰当的，它使优秀力量放弃刻不容缓和迫切需要的组织工作和鼓动工作，破坏革命者同居民中革命阶级的群众的联系，并且使革命者本身和一般居民都对同专制制度作斗争的任务和方法产生极端错误的想法。

载于1927年《列宁文集》俄文版
第6卷

译自《列宁全集》俄文第5版
第7卷第251页

7

关于宣传工作的决议草案

宣 传 工 作

代表大会提请全体党员注意提高宣传员的理论水平、成立全俄巡回演讲员小组以统一宣传工作的重要性。

载于 1927 年《列宁文集》俄文版第 6 卷

译自《列宁全集》俄文第 5 版第 7 卷第 252 页

8

关于对青年学生的态度的决议草案[98]

青 年 学 生

代表大会对青年学生中朝气蓬勃的革命主动精神表示欢迎，建议所有的党组织千方百计地协助这些青年实现其组织起来的愿望，并向所有学生组织、团体和小组提出如下建议：第一，在工作中把培养自己成员的完整而彻底的革命世界观当做首要任务，一方面切实地研究马克思主义，另一方面切实地研究俄国的民粹主义和西欧的机会主义这些存在于当前正在进行斗争的各先进派别之中的主要思潮；第二，提防青年的那些假朋友，他们正在用革命的或唯心主义的空话、用所谓在各革命的和反政府的派别之间进行激烈尖锐的论战是有害的和不必要的这类庸人的怨言，来诱使青年忽视扎实的革命教育，因为这些假朋友实际上只是在宣扬无原则性和对革命工作的轻率态度；第三，在转入实际活动时，应设法先同社会民主党组织取得联系，以便得到它们的指示并尽可能避免在工作一开始就犯大错误。

载于1904年中央委员会出版社在日内瓦出版的《俄国社会民主工党第二次(例行)代表大会记录全文》一书

译自《列宁全集》俄文第5版第7卷第253页

9

关于力量配置的决议草案

力 量 配 置

代表大会建议所有从国外回来或从流放地回到自己活动地点的同志，尤其在他们没有同某个委员会建立十分牢固联系的情况下，要设法先同中央委员会或它的代表联系，使中央委员会能够恰当地及时地在俄国各地配置革命力量。

载于1927年《列宁文集》俄文版第6卷

译自《列宁全集》俄文第5版第7卷第254页

10

关于党的书刊的决议草案

书　刊

代表大会认为,为一切居民阶层特别为工人阶级群众出版大批通俗的社会民主党的书刊,是绝对迫切需要的。

代表大会认为,首先应按我们党纲的(理论上和实践上的)每一条编写详细阐述和解释该条意义的一系列小册子(1—5印张),其次是按同样的题目编写一系列传单(1—8印刷页),以便在城市和农村中大量散发。代表大会委托中央机关报编辑部立即采取一切措施来完成这项任务。

至于为人民或为工人阶级广大阶层专门出版一份通俗报纸的问题,代表大会在原则上不反对这个计划,但认为这个计划目前尚不宜立即实行。

载于1927年《列宁文集》俄文版第6卷

译自《列宁全集》俄文第5版第7卷第255页

俄国社会民主工党章程草案[99]

（1903年6月底—7月初）

1.凡承认党纲、在物质上支持党并亲自参加党的一个组织的人，可以作为党员。

2.党的最高机关是党的代表大会。代表大会由中央委员会召集（尽可能每两年至少一次）。如果共占上次代表大会总票数三分之一的党委员会或党委员会联盟提出要求，或者党总委员会提出要求，中央委员会必须召集代表大会。代表大会要由共占代表大会召开时实有的（能行使权利的）二分之一以上的党委员会派代表出席，才能被认为有效。

3.下列组织有派代表出席代表大会的资格：（一）中央委员会，（二）中央机关报编辑部，（三）没有加入特殊联盟的一切地方委员会，（四）党所承认的一切委员会联盟，（五）国外同盟。上述每一个组织在代表大会上各有两票表决权。新成立的委员会和委员会联盟，只有在代表大会召开前半年被批准的，才有派代表出席代表大会的资格。

4.党的代表大会任命中央委员会、中央机关报编辑部和党总委员会。

5.中央委员会统一和指导党的全部实践活动，管理党的中央会计处以及全党的一切技术性机构。中央委员会处理党的各个组织和各个机构之间以及各组织各机构内部的争端。

6.中央机关报编辑部在思想上领导党，编辑党的中央机关报、学术性刊物和小册子单行本。

7. 党总委员会由代表大会从中央机关报和中央委员会的成员中任命五人组成。总委员会解决中央机关报编辑部和中央委员会之间在一般组织问题和策略问题方面的争论或意见分歧。党总委员会在中央委员会完全被破坏时重建中央委员会。

8. 新成立的委员会和委员会联盟由中央委员会批准。党所承认的每一个委员会、委员会联盟、组织或团体负责处理专门同该地、该区、该民族运动有关的，或者同专门交托给该团体的某项职能有关的事务，但是必须服从中央委员会和中央机关报的决定，并且按照中央委员会所规定的数额向党的中央会计处交纳党费。

9. 每一个党员和同党有来往的任何个人，都有权要求把他的声明原原本本送达中央委员会，或中央机关报，或党代表大会。

10. 任何党组织都有责任向中央委员会和中央机关报编辑部提供一切材料，让它们了解该组织的全部工作和所有成员。

11. 一切党组织和党的一切委员制机构，以简单多数票决定问题，并且有权增补新成员。增补新成员和开除成员，须经三分之二的票数通过。

12. “俄国革命社会民主党人国外同盟”的宗旨是在国外进行宣传和鼓动，以及促进国内的运动。同盟享有委员会的一切权利，唯一的例外，是它对国内运动的支持只通过中央委员会专门指定的个人或团体来进行。

载于 1904 年中央委员会出版社在日内瓦出版的《俄国社会民主工党第二次（例行）代表大会记录全文》一书

译自《列宁全集》俄文第 5 版第 7 卷第 256—258 页

俄国社会民主工党第二次代表大会文献[100]

（1903年7—8月）

1

在审查代表大会所要讨论的问题的清单时的发言[101]

（7月17日〔30日〕）

（1）

按计划，关于纲领的问题是放在第2项的。民族问题已列入纲领并在讨论纲领时加以解决。关于区组织和民族组织问题，总的说来是一个组织问题。而其中关于对各民族的态度问题，则是一个策略问题，是我们的一般原则在实际活动中的运用。

（2）

问题清单的第1项专门讨论崩得的组织问题。第6项涉及党的组织。对待地方组织、区组织、民族组织以及其他组织的总准则一经确定，就会提出一个专门的问题：究竟哪些组织以及具备什么条件可以被吸收到党内来？

载于1904年中央委员会出版社在日内瓦出版的《俄国社会民主工党第二次(例行)代表大会记录全文》一书

译自《列宁全集》俄文第5版第7卷第261页

2

在讨论代表大会议程时的发言[102]

（7月18日〔31日〕）

（1）

我想谈一点意见。有人说，把崩得问题放到第1项是不正确的，因为第1项应当是报告，第2项是纲领，第3项才是崩得。主张这种议程的理由是经不起批驳的。这些理由是：全党在纲领问题上还没有取得一致意见，可能我们正是在纲领问题上会分道扬镳。这种说法使我感到吃惊。不错，我们现在还没有一个已经通过的纲领，但是说在纲领问题上会分道扬镳的这种推测，全是凭空猜想。就最近一段时间极其充分地反映了党的意见的党的书刊来看，党内并没有这种思潮。把崩得问题放到第1项，既有形式上的原因，也有道义上的原因。在形式上，我们以1898年的宣言为根据，而崩得却表示希望从根本上改变我们党的组织。在道义上，其他许多组织都表示在这个问题上不同意崩得的意见；这样就发生了尖锐的意见分歧，甚至引起了论战。所以不消除这些意见分歧，代表大会就无法齐心协力地进行工作。至于代表们的报告，那很可能根本不在全会上宣读了。因此我同意组织委员会所赞同的议程。

(2)

在代表大会解决了我们议程中**第 1 项**的问题以后，第 3 项的问题就成了以下各项议程中唯一**有争议的**问题了。这一项是："创办或者批准党的中央机关报"。有些同志认为这一项应当挪到后面去，理由是：第一，在整个党的组织，特别是党的中央等问题没有解决以前，不能谈中央机关报的问题，第二，关于这个问题的实质，许多委员会已经发表过意见。我认为后一种理由是不正确的，因为委员会的声明对代表大会是没有约束力的，而且从形式上说，这些声明在代表大会上也没有表决权。另一个反对意见也是不正确的，因为在解决组织的细节问题、党章等问题以前，必须首先彻底解决俄国社会民主党的方针问题。我们正是在这个问题上分裂了这么久，所以光是批准纲领，消除不了所有使我们在这个问题上产生**分裂的**意见分歧：要消除意见分歧，**只有**在纲领问题以后立刻解决如下的问题，即我们应当重新创办党的什么样的中央机关报，或者批准哪个旧的而作某些改组的中央机关报。

正因为如此，我赞成组织委员会所批准的议程。

载于 1904 年中央委员会出版社在日内瓦出版的《俄国社会民主工党第二次(例行)代表大会记录全文》一书

译自《列宁全集》俄文第 5 版第 7 卷第 262—263 页

3

关于组织委员会的行动问题的发言[103]

（7 月 18 日〔31 日〕）

(1)

我不能同意叶戈罗夫同志的意见。正是他违反了代表大会的章程，正是他否认限权委托书这一条[104]。我不怀疑组织委员会的存在，正如我不怀疑《火星报》组织的存在一样。《火星报》也有自己的组织和自己的章程。但是，代表大会的章程刚刚宣布，《火星报》就向自己的代表声明：他们在代表大会上有充分的行动自由。我们这些代表大会代表资格审查委员会的委员们，昨天听取的是组织委员会两个委员施泰因和巴甫洛维奇同志的意见，现在听到的则是一个完全新的提议，这使我们实在为难。这里有些同志很有经验，他们不止一次地参加过国际代表大会。这些同志会告诉你们，那些在委员会内说一套、而在代表大会上又说另一套的人，总是会引起大家极大的愤怒的。

(2)

组织委员会可以开会，但不是作为一个对代表大会事务施加影响的委员会。组织委员会的实际活动并未中止,中止的只是它撇开代表资格审查委员会对代表大会施加的影响。

载于1904年中央委员会出版社在日内瓦出版的《俄国社会民主工党第二次(例行)代表大会记录全文》一书

译自《列宁全集》俄文第5版第7卷第264页

4
关于波兰社会民主党人参加代表大会问题的发言[105]

（7 月 18 日〔31 日〕）

（1）

代表资格审查委员会在自己的报告中认为最好让波兰同志列席代表大会。我认为这是完全正确的，而且我还认为，在委员会决议的开头就作这样的声明，是完全合情合理的。最好拉脱维亚人和立陶宛人也来参加代表大会，但是很遗憾，这是无法实现的。波兰同志本来可以随时提出统一的条件，但是他们并没有这样做。因此，组织委员会对他们采取慎重的态度是正确的。在这里宣读的波兰社会民主党的那封信还是没有说明问题。因此，我建议邀请波兰同志作为来宾列席。

（2）

我看不出反对发出邀请有什么充分的理由。组织委员会为促使波兰同志与俄罗斯同志接近，已迈出了第一步。我们邀请波兰同志来参加代表大会，就会在这条道路上迈出第二步。我看不出这会引起什么麻烦。

载于1904年中央委员会出版社在日内瓦出版的《俄国社会民主工党第二次(例行)代表大会记录全文》一书

译自《列宁全集》俄文第5版第7卷第265页

5

关于崩得在俄国社会民主工党内的地位问题的发言

（7月20日〔8月2日〕）

我首先来谈谈霍夫曼的发言和他的"紧密的多数派"[106]的说法。霍夫曼同志用这个字眼是带着责备的口吻的。我认为，对于在代表大会上有紧密的多数派这一点，我们不必感到惭愧，而应当感到骄傲。如果我们全党能成为一个紧密的、高度紧密的占百分之九十的多数派，那我们就更要感到骄傲了。（鼓掌）多数派把崩得在党内的地位问题放到第1项是正确的：崩得分子立刻证明了这种正确性，他们提出了自己那个所谓的章程，而实质上就是建议实行**联邦制**[107]。既然在党内有人建议实行联邦制，有人反对联邦制，那么除了把崩得问题放到第1项而外，也就没有别的办法了。爱情不能强求，在没有坚定不移地解决我们愿不愿意一起前进这个问题以前，是无从谈论党的内部事务的。

所争论的问题的实质，有时在讨论中阐述得不完全正确。问题在于：许多党员认为联邦制**是有害的**，把联邦制应用于俄国当前的实际是同社会民主党的原则相抵触的。联邦制之所以有害，是因为它**把**独特性和隔阂**合法化**，使之提高为原则，提高为法律。我们之间确实存在着极严重的隔阂，我们不应当把它合法化，不应当用遮羞布把它掩盖起来，而应当消除这种隔阂，我们应当坚决承认并且声明必须坚定不移地努力实现**最紧密的**团结。正因为如此，我们在原则上、从门口起[①](借用一个有名的拉丁成语)就反对联邦制,反对我们之间有**任何**必然存在的壁障。在党内本来总是会有各种不同的派别,即在纲领、策略和组织等问题上意见并不完全一致的同志组成的派别,但愿全党**只有一种**划分派别的方法,即让所有思想一致的人联合成为一个派别,而不是先由一些派别组成党的**一个部分**,同党的其他部分内的那些派别互不相干,然后联合在一起的不是观点不同和观点有细微差别的派别,而是由各种不同派别凑成的党的各个部分。我再说一遍:我们不承认任何**必然存在的**壁障,因此在原则上反对联邦制。

现在来谈自治问题。李伯尔同志说,联邦制是集中制,而自治是分权制。难道李伯尔同志以为代表大会的代表都是些六岁小孩,用这种诡辩就能哄住吗?集中制要求中央和党的最遥远、最偏僻的部分之间**没有**任何壁障,这难道不清楚吗?我们的中央将得到直接了解每一个党员的绝对权利。如果有谁建议在崩得**内部**实行这样一种"集中制",使崩得的中央委员会**不**通过科夫诺委员会**就**不能和所有的科夫诺小组和同志取得联系,那么崩得分子只会一笑置之。现在再顺便谈谈委员会。李伯尔同志慷慨激昂地大声说道:"既然崩得是服从于一个中央的组织,那还要谈论崩得的自治干什么?你们总不会让某个图拉委员会实行自治吧?"李伯尔同志,您说错了:我们毫不动摇地一定也要让"某个"图拉委员会实行自治,实行不受中央的琐碎干预的自治,当然,仍然有服从中央的义务。"琐碎的干预"这个说法,我是从崩得的传单《自治还是联邦制?》中借用来的。崩得提出这种不受"琐碎的干预"的自由作为一

① 从一开始。——编者注

项**条件**，作为对党的一项**要求**。提出这种可笑的要求本身就表明，崩得在所争论的问题上有多么糊涂。难道崩得竟认为，党会容许一个对党的**任何**组织或团体的事务进行“**琐碎的**”干预的中央存在下去吗？难道这实际上不正是代表大会上已经谈到的那种“组织上的不信任”吗？崩得分子的一切建议和一切议论中都流露了这种不信任。实际上，为争取**完全的**平等以至为争取**承认**民族自决权而斗争，不是我们全党的**义务**吗？因此，如果我们党的任何一部分没有履行这项义务，那么按照我们的原则，它必然要受到谴责，必然要由党的中央机关去**纠正**。如果明明完全有可能履行这个义务却故意不去履行，那就是**背叛行为**。

其次，李伯尔同志用打动人心的口气问我们：**怎么能够证明**自治可以保证犹太工人运动具有必不可少的独立性呢？真是个怪问题！怎么能证明所提出的道路中有一条是正确的呢？唯一的办法就是沿着这条路走走看，在实践中去检验。对李伯尔同志的问题，我的回答是：**同我们一起走吧**，我们会在实践中向你们证明，关于独立性的一切正当要求都完全可以得到满足。

在争论崩得地位问题的时候，我总是想起英国的煤矿工人。他们组织得很好，比其他的工人都组织得好。他们**因此**想否决全体无产者所提出的八小时工作制的共同要求[108]。这些煤矿工人对无产阶级团结的理解，同我国崩得分子的理解一样狭隘。愿煤矿工人的可悲的例子会成为崩得同志的借鉴。

载于1904年中央委员会出版社在日内瓦出版的《俄国社会民主工党第二次(例行)代表大会记录全文》一书

译自《列宁全集》俄文第5版第7卷第266—269页

6

关于党纲问题的发言[109]

(7月22日〔8月4日〕)

首先我应当指出,李伯尔同志把贵族代表同被剥削劳动者阶层混淆起来[110],这特别有代表性。这种混淆对于整个辩论来说意义重大。到处都在把我们论战中的个别的偶然事件同确立原则性的基础混为一谈。不能像李伯尔同志那样否认被剥削劳动者的(某个)**阶层**是有可能转到无产阶级方面来的。你们回想一下,马克思1852年在谈到法国农民起义时曾经这样写道(在《雾月十八日》中):农民有时是过去的代表,有时又是未来的代表,可以向农民呼吁,这不仅鉴于他们的偏见,而且是鉴于他们的理智①。你们再回想一下,马克思晚些时候认为,公社战士肯定公社的事业也就是农民的事业,是完全正确的[111]。我再说一遍,不容怀疑,在一定的条件下某个劳动者阶层转到无产阶级方面来决不是不可能的。问题的关键在于要确切地规定这些条件。我们所谈到的条件,在"转到无产阶级的立场上来"这句话里已经表述得十分确切了。正是这句话把我们社会民主党人同一切冒牌的社会主义流派,尤其是同所谓社会革命党人极其严格地划清了界限。

① 参看《马克思恩格斯文集》第2卷第568页。——编者注

现在我来谈谈我的小册子《怎么办?》里面一处有争议的地方,它在这里已经引起了许多解释。[112]我觉得有了这些解释,问题已经相当清楚,我没有多少要补充的了。显然,这里是把一个重大理论问题的原则的确定(意识形态的创立)同反"经济主义"斗争的一个偶然事件混淆起来了。而且这种偶然事件也转述得完全不准确。

为了证实上面这个论断,我可以先援引阿基莫夫和马尔丁诺夫同志在这里的发言。他们明白地指出,这里所说的正是**同"经济主义"作斗争**的一个偶然事件。他们发表了已经被称为(被正确地称为)机会主义的见解。他们已经达到了"推翻"贫困化理论、否认无产阶级专政,甚至达到了如阿基莫夫同志所说的"充实理论"[113]的地步。我确实不知道这是什么意思。或许阿基莫夫同志是想谈谈"Aushöhlungstheorie",即资本主义的"挖空理论"[114],即最普遍、最流行的思想之一的伯恩施坦理论吧。阿基莫夫同志为了给"经济主义"的陈旧的基础进行辩护,甚至提出一个非常古怪的论据,说什么无产阶级这个词在我们的纲领中从来没有做过主格。阿基莫夫同志大声说道,无产阶级在他们的纲领中至多是个所有格。原来主格最光荣,而所有格按荣誉来说只占第二位。只有把这个论据转告(也许要通过特别委员会)梁赞诺夫同志,让他用第二篇关于格的学术论文去补充自己第一篇关于字义的学术著作吧……[115]

至于从我的小册子《怎么办?》里直接引用的那些话,我可以轻而易举地证明那都是断章取义。有人说:列宁从来没有提到过任何互相敌对的趋向,而绝对地断定工人运动总是"**导致**"受资产阶级意识形态的支配。真的是这样吗?我没有说过工人运动是**在舒**

尔采-德里奇之类的人的盛情协助下[①]倾向于资产阶级思想的吗？这里“之类”指的是谁呢？不是别人，正是“经济派”，不是别人，正是那些当时说资产阶级民主在俄国是幻影的人。现在大家都能看到资产阶级激进主义和自由主义的标本，自然可以随便轻易地谈论这些东西了。但是过去的情况是这样吗？

列宁根本没有注意到工人也参加了创立意识形态的工作。——真的是这样吗？我在那本书里难道没有多次讲到，缺乏完全觉悟的工人、工人领导者和工人革命家正是我们运动最大的缺陷吗？其中不是说过培养这种工人革命家应当成为我们的当前任务吗？其中不是指出发展工会运动和创办专门的工会刊物的重要性吗？其中不是在同任何把先进工人的水平降低到群众的水平或中等水平的企图进行殊死斗争吗？

最后，我们现在都知道，“经济派”把棍子弄弯了。矫枉必须过正，要把这根棍子弄直，就必须把棍子弯向另一边，我就是这么做的。我相信，俄国社会民主党人将永远地把被形形色色机会主义弄弯了的棍子弄直，我们的棍子将因此永远是最直的，是最中用的。

载于1904年中央委员会出版社在日内瓦出版的《俄国社会民主工党第二次(例行)代表大会记录全文》一书

译自《列宁全集》俄文第5版第7卷第270—272页

① 参看本版全集第6卷第39页。——编者注

7

关于党章的报告

（7 月 29 日〔8 月 11 日〕）

列宁（报告人）就他所提出的党章草案作了说明。党章的基本思想是划分**职能**。因此，举例来说，两个中央机关的划分并不是按照地点（俄国和国外）划分的结果，而是按照职能划分的合乎逻辑的结果。中央委员会的职能是实际领导，中央机关报的职能则是思想领导。为了统一这两个中央机关的活动，为了避免它们之间的步调不一致，部分地也是为了解决争端，必须有一个总委员会，这个总委员会决不应当是个纯粹的仲裁机构。党章中涉及中央委员会和地方委员会之间的关系和规定中央委员会职权范围的条文，不可能也不应当列举出中央委员会所管辖的一切事项。这样列举既不可能，也不妥当，因为要预见到一切可能发生的情况是不可思议的，而且这样一来，没有列举出来的事项就好像不在中央委员会的职权范围以内了。必须让中央委员会自己来决定自己的职权范围，因为任何一项地方的事务都可能影响全党的利益；必须让中央委员会有可能干预地方的事务，这可能违背地方的利益，却是为了全党的利益。

译自《列宁全集》俄文第 5 版
第 7 卷第 273 页

8
在讨论党纲总纲部分时的发言

（7月29日〔8月11日〕）

加上这个词反倒不好了。[116]它形成一种概念，似乎自觉性是自发地提高的。而在国际社会民主主义运动中，没有社会民主党的影响就没有工人的自觉活动。

载于1904年中央委员会出版社在日内瓦出版的《俄国社会民主工党第二次（例行）代表大会记录全文》一书

译自《列宁全集》俄文第5版第7卷第274页

9

在讨论党纲的一般政治要求时的发言

(7月30日〔8月12日〕)

(1)

列宁认为斯特拉霍夫的修正案是不可取的,因为委员会的条文所强调的正是**人民的意志**。[117]

(2)

列宁反对使用"区域的"这个词,因为这样很不清楚,这可能被人解释成为这样的意思,即社会民主党要求把整个国家分成一些小的区域。[118]

(3)

列宁认为加上"外国人"一词是多余的,因为不言而喻,社会民主党会坚持把这一条也扩大到外国人身上去。[119]

载于1904年中央委员会出版社在日内瓦出版的《俄国社会民主工党第二次(例行)代表大会记录全文》一书

译自《列宁全集》俄文第5版第7卷第275页

10

在讨论党纲的一般政治要求时的发言

（7月31日〔8月13日〕）

“民兵”这个词没有表达任何新的意义，而且会引起混乱。“普遍的人民武装”这个词很清楚，也完全是俄语词。我认为李伯尔同志的修正案是多余的。[120]

载于1904年中央委员会出版社在日内瓦出版的《俄国社会民主工党第二次（例行）代表大会记录全文》一书

译自《列宁全集》俄文第5版第7卷第276页

11

对党纲的一般政治要求的几条条文的建议[121]

(7月30日和8月1日〔8月12日和14日〕之间)

(1)第6条中"和语言"这几个字可不动。

(2)再增加一条:

"居民有权受到用本民族语言进行的教育,每个公民都有在各种会议上、在各社会团体和国家机关中讲本民族语言的权利。"

(3)删去第11条中关于语言的一句话。

译自《列宁全集》俄文第5版
第7卷第277页

12

在讨论党纲关于保护工人部分时的发言

（7月31日〔8月13日〕）

（1）

列宁一点也不反对42小时的休息时间，他向李伯尔指出，在纲领中已经谈到对一切生产部门的监督。如果指出范围，那么这只会限制条文的含义。当我们的纲领成为法案时，我们再把细节写进去。[122]

（2）

我反对利亚多夫同志的修正案[123]。他的前两条修改意见是多余的，因为在我们的纲领中我们要求的是在**一切**经济部门实行劳动保护，可见农业也包括在内。至于第3条修改意见，它完全属于土地部分，到讨论我们的土地纲领草案时我们再来谈这个问题。

载于1904年中央委员会出版社在日内瓦出版的《俄国社会民主工党第二次（例行）代表大会记录全文》一书

译自《列宁全集》俄文第5版第7卷第278页

13

在讨论土地纲领时的发言

（7月31日〔8月13日〕）

首先我要说说辩论中发生的一件小事情。叶戈罗夫同志表示遗憾，认为没有作一个对我们的整个辩论可以起很大帮助和指导作用的报告。我被提名为报告人，对于没有作报告一事自然要申辩一番。我要申辩的是，我是有报告的，这就是我对伊克斯同志的答复①，它正好对由我们的土地纲领引起的、传播很广的反对意见和误会作了回答，这份答复已经分发给代表大会的全体代表。报告仍然是报告，因为它印出来了，发给了代表，只是没有向他们宣读。

我现在来谈谈一些发言人的讲话内容，很遗憾，这些发言人就是没有注意到我的这份报告。例如马尔丁诺夫同志，他连关于我们土地纲领早些时候的文献都没有注意到，却一再谈纠正历史上的不公平现象[124]，谈徒劳无益地回复到40年前去，谈消灭过去的、60年代的封建主义，而不是消灭现代的封建主义，等等。我在对这些论据作答时，只得把过去讲过的意见再重复一下。如果我们所依据的**仅仅是**“纠正历史上的不公平现象”这样一个原则，那么我们所遵循的就只是一句民主主义的空话了。但是我们所根据

① 见本卷第203—217页。——编者注

的是**存在**于我们周围的农奴制残余，是当今的现实，是目前阻挡和妨碍无产阶级解放斗争的那些东西。有人责难我们说这是回复到远古时代。这种责难只能表明他们对人所共知的关于各国社会民主党人的活动的事实一无所知。社会民主党人在世界各地提出和实行这样的任务：**完成资产阶级没有做完的事情**。我们所做的正是这件事情。为了做这件事情，就必须回复到过去，每一个国家的社会民主党人都在做这件事情，总是在回复到**自己的** 1789 年和**自己的** 1848 年去。俄国社会民主党人也同样**不能不回复到自己的** 1861 年去，我国所谓的农民"改革"所实现的民主改革愈少，我们就愈是要更加努力和更加经常地回复到过去。

至于哥林同志，他同样犯了通常的错误，忘记了实际存在的农奴制盘剥。哥林同志说："对割地的指望必定使小农保留反无产阶级的思想。"但是实际上，并不是对割地的"指望"、而是**现在的**割地必定保留农奴制盘剥，要摆脱这种盘剥，要摆脱这种农奴制租佃，除了把所谓的租地者变为自由的私有者而外，别无出路。

最后，叶戈罗夫同志向纲领起草人提出关于纲领的意义问题。他问道，纲领是不是由我们关于俄国经济演进的基本概念中引出的结论，是不是对政治改革可能产生的和不可避免的结果的一种科学预见（在这种情况下，叶戈罗夫同志就可能同意我们的意见）。**或者说**我们的纲领实际上是个鼓动口号，那么我们就不能超过社会革命党人，那么这个纲领就应当认为是不正确的。我要说，我不明白叶戈罗夫同志所讲的这种区别。如果我们的纲领不能满足第一个条件，那么这个纲领就是不正确的，我们也就不会通过它了。如果纲领是正确的，那么它就不能不在实际上提供适合于进行鼓动的口号。叶戈罗夫同志的两个二难推理之间的矛盾不过是似是而非的：这种矛盾实际上是不可能存在的，因为一种正确的理论上的决定就能**保证**鼓动工作取得稳固的成效。我们也正是力求取得稳固的成效，决不因暂时的挫折感到不安。

李伯尔同志同样是重复早已被驳倒了的反对意见，他对我们的纲领的“贫乏”感到惊奇，要求在土地纲领方面也进行“彻底改革”。李伯尔同志忘记了纲领的民主主义部分和社会主义部分的区别：他认为民主主义纲领中没有社会主义的某些东西就是“贫乏”。他没有看到，我们的土地纲领的社会主义部分是列在另外一处，即列在关于工人的部分，这部分也同农业有关。只有毫无原则的社会革命党人才会混淆而且一直混淆民主主义的要求和社会主义的要求，而无产阶级的党却必须极其严格地把二者辨别和区分开来。

载于1904年中央委员会出版社在日内瓦出版的《俄国社会民主工党第二次(例行)代表大会记录全文》一书

译自《列宁全集》俄文第5版第7卷第279—281页

Ленин. Укажу прежде всего на одну частность, вставшую в дебатах. Тов. ~~[illegible]~~ [illegible] выразил сожаление по поводу того, что нет доклада, который мог бы значительно облегчить и направить все наши дебаты. В докладчики был предназначен я и по поводу отсутствия доклада мне приходится как-то оправдываться. И я ссылаюсь в защиту свою, что доклад у меня есть: это мой ответ тов. Икс, который отвечает как раз на самые распространенные возражения и недоразумения, вызванные нашей аграрной программой, и который был роздан всем делегатам съезда. Доклад не перестает быть докладом оттого, что он печатается и раздается делегатам, а не читается перед ними.

Перейду к ~~существенным возражениям~~ содержанию тех возражений, которые, к сожалению, не принимали во внимание именно этого моего доклада. Тов. Маслов, напр., не принял во внимание даже более ранней литературы о нашей аграрной программе, когда он опять и опять говорил об исправлении исторической несправедливости, о напрасном возвращении за 40 лет назад, об уничтожении землевладения не современного, а землевладения, бывшего в 60-х

1903年7月31日(8月13日)
列宁在俄国社会民主工党
第二次代表大会讨论土地纲领时
发言的手稿第1页

14
在讨论土地纲领时的发言

(8月1日〔14日〕)

(1)

在谈到细节以前，我想对某些一般论点，首先是对马尔丁诺夫同志的论点提出反对意见。马尔丁诺夫同志说：我们应当与之斗争的，不是过去的封建主义，而是现存的封建主义。这是对的，不过我要提请大家注意我对伊克斯的答复。伊克斯引证了萨拉托夫省的材料，我引用的也是同一个萨拉托夫省的材料，原来：那里割地的面积是60万俄亩，即农民在农奴制度下所占有的全部土地的$\frac{2}{5}$，而租地是90万俄亩；可见，全部租地中有$\frac{2}{3}$是割地。这就是说，我们要恢复$\frac{2}{3}$的土地使用权。这就是说，我们并不是同幽灵作斗争，而是同实在的弊端作斗争。我们会同爱尔兰的情况一样，需要实行一次把佃农变为小私有者的现代农民改革。爱尔兰同俄国的相似之处，在民粹派的经济文献中早就指出过。哥林同志说：我所提出的措施并不是最好的，最好是把他们变成自由的租地者，他认为把半自由的租地者转变为自由的租地者会更好一些，但是这个想法是错误的。我们并不是凭空臆想出一种转变，而是提出一种能使法律上的土地使用权成为与实际情况相符的土地使用权的转变,从而消灭现存的盘剥关系。马尔丁诺夫说,不是我们的要求贫乏,而是我们的要求所依据的那个原则贫乏。但是这和社会革命党人用来反对我们的论据是相似的。在农村中,我们追求两个性质不同的目的:第一,我们想确立资产阶级关系的自由,第二,我们想进行无产阶级的斗争。同社会革命党人的偏见相反,我们的任务是向农民指出,农民无产阶级所承担的革命无产阶级的任务应从哪里开始。所以,科斯特罗夫同志的反对意见是站不住脚的。有人对我们说,农民不会满足于我们的纲领,他们要往前走,但是我们并不害怕这一点,我们有我们的社会主义纲领,所以我们也不怕重分土地,马霍夫和科斯特罗夫同志却被重分土地吓得要死。

最后我要说,叶戈罗夫同志把我们对农民所抱的希望叫做幻想。不对!我们并没有陶醉,我们是十足的怀疑派,所以我们才对农民无产者说:“你现在和农民资产阶级一起进行斗争,但是你要随时准备就是向这个资产阶级展开斗争,这场斗争你将要和城市的工业无产者共同来进行。”

马克思在 1852 年说过,农民所具有的不光是偏见,而且还有理智。我们现在向贫苦农民指出他们受穷的原因,我们就能指望获得成功。我们相信,由于社会民主党现在为农民的利益进行了斗争,我们将来就会看到这样的事实:农民群众会习惯于把社会民主党看做他们的利益保护者。

(2)

列宁提出修正案:把“**将力求**”改成“**首先要求**”。[125]辩论时有人在书面材料中指出,草案中有意写上“将力求”,是为了以此强调我们打算不是现在做，而是将来做。为了不给这类误解提供根据，我提出这个修正案。我用“首先”二字是想说，除了土地纲领以外我们还有要求。

(3)

我反对利亚多夫同志的建议[126]。我们不是写法律草案，而只是指出一般特征。在我国的城市居民中也有属于纳税等级的人；此外还有工商业者和其他人，要把这一切都写进我们的纲领，我们就得用《法律汇编》第9卷的语言来表达了。

(4)

马尔丁诺夫提出的问题我觉得是多余的。[127]有人不是提出总的原则，而是迫使我们谈论细节。如果我们这样去做，我们这次代表大会就永远也结束不了。原则是完全明确的：每一个农民都有权支配自己的土地，无论那是**村社的**还是**私人占有的**。这只是要求农民有支配自己土地的权利。我们坚决主张对农民不应有特殊的法律；我们要的不仅仅是退出村社的权利。至于实现这个原则时所需要的一切细节，我们现在还定不下来，我反对朗格同志的补充意见，我们不能要求废除关于使用土地的一切法律。这太过分了。

(5)

马尔丁诺夫显然是误解了。我们力求同样采用所有资产阶级国家现在通用的法律，就是以既承认公有制又承认私有制的罗马法原理为根据的法律。我们想把村社土地占有制看做是公有制。

(6)

我们现在讨论的问题是关于对第4条的有关高加索的补充意见的措辞。最好在(α)之后加上这些补充意见。有两个决议草案。如果我们采纳卡尔斯基同志的修正案，那样条文就会太不具体。例如，在乌拉尔有很多残余，那里是农奴制的真正巢穴。关于拉脱维亚人，可以说他们适合于“和在国内其他地区”这一提法。我支持科斯特罗夫同志的建议，即必须加进关于把土地转归希赞、暂时义务农和其他农民所有这样的要求。128

(7)

李伯尔同志的惊奇是没有道理的。他要求我们拿出一个共同标准来，但这种标准是不存在的。只有这回提出一种办法，下回提出另一种办法。我们没有死板的公式。李伯尔说，我们关于消灭农奴制的要求与自由派的要求是相同的。但是自由派没有说如何实现这个要求。我们则说，这种要求不应当由官僚来实现，而应当由被压迫阶级来实现，这已经是一条革命的道路了。这就是我们同那些用他们关于改革和改良的谈论来“污染”人民意识的自由派之间的根本区别。我们要是把所有关于消灭农奴制的要求都加以具体化，那就得写上几大本书才行。因此我们只指出奴役的最主要的形式和类型。我们各地的委员会将提出并制定自己的局部的要求，以发展共同的纲领。托洛茨基关于我们不能涉及地方性要求的意见，在这里是不正确的，因为关于希赞和暂时义务农的问题不仅是地方性的问题。况且这个问题在土地文献中已经提到了。

(8)

李伯尔同志提议取消关于割地的条文，其理由仅仅是他不喜欢农民委员会。这真是怪事。既然我们在关于割地盘剥农民这个基本问题上意见一致，那么建立委员会就只是一个局部问题，因为局部问题便否定整个条文，这是不合逻辑的。还有一个我们将如何影响农民委员会的问题，也是令人奇怪的。我希望，到那时候社会民主党人可以不那么困难地举行代表大会，并且在代表大会上商定在每一个特定情况下如何行动。

(9)

第 5 条同纲领中关于工人部分的第 16 条是有联系的：这正是要求设立由对等的工人和企业主组成的法庭；我们应该要求建立由雇农和贫苦农民组成特别的代表机关。[129]

(10)

我觉得这是多余的，因为这样一来法庭的权限就会无限地扩大。[130]我们追求的目的是降低地租，而规定出租金限额会使土地占有者有可能以某些事实为借口来证明自己有理。降低租价就可以排除他们关于提高租价的任何想法。考茨基在谈到爱尔兰时指出,那里设立职业法庭的做法产生了一些效果。

载于 1904 年中央委员会出版社在日内瓦出版的《俄国社会民主工党第二次(例行)代表大会记录全文》一书

译自《列宁全集》俄文第 5 版第 7 卷第 282—286 页

15

在讨论党章时的发言

（8 月 2 日〔15 日〕）

（1）

列宁为自己的条文作了简短的辩护，他特别强调这个条文的促进因素："组织起来！"。[131]不要以为党的组织只应当由职业革命家组成。我们需要有不同形式、类型和色彩的极其多种多样的组织，从极狭小极秘密的组织直到非常广泛、自由的组织（松散的组织）。一个党组织的必不可少的标志是它要得到中央委员会的批准。

（2）

我首先想发表两点有关枝节问题的意见。第一，关于阿克雪里罗得盛情（我这样说并没有讽刺的意思）提出的"磋商"的建议。我很乐意响应这一号召，因为我决不认为我们的意见分歧是决定党的生死存亡的重大分歧。我们还决不至于因为党章有一条不好的条文而灭亡！不过，既然问题是要在**两个**条文中选择一个，那我决不能放弃我的坚定信念，我认为马尔托夫的条文比草案初稿**更坏**，而且在一定条件下**会**给党带来不小的危害。第二点意见是关于布鲁凯尔同志的。希望普遍实行选举制原则的布鲁凯尔同志接受我的条文是很自然的,他认为只有这个条文才对**党员**的概念下了多少有点准确的定义。因此,我不明白马尔托夫同志为什么因布鲁凯尔同志赞同我的意见而感到高兴。难道马尔托夫同志真的把同布鲁凯尔所说的正好相反的东西奉为**指南**,而对他的动机和论据不加分析了吗?

谈到问题的实质,我要说,托洛茨基同志完全没有理解普列汉诺夫同志的基本思想,因此,在自己的议论中避开了问题的实质。他谈到知识分子和工人,谈到阶级观点和群众运动,但是没有注意到这样一个基本问题:我的条文是把党员的概念缩小了呢,还是扩大了?如果他向自己提出这个问题,那他就会很容易看到我的条文是把这个概念缩小了,而马尔托夫的条文却是把它扩大了,其特点(照马尔托夫本人的正确说法)是"弹性"。在我们现在所处的党的生活的这个时期,正是"弹性"无疑为一切涣散、动摇和机会主义的分子敞开了大门。要驳倒这个简单而明显的结论,就必须证明不存在这种分子,但是托洛茨基同志根本没有想到要这样做。而且这也是无法证明的,因为大家知道,这种分子不少,而且在工人阶级当中也有。保卫党的路线的坚定性和原则的纯洁性,正是现在成了尤其迫切的问题,因为恢复了统一的党会把许多不坚定的分子吸收到自己的队伍中来,随着党的发展,这种分子的数量也会增加。托洛茨基同志说党不是一个密谋组织(其他许多人也曾这样反驳我),这是完全曲解了我的《怎么办?》一书的基本思想。他忘记了我在书中提出许多不同的组织类型,从最秘密最狭小的组织直到比较广泛和"自由的"(松散的)组织①。他忘记了党应当只

① 参看本版全集第6卷第113页。——编者注

是工人阶级广大群众的先进部队和领导者，工人阶级全体（或者几乎全体）在党组织的“监督和领导下”进行工作，但工人阶级并非全体、也不应当全体都参加党。现在，就请大家来看看托洛茨基同志由于他的基本错误都得出一些怎样的结论吧。他在这里告诉我们说，如果一批又一批的工人被捕，而且所有的工人都宣称自己不是党员，那么我们的党就是一个奇怪的党了！不是正好相反吗？托洛茨基同志的推论不是令人感到奇怪吗？他把任何一个稍有经验的革命家都只会感到高兴的事情看做可悲的事情。如果成百成千个因参加罢工和游行示威而被捕的工人都不是党组织的成员，这只能证明我们的组织很好，证明我们在履行自己的任务——把较为狭小的领导层隐蔽起来，并且吸收尽可能广泛的群众参加运动。

那些赞成马尔托夫条文的人，其错误的根源在于他们不仅忽略了我们党的生活中的一个主要弊端，而且甚至把这种弊端奉若神明。这种弊端就是：在一种几乎是普遍存在的政治不满的气氛中，在工作完全是秘密进行的条件下，在大部分活动集中于狭小的秘密的小组甚至私人会晤的条件下，要把说空话的人和办实事的人区分开来，对我们来说是极端困难的，几乎是不可能的。未必能找到另外一个国家，会像俄国这样，这两类人的混淆不清如此之常见，引起这么大的混乱，带来这么大的危害。不仅在知识分子中间，而且在工人阶级中间，我们都因这种弊端而大吃苦头，而马尔托夫同志的条文却要把这种弊端合法化。这个条文必然力求把**各色各样的人**都变成党员！马尔托夫同志自己也不得不有保留地承认这一点，他说：“如果你们愿意，那就算是党员。”而这一点，正是我们所不愿意的！这正是我们如此坚决地反对马尔托夫条文的原因！宁可十个办实事的人不自称为党员(真正办实事的人是不追求头衔的！)，也不让一个说空话的人有权利和机会当党员。这样一条原则在我看来是毋庸置辩的，它迫使我同马尔托夫作斗争。有人反驳我说，我们没有给党员以任何权利，因此就不可能有滥用党员称号的现象。这种反驳是根本站不住脚的。虽然我们没有说明党员可以得到哪些特殊的权利，但是请注意，我们也没有作出关于限制党员的权利的任何指示，这是一。第二，这是主要的，即使撇开权利不谈，我们也不应当忘记：每个党员都要对党负责，**党也要对它的每个成员负责**。但是，在我们目前进行政治活动的条件下，在真正的政治上的组织性还处于萌芽状态的情况下，赋予非组织成员以党员的权利，让党替那些没有参加组织(也许是有意不参加组织)的人负责，那简直是危险的和有害的。一个不是党组织的成员的人，不管他如何努力工作，都没有权利在法庭上自称为党员，马尔托夫同志对这一点非常害怕，而我是并不害怕的。相反，如果一个并不属于任何党的组织却自称为党员的人在法庭上表现得不好，那害处就大了。要否认这样的人曾经在组织的监督和领导下工作过，是不可能的，其所以不可能，正是因为这个用语的含义模糊不清。实际上，——对这一点是不会有怀疑的——"在监督和领导下"这些字眼可以导致**既不会有监督，也不会有领导**。中央委员会永远不能够对所有办实事的、却没有加入组织的人实行真正的监督。我们的任务是要让中央委员会把**实际的**监督权掌握在手里。我们的任务是要维护我们党的坚定性、彻底性和纯洁性。我们应当努力把党员的称号和作用提高，提高，再提高——所以我反对马尔托夫的条文。

（3）

列宁坚持要写上在物质上支持党的字句，因为大家都承认，党的存在必须依靠它的成员提供经费。在建立政党的问题上是不能以道义上的考虑作依据的。

载于1904年中央委员会出版社在日内瓦出版的《俄国社会民主工党第二次（例行）代表大会记录全文》一书

译自《列宁全集》俄文第5版第7卷第287—291页

16

在讨论党章时的发言

(8月4日〔17日〕)

(1)

列宁认为第一种条文是不合适的,因为它使总委员会具有仲裁的性质。[132]总委员会不仅应当是仲裁机构,而且应当是协调中央委员会和中央机关报的活动的机构。此外,列宁表示赞成由代表大会任命第五名委员。可能出现总委员会的四名委员选不出第五名委员的情况,要是那样,我们就会没有这一必要的机构。

(2)

列宁认为查苏利奇同志的论据[133]是没有说服力的。她所设想的那种情况已经是一种斗争;在那种情况下,任何章程都将无济于事。如果由总委员会的四名委员来选举第五名委员,那我们就是在把斗争带进党章。列宁认为必须指出,总委员会不仅仅具有调解机构的性质:例如,根据党章,总委员会的两名委员就有权召集总委员会会议。

(3)

列宁主张保留这一处，不能禁止任何人把声明送达中央。这是集中制的一个必要条件。[134]

(4)[135]

这里有两个问题。第一个是关于法定多数的问题，我反对从4/5减到2/3的提议。采用提出说明理由的异议这种做法[136]是欠考虑的，我反对这样做。第二个问题，即关于中央委员会和中央机关报对增补实行相互监督的权利问题，要重要得多。两个中央机关的相互一致，是保证协调的必要条件。这里谈的是两个中央机关不协调的问题。谁不愿意分裂，他就应该关心维持协调。从党的生活中可以知道，曾经有过一些制造分裂的人。这是个原则问题，重要问题，它决定着党的整个未来的命运。

(5)

如果说党章已经瘸了一条腿的话，那么叶戈罗夫同志是要使它两条腿都瘸[137]。总委员会只是在特殊情况下才增补。正因为这是一个复杂的机构，充分信任对于双方，即对于两个中央机关都是必要的；没有充分的相互信任，就不可能顺利地进行合作。而整个有关正确合作的问题，是同增补权有密切关系的。捷依奇同志把技术上的困难问题估计过高，是没有根据的。

载于1904年中央委员会出版社在日内瓦出版的《俄国社会民主工党第二次(例行)代表大会记录全文》一书

译自《列宁全集》俄文第5版第7卷第292—293页

17

对党章草案第 12 条的补充

(8 月 5 日〔18 日〕)

只有经党总委员会全体委员同意,才能增补中央委员会委员和中央机关报编辑部成员。

载于 1904 年中央委员会出版社在日内瓦出版的《俄国社会民主工党第二次(例行)代表大会记录全文》一书

译自《列宁全集》俄文第 5 版第 7 卷第 294 页

18

在讨论党章时的发言

(8月5日〔18日〕)

(1)

我来简短地回答两个人的反对意见[138]。马尔托夫同志说,我提议增补委员须经两个委员会的一致同意。这个说法不确切。代表大会决定不给两个也许相当庞大的委员会的每个委员以否决权,但是这并不是说我们不能把这种权力给予协调两个中央机关共同工作的全部活动的机构。两个中央机关的共同工作,要求意见完全一致甚至个人的团结,而这只有在增补须经一致同意的情况下才有可能。因为如果有两名委员认为必须进行增补,他们就可以召集总委员会会议。

(2)

马尔托夫的修正案同已经通过的关于中央委员会和中央机关报的增补须经一致同意的条文是相抵触的。[139]

(3)

马尔托夫同志的说明是不确切的，因为这种例外做法与须经一致同意是相抵触的。[140]我请求代表大会决定：应否将马尔托夫同志的修正案提付表决。

(4)

其实我并不想同格列博夫和捷依奇两同志进行争论，但是我认为党章中必须讲到同盟，因为第一，大家原来都知道同盟的存在；第二，是为了指出按照旧的章程同盟在党内享有的代表权；第三，因为所有其他组织都处于委员会的地位，把同盟写进去就可以突出它的特殊地位。[141]

载于1904年中央委员会出版社在日内瓦出版的《俄国社会民主工党第二次(例行)代表大会记录全文》一书

译自《列宁全集》俄文第5版第7卷第295—296页

19

关于马尔丁诺夫和阿基莫夫的声明的决议草案[142]

（8月5日〔18日〕）

代表大会认为，马尔丁诺夫和阿基莫夫两同志的声明同我们关于代表大会的成员，甚至党员的概念是相抵触的，建议阿基莫夫和马尔丁诺夫两同志或者撤回自己的声明，或者明确声明自己退党。至于记录，代表大会在任何情况下都允许他们出席批准记录的特别会议。

载于1927年《列宁文集》俄文版第6卷

译自《列宁全集》俄文第5版第7卷第297页

20
在讨论马尔丁诺夫和阿基莫夫的声明时的发言

(8月5日〔18日〕)

(1)

常务委员会讨论了马尔丁诺夫和阿基莫夫两同志在上午会议上提交的声明。我就不提他们所说的理由了,虽然这种理由是不正确的,非常奇怪的。任何人在任何地方都没有宣布过解散联合会,而马尔丁诺夫和阿基莫夫两同志却从代表大会关于同盟的决定中作出了不正确的间接结论。然而,即使解散联合会,也不会剥夺它的代表参加代表大会工作的权利。同样,代表大会也不会容许拒绝参加表决的行为。代表大会的成员不能只是批准记录而不参加大会的其他工作。常务委员会暂时还没有提出任何决议,而是把这个问题提交代表大会讨论。马尔丁诺夫和阿基莫夫的声明是极其反常的,是同代表大会成员的称号相抵触的。

(2)

这里出现了一种多么荒谬和反常的局面啊。一方面对我们说服从代表大会的决定，另一方面又因为有关党章的决定要退出大会。我们每个人作为组织委员会所承认的一个组织的代表来到这里以后，就成了代表大会的一员。任何解散组织的决定都不能取消这一身份。表决的时候我们常务委员会怎么办呢？对完全退出大会的人不予计算是不行的，因为代表大会已经确定了自己的人员组成。这里只有一个合乎逻辑的结论，那就是完全脱离党的队伍。至于批准记录的事，可以专门为此邀请联合会的同志来参加，虽然，就是他们不参加，代表大会也有权批准自己的记录。

载于1904年中央委员会出版社在日内瓦出版的《俄国社会民主工党第二次(例行)代表大会记录全文》一书

译自《列宁全集》俄文第5版第7卷第298—299页

21

关于崩得退出俄国社会民主工党的决议草案[143]

（8月5日〔18日〕）

崩得的退党

代表大会认为，崩得的代表拒绝服从代表大会多数的决定，就是表示崩得退出俄国社会民主工党。[144]

代表大会对这一步骤深表遗憾，代表大会确信这一步骤是“犹太工人联盟”现领导人的严重政治错误，这个错误必然会损害犹太无产阶级和犹太工人运动的利益。崩得的代表为自己所采取的这一步骤进行辩护，代表大会认为，他们提出的理由在实践方面是毫无根据地担心和怀疑俄国社会民主党人的社会民主主义信仰不真诚和不彻底，在理论方面则是民族主义可悲地渗入崩得的社会民主主义运动的结果。

代表大会表示希望并且坚信俄国的犹太工人运动和俄罗斯工人运动必然亲密无间地团结，不仅是原则上的团结，而且是组织上的团结。代表大会决定采取一切措施，使犹太无产阶级详细地了解代表大会的本决议，也详细地了解俄国社会民主党对一切民族运动的态度。

载于1930年《列宁文集》俄文版第15卷

译自《列宁全集》俄文第5版第7卷第300页

22

对马尔托夫关于崩得退出俄国社会民主工党的决议案的补充

(8月5日〔18日〕)

代表大会决定采取一切措施以恢复犹太工人运动和非犹太工人运动的团结,并向尽量广泛的犹太工人群众解释俄国社会民主党对民族问题的提法。

译自《列宁全集》俄文第5版
第7卷第301页

23
关于各独立团体的决议草案

（8月5日或6日〔18日或19日〕）

各独立团体

代表大会对“斗争”社、“生活”社和“意志”社[145]这类社会民主主义团体的独立存在表示遗憾。它们的隔绝不能不在党内引起不可容许的组织涣散，同时还不能不可悲地离开社会民主党的观点和社会民主党的策略，不是倒向所谓社会革命主义（如“意志”社，又如“斗争”社部分地在它的土地纲领中表现出来），就是倒向基督教社会主义和无政府主义（如“生活”社）。代表大会希望上述团体以及一切自认为属于社会民主党的团体都参加到统一的、有组织的俄国社会民主党的队伍中来。代表大会委托中央委员会收集必要的材料，对上述的和其他的独立团体在党内的地位或我们党对这些团体的态度作出最后的决定。

载于1930年《列宁文集》俄文版第15卷

译自《列宁全集》俄文第5版第7卷第302页

24

关于军队工作的决议草案

（8月5—10日〔18—23日〕）

军　　队

代表大会提请一切党组织注意在军队中进行社会民主主义宣传和鼓动的重要性，建议竭尽全力最迅速地加强军官和兵士中的一切现有的联系并把这些联系固定下来。代表大会认为在军队中供职的社会民主党人最好成立单独的团体，使这些团体在地方委员会中有一定的地位（作为委员会组织的分支）或在中央组织中有一定的地位（作为由中央委员会直接建立并归中央委员会直接领导的机关）。

载于1930年《列宁文集》俄文版第15卷

译自《列宁全集》俄文第5版第7卷第303页

25

关于农民工作的决议草案

（8月5—10日〔18—23日〕）

农　民

代表大会提请全体党员特别注意开展和加强农民工作的重要性。必须向农民（特别是向农村无产阶级）阐述社会民主党的全部纲领，说明土地纲领这一现存制度下首要的和最迫切的要求的意义。必须努力做到由觉悟农民和农村知识分子工作人员建立起紧密团结的、同党的委员会经常保持联系的社会民主党人团体。必须反对社会革命党人在农民中间所进行的散布无原则性和反动的民粹主义偏见的宣传。

载于1930年《列宁文集》俄文版第15卷

译自《列宁全集》俄文第5版第7卷第304页

26

在选举《火星报》编辑部时的发言[146]

（8月7日〔20日〕）

同志们！马尔托夫的讲话十分奇怪，我觉得不得不坚决反对他对问题的提法。首先我要提醒一下，马尔托夫对编辑部的选举本身的抗议，他和他的伙伴们拒绝参加即将选出的编辑部，是同我们大家（也包括马尔托夫）在《火星报》被承认为党的机关报时所说的话大相抵触的。当时有人反驳我们说，这样的承认没有意义，因为不能只批准一个报纸名称而不批准编辑部，而马尔托夫同志自己就曾经向反对者解释说：**不是这么回事**，批准的是明确的政治方针，编辑部成员决**没有预先确定**，又说编辑部成员的选举将在稍后根据我们的议程第24项[147]进行。所以马尔托夫同志现在**根本没有任何权利**谈什么对《火星报》的承认的局限性。所以，马尔托夫说他进入一个没有他的编辑部老伙伴参加的三人小组就是玷辱他的整个政治名誉，**只能说明政治概念的惊人的混淆**。持有这种观点，就等于否认代表大会有权实行新的选举，有权对负责人员作某种变动，有权改组由它授予全权的委员会。这样提出问题会引起多大的混乱，只要从组织委员会的例子中便可以看出。我们向组织委员会表示了代表大会对它的完全信任和感谢，但是我们同时也嘲笑了那种认为代表大会无权审查组织委员会内部关系的想法本身，我们同时也驳斥了任何这样的假定：要是“非同志式地”改组组织委员会，要是由什么人员来组成**新的**中央委员会，组织委员会的旧成员能限制我们这样做。我再重复一遍：马尔托夫同志在是否可以从原先的编委会中选举**一部分**成员问题上的观点，表现出政治概念的极大混淆。

现在我来谈谈“两个三人小组”的问题[148]。马尔托夫同志说，整个两个三人小组的草案是由一个人即一个编辑部成员搞出来的(就是我的草案)，此外谁也不能对它负责。我对这个论断表示**坚决抗议**，并且声明它**根本不符合事实**。我要提醒马尔托夫同志，在代表大会开会前几个星期，我曾经直截了当地告诉他以及另一个编辑部成员，我将在代表大会上**要求自由选举**编辑部。我之所以放弃了这个计划，只是因为**马尔托夫同志自己**建议我不要采用它，而采用选举**两个三人小组**的更为合适的计划。我随即把这个计划写成书面的东西，并且**首先**把它送给马尔托夫同志本人，他作了一些修改以后又退还给我了；现在，这份计划[149]就在我这里，上面用红笔记下了马尔托夫的修改意见。后来，许多同志都看过这个草案达数十次，所有的编辑部成员也都看过，但**无论谁都从来**没有正式反对过它。我说“正式”，是因为如果我没有记错，阿克雪里罗得同志有一次曾经发表了他不赞同这份草案的私人意见。但是不言而喻，为了对编辑部表示抗议，所需要的并不是私人意见。无怪乎编辑部甚至在代表大会开会前还通过了邀请一个**第七名**成员的正式决定，为的是当必须在代表大会上发表一项集体声明时，可以通过一个无法推翻的决定，这在我们六人编委会中往往是做不到的。**所有的编辑部成员都知道**，在六人小组中增加第七名常任编辑部成员已经是我们很久很久以来一直考虑的问题。可见，我再说一遍，选举两个三人小组是一条十分自然的出路，于是我就在马尔托夫同志**知道和同意的情况下**把它列入了我的草案。后来，马尔托夫同志和托洛茨基同志以及其他同志，都曾经在一系列的“火星派”非正式会议上多次为这个选举两个三人小组的办法作辩护。

不过，在纠正马尔托夫所谓两个三人小组的计划是私人性质的这一声明时，我并不想因此否认同一个马尔托夫所说的我们所采取的、不批准旧编辑部这个步骤是具有“政治意义”的。恰恰相反，我完全无条件同意马尔托夫同志的意见，即这个步骤具有重大的政治意义，——只不过不是马尔托夫所加给它的那种政治意义罢了。他说，这是为争取影响国内的中央委员会而进行斗争的一个行动。我比马尔托夫还更进一步。迄今为止，作为一个独立团体的《火星报》的全部活动，都是为争取影响而进行的**斗争**。但现在问题已经进了一步，已经是要**在组织上巩固**这种影响，而不只是为争取这种影响而斗争了。马尔托夫同志认为这样希望影响中央委员会是我的**罪过**，而我却认为我过去和现在力求通过组织途径巩固这种影响正是我的**功劳**，由此可以看出，我和马尔托夫同志**在政治上**的分歧已经深刻到什么程度了。原来我们是各说各的话！如果我们的全部工作、我们的一切努力的结果仍然是照旧为争取影响而斗争，而不是完全获得和巩固这种影响，那么这些工作、这些努力又有什么意思呢？是的，马尔托夫同志说得完全对：业已采取的步骤无疑是**重大的政治步骤**，说明我们选定了现在已经显露出来的方向之一作为我们党今后工作的方向。“党内戒严状态”、“对付个别分子和独立团体的非常法”这些可怕的字眼，是一点也吓唬不了我的。对那些不坚定的和动摇的分子，我们不仅可以而且必须实行“戒严”，而我们的整个党章、我们现在已由代表大会批准的整个集中制，正是对**政治上模糊不清**的许多来源实行的“戒严”。为了对付这种模糊不清，我们正需要有特别的、哪怕是非常的法律，而代表大会所采取的步骤正确地规定了政治方向，给**这样的**法律和**这样的**措施打下了牢固的基础。

载于1904年中央委员会出版社在日内瓦出版的《俄国社会民主工党第二次(例行)代表大会记录全文》一书

译自《列宁全集》俄文第5版第7卷第305—308页

27

在选举党的中央委员会时的发言

（8月7日〔20日〕）

有人指责我们说，存在着一个紧密的多数派。存在这样一个多数派并不是什么坏事。既然这里形成了一个紧密的多数派[150]，那么，所选出的中央委员会是否中用，是已经掂量过的了。不能讲偶然性。保证是充分的。选举不能推迟。剩下的时间很少了。马尔托夫同志提议将选举推迟是没有什么理由的。我支持鲁索夫同志的提议。[151]

载于1904年中央委员会出版社在日内瓦出版的《俄国社会民主工党第二次（例行）代表大会记录全文》一书

译自《列宁全集》俄文第5版第7卷第309页

28

关于为教派信徒出版报刊的决议草案[152]

（8月10日〔23日〕）

鉴于俄国的教派运动就其许多表现来说，是俄国的民主主义思潮之一，第二次代表大会提请全体党员注意教派信徒中的工作，以便把他们吸引到社会民主党方面来。代表大会允许弗·邦契-布鲁耶维奇同志在中央机关报编辑部监督下试办通俗报纸《**教派信徒报**》，并委托中央委员会和中央机关报编辑部采取必要的措施，使这个报纸得以出版并且办好，确定使它正确发挥作用的一切条件。

载于1904年中央委员会出版社在日内瓦出版的《俄国社会民主工党第二次（例行）代表大会记录全文》一书

译自《列宁全集》俄文第5版第7卷第310页

29

在讨论波特列索夫(斯塔罗韦尔)提出的关于对自由派的态度的决议案时的发言[153]

(8月10日〔23日〕)

斯塔罗韦尔提出的决议案将会被误解:大学生运动和《解放》杂志是不同的两回事。对两者采取同样态度会是有害的。司徒卢威大名鼎鼎,工人都知道他。斯塔罗韦尔同志认为,应该作出明确的指示;我认为,我们需要的是明确的原则态度和策略态度。

载于1904年中央委员会出版社在日内瓦出版的《俄国社会民主工党第二次(例行)代表大会记录全文》一书

译自《列宁全集》俄文第5版第7卷第311页

30

关于对青年学生的态度问题的发言

（8 月 10 日〔23 日〕）

“假朋友”这个词不只是反动派在用，这种假朋友是存在的——这我们从自由派和社会革命党人身上就可以看到。正是这些假朋友对青年保证说，青年不必去鉴别各种流派。我们则把树立严整的革命人生观作为主要目的，而今后的实际任务就是让青年组织起来时靠近我们的委员会。

载于 1904 年中央委员会出版社在日内瓦出版的《俄国社会民主工党第二次（例行）代表大会记录全文》一书

译自《列宁全集》俄文第 5 版第 7 卷第 312 页

改革的时代

(1903年8月15日〔28日〕)

是的,我们无疑正处在一个改革的时代,不管用这个字眼来说明当前的俄国多么令人惊奇。国内政策的各个方面都处于停滞状态,只有同与内部敌人作斗争有关的方面是例外,尽管如此——确切些说,正因为如此——才经常不断地出现改革的企图,试图在最迫切、最首要的社会政治关系方面作一些改革。日益觉醒地奔向自觉的阶级生活的无产阶级,早就成了我国警察专制制度真正的、主要的、唯一毫不妥协的敌人。而同先进的社会阶级这样一个敌人作斗争,不能仅仅使用暴力,哪怕是最残酷、最有组织和最全面的暴力。对这样的敌人不容轻视并不得不作出让步,虽然这种让步从来是不真诚的,从来是不彻底的,往往完全是虚伪的、似是而非的,通常总在旁边设下掩盖得相当巧妙的陷阱,但毕竟是让步,毕竟是构成整整一个时代的改革。当然,这并不是那种标志着政治发展有下降趋势的改革,意味着危机已经过去,暴风雨已经平息,仍然是生活的主宰的人也着手实现自己的纲领或者(往往也有这种情形)实现他们的敌人遗留下来的纲领。不,这是标志着上升趋势的改革,愈来愈广泛的群众正在被吸引到斗争中来,危机只是刚刚开始逼近,每一次搏斗中都有数以百计的人离开战场,同时又会有数以千计的更激愤、更勇敢、更有训练的新战士涌现出来。

这样的改革总是革命的预兆和前奏。沙皇政府最近的那些一部分已经实施、一部分才刚刚提出的措施,无疑都属于这一类改革,例如:关于工人互助会的法令草案(这个草案政府还没有公布,只有自由派资产阶级的《解放》杂志报道过),关于给残废工人发放抚恤金的法令,关于工长的法令。现在我们打算比较详细地谈谈这最后一个法令。

这个新法令的主要内容是:工人在一定的条件下,可以有权派代表同企业主打交道,有权建立某种初级组织。实现这种权利,要经过警察方面无数次的批准,要受到他们难以置信的限制和约束。真是如此。首先应该注意到,按照新法令的规定,实现工人代表权必须征得工厂管理处同意并由它们提出申请,还须经过厂矿事务会议的批准。厂主**可以**给工人代表权,但是法令却丝毫没有规定他们承担这样的义务,而且厂矿事务会议甚至在厂主提出申请时,随便根据什么理由,即使毫无理由也可以不批准代表权的实现。因此,**工人**代表权能否实现,从一开始就完全地、无条件地、绝对地要由**厂主和警察局**决定。如果厂主和警察局觉得相宜、觉得合乎需要,他们就可以设立(在极其狭隘的基础上设立)工人代表机构。这就是改革的主要内容。附带说说,对于国营工厂中的代表机构问题,法令中只字未提:私营工厂的工人代表**可以**成为警察局手中的新爪牙、工厂中的新看门狗,而在国营工厂中,爪牙和看门狗总是绰绰有余的!警察局不要求在这方面进行改革,也就是说,改革在这儿是不需要的。

其次,工人代表机构本身的形象也被歪曲得不成样子。工人被分裂了,被分成**各个等级**;关于究竟如何把工人划分为各个等级的条例,同关于按照新法令组织代表机构的**所有一切条例**一样,要由**省长**批准。厂主和警察局可以、而且当然会这样来划分等级，以便千方百计地阻碍工人的团结和联合，以便不仅在不同行业、不同行会之间，而且在不同民族、不同性别、不同年龄、不同技术等级、不同工资水平等等的工人之间，制造和煽起纷争。只有工人团结一致，工人代表机构才可能是并且常常是对工人有利的，因为我国文明所产生的受压制、受压迫、受工作压抑的雇佣奴隶，其力量的唯一泉源就在于他们的联合、他们的组织性、他们的团结精神。沙皇专制制度要给工人**这样的**代表权并在**这样的**条件下给予，就是为了千方百计地**分裂**工人，从而削弱工人的力量。

由警察局规定等级，就是要根据警察局制定的详细条例来选举工长**候选人**，而且选多少候选人，要听警察局的吩咐。批准哪一个候选人为工长，由工厂管理处自行决定，而省长随时有权解除法令中所谓"不称职的"工长的职务。

警察局的这全套把戏也并不太巧妙！工长的"职务"显然就是要对警察有利，要合警察的意；这一点法令中丝毫没有谈到，因为这样的条件是不明说的：都是**暗中布置**。既然地方警察局长、省长拥有撤换不合意的工长的不受监督的权利，那么暗中布置就再简单不过了。再说一遍：把这种工长叫做工厂看门狗不是更确切吗？警察局可以规定选举许多候选人，但只批准其中一个，例如，吩咐每100人或50人的一个等级中选出10个或5个候选人。有时候，这份选举出来的候选人的名单会不会变成一张应该受到特别监视，甚至应该予以逮捕的人的名单？以前这种名单只是由特务来制定的，而现在，这种名单**也许**有时要由工人自己制定了吧？提出候选人名单，对警察局来说，毫无危险，甚至毫无不便之处，因为被批准的总是坏蛋，再不就是一个也不批准，而要求重新选举。

新法令(同俄国大部分法令一样)在其企图使工长适合于担任警察“职务”方面,实在是过于热心了。候选人必须年满25岁。法令草案初稿规定的最低年龄是21岁,而政府最高阶层认为更为慎重的、对国家大事有远见的办法是再提高4岁,以便预先消除“工厂中最不安定的因素”,这种因素,“根据警察司的材料,是17岁到20岁这批人”(引自《财政通报》杂志[154]摘要刊登的和《解放》杂志全文刊登的财政部的解释)。不仅如此。工厂管理处和警察局都可以要求在每一个别情况下,即对每一个别企业规定:第一,更高的年龄限制;第二,工人在企业中连续工作的年限。比如,可以要求年龄至少40岁、厂内工作年限至少15年的人,才有权作为工长候选人!看来,热心保护警察利益的法令起草人有一个问题却没有考虑到:在这样的条件下,工人是否乐意担任工长这个“职务”?工长可是几乎同乡村中的甲长一样,要受警察局的随意摆布。工长可能变成只是向工人传达厂方的命令和说明的普通听差。肯定还会要求工长进行纯粹的特务活动,报告由他们召集并由他们维持秩序的各等级工人大会的情况。同时,法令规定工长脱产去履行职务的条文,却羞怯地避而不提工长是否领取报酬和向谁领取。难道法令起草人以为脱产的工长就不要求厂方付给自己这段“空闲”时间的报酬吗?他们真的会按照厂主和省长的意志,纯粹出于对工人的这些忠实朋友的好感而充当工长吗?

想把工长变成工厂看门狗的这种企图,从新法令的第3条中也可以看得特别清楚:工长只有在有关**履行**雇佣条件事宜方面,才被认为是替各等级工人说话的全权代表。至于**改变**雇佣条件,工长**连提一提的权利都没有!** 当工人的“全权代表”有多好啊,真是没说的。法令起草人是想有助于“弄清工人的真正愿望和需要”,

"特别是在已经出现不满和骚动的时候",即使从他们本人的角度来看,这个规定也是十分荒谬的。骚动十有九次正是由于要求**改变**雇佣条件而引起的,不让工长参与这种事情,那就几乎完全取消了他们的作用。法令起草人陷入了专制制度无数矛盾中的一个,因为赋予工人全权代表(真正的、而不是得到警察局允许的全权代表)以要求改变雇佣条件的权利,就等于给他们以言论自由,等于保证人身不受侵犯。

本来就根本谈不到把工长看成是真正的工人全权代表。全权代表应当只由工人选出,而不必经过警察局的任何批准。一旦选举他的工人对他投不信任票,就应立即免除他的全权代表职务。只要工人要求,全权代表就应到工人大会上去报告工作。而根据我国的法令,只有工长才**有权**召集选举他的那个等级的工人开会,并且按照企业管理处指示所规定的时间和地点召开。换句话说,工长也可以不召集大会,管理处也可以不提供地点和时间。其实,与其用这样的代表来画饼充饥地戏弄工人,倒不如根本不提工人代表的问题更为恰当。

工人大会使得专制制度惊恐万状(并且是理所当然的惊恐),于是它绝对禁止不同等级的工人在一起开会。新法令规定:"讨论有关几个等级的事情,只准召开由这些等级的工长参加的会议。"对资本家和对维护他们的警察政府来说,这实在是非常有利的:把技工、职员和高工资工人组成一些人数较少的小等级,把粗工和普通工人组成一些人数较多的大等级,只许召开由各个不同等级的工长参加的会议。然而这种计谋是**背着主人**筹划出来的:觉悟的无产阶级是自己命运的主人,有人想把他们装入警察的那些小小牢笼之中,他们会鄙弃这些可怜的玩意儿的。工人们将不顾任何禁令，在一起开会讨论自己的事情，将举行自己真正的社会民主党工长的秘密会议。

既然这种可怜的改革使工人代表机构的萌芽带有这样强烈的警察特务气息，那么觉悟工人是不是应该完全拒绝参加选举工长或者"等级"工人大会呢？我们认为不应该这样。拒绝积极参加当前的政治生活——无论它有多么丑恶——这是无政府主义者的策略，而不是社会民主党人的策略。我们能够，并且一定能够开展广泛的工人斗争，来反对新法令的每个恶毒的诽谤，来反对利用新法令进行的每种特务勾当；这种斗争将唤醒最落后的工人，将提高所有参加俄国警宪特式的工人"代表机构"的人的政治意识。祖巴托夫式的工人大会对工人的腐蚀作用，比起那些在当权者面前阿谀逢迎的工长对工人的腐蚀作用，还要大得多、直接得多，然而我们派觉悟的工人去参加这种大会，他们既教育自己，也教育别人，而这种祖巴托夫式的全部英勇史诗以可怜的破产而告终，它对社会民主党的好处比对专制制度的好处大得多，敖德萨事件[155]使人们对此毫不怀疑。

专制制度开始谈论工人大会了。我们就利用这个机会对社会民主党关于集会完全自由的要求进行广泛的宣传和鼓动。专制制度开始谈论选举了；我们就利用这个机会向工人群众介绍选举的意义和各种选举制度，揭露警察在选举中搞的种种诡计。这种介绍不只是通过书本和交谈来进行，而且要通过实践来进行：觉悟的工人可以利用俄国的、由警察控制的选举做例子，在参加这种选举①时训练愈来愈多的广大群众，让他们进行选举鼓动，召开大

① 当然，无论如何也不应选举有组织的工人当工长；应该从没有组织的群众中提出恰当的候选人。

会，在大会上或在工长面前坚持自己的要求，对工长的活动组织经常的监督。专制制度谈论工人代表机构了。我们就利用这个机会传播关于真正代表机构的正确思想。只有包括许多工厂和许多城市的自由的**工会**才能成为工人的代表。工厂代表机构，各个工厂的工人代表机构，甚至在西方，甚至在各自由国家里也不能满足工人的要求。社会民主工党的领袖们，例如德国的领袖们，就不止一次地反对过工厂代表机构。这是可以理解的，因为资本的压迫太沉重了，解雇工人的权利——这一资本主义自由契约的神圣权利——**又总是**会削弱每个工厂的工人代表机构。只有把许多工厂和许多地方的工人联合起来的工会，才能使工人代表不依附于个别厂主。只有工会才能保证采取只有在资本主义社会中可以采取的一切斗争手段。而自由的工会，只有在**政治自由**的条件下，即在人身不受侵犯、集会自由、选举国民会议代表自由的条件下，才可能存在。

没有政治自由，任何形式的工人代表机构都只能是可怜的骗局，无产阶级照旧还会待在监狱里，得不到为争取自己彻底解放而斗争所必需的阳光、空气和活动余地。现在，政府在这个监狱里开了一个小小的窟窿眼权充窗户；而且这个小窟窿眼开得对那些看守囚犯的宪兵和特务倒比对囚犯本身更加有利得多。就是这样的改革，屠杀俄国人民的刽子手居然还想把它冒充为沙皇政府的善行！但是，俄国工人阶级一定会利用这个小窟窿眼吸取新的斗争力量，它一定会把这个万恶的全俄监狱的牢墙夷为平地，一定会争得资产阶级民主国家中的自由的阶级的代表机构。

载于1903年8月15日《火星报》
第46号

译自《列宁全集》俄文第5版
第7卷第313—321页

崩得民族主义的顶峰

(1903 年 8 月 15 日〔28 日〕)

崩得国外委员会刚刚印发了一种载有关于崩得第五次代表大会的报告的传单。代表大会是在俄历 6 月举行的。在代表大会的各项决议中,占有主要地位的是有关崩得在党内的地位的"章程草案"。草案是很有教益的,就其内容的明确性和"坚决性"来说,是再好没有的了。其实,草案的第 1 条已经说得相当明显了,其余各条或者不过是简单的说明,或者甚至是完全不必要的赘述。第 1 条说:"崩得是俄国社会民主工党的一个**联邦**〈黑体是我们用的〉部分。"所谓联邦,就是在各单个的完全独立的整体之间订立**条约**,这些整体只能根据双方自愿取得一致意见来确定它们的相互关系。因此,难怪"章程草案"屡次提到"**缔约各方**"(第 3、8、12 条)。难怪根据该草案,**党代表大会**无权修改、补充或取消有关党的**某一部分的章程**。难怪崩得要保留自己在党中央委员会中的"代表席位",并且"**只有取得崩得中央委员会的同意**",才准许这个党中央委员会向犹太无产阶级发号召,同崩得的各个部分进行联络。这一切都是由"联邦"和"缔约各方"这两个概念必然得出的逻辑推论,如果崩得第五次代表大会干脆决定崩得成立独立的社会民主民族党(或称民族主义社会民主党?)的话,它就能使自己(也使别人)节省很多时间、很多精力、很多纸张了。从一方面说,不言而喻,独立的单个的政党只能作为“缔约的一方”，只能在“相互意见一致”的基础上确定自己同其他政党的关系。把需要取得这种意见一致的所有个别情况都一一列举，这没有必要(实际上把**所有**这样的情况都一一列举也不可能，像崩得那样列举得不完全，反而会产生许多误会)。违背逻辑和良心，把两个独立单位的条约叫做关于党的某一部分的地位的章程，这也没有必要。这种冠冕堂皇、十分体面的叫法(“关于崩得在党内的地位的章程”)其实质之所以虚伪，尤其是因为整个党事实上还没有恢复组织上的完全统一，而崩得却以已经团结起来的一个部分的姿态出现，想趁整个组织存在缺点的机会，更远地脱离整体，**企图使这个整体永远支离破碎**。

从另一方面说，直截了当地提出问题，就能使那些起草臭名远扬的章程草案的人不必再写一些条文，来规定党的**任何一个**有组织的部分、任何一个区组织、任何一个委员会、任何一个团体都有的那些权利，例如，根据党纲来解决历次党代表大会尚未作出决议的共同问题的权利。起草带有这种条文的章程，简直令人发笑。

现在我们来看看崩得所采取的立场的实质是什么。崩得既然已经站在民族主义的斜坡上，那它理所当然地、不可避免地(如果他不愿放弃自己的基本错误的话)就会去建立一个单独的犹太党。授予崩得**垄断**犹太无产阶级代表席位的章程第 2 条，正是触及了这一点。该条说：崩得是作为它的(犹太无产阶级的)**唯一的**(黑体是我们用的)代表加入党的。崩得的活动和崩得的组织不应受任何区域范围的限制。这样，俄国的犹太无产阶级同非犹太无产阶级之间的完全分离和完全划清界限，不但在这里**完全地**、绝对彻底地得到实现，而且用可以称之为公证的条约、“章程”、“根本”法(见草案第 12 条)固定下来了。党的叶卡捷琳诺斯拉夫委员会不经崩得(当时崩得在叶卡捷琳诺斯拉夫还没有任何单独的组织!)同意，胆敢向犹太工人发出了“令人愤慨”的号召，按照新草案的想法，这种事情今后就不可能再发生了。不管某地的犹太工人多么少，不管这一地区离崩得组织的中央机关多么远，党的任何一部分，甚至党的中央委员会，不经崩得中央委员会的同意，都不得向犹太无产阶级发号召！简直不能相信，竟会提出这样的建议——这种垄断的要求太骇人听闻了，尤其是在我们俄国的条件下，——但是章程草案的第 2 条和第 8 条(附注)却不容人们对此有丝毫的怀疑。崩得想离俄罗斯同志远一些，这种愿望不仅贯穿于章程草案的每一条，而且也表现在代表大会的其他决议中。例如，第五次代表大会决定每月出版一次《最新消息》(崩得国外委员会的刊物)，“作为阐明崩得纲领立场和策略立场的报纸”。我们将迫不及待、饶有兴趣地等待他们阐明这种立场。代表大会**撤销了**第四次代表大会关于南方工作的决定。大家知道，崩得第四次代表大会决定，在犹太组织加入党的委员会的那些南方城市中，“**不建立单独的崩得委员会**”(黑体是崩得用的)。撤销这个决定，就是向进一步隔绝迈了一大步，就是向那些曾经在和愿意在犹太无产阶级中间工作、仍然同当地的**全体**无产阶级有密不可分的联系的南方同志提出直接的挑战。“有一必有二。”谁采取了民族主义立场，他自然就会希望在本民族、在本民族工人运动的周围筑起一道万里长城，甚至明知城墙就得分别筑在每个城镇和村庄的周围，明知他的分崩离析的策略会把关于让一切民族、一切种族、操各种语言的无产者接近和团结起来的伟大遗训**化为乌有**，也并不感到不安。在这以后，同一个崩得第五次代表大会在关于大暴行的决议中还说什么“坚信**只有**各民族无产者的**共同斗争**，才能根除造成基什尼奥夫这类事件[156]的条件”(黑体是我们用的),听起来该是多么辛辣的嘲讽啊！一面说要进行共同斗争,一面却立即把一份“章程”奉献给我们,不仅要使共同斗争的战士各自**分离**,而且要通过组织途径使这种分离和隔阂固定下来,这些关于共同斗争的话是多么虚伪啊！真想奉劝崩得民族主义者:向那些敖德萨工人学习吧,他们参加了共同的罢工、共同的集会和共同的游行示威,却没有事先征得(真是胆大妄为!)崩得中央委员会的“同意”就向犹太民族发出呼吁,他们安抚商人说(见《火星报》第 45 号):“别害怕,别害怕,这又不是基什尼奥夫,我们要干的完全是另一回事,我们之间不分什么犹太人和俄罗斯人,我们**都是工人**,我们都是一样地受苦。”让崩得的同志们想想这番话吧,趁现在还不晚;让他们好好想一想,他们在往哪里走!

载于 1903 年 8 月 15 日《火星报》
第 46 号

译自《列宁全集》俄文第 5 版
第 7 卷第 322—325 页

马尔托夫的矛盾和曲折

（1903 年 8 月底）

1. 起先痛斥组织委员会，说它摇摆不定，变化无常，是冒牌火星派，后来又把一些动摇分子和冒牌火星派分子选入中央委员会。

2. 起先一直捍卫《火星报》的组织思想（《怎么办?》），后来又使饶勒斯式的党章第 1 条得到通过。

3. 起先同意由三人小组来改组编辑部，后来在代表大会上又非选一个六人小组不可。

4. 起先反对所谓的“民主主义”，后来在增补中央机关时又坚持“自由”。

载于 1927 年《列宁文集》俄文版第 6 卷

译自《列宁全集》俄文第 5 版第 7 卷第 436 页

一项给遭受不幸事故的工人发放抚恤金的法令

（1903年9月1日〔14日〕）

不久前颁布的、其内容见之于本文标题的新法令和我们在本报前一号作过分析的关于工长的法令[①]，是对时代精神表现出某种让步的我国劳工法两个分支的相当典型的标本。在我国，紧急的反动法令多得出奇，这类法令可以特别迅速地通过官僚机构的层层关卡，制定得特别详尽，贯彻得特别坚决，此外，俄国所有其余有关工人阶级的法令，按其政治性质可分为两类。一类是这样的一些法令，只要这些法令哪怕在某一方面，哪怕有一丁点儿扩大工人的独立性、主动性和权利，就要给它们加上无数的例外、附带条件、通令解释和限制，这些都会导致——用我们的纲领草案的话来说——“警察-官吏对劳动阶级的监护扩大或巩固”。关于工长的法令、关于工厂视察机关的法令等等就是如此。另一类法令则表现出一种同公民的独立性和主动性毫无共同之处的让步——于是专制政府便显得无比地慷慨大方。当然，从专制政府总的策略观点来看，从“受到正确理解的”警察利益的角度来看，是理应如此的。在同警察国家斗争方面富有各种各样经验的西欧民主党人早

---

① 见本卷第296—302页。——编者注

就把警察国家的这种政策戏称为糖饼和皮鞭。糖饼——这就是对各革命阶级施以小恩小惠，就是在经济上作一些让步，目的是在这些阶级中制造纠纷，将其中一部分拉拢到自己方面来，迫使他们相信资产阶级政府对无产阶级的诚意和友爱。皮鞭——这就是对所有自己不信任政府、并且还在散布不信任的人实行警察迫害。皮鞭——这就是迫使所有力争工人阶级及其团体、集会、报纸、政治机构和机关的充分自由和完全独立的人就范。

关于工长的法令给了工人代表权，这种代表权**可能**被工人用来反对资产阶级和政府。因此，代表权就横遭歪曲和限制，结果只有特务或者至少主要是特务才能够从中得到好处。因此，法令所宣布的工人代表权，实际上执行起来就像特里什卡的外套[157]一样，只剩下了一条领子。而这条领子是很必要的，为的是好抓住"领子"把倒霉的"工长"揪到警察局去。相反，关于给工人发放抚恤金的法令丝毫不涉及工人的政治独立性问题，因此这里也就可以慷慨一些。在这里可以更为保险地扮演"改革家"的角色，而且也**需要**扮演，因为蓬勃发展的工人运动愈来愈令人生畏。早在**20年**前，官僚机器就已经开始制定关于企业主责任的法案。这个法案制定了10年；特别委员会终于同意了这个法案，在1893年公布了草案，并提交国务会议……以便重新束之高阁，再放它10年！"慢慢赶"看来已经不行了，如果不是俄国工人阶级的冲击震撼了整个专制制度的话，这个法案大概还要在各部、各办公厅再旅行上一二十年。

于是，在某些方面一次比一次变得更糟的法案，终于成为一项法令了。为了评价这项法令，我们把它同我们党纲草案中所提出的要求作一番对照：这个纲领的"工人部分"正应当是我们宣传鼓动工作中的指南。只有不偏不倚地把我们的纲领的个别条文和个别要求同当前的现实和统治阶级对这个现实进行改革的一些尝试加以对照，我们才能够：一方面更全面更具体地弄清楚我们的纲领的目的和意义，并给群众解释清楚；另一方面，弄清楚现行法令的弊病；第三方面，确实通过事实来弄明白，在保存资产阶级制度的基础的情况下，所有各种各样改革的结果都必然是微乎其微的。

我们的纲领草案（"工人部分"第 7 条）要求由法律规定：一切**雇主**（使工人致病致残者），即一切雇用工人的人，一切从他人的无酬劳动中榨取利润、使用他人的劳动力而对这种**商品**（劳动力）在劳动中的死伤不负责任的人，应负民事责任。然而新法令只提到"厂矿工业企业中"的工人和职员。因而，农业工人、手艺工人、建筑工人和手工业工人等等都被排除在外。经常在更恶劣和更危险的条件下劳动的绝大多数雇佣工人被排除在外；例如，建筑工人和农业工人操作机器时致残的情况较之工厂工人只多不少。他们被排除在外的原因何在呢？是由于在工厂工业以外，情况还不那么紧迫，因为工人运动的威胁只在无产阶级的先进阶层中表现出来，政府的"关心"（当然关心的并不是工人，而是镇压工人）也只限于这个范围之内。但是，无产阶级既然参加了运动，就是觉悟的无产阶级，他们并不是出自工人的某个**等级**的利益，而是为整个阶级、为一切受资本主义制度压迫的阶级而斗争。无产阶级所力求实现的改革同政府作为小恩小惠而赏赐的改革之间的区别在这里是显而易见的。

其次，新法令责成企业主只给"由于企业生产劳动所引起的或者这种劳动所造成的**肉体损伤**"而丧失劳动能力的工人发放抚恤金。我们的纲领则要求规定不仅应对由于不幸事故而丧失劳动能力负责，而且应对由于**有害的生产条件**而丧失劳动能力负责。可见，新法令在这里也缩小了雇主的责任。大家知道，有多少工人丧失劳动能力不只是由于不幸事故，不是由于肉体损伤，而是由于有害的生产条件引起的疾病。如果厂主不对工人由于疾病而丧失劳动能力负责，那么无论怎样用各种规章条令来同这些有害的生产条件作斗争都不会产生什么结果。试问，机器轧断工人的一条腿和工人由于磷、铅、染料等而中毒，这两种情况之间实质上有什么区别呢？医学科学不是已经建立起一个完整的职业病科了吗？至于这些疾病是由有害的工作条件所引起，这不是如同二二得四一样，是清清楚楚、确确实实的吗？但是，资产阶级和资产阶级政府所遵循的不是逻辑，不是情理，而是赤裸裸的贪欲：为不幸事故花的钱比为致残加上因有害环境而致病花的钱要少些。全部问题就是要少花钱，而不是使工人得到"保障"。

新法令规定，工人无须证明丧失劳动能力的情况是由资本家的过错造成的。这一点同过去相比无疑是前进了一步。但是——俄国政府离了"但是"就寸步难行！——但是却允许雇主不仅证明受害者本人居心叵测，而且证明"他〈受害者〉严重的疏忽，不得以生产劳动条件和环境为自己开脱"。这一但书在很大程度上使得**实际**责任无法确定，而且——在我国法庭是由官僚、钻营者和资产阶级迂腐文人组成的这一人所共知的情况下——甚至可能使法令完全无法实施。"严重的疏忽"是什么意思呢？这一点十分含糊，而且无法确定。哪些条件和在什么范围以内能证明严重的疏忽无罪，而哪些条件则不能证明无罪——这个问题完全交由官吏们去裁决。资本家总是认为，而且将来也会认为工人的任何"疏忽"都是严重的和有罪的，并且为了证明这种看法，资本家总会找到比工人多十倍的证人和“学识渊博”的辩护人（常年法律顾问反正已在从工厂领取年薪！）。把所谓严重的疏忽这一条整个列入法令是对厂主贪欲的一种严重的让步：工人被机器轧伤不会出于自愿，总是由于疏忽造成；但问题是，在防护装置很差的机器中间，在照明很差的车间里，在嘈杂声和轰隆声中，注意力由于劳累而变得迟钝，神经紧张到了不堪忍受的地步，在长达10—11小时的劳动中，**不可能做到小心谨慎**。在这种情况下，借口严重的疏忽而不给残废工人发放抚恤金，就等于是因为工人容许资本家无情地剥削他们而还要专门对工人进行惩罚。

上述各点是新法令的根本的和最主要的几项规定，这些规定充分说明了新法令的本质。当然我们在这里不能详细讨论全部细节，只是指出其中最突出的几点。抚恤金数额规定按受害者全年工资的某个份额发给，即（在死亡或完全丧失劳动能力时）抚恤金不应超过受害者的年工资的⅔。而年工资则是根据平均日工资（即发给一个**粗工**的平均日工资）乘以260天来确定的。这一规定还包括对抚恤金数额的整整**三项**削减，即对于企业主的贪欲的**三项**纵容。第一，即使工人一年工作300天，他的年工资也得削减到以260天来计算，——没有任何根据，只是因为法令要求必须削减！第二，即使工人所领工资比粗工高，——例如，是在非全年开工的企业中劳动——也依然只是按粗工的工资计算。政府很想把全部工人的生活都降低到粗工的地位，——觉悟的无产者由此可以得出一个教训，即只有全体工人和全体粗工紧密地团结在一起才能形成一支足以摧毁资本的贪欲的力量。第三，粗工的平均日工资额每三年（！）由厂矿事务会议规定一次，这种会议当然是根本不要工人参加的。这与工人无关，而省政府和宪兵当局对工人的生活和工人的工资无疑是了如指掌的。

还应指出，法令责成企业主只把那些属于法令效力范围以内的不幸事故立刻报告警察局。这究竟指的是些什么事故呢？是指丧失劳动能力三天以上。但是谁又能**在**不幸事故**之后立刻**知道工人会丧失劳动能力多少天呢？这条规定荒谬到了可笑的地步，它只能给厂主提供一项摆脱困境的办法，厂主将会在大量事故中不承担自己（法庭也不会追究）向当局报告每件不幸事故的义务。不错，法令规定受害者可以要求把**所有一切**肉体损伤事故，**即使它们不属于法令规定范围之内**，都报告警察局。"关于给受害工人发放抚恤金的条例"第 20 条正是这样说的。所以，我们坚决向所有工人建议，要竭尽全力进行鼓动，争取能经常切实执行这一条款。让工人们坚持做到使每个受害者都无条件地要求根据第 20 条规定把**每一件**不幸事故都报告工厂视察员。只有这样，才能大致确定不幸事故的次数并研究不幸事故的原因。我们相信，觉悟工人是会利用这一权利的，但是大批大批的工人甚至不会知道他们有这样的权利！

因未向警察局报告不幸事故以及由于各种不遵守新法令条例的行为，企业主仅被罚款 25—100 卢布。这笔罚款对于大工厂（它们雇用着大量工厂工人）来说，当然微不足道，一点也不可怕。这种情况使人特别明显地看到，实现我们纲领草案的第 14 条是多么必要，这项条文要求"规定雇主破坏劳动保护法应负刑事责任"。用百把卢布的罚款来吓唬那些不执行与保障终生残废的工人生活有关的法令的百万富翁，就是对工人的嘲弄。

新法令的为害最大和编造得最狡猾的条款之一是第 31 条。该条文让受害工人及其家属就应给他们发放抚恤金的形式和数量同企业主达成协议。不消说,这些协议在绝大多数情况下将变成对最不开展的工人经常进行欺骗和恐吓的手段。这些工人知道得非常清楚的只是:物价昂贵,俄国法庭办事拖拉和偏袒。应该为这些协议(等于法庭的调解契约)作证的工厂视察员,这时不管谁的利益都会保护,唯独不会保护工人的利益。

现在愈来愈变成警察局的普通帮手的工厂视察员正在扮演"调停人"的角色,不仅如此,法令甚至想把他们变成一种特殊的法官。法令鼓励厂主和工人请求工厂视察员给双方解释他们各自的权利和义务,而且工厂视察员还有权搜集"一切必要的材料",有权要求把这些材料提供给双方,有权请医生进行检查。这已经完全是责成省长下属官员办理的法官的事情了!而且没有给这种法庭规定任何程序和任何规章:视察员如何搜集材料,他如何——以及是否——将这些材料提供给双方,他如何进行审理,——所有这一切完全由他裁定。这完全是改革前的警察法庭之类的东西。而对于不向工厂巡官(作为法官)报告的人,法令甚至以剥夺某种权利相威胁:到法庭之前谁不向工厂视察员报告,他就丧失了从被告人方面得到诉讼费用和办理案件费用的权利。

这里,我们只好提醒一下,社会民主工党所要求的不是这种法庭,不是由官吏仲裁,而是设立由对等的工人代表和厂主代表组成的职业法庭。在政治上自由的国家制度下,只有这种法庭才能在解释双方的权利和义务方面,在对有关发给残废工人抚恤金的控诉和要求进行预审方面,给予工人稍微满意的仲裁。这种法庭存在于一切文明国家,甚至俄国官员**早在40年前**就曾经提议在俄国设立这种法庭。40年前,曾经任命过一个委员会来修订工厂和手工业章程。该委员会出版了整整5卷"著作",委员会拟定了一些新章程草案，委员会主张设立由选出的代表组成的职业法庭，——接着……接着所有这一切统统被束之高阁！一个个良好的愿望堆满俄国无数官厅的档案室，并将一直堆积下去，直到工人阶级把这堆废纸彻底清除掉。

载于1903年9月1日《火星报》第47号

译自《列宁全集》俄文第5版第7卷第326—334页

拆穿了！……[158]

（1903年9月15日〔28日〕）

——假如您那叫得响亮、言词夸张和冠冕堂皇的保证，恰恰由于其本身的性质而引起人们的不信任呢？

——我倒要看看，有谁敢怀疑我的话！

——假如就有人怀疑呢？

——我再说一遍，我不允许怀疑一个革命者的话，我要勇往直前，坚持到底，我要求要么干脆表示不信任，要么干脆退却，我……

——假如您那直截了当地表示不信任的要求得到了满足呢？

——这是什么意思？

——假如有人直截了当地明确地对您说不信任您呢？

——那我就把敢说这种话的人叫做卑鄙的诽谤者，我就当着全世界的面痛斥他这种肆无忌惮的行为……

——要是有人接着向您提出一连串的事实，证明您的所作所为早就叫人无法信任了呢？

——那我就到处收集抗议书，来反对这种骨肉相残的论战，我就用动人心弦的话语向所有的人讲真理和正义，讲那被脏手玷污了的水晶般的纯洁，讲那狭隘自尊心的粗鲁卑污的外壳，讲那以忘我的热忱洋溢在我心头的洁净的激情，我要把自己的对手比做本丢·彼拉多……

——要是有人根据这番言论把您比做达尔杜弗[159]呢？

——那我就要求仲裁法庭来调解！

——有人就会马上回答您说，他们乐于接受起诉，并建议首先通过协商，由法庭先来审理一下您的对手是否有权对您声明的可靠性表示怀疑的问题。

——那……那……那我就声明，**“在整个事件已成过去之后，”**再谈什么“**双方**”达成“**协议**”是可笑的！

*　　　*　　　*

“四二事件所引起的肆无忌惮的(《革命俄国报》的说法)战役”就是这样。最尊敬的报纸由于十分明显的原因很不愿意承认这个经过真是这样。最尊敬的报纸制造了许多口实把自己掩饰起来，我们只好来详细探讨一下这些口实了。

首先，《革命俄国报》感到奇怪，为什么不是由巴尔马晓夫的同志们提出建议的对方——“有组织的俄国社会民主党”来答复，而是由《火星报》编辑部来答复。他们说：巴尔马晓夫的同志们“向十分明确的对方提出的十分明确的建议，没有得到答复”。

先生们，不是这么回事。你们和其他所有人一样，都很清楚有组织的社会民主党究竟是什么样子，我们**所有**的组织究竟是什么样子。我们不像有些人那样，会在一夜之间就生出新的组织来。我们有党的各个委员会，有《火星报》，有组织委员会。组织委员会早就在筹备党的第二次代表大会。你们是向哪个“明确的对方”提出建议的呢？是向第二次代表大会吗？是向组织委员会吗？不，尽管你们侈谈什么**明确的**对方，你们**绝对没有**使这个对方明确化。你们自己讲过，《火星报》是大多数委员会公认的，因此除了《火星报》，谁也不能答复你们。如果我们党的第二次代表大会承认《火星报》是党的机关报,那么《火星报》的答复也就是党的答复。如果不承认,你们就会跟别的机关报打交道。这是连六岁小孩也能明白的简单道理。

《革命俄国报》"感到奇怪,为什么对巴尔马晓夫的同志们提出的坦率的建议不作坦率的答复"(好像是建议让社会民主党有机会了解一下四二事件的真相),"他们向我们建议:让他们承认自己和《火星报》是在整个事件已成过去之后能对问题的提法事先进行某种商讨、并达成'协议'的双方"。于是,《革命俄国报》现在就一口咬定说,他们并没有向我们提出要仲裁法庭来调解,只是建议让我们有机会了解一下。不是这么回事。登在《革命俄国报》第27号上的"声明"一字不差地谈到"(对《火星报》的)诽谤行为的未经验证的控告",谈到**验证**控告,谈到"向一位我们和俄国社会民主党中央机关报(请注意这一点!)对其忠诚品德和保密习惯都可以信赖的人"**提供**"下面的一系列证据"。由原告和被告都信赖的人来"验证控告"、"审查证据",这不就是要仲裁法庭来调解吗?这仅仅是建议了解一下吗??先生们,你们真是喜剧演员。你们已经建议通过协商挑选一位忠诚可靠的调停人,你们现在却又摆出被抓住的诺兹德列夫[160]的那副无与伦比的傲慢神态宣称:任何协议都不可能达成!

《革命俄国报》"接着问道,《火星报》在谈到要对问题的提法达成协议的同时又把自己的提法规定下来,并坚决声明不可能有别的提法,这是拿谁开心呢"?在法庭面前,任何人都会坚决申述自己的意见,并且断言自己的意见是唯一正确的。我们的高傲自负的对手并不是提出自己对问题的**明确的**提法,而是神气活现,说些堂而皇之的话!

《革命俄国报》在摆出一副神气活现的样子之后，又屈尊对我们的问题提法提出了几点意见。照它看来，《火星报》在支吾搪塞，实行退却。据说问题并不在于"战斗的组织侵犯了《火星报》自由思考〈！〉、根据自己的观点自由评价政治事件甚至〈原文如此！〉对任何事情表示内心怀疑的权利"。这个"内心怀疑"真是个绝妙佳词。"战斗的组织"竟这样非同寻常的宽容，**甚至**打算（在经过一年多的斗争以后的今天！）允许我们表示怀疑——不过只是内心的，就是说大概除了怀疑者本人以外，谁也不知道……　也许，这些战斗的人们就连"自由评价"也只允许我们在心里进行吧？

《革命俄国报》写道："可以认为，只是因为《火星报》拒绝听从这种要求，才控告《火星报》的诽谤行为。"接着引了《革命道德的达尔杜弗》一文的一些话，指出"这里谈的不是什么无关紧要的含糊不清的怀疑，而是非常重要非常明确的控告"。

请读者回忆一下某些众所周知的事实吧。我们在《火星报》第20号（1902年5月1日）上评价巴尔马晓夫的行动时，根本不知道有什么战斗的组织。这个组织给我们写信，要求我们从它的正式声明中去寻找巴尔马晓夫决策的动机。我们不声不响地把不知名组织的这封来信扔进了字纸篓。信登在《革命俄国报》第7号上（1902年6月），该报编辑部只因我们没有任何表示，就大叫大嚷，说这是使道德蒙上了阴影，是贬低了这一行动的意义等等。接着，我们写了一篇《不得已的论战》（1902年8月1日《火星报》第23号），嘲笑了这位怒气冲冲的丘必特[161]，坚持了我们对四二行动的评价，并且声明说，我们认为巴尔马晓夫是否属于"战斗的组织""是十分值得怀疑的"。这时，社会革命党先生们看到我们终于把自己内心的怀疑向外表露出来了，便歇斯底里地叫嚣什么"肆无忌惮的行为”，叫喊说简直是“污蔑”和“诽谤”(1902 年 9 月《革命俄国报》第 11 号)。

概括说来，我们这场笔战的基本情况就是这样。当一个人很清楚对方对他的话表示不信任，他就当众把刀架在自己的脖子上，要对方公开表示信任还是不信任，而当对方表示不信任，他就捶胸顿足，向全世界哭诉，一个多么高尚的人遭到了多么卑劣的侮辱。这不就是诺兹德列夫精神吗？不就是革命的好斗精神吗？把这种人称之为达尔杜弗不是恰如其分吗？

《革命俄国报》从哪儿知道，我们在实行退却，不愿对那篇文章和有关达尔杜弗的几篇文章负责呢？是因为我们对问题的提法中没有包括这些文章的论点吗？可是难道你们向我们提出仲裁是由于某几篇文章，而不是由于《火星报》对“社会革命党”提出的保证所抱的整个态度吗？难道登在《革命俄国报》第 27 号上的巴尔马晓夫的同志们的声明，一开头不正是引用了全部争论的出发点，即《火星报》第 23 号上说它认为巴尔马晓夫是否属于“战斗的组织”是十分值得怀疑的这一句话吗？我们敢向《革命俄国报》保证，我们对我们的**所有**文章都负责，我们准备引证《火星报》**任何**一号的文章来补充我们对法庭提出的问题，我们准备向任何人证明，我们有充分的道义上的权利和一切合情合理的根据，把《革命俄国报》那些由于我们竟敢对该报的话是否可靠表示了大胆怀疑而引用了上面说法的政论家们，描绘成达尔杜弗。

“退却和支吾搪塞”——确实是有的，不过那是谁呢？不是**现在**那些宽宏大量地打算承认我们有自由评价和表示内心怀疑的权利的人吗？不是那些由于《火星报》坚持对革命传奇文学抱怀疑态度并且证明每个严肃的人都有责任抱怀疑态度，因而**一年多来**一味发出令人作呕的豪言壮语的那些人吗？当你们看到，那些激动人心的关于崇高的诚实的话语[162]没有使听众痛哭流涕，只是博得哄堂大笑的时候，你们想引起新的轰动，于是就提出要求法庭调解。一部分爱看热闹的国外侨民高兴得直搓手，兴奋地窃窃私语："他们终于向他们提起诉讼了！…… 我们现在等着瞧吧。"现在，他们看到了——看到的是轻喜剧的最后一场：主人公摆出一副高尚人物受到难以言状的委屈时的神态宣称："在整个事件已成过去之后"，再在向法庭提出问题上达成任何协议是不可能的。

先生们，你们就心安理得地这样继续演下去吧！不过要记住，滔滔不绝的抱怨决阻挠不了我们履行自己的职责：揭穿空谈和故弄玄虚，无论它表现在革命冒险分子的"纲领"中、他们传奇文学的漂亮词藻中，还是表现在宣扬真理和正义、宣扬洁净的激情和水晶般的纯洁等等的高尚说教上。

载于 1903 年 9 月 15 日《火星报》
第 48 号

译自《列宁全集》俄文第 5 版
第 7 卷第 335—340 页

革命青年的任务[163]

第一封信

(1903 年 9 月)

《大学生报》**164**编辑部的声明,如果我们没有弄错的话,是在《解放》杂志第 4 期(总第 28 期)上首次发表的,《火星报》也收到了这篇声明。据我们看来,这篇声明表明《大学生报》编辑部的观点在该报创刊号出版以后已经大大向前迈进了一步。司徒卢威先生急忙表示他不同意声明中所阐述的观点,他并没有错:这些观点确实同自由派资产阶级的机关报一贯十分热心坚持的机会主义方针有着根本的分歧。《大学生报》编辑部承认,"**单是**革命的感情不能形成大学生的思想上的团结","为了达到这个目的,必须有建立在某种社会主义世界观"而且是"明确的完整的"世界观上面的"社会主义理想",这样,它在原则上就同思想上的漠不关心和理论上的机会主义决裂,并且把大学生革命化的方法问题放到了正确的基础上。

诚然,从庸俗"革命主义"的流行观点看来,大学生的思想上的团结并不要求有完整的世界观,而是要排斥这种世界观,思想上的团结就意味着对各种各样的革命思想采取"宽容的"态度,就要以对某一种明确的思想派别不作明确的承认为前提;总之,在这些玩弄政客手腕的聪明人看来,思想上的团结要以某种无思想性为前提(当然这种无思想性是用所谓观点的广泛性,用所谓立即不惜任何代价地实行统一的重要性等等陈词滥调多少巧妙地掩盖起来的)。为这种问题提法进行辩护的一个相当体面的、并且乍看起来很有说服力的论据总是指出这样一个众所周知和无可争辩的事实,就是大学生按其政治社会见解来看,有着而且不可能没有各种截然不同的派别,因此,如果要求具有完整的明确的世界观,必不可免地要甩开某些派别,这样就会妨碍团结,就会引起纠纷而无法亲密地合作,就会削弱政治总攻击的力量,等等,等等。

现在我们来仔细地考察一下这个体面的论断吧。例如拿《大学生报》创刊号对大学生派别的划分来说——在这一创刊号中,编辑部还没有提出明确的完整的世界观的要求,因此就很难怀疑它在偏袒社会民主党的"狭隘观点"。《大学生报》创刊号的编辑部文章把当代的大学生分成四大派别:(1)"漠不关心派"——"对学生运动完全不闻不问的人";(2)"学院派"——拥护纯学院式学生运动的人;(3)"一切学生运动的反对者——民族主义者、反犹太主义者等等";(4)"政治派"——赞成进行斗争以推翻沙皇专制制度的人。"这个派别又由互相对立的两部分人组成:一部分人是具有革命倾向的纯资产阶级的政治反政府派,另一部分人是最近形成的〈只是最近才形成的吗?——尼·列宁〉具有社会主义倾向的革命无产阶级知识分子。"如果注意到后一个分支正如大家所知道的又分成社会革命党人大学生和社会民主党人大学生,那么这样一来,当代的大学生就有**六个**政治派别了:反动派、漠不关心派、学院派、自由派、社会革命党人和社会民主党人。

试问:这种派别划分是不是偶然的呢?这种倾向的划分是不是暂时的呢?只要直截了当地提出这个问题,任何一个多少了解情况的人就会立刻作出否定的回答。在我国大学生中的确也不可能有别的派别划分，因为大学生是最敏感的部分，而知识分子之所以叫做知识分子，就是因为他们最自觉地、最彻底地、最准确地反映和表现了整个社会的阶级利益的发展和政治派别划分的发展。如果大学生的政治派别划分同整个社会的政治派别划分不相适应，那他们也就不成其为大学生了——所谓“适应”，并不是指大学生的派别和社会的派别在力量和人数上完全成比例，而是指社会上有哪些派别，大学生中也必然地不可避免地会有哪些派别。就俄国整个社会来说，由于它的阶级对抗的发展还处于萌芽状态（相对而言），由于它政治上的幼稚，由于它的最广大的人民群众受着警察专制制度的压制和蹂躏，具有代表性的也正是这六个政治派别：反动派、漠不关心派、**文化派**、自由派、社会革命党人和社会民主党人。我在这里用“文化派”代替了“学院派”；所谓“文化派”，就是主张不要政治斗争而求得合法的进步即在专制制度的基础上求取进步的人。这样的文化派在俄国社会的各个阶层中都有。他们如同“学院派”大学生一样，处处局限于职业利益的狭小圈子内，局限于要求改善某些国民经济部门或国家管理部门和地方管理部门，处处畏首畏尾地避开“政治”，不去辨别（正像学院派不去辨别一样）各个不同派别的“政治家”，把凡是与……管理形式有关的一切都称之为政治。文化派这个阶层，一向是而且现在仍然是我国自由派的广泛基础。在“和平”时期（用“我们的”话说，就是政治上的反动时期），文化派和自由派这两个概念几乎完全融合了；即使在战争时期，在社会情绪高涨时期，在对专制制度的进攻日益猛烈的时期，这两个概念之间的差别往往也是模糊不清的。俄国的自由派，甚至在国外的自由刊物上直接向公众公开表示反对专制制度的时候，也始终没有忘记自己首先是个文化派，时而要发表一些奴隶式的，也可以说是合法的、恭顺的、忠君的议论，不信请看《解放》杂志。

文化派和自由派之间没有明确的一目了然的界限，就整个俄国社会的政治派别划分来说这是具有代表性的。也许有人会对我们说，上面把大学生划分为六个政治派别的做法是不正确的，因为这种划分同俄国社会的阶级划分不相适应。但是这个反驳是站不住脚的。当然，阶级划分是政治派别划分的最根本的基础，它**归根结底**总是决定着政治派别的划分的。但是这个根本的基础，只是随着历史发展的进程，随着历史发展的参加者和创造者的觉悟程度显露出来的。这个"归根结底"，只有通过政治斗争，有时是长期的、顽强的、持续数年数十年的斗争——这场斗争，时而剧烈地表现为各种政治危机，时而沉寂下来，好像暂时停止了——才得以实现。难怪在德国——那里的政治斗争采取特别尖锐的形式，先进阶级即无产阶级的觉悟也特别高——仍然存在着像中央党[165]这样一些政党（而且是强有力的政党），它们以信仰上的特征来掩盖自己的各不相同的（总的说来无疑都是反无产阶级的）阶级内容。至于俄国目前的政治派别的阶级根源，在很大的程度上由于全体人民政治上无权，由于组织得很好的、思想上一致的、一贯闭关自守的官僚机构对人民的统治而变得模糊起来，那就更不足为奇了。值得惊奇的倒是：尽管俄国的政治制度是亚洲式的，它的欧洲式的资本主义发展却已经给社会的政治派别划分打上了多么深的烙印。

每个资本主义国家的先进阶级即工业无产阶级，已经在社会民主党的领导下，在早已为整个觉悟的国际无产阶级所遵循的纲领的旗帜下，走上了群众性的有组织的运动的道路，我国的工业无产阶级也是如此。在俄国，对政治漠不关心的人当然要比任何一个欧洲国家都多得无可比拟，但即使在我国，也已经谈不上这种原始的、幼稚的漠不关心了：不觉悟的工人（有一部分是农民）的漠不关心已经愈来愈多地为频频爆发的政治风潮和积极的抗议所代替了；这就清楚地证明，**这种**漠不关心同饱食终日的资产者和小资产者的漠不关心毫无共同之处。由于俄国的资本主义相对而言还不够发达，小资产者阶级的人数特别多，这个阶级一方面无疑已在产生自觉的彻底的反动分子，另一方面他们往往还同文化水平低的和闭塞无知的"劳动人民"大众无甚差别，总是从世界观完全没有确立的、不自觉地把民主主义思想同原始的社会主义思想混淆起来的广大的平民知识分子阶层中为自己寻找思想家。把民主主义思想同原始的社会主义思想混淆起来的这种意识形态，也正是俄国旧知识分子的特征，其右翼自由主义民粹派是如此，其最左翼"社会革命党"也是如此。

我说俄国"旧"知识分子，因为在我国已经出现了**新**知识分子，他们的自由主义差不多已经完全清除了（当然并非没有俄国马克思主义的帮助）原始的民粹主义和模糊的社会主义。真正的资产阶级自由主义的知识分子在我国正在一日千里地形成中，这尤其要感谢十分灵活的、对任何时髦的机会主义思潮都很敏感的人物如司徒卢威先生之流、别尔嘉耶夫先生之流、布尔加柯夫先生之流及其同伙参与了这一过程。最后，至于俄国社会上不属于知识分子的那些自由派阶层和反动派阶层，它们同我国的资产阶级和我国的土地占有者的某些集团的阶级利益的联系，对每个多少了解我国的地方自治机关、杜马、交易所委员会和市集管理委员会等等的活动的人来说，都是相当清楚的。

这样，我们就可以得出一个肯定无疑的结论：我国大学生的政治派别划分，正如我们上面所叙述的那样，也如同《大学生报》创刊号所说的那样，并不是偶然的，而是必然的，不可避免的。肯定了这个事实，我们对究竟应该怎样理解"大学生的思想上的团结"、大学生的"革命化"等等有争议的问题就可以很容易地弄清楚了。乍一看甚至会令人感到非常奇怪，这样简单的问题怎么会有争议呢。如果大学生的政治派别划分是同社会上的政治派别划分相适应的，那么这是否就意味着对所谓大学生的"思想上的团结"只能有这样两种理解：不是把尽可能多的大学生吸引到十分明确的社会政治思想派别一边去，就是使明确的政治派别的大学生同这个派别的非大学生尽量密切地接近起来？只有对大学生的革命化的内容和性质持有十分明确的观点，才可以谈这种革命化，这不是不言自明吗？例如，对社会民主党人来说，大学生的革命化就意味着：第一，在大学生中间传播社会民主主义的信念，同那些虽然号称"社会革命"思想、却与革命的社会主义毫无共同之处的观点作斗争；第二，在大学生中间竭力开展一切民主主义运动，其中也包括学院式的运动，并使它们成为更加自觉更加坚决的运动。

这样一个简单明了的问题怎么会搞得如此混乱并且引起争议呢，——这是件很有趣很突出的事情。争论是《革命俄国报》（第13号和第17号）和《火星报》（第31号和第35号）在同乡会和大学生组织基辅联合委员会的"公开信"（载于《革命俄国报》第13号和《大学生报》创刊号）问题上展开的。基辅联合委员会认为1902年全俄大学生第二次代表大会关于大学生组织应同俄国社会民主工党各委员会保持联系的决定是“狭隘的”，同时某些地方的一部分大学生同情“社会革命党”这个十分明显的事实，也被所谓“大学生既不能完全归附社会革命党，也不能完全归附社会民主党”的完全“不偏不倚的”但根本不能成立的论断冠冕堂皇地掩盖起来了。《火星报》指出这个论断是不能成立的，《革命俄国报》自然是竭力卫护这个论断，谴责火星派“热衷于分离和分裂”，是“不知分寸”，是政治上不够成熟。

经过上面的说明以后，这一论断之荒谬是十分明显的了。问题是在于大学生所起的某种政治作用。请看，这里先要闭着眼睛不看下列事实，即大学生并没有同社会的其余部分割裂开来，因此总是不可避免地会反映社会上整个政治派别的划分。然后再闭着眼睛喋喋不休地大谈大学生本身或一般大学生的问题。得出的结论是……由于加入某一政党而造成的分离和分裂是有害的。十分明显，要把这个可笑的论断推演到底，必须从政治基础跳到职业基础或学习基础上去。而《革命俄国报》第 17 号在《大学生和革命》这篇文章中干的正是这种翻筋斗的把戏，其论据有二：第一，全体大学生的利益和全体大学生的斗争；第二，大学生的学习目的，为即将从事社会活动进行训练的任务，培养自觉的政治战士的任务。这两个论据都十分正确，只是与本题无关，并且只能把问题搅混。问题在于**政治**活动，这种活动按其本质来说是和政党的斗争有着不可分割的联系，不可避免地要求**选择**一个明确的政党。怎么能借口**任何**政治活动都需要有最扎实的科学的训练，都需要“培养”坚定的信念，或者借口**任何**政治工作都不能仅仅局限于某个派别的某些政治家小组，而应该扩展到愈来愈广泛的居民阶层中去，应该和每个阶层的职业利益结合起来，应该把工会运动和政治运动联结起来，把工会运动提高到政治运动——怎么能用这些借口来避开这种选择呢？？人们为了给自己的立场辩护，不得不用这样的借口，单是这个事实就十分明显地表明，他们自己是多么缺乏明确的科学信念和坚定的政治路线！无论从哪一方面来探讨问题，你们都会看到这一再证实了社会民主党人在谴责社会革命党人早就在宣传的尽人皆知的说法：无论在科学理论方面或在政治实践方面，社会革命党人都在马克思主义、西欧的“批评派”机会主义、俄国的小资产阶级民粹主义这三方面之间搞左右逢源的把戏。①

的确，请想象一下多少发展了的政治关系，看看我们的“有争议的问题”的实际提法吧。假定在我们面前有教权党、自由党和社会民主党；它们在一定的地区进行活动，例如在大学生的某些阶层中，甚至在工人阶级的某些阶层中进行活动。这些政党竭力把大学生和工人阶级中最有威信的代表人物尽可能多地争取到自己方面来。试问，能不能想象，这些政党会以全体大学生和整个工人阶级有某些共同的学习利益和职业利益为理由而反对那些代表人物选择某一个明确的政党呢？这同借口印刷术会给一切政党毫无区别地带来好处而对政党斗争的必要性提出异议没有什么两样。在文明国家里，没有一个政党会不了解尽可能广泛地和尽可能牢固地建立起来的学生会和工会的巨大益处，但是任何一个政党都力求在这些团体中扩大自己的影响。谁不知道，说某些机关不分党派，通常不过是统治阶级想掩盖现有机关百分之九十九都浸透了十分明确的政治思想这个事实而编造的虚伪的空话呢？我们的社会革命党人先生们实质上正是在为“不分党派”唱颂歌。就拿《革

① 自然，关于社会革命党人的纲领和策略的不彻底和内在矛盾的论点是需要作特别详细的解释的。我们希望在下一封信中详细地谈谈这个问题。

命俄国报》(第 17 号)的一段多情善感的话来说吧:“一个革命组织一定要把其他任何独立的、不隶属于它的组织当做**竞争对手**,一定要把对手消灭,一定要使对手的队伍涣散、分裂和瓦解,这是怎样一种近视的策略呢?”这段话是针对莫斯科社会民主党组织 1896 年的宣言[166]说的,莫斯科社会民主党组织责备大学生近几年来局限在自己大学利益的狭小圈子里,于是《革命俄国报》就教训它说,大学生组织的存在在任何时候都不妨碍“已经确定革命态度”的人把自己的力量贡献给工人事业。

请看这是多么糊涂的观念。只有在政治组织和政治组织之间,政治倾向和政治倾向之间,才可能(而且不可避免)有竞争。在互助会和革命小组之间,是不可能有竞争的,因此《革命俄国报》硬说革命小组一定想要消灭互助会,纯粹是废话。但假如就在同一个互助会里出现了某种政治倾向,假如不帮助革命家或不准图书馆收藏秘密书籍,那每一个正直的“政治家”都**必定会**进行竞争和公开的斗争。假如有人想把小组局限在大学利益的狭小圈子里(这种人是肯定有的,在 1896 年这种人还要多得多!),那么,他们和那些不是宣传缩小利益而是宣传扩大利益的人们之间的**斗争**,同样是不可避免的,必定会发生的。但是在引起《革命俄国报》同《火星报》的论战的基辅联合委员会的公开信中,问题不是在大学生组织**和**革命组织之间进行选择,而是在各个不同派别的革命组织之间进行选择。可见,着手**进行选择**的正是那些“已经确定革命态度”的人,而我们的“社会革命党人”却借口革命组织同纯粹大学生组织进行竞争是一种近视的做法来拉他们**后退**……　先生们,这简直是前言不搭后语!

大学生的**革命**部分开始在两个革命政党之间进行选择了,而它却受到这样的训诫:“这种影响”,即大学生的社会主义部分对其他部分的影响,“不是靠硬加上”“明确的”(不明确当然更好……)“政党招牌”(对有的人是招牌,对有的人却是旗帜),“不是靠对大学生同志们的良知施加暴力”(各国所有的资产阶级报刊,总是把社会民主党的成长说成是带头人和唆使者对平和的同志们的良知施加暴力……)“赢得的”。我想,任何一个正派的大学生都会对这种责备社会主义者“硬加上”招牌和“对良知施加暴力”的说法给予恰如其分的评价。这些毫无气节的、萎靡不振的、毫无原则的话,都是在党的组织、党的坚毅精神和荣誉、党的旗帜等观念还非常淡薄的俄国说的!

我们的“社会革命党人”要革命的大学生把过去那些宣布自己“拥护一般政治运动、完全撇开革命阵营中的派别纷争”的大学生代表大会当做榜样。所谓“一般政治”运动是指什么呢?就是社会主义运动加上自由主义运动。把社会主义和自由主义的区别撇在一边,就等于站到直接的和最近的运动即自由主义的运动方面去。“社会革命党人”也正是在号召这样做!自称**特殊**政党的人竟号召避开党派斗争!这表明这样的政党已经不能打着自己的旗号运送它的政治商品,因而不得不采取走私的办法,难道不是这样吗?这不是清楚地说明,这个政党没有**自己的**明确的纲领基础吗?这点我们马上就可以弄清楚。

———

社会革命党人在关于大学生和革命的论断中的错误,单单用我们在上面力图证明的不合逻辑是解释不了的。从某种意义上来说,可以作相反的判断:他们的论断之不合逻辑来源于他们的根本错误。社会革命党作为一个“政党”,一开始就站在十分自相矛盾的、十分模棱两可的立场上，凡是十分正直和善于从政治上思考的人，如果不是经常的动摇和失足，都不可能坚持这种立场。必须永远记住，社会民主党并不把"社会革命党人"给社会主义事业带来的危害归咎于某些著作家、某些活动家的各种错误，恰恰相反，它认为所有这些错误都是虚伪的纲领和政治立场的必然结果。在大学生这个问题上，这种虚伪表现得尤其明显，**资产阶级民主主义的**观点和革命社会主义的浮华外衣之间的矛盾也显而易见。的确，仔细看看《革命俄国报》那篇纲领性文章《大学生和革命》的思路吧。作者把"青年时代"的"志向的无私和纯洁"，"理想的动机的力量"作为重点。他正是从这个方面，而不是从俄国社会生活的现实条件方面，去探索青年时代所以会有"革新的"政治倾向的原因。俄国社会生活的现实条件一方面产生专制制度和极广泛的、极不同的居民阶层之间的不可调和的矛盾，另一方面又使政治上的不满情绪，除非通过大学，在其他方面就很难(过不多久就要说：曾经很难)表现出来。

接着，作者对社会民主党人自觉地区别对待大学生内部的各个政治集团、把政见相同的集团更加紧密地团结起来、让政见不同的集团分开的尝试，大肆攻击。我们并不是说作者对这种或那种尝试的不正确不该给予批评，——如果断言所有这些尝试在所有方面总是成功的，那就太可笑了。不是的，我们是说作者完全没有这样一种观念：阶级利益的区别不可避免地要反映在政治派别的划分上；不管大学生是多么无私、纯洁、富于理想等等，在整个社会中，他们不可能是例外；社会党人的任务不是掩盖这种区别，恰恰相反，是向尽量广泛的群众说明这种区别，并通过政治组织把这种区别体现出来。作者是从资产阶级民主派的唯心主义观点，而不是从社会民主党人的唯物主义观点来观察事物的。

因此,作者就毫不害羞地向革命的大学生提出参加“一般政治运动”的号召,并且一再重复这个号召。在作者看来,重心正是在于一般政治运动即一般民主运动,而这个运动应该是统一的。“纯粹革命小组”不应当破坏这个统一,而应当同“全体大学生组织平行地”组成派别。从这个广泛的统一的民主运动的利益的角度出发,“硬加上”政党招牌和对同志们的良知施加暴力,当然是罪过。资产阶级民主派在 1848 年也正是这样看问题的,当时指出资产阶级和无产阶级的阶级利益的矛盾的尝试,也被“普遍”谴责为“热衷于分离和分裂”。资产阶级民主派的最新变种——机会主义者和修正主义者也正是这样看问题的,他们渴望建立一个搞改良、搞阶级合作、走和平道路的统一的民主主义大政党。所有这些人一贯是而且不可能不是“派别”纷争的反对者和“一般政治”运动的拥护者。

你们可以看到:社会革命党人的论调,从社会党人的观点看来是荒谬得和矛盾得令人可笑的,从资产阶级民主派的观点看来却是完全可以理解的和始终一贯的。这是因为社会革命党实质上不过是资产阶级民主派的一个**派别**。这个派别,其成分主要是知识分子,其观点主要是小资产阶级的观点,其理论旗帜则是最新的机会主义和古老的民粹主义的折中。

政治发展进程和政治斗争进程本身,就是对资产阶级民主派关于统一的空谈的最有力的驳斥。在俄国,实际运动的发展已经作了**这样的**驳斥。我指的是“学院派”已经作为大学生的一个单独的派别分离了出来。只要真正的斗争没有展开,学院派就不会从“全体大学生”中间分离出来,大学生的整个“有头脑的部分”的“统一”就似乎是不可摧毁的。但是只要一到**行动**起来的时候，各种分子的分道扬镳就是不可避免的了。①

同联合一切人的种种空谈相反，政治运动和对专制制度的直接进攻一经展开，政治派别的划分就立即开始明确起来。学院派和政治派的划分是一大进步，这点未必会有人怀疑。但这种划分是不是说，社会民主党人大学生就同学院派大学生“决裂”了呢？《革命俄国报》认为是这样的(见《革命俄国报》第17号第3版)。

但是《革命俄国报》之所以这样认为，只是由于我们在上面已经指出的糊涂观念。政治派别之间完全划清界限决不意味着工会和学生会的“决裂”。以在大学生中间进行工作为己任的社会民主党人，**一定**会竭力依靠自己或者通过自己的代办员深入到尽可能广泛的“纯大学生”小组和自学小组的尽可能多的人中间去，会竭力开阔那些仅仅要求学院式自由的人们的眼界，向那些还在寻求一种纲领的人们宣传社会民主党的纲领。

我们来归纳一下。大学生的某一部分正想树立一种明确的完整的社会主义世界观。这个准备工作的最终目的，对希望实际参加革命运动的大学生来说，只能是自觉地坚定不移地从现时革命者中间形成的两个派别里选择一个。谁用大学生的思想上的团结和大学生的一般革命化等等当借口来对这种选择表示抗议，他就是在模糊社会主义意识，实际上只是在宣传无思想性。大学生的政治派别划分不能不反映整个社会的政治派别划分，每一个社会

① 如果某些报道是可信的，那么大学生的各种分子的进一步分道扬镳最近就愈来愈明显地暴露出来了，也就是说，社会主义者从那些连社会主义这个字眼都不想听到的政治家-**革命家**派中分离出来了。据说，在流放到西伯利亚去的大学生中间，政治家-革命家派已经十分明显地出现了。我们且看这些报道是否会得到证实。

主义者的责任，就是尽可能自觉尽可能彻底地划清政见不同的各个集团之间的界限。社会革命党向大学生发出的号召——“宣布自己拥护一般政治运动、完全撇开革命阵营中的派别纷争”——实质上不是别的，只是号召从社会主义的观点**后退**到资产阶级民主主义的观点上去。这是毫不足怪的，因为“社会革命党”只是俄国资产阶级民主派的一个派别。社会民主党人大学生同其他一切派别的革命家和政治家的决裂，决不意味着全体大学生的组织和教育组织的决裂；恰恰相反，只有坚持十分明确的纲领，才能够而且应当到最广泛的大学生中间去开阔学院派的眼界和宣传科学的社会主义即马克思主义。

附言：在以后的几封信中，我想同《大学生报》的读者谈谈马克思主义对树立完整的世界观的意义，谈谈社会民主党和社会革命党的原则分歧和策略分歧，谈谈大学生组织的问题和大学生同整个工人阶级的关系。

载于 1903 年 9 月《大学生报》
第 2—3 号合刊

译自《列宁全集》俄文第 5 版
第 7 卷第 341—356 页

附　录

《新事件和旧问题》一文提纲[①]

(1902年11月底)

冬季和政治"季节"　　　(在社会运动的半年平静时期,即未被个人政治暗杀所打破的平静时期以后)。

A. { 一、对游行示威者的审判。
二、罗斯托夫的斗争。

B. { 和三、自由主义运动的活跃。
四、大学生以至中学生中的风潮活跃。}

特别是五、政府官员的阴谋活动和张皇失措。

平静时期——悲观失望和信心不足的情绪更为严重——恐怖手段——它的**实际**作用——它未能打破这一平静时期。

现在我们面临着政治"季节"的开始和革命运动的活跃局面。

① 该文见本卷第42—47页。——编者注

在游行示威以后出现了某种程度的平静时期。信心不足的人已经开始叫嚷什么“单独决斗”，“可惜，人民还不能很快……”以及社会革命党恐怖分子的其他老一套的做法。但是恐怖暗杀不可能打破、也没有打破平静时期。恐怖暗杀**实际上**只不过是单独决斗，不管《革命俄国报》怎么说自己不同意把恐怖手段的问题放到这一基础上来：俄国的现实生活就是**这样**提出恐怖手段问题的。

用两三句话

现在，当冬季的临近重新使政治生活活跃起来的时候，当爆发了像罗斯托夫的大规模的罢工这种事件的时候，①

看来，就要成为过去的是

α——暂时的平静时期

β——恐怖手段和作为恐怖手段的产物的“民意主义”

可惜，人民不能很快……

口头上谈论武装游行示威很容易

应当用个人的反抗来回答

γ——罗斯托夫的斗争

一次又一次地显示出工人群众的革命毅力

确实鼓舞人心

真正在使政府解体，激励着成千上万的人，说明革命者活动的意义，“使之解体”

真正是直接向人民起义过渡。

① 句子到此中断。——俄文版编者注

罗斯托夫事件的真正“鼓舞人心的”作用。

看来，人民革命运动中的(某种程度的、暂时的)平静时期就要结束，活跃的浪潮又在掀起。

同平静时期一起，正在退到某个遥远的地方去的还有平静时期的产物——无原则性，它的盛行，民意主义的复活，悲观失望等等，恐怖手段

——个人的反抗

——人民还不能很快

——政府的(而不是革命者的?)解体

——口头上谈论武装游行示威很容易

等等，等等。

罗斯托夫的斗争

它的真正**鼓舞人心的**作用

{不=来自个人枪杀的鼓舞}

〃 〃 〃 〃 **鼓动**作用

〃 〃 〃 〃 **使**政府**解体的**作用

〃 〃 〃 〃 向成千上万的人阐明革命者活动的意义的作用

它的真正向群众起义的过渡。

当工人群众中蕴藏着和产生着这种火山般的革命愤慨的时候，所谓通过枪杀来**人为地**激励人心、进行鼓动、使政府解体等等的说法是多么荒谬和狂妄可笑?

这是何等明显地背离了直接的任务：**帮助**这些已经**起义**的群众，把他们的领导者组织起来等等。

但是，与所谓游行示威产生了令人沮丧效果的说法相反，我们却从游行示威的参加者——下诺夫哥罗德工人们的演说中得到鼓舞。

由此可见在工人群众中的深厚根源

极端的愤慨以及

准备斗争和牺牲的坚强决心。

对运动的这些“根源”及其“要点”加以提醒，必然表明：背离工人运动、用民粹派含糊不清的词句来代替社会阶级观点等等的理论和企图是多么严重的错误。

$$\overbrace{\text{没有工人运动}(+\substack{=\\+}\text{社会主义})}^{\text{社会民主党}}$$

见上

地方自治机关，知识分子和农民	——没有社会根基 ——没有原则性的基础
基础 正确的策略	——没有坚定的策略

“社会主义和工人运动的结合”。

《火星报》创刊号①

——　反对“经济派”

——特别要反对社会革命党人

和工人运动的结合不＝削弱和狭隘。恰恰相反，有了这个**绝对**牢固的立足点，我们就能够而且应当把其余的一切也吸引过来。

---

①　见本版全集第4卷第334—335页。——编者注

正是工人运动使其他阶层活跃起来，而且目前工人运动正在发展：地方自治人士中的反政府派也**开始**在某些地方转入“行动”。

{就沃罗涅日事件[167]谈几句}

——大学和中学的学生运动

——农民运动

{关于社会化的愚蠢的
和无原则的无稽之谈}

政府策略的概貌：

——对群众进行分化、引诱和愚弄

{总是失策，
总是重蹈覆辙}

——革命者被引诱去**追捕**“恶狗”((一位自由派对瓦尔之流、奥博连斯基之流及其同伙的称呼。我们也许还要谈到这位自由派))。

不要受人挑拨。

不要丧失自己的原则立场。

加强自己同工人群众的联系，同他们一道前进，投身到像罗斯托夫这样的事件中去，竭力使之**提高**到人民起义的水平。

载于1939年《无产阶级革命》杂志第1期

译自《列宁全集》俄文第5版第7卷第359—362页

《关于俄国社会民主工党各委员会和团体向全党代表大会的报告的问题》一信提纲[①]

（1902年12月—1903年1月）

一、工人运动及其历史和现状。

（**1.** 3—7.36）

二、社会民主主义运动的历史，派别斗争和当前的理论问题。

（**2.** 13）

三、社会民主党各委员会和团体。其组成和职能。各区组织。

（**2.** 9+26.35）

四、地方工作的内容、范围和性质。

（10—12.14—19.30）

五、同其他种族和其他民族的革命的（特别是社会民主党的）团体的关系。

（31）

六、实际措施和秘密工作的安排。

（32—34）

---

① 该信见本卷第55—67页。——编者注

七、在工人阶级以外的其他居民阶层中的联系和工作。

(20—25)

八、非社会民主党的革命派和反政府派的状况,对待它们的态度。

(27—29)

译自《列宁全集》俄文第5版
第7卷第363页

关于《告贫苦农民》小册子的材料[①]

(1903年3月1日和28日
〔3月14日和4月10日〕之间)

1
小册子的几个提纲

(1)

1. 很多人已经听说过的城市工人的斗争。
2. 工人要求什么?(社会民主党。社会主义。)

   消灭一切剥削。
   {社会化的(社会主义的)生产。
   小生产和大生产。}

   工人(社会民主主义)运动的国际性质。
3. 农民也一样。赋税的压榨,无地的痛苦,资本的压迫等等。
4. 贫苦农民和工人联合起来。
5. 土地制度。

   {对"村社原则"的幻想}
6. 650万农户和城市工人联合起来(并把200万农户吸引到自己方面来)。168

① 该小册子见本卷第111—178页。——编者注

7. 指望靠**个人的**努力、机灵等等，勤劳、节俭等等向上爬是靠不住的。

8. 联合这 650 万农户的一些障碍：

9. 政治上的无权地位。同工人一起为争取政治自由而斗争。

10. ——尤其是农民没有公民权利。连环保，没有迁徙自由，使之依附于村社，通过工役、卖身契、割地等等使之依附于地主经济。总结＝农奴制残余。

11. 为了解放贫苦农民，**以便**他们为社会主义而斗争，必须解放**全体**农民（既包括中等农民，也包括资产阶级农民）。

12. 分析我们的土地纲领的各项要求。

12a. 有利于农业工人的纲领。

12b. “土地”（＝农民）纲领。

13. 对富裕农民的不信任：要么继续前进，要么不再前进。

14. 其他国家在农民问题上的经验：富裕农民和中等农民在政治改革和土地改革以后的背叛。

15. 俄国要利用这一经验，**即** 650 万农户**预先**同城市工人，同社会民主党联合起来。

16. 这种联合目前在欧洲也开始了。

我们在俄国应当立即巩固这种联系，以有助于我们**争取社会主义的整个**斗争。

（2）

1. 城市工人的斗争。反对政府的斗争。

斗争日益扩大和尖锐化。

2. 工人要求什么？他们进行斗争

(a)**争取政治自由**。

(简要地叙述)

(b)争取社会主义。

(同上)

3. 贫苦农民必须和城市工人联合起来。

也许可以把 aa 和 bb 放到这里来？

3a. 中等农民向何处去？是到私有主和富人那边去，还是到工人和无产农民这边来？

4. 俄国的土地制度（四个格子[169]）

对"村社原则"的幻想等等。650 万（＋200 万）反对。 {小农在被往两边拉}

(1)土地转到劳动手中

(2)村社农民的庞大组织。

(3)合作社。

5. 较详细地谈一谈小资产阶级的幻想（勤劳等等）。诱骗人们沿着阶梯**向上爬＝开彩**。

6. 农村无产者和半无产者变成社会民主党人＝参加（党的队伍）争取政治自由和争取社会主义的斗争。 {**1902 年的农民运动**。革命内容和幻想}

7. 最终目的（和最近要求）

α——政治改革

<table>
<tr><td>β——为农村无产者
制定的劳工法</td><td rowspan="2">工人的最近纲领

农民的〃〃〃〃</td></tr>
<tr><td>γ——帮助农民摆脱
农奴制残余</td></tr>
</table>

8. 哪些农奴制残余？分析土地纲领的各项要求。

割地**在最后**。

按这样的顺序：

<table>
<tr><td>(1)取消赎金
(2)支配土地的自由
(3)归还赎金
(4)贷款
(5)割地。[1]</td><td>社会革命党人的谎言
(对村社原则的进攻)。</td></tr>
</table>

既把富裕农民，**也**把中等农民，**也**把无产者从**农奴制的**压迫下解放出来，解放是**为了**自由地为社会主义而斗争。

9. 农民内部的阶级斗争。资产阶级农民(和中等农民)的立场。他们可能要 {“剥夺” / 剥夺的条件} (大概要)背叛(西欧的经验)。

要建立**无产阶级**农民的单独组织，以便在争取社会主义的斗争中和城市工人联合起来。

→9. (1)如果割地夺回来了，进一步怎么办？

(2)富裕农民呢？他们的立场是什么？

① 第1—5条被列宁删掉了。——俄文版编者注

(3)西欧的经验

(4)农村中村社内部的阶级斗争。

注意：**1902年的农民运动**：注意

(3)

(1)　***1.*** 城市工人的斗争。

(2)　***2.*** 社会民主党人要求什么？

(3—6) ***3.*** 农村中的富裕和贫穷。

(7)　***4.*** 贫苦农民参加工人的斗争。

农村工人和城市工人联合起来。

(8)　***5.*** 消灭农奴制残余。

(9)　***6.*** 农村中的阶级斗争。

附录一(纲领草案)

附录二。

(4)

一、城市工人的斗争。

二、社会民主党人要求什么？

三、农村中的富裕和贫穷，私有主和工人。

四、中等农民向何处去？

五、农村工人和城市工人联合起来。

六、消灭农奴制残余。

七、农村中的阶级斗争。

2

小册子某些章节的提纲

不上不下

改良的农具，出卖铁犁和出卖灵魂

合作社

“高额收入”

欺骗手段＝开彩

四个问题

四个问题：

地主

富裕农民{1888—1891：　16.5％—46.6％
　　　　1893—1894：　16.5　—48.6[170]

350 万＋300 万贫苦农民

为金钱奋斗。

合作社

“最高额收入”

赞成小生产

勤奋和努力

欺骗行为＝开彩，诱使人们向上爬

四个问题

四、共同点：改善经营和为此而同富裕农民“联合”｝

合作社{信贷合作社和奶品合作社}

（德国的资料）

1　“最高额收入”

2　“努力”，勤奋，勤劳——

吸引人们沿着阶梯向上爬

3　一人高升，十人受骗。开彩……

4　**赞成**小生产。{社会主义和 / 小生产}①

五、**社会民主党人正在为争取农民生活的哪些改善而斗争**？

（α）　1. 社会民主党人反对整个资产阶级，即一切靠别人劳动过活的人。

2. 为一切能争取到的农民生活的改善而斗争，为摆脱地主、国家、官吏、警察、神父的一切压迫而斗争。

（β）　3. **政治自由**。

所有人都需要，工人和农民则**尤其**需要

4. 人身不受侵犯，言论、结社自由。

5. 迁徙自由。

6. 废除等级。

7. 官吏选举制和向法院的控告权。

8. 军阀制度。

9. 教会同国家分离。免费教育。

10. 累进税。②

（γ）**农村工厂法**。

① 第四节被列宁删掉了。——俄文版编者注

② 第4—10条被列宁删掉了。——俄文版编者注

工作日
每周的休息时间
夜工
对残废负责
给老年人发放养老金
禁止扣款
推广有工人代表参加的工厂视察机关。①

此外，不仅适用于农业工人，而且也适用于农民：第六节。**民粹派、社会革命党人、社会民主党人**的回答。

第六节 末尾：

α. 三项要求——**β.** 富裕农民和贫苦农民利益的结合——**γ.** 割地夺回之后进一步怎么办？取决于富裕农民——**δ.** 社会主义革命——**ε**：重要的不是提出许多要求，而是迈出步子去**联合**农民

(1)协商将会显露出富裕农民和贫苦农民的利益。

(2)第一步：和富裕农民一起，争取实现最起码的要求。

(3)借助委员会联合贫苦农民。

(4)进一步：为社会主义而斗争。

(5)有些人说：不是夺回割地，而是夺回地主的**全部**土地。

贫苦农民——社会主义。

富裕农民呢??

(6)不能依靠富裕农民。②

七、**农村中的阶级斗争**。

---

① 从"工作日"到"工厂视察机关"这几行被列宁删掉了。——俄文版编者注

② 第1—6条被列宁删掉了。——俄文版编者注

1. 什么是阶级斗争？被压迫的那部分居民反对压迫者的斗争。反对农奴制的斗争。——贫苦农民反对富裕农民的斗争。
2. 1902 年的农民运动。战士们的英雄气概：他们的伟大创举。我们应该加以继承。但是应该弄清楚他们为什么会失败？
3. 由于不觉悟，由于没有准备。农民不知道该要求什么。农民不知道谁是他们的敌人。农民没有看出地主和政府的联系。农民希望**公平地、按照上帝意志安排的**生活，但不知道**怎样**做到这一点。

不信任

4. 我们的回答。再一次指出：农村和城市结成联盟反对……

三项要求**一起提**

5. **联合**和斗争的具体手段。

进行鼓动。建立小组。支援城市工人。

第 七 节

(1)1902 年的农民运动。

(2)英雄气概。镇压。

(3)怎么办才能获胜？

(4)应当弄清楚。不是**按照上帝意志安排的**生活，而是人的生活。

三项要求。

(5)应当建立同城市工人的联盟

社会民主党的小组

进行鼓动(传单，书籍)。

农村中的阶级斗争(不相信富裕农民)。

(6)支援工人，当他们在城市里开始干起来的时候。

3

布罗克豪斯和叶弗龙《百科词典》摘录和关于俄国土地占有情况的统计

第 12 卷《土地占有制》

俄国的**土地占有制**(百科词典)

俄国欧洲部分的 49 个省(不包括顿河军屯州)

1877—1878 年

		%	
官地————————	15 040 万俄亩	=38.5	
皇族的土地————	740 〃 〃 〃	= 1.9	
机关和法人(教会、寺院、城市、市镇等)的土地	850 〃 〃 〃	= 2.2	城市和市镇的土地——1 929 367 俄亩
农民(村社)的土地	13 140 〃 〃 〃	=33.6	

{份地
宜耕种的 11 680
不宜耕种的 1 370
企业增购的
土地 70}

{84.6%为村社的土地
15.4%为个体农户的
土地}

私有主的 %

土地——————— 9 340 万俄亩＝23.8

{自然人的
土地＝9 160
企业和公司
占地＝180} 总计＝39 110　　100.0

总计＝700(750)
800(850)
200
9 200
10 900

−15 040
24 070

{13 140 农民份地
＋10 930 私人占有份地}

官地中，69.3%为森林（在阿尔汉格尔斯克省、沃洛格达省、奥洛涅茨省和彼尔姆省有 1 亿俄亩）。28.1%为不宜耕种的土地，**2.6%为宜耕种的土地**{不到 400 万俄亩}

北部三个省（阿尔汉格尔斯克省、奥洛涅茨省、沃洛格达省）几乎全部属于官地（分别占全省面积的 97%、93%和 83%）。东部两个省（彼尔姆省和维亚特卡省）则有一半属于官地（51%和 48%）。在这**五**个省份中有 13 350 万俄亩官地（＝88.5%为国家土地）。

在 49 省中

约有 14 万个农民村社，22 396 069个纳税人——116 854 855俄亩土地

前自耕农村社………约 1 000 万	〃 〃	33 755 759	〃
前皇族农民村社……… 900 486	〃 〃	4 333 261	〃
前国家农民村社…… 9 643 606	〃 〃	57 130 141	〃
其余村社…………………约 180 万	〃 〃	21 635 694	〃

私人土地占有情况

	占有者人数	%	共计＝	%	土地（单位俄亩）	%	共计＝	%
小地产								
不足 10 俄亩	244 376	50.8	404 881	84.1	959 450	1.0	6 280 668	6.8
10—100 俄亩	160 505	33.3			5 321 218	5.8		
中地产								
100—500 俄亩	47 482	9.9	60 651	12.6	11 325 987	12.4	20 657 864	22.6
500—1 000 俄亩	13 169	2.7			9 331 877	10.2		
大地产								
1 000—5 000 俄亩	13 458	2.8			27 559 544	30.1		
5 000—10 000 俄亩	1 444	0.3	15 826	3.3	9 876 615	10.8	64 667 313	70.6
10 000 俄亩以上	924	0.2			27 231 154	29.7		
共计＝	481 358	100	481 358	100	91 605 845		91 605 845	100

按等级分类：	人　数（单位千）	%	土　地（单位百万俄亩）	%
贵族 ——————————	114.7	23.8	73.2	79.8
商人和荣誉公民 ————	12.6	2.6	9.8	10.7
小市民 —————————	58.0	12.1	1.9	2.1
农民 ——————————	273.0	56.7	5.0	5.5
其他阶层（宗教界、士兵、外国人等） ———	22.9	4.8	1.7	1.9
共计＝	481.4	100	91.6	100

所以：

户数：

131＋93＝224

0.1(单位百万)	——	100	60
1.5 〃	——	60	100
2.5 〃	——	30	50
6.5 〃	——	50	40
		240	
		10	

76 000 户大土地占有者有土地 8 520 万俄亩，＋皇族的土地 740 万俄亩＝9 300 万俄亩。

4

村团农民的马匹分配状况

1888 年和 1891 年。俄国欧洲部分的 49 省[171]

	户数			马数			
无马者	—2 777 485	—27.3		— —	— —		
有 1 匹马者	—2 909 042	—28.6		—2 909 042	—17.2		**1**
有 2 匹马者	—2 247 827	—22.1		—4 495 654	—26.5		2
有 3 匹马者	—1 072 298	—10.6	22.0	—3 216 894	—18.9	56.3	3
有 4 匹马以上者	—1 155 907	—11.4		—6 339 198	—37.4		5.4
	10 162 559	100		16 960 788	100		1.6

1893/1894 年　38 省:8 288 987 个农户——11 560 358 匹马。

无马者	——2 641 754＝31.9％	22.5	——为有 1 匹马者所有
有 1 匹马者	—— 31.4	28.9	——为有 2 匹马者所有
有 2 匹马者	—— 20.2	18.8	——为有 3 匹马者所有
有 3 匹马者	—— 8.7		
有 4 匹马以上者	7.8	29.8	——为有多匹马者所有
	100	100	

1900 年

{注意 在俄国欧洲部分的 50 个省中有马 **19 681 769** 匹，其中 15.3% 在私人占有者手中。

19 681 769×0.153=3 011 310 657

洛赫京的书第 280 页：

50 个省中有马

1846——16 056 000

1861——15 300 000

1870——15 611 400

1882——20 015 000

1888——19 663 000

1898——17 004 300

5

有关分析农村各阶级的统计和图表

(1)

“农民”的土地结构

1 000万农户

1 400万匹马

户数		
150 万户富裕农民——	650 万匹马	750 万
200 万户中等农民——	400 万匹马	400 万
650 万户贫苦农民——	350 万匹马	350 万
约 1 000 万户	约 1 400 万	1 500 万

(2)[172]

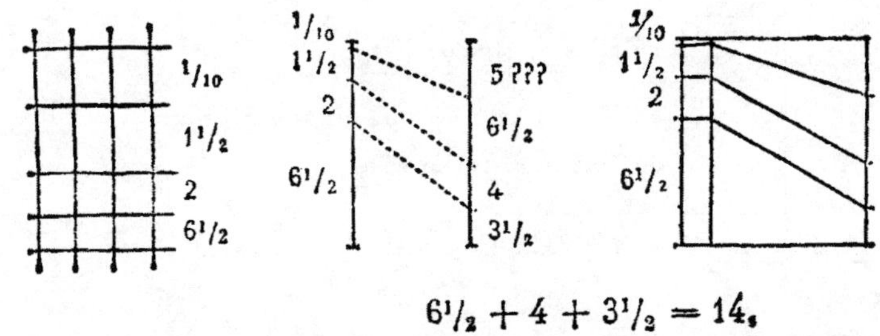

俄国共有马约 2 100 万匹

(3)

户数	马数	占有土地	使用土地（+租入 −租出）
10	300	10 000	6 000
150	750	5 000	9 000
200	400	3 500	5 500
650	350	5 500	4 500
1 010 万	1 800 万	24 000	25 000
		+ 1 000官地	
		25 000万俄亩	

土地占有情况(共计约 25 000 万俄亩)

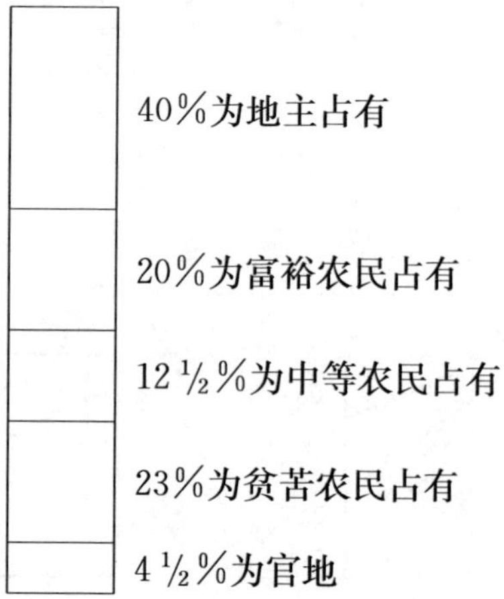

40%为地主占有

20%为富裕农民占有

12½%为中等农民占有

23%为贫苦农民占有

4½%为官地

1%为地主(10万户)
15%为富裕农民(150万户)
20%为中等农民(200万户)
64%为农村无产者和半无产者(650万户)

共计约1 010万户或农户。

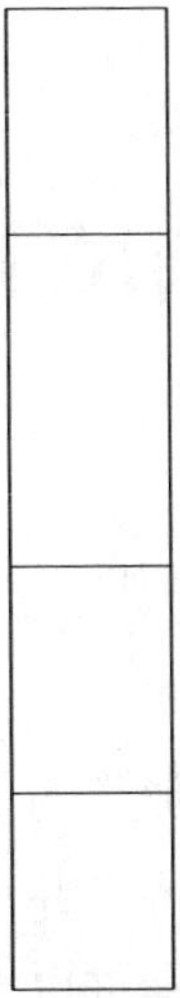

24%为地主使用的土地(约6 000万俄亩)
36%为富裕农民使用的土地(约9 000万俄亩)
22%为中等农民使用的土地(约5 500万俄亩)
18%为贫苦农民使用的土地(约4 500万俄亩)

共计使用土地约25 000万俄亩。

载于1932年《列宁文集》俄文版第19卷

译自《列宁全集》俄文第5版第7卷第364—380页

俄国社会民主工党章程草案

（初　　稿）173

（1903年5—6月）

1. 凡承认党纲、参加党的一个组织、在物质上支持党并亲自参加党的活动的人，可以作为**俄国社会民主党**党员。

2. 党的最高机关是**党的代表大会**。党的代表大会由中央委员会召集（尽可能每两年至少一次）。如果共占上次代表大会总票数三分之一的党委员会和党委员会联盟提出要求，中央委员会必须召集党代表大会。

1. 凡承认党纲、在物质上支持党并亲自参加党的一个组织的人，可以作为**俄国社会民主党**党员。

2. 党的最高机关是**党的代表大会**。党的代表大会由中央委员会召集（尽可能每两年至少一次）。如果共占上次代表大会总票数三分之一的党委员会和党委员会联盟提出要求，或者党总委员会提出要求，中央委员会必须召集党代表大会。代表大会要由共占代表大会召开时实有的二分之一以上的党委员会派代表出席，才能被认为有效。

3.下列组织有派代表出席代表大会的资格:(一)中央委员会,(二)党中央机关报编辑部,(三)没有加入特殊联盟的一切地方委员会,(四)党所承认的一切委员会联盟。这四类组织中每一个组织在党代表大会上各有两票表决权。新成立的委员会和委员会联盟一般均应得到中央委员会承认;而且必须是在代表大会召开前半年被承认的,才有派代表出席代表大会的资格。

4.党的代表大会选举党的中央委员会和中央机关报编辑部。中央委员会直接领导政治斗争,统一和指导党的全部实践活动,管理党的中央会计处。为了适应整个运动的需要,中央委员会也可任命直接隶属于自己的特别的代办员或特别的小组。中央委员会处理党的各个组织和各个机构之间以及各

3.下列组织有派代表出席代表大会的资格:(一)中央委员会,(二)党中央机关报编辑部,(二$_1$)党总委员会[①],(三)没有加入特殊联盟的一切地方委员会,(四)党所承认的一切委员会联盟。这四类组织的每一个组织在党代表大会上各有两票表决权。新成立的委员会和委员会联盟一般均应由中央委员会批准;只有在代表大会召开前半年被批准的,才有派代表出席代表大会的资格。

4.党的代表大会选举党的中央委员会、中央机关报编辑部和党总委员会。中央委员会统一和指导党的全部实践活动,管理党的中央会计处以及全党的一切技术性机构。中央委员会处理党的各个组织和各个机构之间以及各组织各机构内部的争端。中央委员会负责**俄国社会民主党**同其他政党和

① 这一草案定稿时,列宁删去了(二$_1$)项。——俄文版编者注

<table>
<tr><td>组织各机构内部的争端。</td><td>组织之间的联系，负责同它们订立临时性协议。①</td></tr>
<tr><td>5. 中央机关报编辑部在思想上领导党，编辑党的中央机关报、学术性刊物和小册子单行本，指导宣传、鼓动等工作，并对解决策略性问题给予指导。</td><td>5. 中央机关报编辑部在思想上领导党，编辑党的中央机关报、学术性刊物和小册子单行本。</td></tr>
<tr><td>中央委员会应设在国内，中央机关报应设在国外。为统一两者的活动，中央机关报编辑部和中央委员会应保持经常的联系，尽可能经常会面和举行会议。如果中央机关报编辑部和中央委员会之间发生争端，应由两名中央机关报编辑部成员、两名中央委员会委员以及经中央机关报编辑部和中央委员会的全体成员共同选出的一名成员所组成的委员会处理。</td><td>中央委员会应设在国内，中央机关报应设在国外。为统一两者的活动，中央机关报编辑部和中央委员会应保持经常的联系，尽可能经常会面和举行会议。如果中央机关报编辑部和中央委员会之间发生意见分歧，应由代表大会任命的、由中央机关报编辑部和中央委员会的五名成员所组成的常设“党总委员会”来解决。</td></tr>
<tr><td>如果中央委员会全体委员和全体候补委员被捕，则由中</td><td>如果中央委员会全体委员和全体候补委员被捕，则由中</td></tr>
</table>

① 最后定稿时，列宁删去了“中央委员会负责”起的一整句话，并在旁边写上：“由**党总委员会**负责是否更好？”——俄文版编者注

央机关报编辑部[1]经三分之二的多数表决同意，任命中央委员会。[2]

补**5**。党总委员会由代表大会选举中央机关报编辑部和中央委员会的五名成员组成。总委员会解决中央机关报编辑部和中央委员会之间在一般组织问题和策略问题方面的事务和争论或意见分歧。

央机关报编辑部经三分之二的多数表决同意，任命中央委员会。

中央机关报编辑部在国外代表党。[2]

6. 党总委员会由代表大会从中央机关报编辑部和中央委员会的成员中选出五人组成。总委员会解决中央机关报编辑部和中央委员会之间在一般组织问题和策略问题方面的争论或意见分歧。

党总委员会在代表大会闭会期间是党的最高机关。

党总委员会在两次代表大会之间是党的最高机关。

党总委员会在中央委员会完全被破坏时重建中央委员会。[3]

党总委员会解决中央机关

① 列宁起先在“中央机关报编辑部”之后写有“经一致决定”字样，后来又删去了。——俄文版编者注

② 列宁删去了从“中央委员会应设在”起直至此条末尾的全部文字，并在此段开头旁边写上：“去掉”。——俄文版编者注

③ 这一条的第二、三段被列宁勾掉了。第四段是写在旁边的。——俄文版编者注

	报编辑部和中央委员会之间在一般组织问题和策略问题方面的意见分歧，统一他们的活动，在两次代表大会之间是党的最高机构。①
6. 党所承认的每一个党的委员会、委员会联盟，以及党的其他一切组织或团体，自主地处理同该地、该区或该民族运动有关的，或者同专门交托给该团体某项职能有关的事务，但是必须服从中央委员会的一切决定，并且按照中央委员会的规定（或代表大会的决定）向党的中央会计处交纳党费。	7. 党所承认的每一个党的委员会、委员会联盟，以及党的其他一切组织或团体，自主地处理专门同该地、该区或该民族运动有关的，或者同专门交托给该团体的某项职能有关的事务，但是必须服从中央委员会和中央机关报的一切决定，并且按照中央委员会的规定向党的中央会计处交纳党费。
7. 每一个党员和为党提供任何帮助的任何个人，都有权要求把他的声明原原本本送达中央委员会，或中央机关报，或党代表大会。	8. 每一个党员和同党有来往的任何个人，都有权要求把他的声明原原本本送达中央委员会，或中央机关报，或党代表大会。
8. 任何党组织都有责任向中央委员会（或其代办员）和中央机关报编辑部提供一切材	9. 任何党组织都有责任向中央委员会和中央机关报编辑部提供一切材料，让它们了解

① 从第二段起列宁是用铅笔写的。——俄文版编者注

料，让它们了解该组织的全部工作和所有成员。

9. 一切党组织和党的一切委员制机构，以简单多数票决定问题，并且有权增补新成员。增补新成员和开除成员，须经三分之二的票数通过。

10. 俄国社会民主党人国外同盟把所有在国外的俄国社会民主党党员联合成一个团体，它的宗旨是在国外进行宣传和鼓动，以及用各种方式促进国内的运动。同盟享有委员会的一切权利，唯一的例外是它的宣传和鼓动应在中央机关报编辑部的直接领导下进行，而对国内运动的任何支持，只通过中央委员会专门指定的个人或团体来进行。

该组织的全部工作和所有成员。

10. 一切党组织和党的一切委员制机构，以简单多数票决定问题，并且有权增补新成员。增补新成员和开除成员，须经三分之二的票数通过。

11. 俄国社会民主党人国外同盟的宗旨是在国外进行宣传和鼓动，以及促进国内的运动。同盟享有委员会的一切权利，唯一的例外是它对国内运动的支持，只[①]通过中央委员会专门指定的个人或团体来进行。

载于1927年《列宁文集》俄文版第6卷

译自《列宁全集》俄文第5版第54卷第448—453页

① 列宁在这句话的白边上写有“它同国内以及国内各委员会的一切联系只”等字。在草案修订过程中，列宁把这些字删去了。——俄文版编者注

俄国社会民主工党第二次代表大会材料

（1903 年 5—8 月）

1

关于向俄国社会民主工党第二次代表大会作《火星报》组织工作的报告的笔记[174]

（5—7 月）

反对《信条》的抗议书——[175]

成立写作组——[176]

参加党代表大会的尝试——[177]

写作组成员的全俄各地之行——在彼得堡、普斯科夫、莫斯科、下诺夫哥罗德、喀山、萨马拉、波尔塔瓦、哈尔科夫、乌法、克里木、基辅的会见。

在俄国国内致力于《火星报》+《曙光》杂志的工作。

(1)1900 年 2 月—1900 年 12 月。[178]

(2)1900 年 12 月—1902 年 2 月。

{阿基姆、柳巴、克罗赫马尔、杰缅季耶夫、格拉奇、科尼亚加、雅柯夫等出事。}

{1902 年 1 月（成立《火星报》组织）。}

高加索，——“马”[179]

几乎等于在彼得堡的“代办员”：亚历山德拉·米哈伊洛夫娜和瓦莲卡、斯捷潘

(3)1902 年 2 月——

代办员 **委员会** **交通联络**

1900 年 12 月格拉奇 拉脱维亚人

莫斯科 波兰人

波尔塔瓦（柳巴） **手提箱**[180]

基辅（克罗赫马尔）

哈尔科夫（瞿鲁巴）

沃罗涅日（和**波里斯·尼古拉耶维奇**）

（火星派小组及其……①）

载于 1927 年《列宁文集》俄文版第 6 卷

译自《列宁全集》俄文第 5 版第 7 卷第 391—392 页

① 本页手稿下端写有该句最后几个字的部分已残破。——俄文版编者注

2

俄国社会民主工党第二次(例行)代表大会计划[181]

(6—7月)

一、代表大会的议事规程及其确定。

二、应在代表大会上讨论和决定的问题的清单和**顺序**。

一、代表大会的议事规程。

1. 由组织委员会授权的一位同志宣布代表大会开幕。

括号里是**所希望的**补充、解释、建议及其他**私人**性质的意见。

2. 代表大会选出主席1名,主席助手(即副主席)2名,秘书9名。这9①个人组成常务委员会并在一起开会。

组织委员会的报告

3. 选出一个委员会,以审查代表资格和审理有关代表大

(该委员会也受理组织委员会关于邀请**某些**人参加代表

① 看来,手稿中有笔误:列宁所指出的常务委员会成员总数为12名。——俄文版编者注

会的组成的全部声明、申诉及抗议。

4. 解决关于准许波兰社会民主党人参加代表大会的问题。

并入第 3 条[②]

5. 代表大会会议制度：每天开会两次，上午 9 时至下午 1 时，下午 3 时至 7 时（大致安排）。

6. 对代表发言的限制：报告人每次发言不超过半小时，其他人不超过 10 分钟。对每个问题任何人都无权作两次以上的发言。对于会议程序各项问题的任何一项提案，表示赞成或反对的发言人均不得超过两个。

7. 大会记录在主席或一名副主席的参加下由秘书汇编。代表大会的每一次会议先从批准上一次会议的记录开始。每

大会并享有发言权的申请。）[①]

① 括号里的文字被列宁删掉了。——俄文版编者注

② 第 4 条以及第二部分（《问题的清单和顺序》）的第 11 条是列宁补充进去的。由于这个原因，也由于各条排列顺序的改变，列宁对它们的编号也作了更动。这里标出的是各条编号的最后方案。

后来列宁删掉了第 4 条并在它后面写上“并入第 3 条”。——俄文版编者注

个发言人务必在会议结束后两小时内将自己每次发言的提纲提交代表大会常务委员会。

8.所有各项问题的表决，除选举负责人外，都应当是公开的。如有10票提出要求，即应采取记名投票，并将全部投票情况载入记录。

(为了加速记名投票和避免差错，代表大会常务委员会最好把每个问题的表决票分发给全体有表决权的大会代表。代表在每张票上写上自己的名字(见第8条①)和自己的表决意见(赞成，反对，弃权)，以及他的表决意见是针对哪一个问题的。问题可以简写，甚至可以用数字、字母等来表示。代表大会常务委员会按每个问题分别将这些表决票保存到代表大会结束。)②

9.代表大会每一个参加者的名字用秘密代号表示(或者不写名字，只写某某党组织的第一代表，第二代表，等等)②。

10.主席声明，代表大会最终已确定为俄国社会民主工党第二次(例行)代表大会，**所以，**

(关于崩得问题，**最好不在**这一条涉及：最好**直截了当地**

① 指第9条(原编号为第8条)。——俄文版编者注

② 括号里的文字被列宁删掉了。——俄文版编者注

这次代表大会的决定将使以前第一次(例行)代表大会及各次非正式的代表大会所作出的同这些决定相抵触的一切决定无效,——**所以**,这次代表大会的决定,俄国社会民主工党全党都必须**无条件地**执行。

11. 讨论问题的清单和顺序。

把它列为代表大会问题清单的第1项。)

二、问题的清单和顺序。

1. **崩得在俄国社会民主工党内的地位**。(俄国社会民主工党是否接受崩得提出的联邦制的建党原则?)①

(关于这个问题**必须**预先拟定最好能获通过的**决议草案**。)

注意:把这个问题提到第1项的理由:形式上的理由(崩得的声明,代表大会的**组成**,服从多数)和道义上的理由(彻底消除在根本问题上的分裂和混乱状态)。

2. **批准**俄国社会民主工党**纲领全文**。

第一次宣读:在现有各草案中**大体**通过一个草案以作为详细讨论的

(α. 代表大会应予审查的有哪几个纲领草案?(《火星报》的、“斗争”社的、“生活”社的?)

β. 是审查所有的草案还是拿一个草案作为基础?或者是

① 括号里的文字被列宁删掉了。——俄文版编者注

||||| **基础**。

第二次宣读:通过纲领的每一条和每一节。

另一种做法:**在第一次宣读时**就通过所提草案中的一个。)

(这个问题必须单独提出来:**结束社会民主党内各派别的斗争**。)①

3. **创办党的中央机关刊物(报纸)或批准这样一个机关刊物**。

(α)代表大会是否希望创办新的机关刊物?

(β)如果不希望,那么代表大会希望把现有的哪一个刊物**变为**党的中央机关刊物?

4. **各委员会的报告**(其中包括组织委员会通过它的一名委员所作的报告)**和党的其他组织及党员个人的报告**。②

(α)有多少报告?

(β)**所有的报告全都宣读**还是提交委员会?

(γ)每一个报告都单独讨论还是合在一起讨论?

(最好单独讨论)

5. **党的组织**。批准俄国社会民主工党总的组织章程。

(δ)宣读报告的程序。

第一次宣读:从各个草案中大体上选择一个。

第二次宣读:逐条讨论其中的一个草案。③

① 括号里的文字被列宁删掉了。——俄文版编者注

② 第4条被删掉了。上面有不知是谁的笔迹:"代表们的报告"。——俄文版编者注

③ 从"批准"起到"一个草案"这段文字,被列宁删掉了。——俄文版编者注

6. **区组织和民族组织**。

（对它们当中的每一个组织，就其现在的组成和同党的总章程（可能）有某些出入分别予以承认或不予承认。）①

7. **党的各独立团体**。

“斗争”社　“劳动解放社”
“生活”社
“意志”社

俄国《火星报》组织
“南方工人”社等等。②

必须提出关于每一个独立团体和独立组织的决议草案③。

最后批准（或预先批准，即授权中央委员会再收集必要的材料并作出最后决定④）**所有党的委员会、组织、团体等的清单**。

8. **民族问题**。

必须作出关于一般民族问题的决议（对“自决”的解释以及从我们的解释中作出的**策略**结论）。

（可能还要针对波兰社会党作出一个专门决议？）

① 括号里的文字被列宁删掉了。——俄文版编者注
② 从“斗争”社起到“等等。”这段文字被列宁删掉了。——俄文版编者注
③ 这一段被列宁删掉了。——俄文版编者注
④ 从“即授权”起到“决定”这段文字被列宁删掉了。——俄文版编者注

9. **经济斗争和工会运动。**	（**必须作出**既是原则的又是论述党的迫切任务的决议。）
10. **“五一”节的庆祝活动。**	**同上。**
11. **1904 年阿姆斯特丹国际社会党代表大会。**	**同上。**
12. **游行示威和起义。**	**同上。**
13. **恐怖手段。**	**同上。**
21. **俄国社会民主工党对“社会革命党人”的态度。** [和对革命社会党人的态度?? 等等?]	**同上。** 把这两个问题放在第 7 条之后。②
22. **俄国社会民主工党对俄国各自由主义派别的态度。**①	**同上。**

14. **党的工作的内部问题：宣传工作。**
15. **鼓动工作。**
16. **党的书刊工作。**
17. **农民中的工作。**
18. **军队中的工作。**
19. **学生中的工作。**
20. **教派信徒中的工作。**

（14—20）最好能作出**决议**。

① 在这一条的旁边有不知是谁的笔迹：“23. 俄国社会民主工党对俄国现有其他革命的和反政府的党派的态度”。在这一条的编码前面有列宁的笔迹：“23”。——俄文版编者注

② 这段文字被列宁删掉了。——俄文版编者注

24. 选举党的中央委员会和中央机关报编辑部。

代表大会选出三人为中央机关报编辑部成员，选出三人为中央委员会委员。必要时，这六个人在一起，经三分之二多数的同意，以增补的办法补充中央机关报编辑部和中央委员会的成员，并向代表大会作出相应的报告。代表大会批准这个报告以后，中央机关报编辑部和中央委员会再分别进行增补。

[**24. 选举党总委员会。**]

25. 代表大会的决议和记录的宣读程序，以及选出的负责人和机构开始行使自己职权的程序。

载于1927年《列宁文集》俄文版第6卷

译自《列宁全集》俄文第5版第7卷第393—400页

3

俄国社会民主工党第二次代表大会的组成[182]

（7月17日〔30日〕以前）

	票　数	到达人数	＋　？　－	坚定的 ＋　？
1. 圣彼得堡……………	2	(1)[2]	1+0+1	1
莫 斯 科……………	2	2	1+1+0	1
北方协会……………	2	2	2+0+0	1+1
特 维 尔……………	[? 0①][183]			
下诺夫哥罗德………	[2][184]	⑦	0+2+0	0+1
5. 乌　　法……………	2	2	1+1+0	1+1
基　　辅……………	2	2	2+0+0	2
哈尔科夫……………	2	(1)[2]	0+2+0	
叶卡捷琳诺斯拉夫…	2	(1)[2]	2+0+0	2
敖 德 萨……………	2	2	1+1+0	1+1
10. 图　　拉……………	2	2	2+0+0	2
高 加 索……………	[2]6	[2]3	[0]6+2+0[185]	0+1
矿区联合会…………	2	(1)[2]	0+2+0	
西伯利亚……………	2	2	2+0+0	2
顿河畔罗斯托夫……	2	2	2+0+0	0+1
15. 尼古拉耶夫…………	2	(1)[2]	0+2+0	

① 用小号字排在方括号内的数字是列宁划掉的。——俄文版编者注

接上页

萨拉托夫……………	2	(1)[2]	2+0+0	0+1
	[32]36[186]			
克里木联合会………	2			
俄国《火星报》组织……	2	?[187]	2+0+0	2
“南方工人”社…………	2	(1)[2]	②[188]+0+0	
同　盟………………	2	2	2+0+0	2
“劳动解放社”…………	2	2	2+0+0	
俄国社会民主党人联合会…………	2	2	0+0+2	
	10			
崩　得………………	5	5	0+0+5	
	5			
总　计……………	47[189]	36[190]	26+13+8	17
特邀代表………………	3—4		26+21 47	+7(?) =24

载于1927年《列宁文集》俄文版第6卷

译自《列宁全集》俄文第5版第7卷第401—402页

4

俄国社会民主工党第二次代表大会会议日志

(7月17日〔30日〕—8月10日〔23日〕)

2时55分。普列汉诺夫受俄国社会民主工党组织委员会的委托(代表前“劳动解放社”)宣布代表大会开幕

3时。选举常务委员会。大多数人赞成公开选举。

名单：

1. 普列汉诺夫 列宁34票 伊格纳特18票	2. 普列汉诺夫 列宁 马尔托夫	3. 普列汉诺夫 列宁 马尔丁12票
4. 普列汉诺夫 阿布拉莫夫 马尔丁	5. 普列汉诺夫 列宁 尼古拉·彼得罗维奇[191]	6. 普列汉诺夫 +2名组织委员会委员

主席——一致同意

2名主席——按票数(列宁+伊格纳特)

3时40分——4时。

组织委员会作关于召开代表大会的报告。

4时。圣彼得堡“斗争协会”……

1. **阿基莫夫**{本来还应当邀请在国外的人参加组织委员会，“令人遗憾的疏忽”。

俄国社会民主党人联合会没有收到关于组织委员会的通告。

沃罗涅日委员会请求采取补救办法：他们没有收到组织名单。沃罗涅日委员会因此没有出席。[192]我支持沃罗涅日委员会。

4时零5分。

2. 阿基莫夫的妹妹（代表彼得堡斗争协会）。

组织委员会中没有圣彼得堡委员会的代表。（我们是真正的委员会，却没有我们的代表。）

我过去是沃罗涅日委员会的委员。我坚决反对“不体面的”论战这个说法。

委员会里的反对意见不是“私人的”——我抗议……

选出了委员会[193]（（4时40分））

给报告人半小时（3次，每次10分钟）

24票通过了列宁的建议（15票赞成马尔托夫的建议）。[194]

7时（差5分）。利平提出的议程[195]：

{1. 报告。
2. 纲领。
3. 一般的组织问题（**其中包括**崩得在党内的地位）。

7月31日。　　第2次会议。

9时30分开会。

列宁——回答崩得。①

① 见本卷第242页。——编者注

阿基莫夫——支持崩得。

利波夫——列宁对问题作了错误的阐述:

不是两条路线("预先决定")

列宁预先决定了问题

托洛茨基	反对我们的议程(即把崩得问题提到第1项)
马尔托夫	
列维茨基	列维茨基
米佐夫	尼古拉耶夫人(米佐夫)
普列汉诺夫	莫斯科夫斯基
米佐夫	(3人弃权)

10时30分。

11时。 柯尔佐夫的报告(11时30分结束)。

巴库的声明(抗议说,他们从未赞同过"斗争"社)。[196]

根据尤里的请求休会……

12时——马尔丁诺夫主张准许"斗争"社参加

普列汉诺夫

阿基莫夫

3时30分至3时50分。第1次会议的记录。

4时5分——马尔丁声明:"组织委员会建议代表大会

‖邀请梁赞诺夫出席大会,享有发言权"……

4时10分——伊格纳特。(他们有权宣告无效吗?)

4时22分——普列汉诺夫。

尤里耶夫等。

4时40分——马尔托夫。

马尔托夫和柯尔佐夫的决议案被通过}

波兰问题。激烈反对的有崩得分子：利波夫（又一次）和贝尔格曼。

7 时。 **沃罗涅日的质问**。

8月1日

第三天

第 4 次会议

9 时 30 分开会。

9 时 55 分。利波夫的报告[197]。

注意 ‖ "我们其实不是作一些修改，而只是制定一个以前没有的章程"

——**第一次**制定章程

自治的概念丝毫没有说明："独立性"——在什么方面？

(1)自治是**对谁而言**？**在什么方面**？

(2)自治是对主体而言

(3)自治是对客体而言

并入 2 ——地区？

语言？

不是："犹太**民族**"。

|| **犹太民族内部各种社会力量的相互关系**不同于俄罗斯民族、波兰民族以及其他民族中各种社会力量的相互关系。(没有贵族和土地占有者)。

|| 就语言来说——不需要自治。

没有提图拉委员会的自治:因为他们只是**事务方面的**自治。

||| 它,并且只有它

才是犹太无产阶级的代表

在什么方面自治?可否限定**在什么方面**?可否列举出来?

我们是主张集中制的。

自治是分权的。

《章程》[198]。

§§ §1.下列各点。

2.**不受地区限制的**——(犹太无产阶级的**唯一代表**)

3.崩得把**自己的代表**选入中央委员会、国外委员会和代表大会。

不承认各地区组织是独立的部分

4.权限:纲领——是相同的

|| **为自己加上**与党纲不相抵触的条文[199]

5.自己的代表大会,自己的中央委员会

6.在共同代表大会之前有自己的决议

7.处理自己事务的自由

8.**也用其他各种语言**无阻碍地出版犹太书刊

(未经崩得中央委员会的同意不得同犹太人发生联系)

9.(a)同各革命组织签订临时协议——(**如果没有特别"禁令"**

的话)——通知党中央委员会。

((仅就实际的事情而言。

(b)得到**党**中央委员会的特别准许也可以签订**长期**协议

10. 除根据这个章程通过的决定外,党的代表大会有权废除崩得各次代表大会的一切决定

11. 只有得到崩得中央委员会的同意,党中央委员会才能与崩得的各个部分建立联系

12. 上述各点是基本的。

只有得到党的各个部分的相互同意才能改变

(地方组织和地区组织不能被看做是党的各个部分)。

经常重复的是:

条约

(如果各次代表大会以简单多数就能废除这个章程的话,那么每一次都可以把它废除了。)

11时15分。马尔托夫。

第5次会议。

8月1日,星期六,3时10分。

第2次会议的记录。

第6次会议。

9时35分。伊萨里

拉希德-别克

贝尔格曼

第 7 次会议。

9 时 40 分。

12 时。马尔托夫(休会以后)。

第 8 次会议。

3 时 20 分。

4 时 20 分。在根据崩得分子的要求而为他们安排的休会之后。

4 时 45 分。议程第 1 项结束。

纲　领

5 时——马尔丁诺夫谈纲领问题。

按照列宁的意见,根本就谈不上工人阶级**参加**创立意识形态的工作;无产阶级自发地倾向于资产阶级的意识形态(引用《怎么办?》)。

自发运动同知识分子之间的对立:这种论点同马克思和恩格斯的论述的对立。

工人阶级自发地倾向于**科学社会主义**,而不是倾向于资产阶级意识形态。

{ 无产阶级是从民主派中分化出来并按照无产阶级精神对民主派的全部思想等等进行了改造。

. . . .

. . . .

. . . .

5 时 52 分。马尔丁诺夫继续发言。

列宁的夸张的条文给其他错误敞开了大门。

|| “对经济斗争的兴趣在减弱”(的确是指现在的状况)。

|| 运动的缺点是激进主义和脱离无产阶级的阶级斗争。

——没有防止下一个时期的缺点的斗争工具。

马尔托夫。**6.—12.**

尼古拉·尼古拉耶维奇。

第 9 次会议。

9 时 40 分。批准第 **4** 次会议记录。

10 时 10 分。

尼古拉·尼古拉耶维奇

+**现代**资产阶级社会的

(顺数第 9 行)[200]。

+在资本主义生产关系**占统治地位**的基础上

(顺数第 12 行)

第 4 段:+技术**不可避免地**日益改进

|| +**同时社会资本也同样不可避免地日益增长**,而且每次都使原来的投资范围变得狭窄

剥削程度的提高**不仅仅**是由于需求的降低。

+除了取决于劳动力生产价格的降低的与此直接有关的趋向而外。

10 时 23 分。马尔丁诺夫回答马尔托夫和尼古拉·尼古拉耶维奇。

……“磨磨蹭蹭地漫不经心地，试探着”……

列宁没有讲过互相敌对的趋向，没有讲过：工人运动“**导致**资产阶级意识形态”

不是导致，而是**来源于**。

普列汉诺夫：10时40分。

……列宁不是谈理论的哲学原理，而是在同“经济派”（杆菌）进行论战……

（关于第二次绞死耶稣）。

{就是在（列宁的）这句话里也没有任何异端邪说。[201]

阿基莫夫。

列宁的观点贯穿在整个**纲领**中，贯穿在他的书[202]和纲领的每一行里。

列宁的思想同普列汉诺夫“十分显著地”不一致……

社会主义学说**发展了**……**完全独立地**在俄国出现了（社会主义学说在俄国）

——工人没有意识到，**也不可能**意识到不可调和的对立

不仅是我们的争论，而且在欧洲也有，

充实理论???

不但不是齐头并进，反而是背道而驰

——**投到资产阶级羽翼下**。

而且不是在列宁同志的个别著作中……

—————

而且在整个纲领中对“无产阶级的分子运动”表述得不准确。

贫困化理论

||| 如果贫困起来，那时日常的斗争就会减弱。

< 纲领的制定者对这个问题作了模棱两可的回答。

自觉的运动从来没有谈到过。

|| **无产阶级从来没有做过主语**

|| < 在最好的情况下：

无产阶级的趋向。

应使**党**成为十足的**阶级的**政党

无产阶级专政(我的同志们不同意我的意见)。

我们党正在变成不是无产阶级的党，而是一切被剥削劳动者的党。

马尔托夫。

马尔丁诺夫在工人阶级对创立社会主义意识形态的态度问题上与阿基莫夫持相同的观点。

12 时 35 分—12 时 45 分。列宁发言及其要点①。

12 时 50 分。普列汉诺夫……

第 10 次会议。

波兰人及其他。

---

8 月 5 日，星期三。

第 11 次会议。

9 时 30 分。崩得的报告。

---

① 见本卷第 251—253 页。——编者注

关于这一报告的问题和讨论。

中央委员会有权增补(和开除)崩得地方委员会的委员。

崩得的地方委员会把收入的40%交中央委员会。

在崩得地方委员会选举参加崩得代表大会的代表时,中央委员会有权否决。

下午的会议:

第12次会议:

3时30分。巴库人的报告。

4时15分。萨拉托夫人的报告。

4时45分。萨拉托夫人的报告结束……

4时47分。矿区联合会的报告(达5万张传单)。

5时19分。"南方工人"社的报告。

5时50分。休会。

6时10分。马尔托夫的报告[203]。

第13次会议。下午。

3时10分。顿河区委员会的报告

3时42分。叶卡捷琳诺斯拉夫委员会的报告

4时。 图拉委员会的报告

4时20分。特维尔委员会的报告

4时32分。莫斯科委员会的报告

第14次会议(于伦敦)。

关于以后会议程序的争论。

宣读波兰的声明

(直接转入议程上的问题)。

提出组织问题。

11时。我的关于党的组织章程的报告。

马尔丁。他声明,不应当把他和阿基莫夫混为一谈。

编辑部应参与中央委员会的事务(而不是相反)——这就是马尔丁的基本思想。

(据说可以提防"野蛮人入侵"中央机关报编辑部:中央委员会要充实编辑部。)

马尔丁建议,要指出总委员会对代表大会负责,而两个中央机关对总委员会负责。马尔丁提出的还是那个计划,只不过是从总委员会开始,使它**实际上**成为统一的和全权的中央委员会(但是他仍旧试图规定中央委员会的某些最重要的职能)。

尤里耶夫声明马尔丁的意见是个人的,他不同意马尔丁关于编辑部在总委员会中占有优势的意见,要求总委员会的第五名委员**既不**由中央机关报编辑部选派,**也不**由中央委员会选派。

没有给有影响的机关报编辑部以应有的地位。应当规定它(机关报)的地位并让它参加代表大会。

解散组织应规定特别的(重要的)条件。

利波夫首先从我在这个问题上"**矫枉过正**"谈起,而且他试图用崩得的历史来证明。这是对地方活动家的一种"有组织的不信任”等等(认为,他们既不能影响,也不能创造)。这是一种**分散主义**的表现(三个中央机关)。

他特别不满意的是,不经中央机关报编辑部的同意就不能增补中央委员会委员。

((我们崩得没有两个中央机关:国外委员会全是由中央委员会任命的。))

把思想领导和实际领导分开是有害的。**中央委员会**还有什么权威呢?(难道《火星报》会说,没有俄国国内的协助,他们能做到三分之一?)

章程没有要求中央委员会自然成长。

阿基莫夫提出关于地方组织的组成的程序问题。

12 时 10 分。**马尔托夫**回答马尔丁。

关于总委员会的任命,他不同意列宁的意见,他**几乎**是同意尤里耶夫的意见:不应当事先确定优势。

总委员会的组成应当防止**形式上的平权**:每方两名委员和经**一致同意**选出第五名委员。

在关于规定中央委员会**职能**的补充意见问题上**同意尤里耶夫的意见**。

删掉第 7 条中的“**以及中央机关报**”。

阿基莫夫——认为草案“完全不能令人满意”,原因有二:

(1)各地方委员会的组织 }} 没有
(2)各地方委员会的权限 }} 确定。

五人中三人由中央机关报编辑部选派是完全不可能的。

哈哈!! 编辑部不会“轻率”行事,去同意中央委员会的意见。

全部**领导**落入中央机关报的手中,它甚至领导每一个成员,而不仅是领导每一个组织。

阿基莫夫赞同尤里的意见:第五名委员经增补产生。

托洛茨基。

波里斯·尼古拉耶维奇。

阿基莫夫。结果将是某些组织,**特别是崩得**立即从党内分离出去。

第 15 次会议(下午)。

伊萨里。

德米特里耶夫。3 时 27 分

格林贝格。3 时 29 分

是“兵营”,而不是集中。

利波夫。3 时 48 分

尤里耶夫 4 时 15 分

纲领委员会的报告人。

致纲领委员会[204]

工人在年老和由于不幸事故或有害的生产条件而丧失劳动能

力时，得享受国家保险，由国家向雇主征收专门税作为这项支出的特别基金，特别基金由工人组织掌握。

……在年老和完全或部分丧失劳动能力时……

第16次会议：

"语言"205。

第17次会议(下午)。

宣读第7次和第8次会议的记录。

1903年8月13日。

第18次会议。

米哈伊尔·伊万诺维奇的声明。

纲领第9条。

利波夫的修正案(民兵)被否决。

第10条。

第11条。托洛茨基的修正案。

第19次会议。

工人部分结束。

4时15分。

土地纲领。

马尔丁诺夫。

事实上

“**纠正**历史上的不公平现象”

[[**完成**资产阶级的事情]]

((在工役制和割地之间没有平行现象。

注意‖不应当回到1861年去。

西罗季宁。

“对割地的指望必定使……保留反无产阶级的气氛”

(意识形态)

(“我不去分析，土地占有者手中的公地(即公地掌握在他们手中)在多大的程度上取决于农奴制或取决于现代的条件”

尤里耶夫。

没有报告。

某种新的东西。

不清楚：几个问题：

(1)它的意义？——对于**我们**？

对于**农民**。

(谁也不能回避这个问题：农民**应当**参加革命。

也许会 这是不是那种用**历史哲学的**观点去解决：革命的结局

同意 **会给农民带来什么。**

要不然：**实际的鼓动**

重新分配会更受人欢迎

(纪录是打不破的)

“割地”——是原因吗?

(缺少土地)。

利波夫。“要求的贫乏”。

不要只限于废除农奴制残余。

利波夫希望进行一系列的**彻底改革**

{各个不同的地区都得考虑到}

要么:“规定主要路线”

要么:具体化。

托洛茨基。

列宁①。

西罗季宁。我没有回答他。

这不是最好的办法(割地)。

我没有回答的是:

即使割地是原因,**那么这是消灭它们的最好的手段吗**?

不能彻底废除:一切还会回复原样。

马尔丁诺夫。讲封建主义应当讲现存的封建主义,而不是过去的封建主义?

有“平行现象”吗?原则过去不是那样:

肥沃的土地>割地

① 见本卷第 260—262 页。——编者注

贫瘠的土地<割地

在新俄罗斯有**最多的**……

没有原则上的平行现象。

注意‖‖ 之所以贫乏，是因为我们依据的是“贫乏的”原则（恢复历史上的不公平现象），而不是**纯粹革命的**原则。

尤里耶夫。

‖ 你们的正确口号完全不再是实际鼓动的口号。

乔治。要不要说私有制是不可侵犯的？（如果要夺回全部土地的话。）

普列汉诺夫。“路易十六和 **18**……”

利波夫。

米佐夫。

‖ “考虑不周的、蛊惑人心的冒险措施”

‖ ——归还赎金。

注意‖‖ ∫ 联合全体农民同封建主义作斗争＝下策

∫ 号召，因为在转变。

马尔托夫。

列别捷夫——引证纲领中的社会主义部分来为纲领辩护。

普列汉诺夫。

乔治。农民会说：我们需要土地。怎么办？支持吗？——**充当**

注意 ‖ **尾巴!!**

问题不是谈理论,而是**在大革命的时期怎么办**?

德米特里耶夫。在西北地区没有割地,可是有**大量的盘剥现象**。

不要入迷:不会有普遍的意义。

尤里耶夫。是什么把我同编辑部分开了呢?**缺乏**对农民运动的迷恋。

我们忘记了西欧。

{在西方,农民的生活状况愈好,农民中的社会主义运动就愈薄弱。贫困和穷苦是蹩脚的助手。

希望**我国**农民中的社会主义运动取得更大的成功,这是**无法实现的幻想**。

米佐夫。

注意{"夺回和分配"=小资产阶级的原则。

<"农村无产者不会很快理解我们的"

{分配土地会是反动的。

第 20 次会议。

伊萨里赞成土地纲领。

为格鲁吉亚提出的反对盘剥的特殊要求。

托洛茨基。

列宁[1]。

---

① 见本卷第 263—264 页。——编者注

西罗季宁。如果列宁同志能向我证明我的办法(通过**租佃**、通过小块土地的租佃向资本主义过渡)**是不适用的**,那么我就同意**他的**办法,同意割地(通过小私有制过渡)。(第三种办法:通过资本主义的租佃。)

第 21 次会议。

利波夫。

注意 (a)受压迫不是革命性的保证(我好像说过,这是同一个东西)(要么全是个人要求,要么一个要求也没有)

(b)社会民主党在哪里?富人和穷人将怎样分配割地?

马尔丁。在德国也有奴役制(在资本主义基础上)。

第 22 次会议:

章程委员会。

关于"党员资格"的争论。

第 23 次会议:

关于"**党员资格**"的争论。

第 24 次会议(星期日晚上)。

星期一:

第 25 次会议(上午)。

第 26 次会议(晚上)。

关于增补问题。**6 时 30 分**。

星期二

第 27 次会议。

(增补问题被否决。)

崩得在第 27 次会议上退出。[1]

8 月 19 日。

第 29 次会议(**星期三**,上午)。

第 17 次会议的记录。
第 20 次会议的记录。

第 30 次会议。

鲁边。

第 31 次会议{8 月 20 日,星期四}

上午——选举中央机关报编辑部和中央委员会。

第 31 次会议(8 月 20 日,星期四,上午)。

马尔托夫关于拒绝参加编辑部的发言:

① 这一句和刊印在日志末尾的表格一样,是列宁后来补写在一页日志的空白处的,该页记录着有关代表大会第 25、26、27 次会议的情况。——俄文版编者注

{{限于承认《火星报》

{这一行动的政治意义是明显的。

四个同志中没有一个人同意参加编辑部。

具有政治性质，而不是私人性质。

{玷辱了我的整个政治名誉。

这一切都确有其事。

为争取影响俄国境内的中央委员会而进行的斗争的一幕。

“党内戒严状态……”

——反对独立团体和个别分子的非常法。

{**发言后的笔记提纲：**}[206]

(1)感到奇怪

(2)过去说赞成选举

(3)改组委员会

(4)一个人的草案。**我坚决抗议**

(5)自由选举。编辑部成员都知道(马尔托夫看过而且修改过)

(6)谁也没有反对过(如果不算阿克雪里罗得的话)草案大家传阅了好几个星期

(7)《火星报》编辑部曾决定选举第七名成员

(8)马尔托夫的提法造成政治上的混乱

(9)戒严状态

(10)“为争取影响中央委员会而进行的斗争”。

|||25票赞成，1票反对

|||17票弃权

{无记名投票}[207]

2

(伊萨里和
巴季连科夫)　3 票赞成,17 票反对

米佐夫 1 票((10))[208]

{22 票反对
3 票赞成
19 票弃权}[209]

第 32 次会议(星期四,下午)。

选举党总委员会的第五名委员。

下午 5 时半结束。

8 月					
10		16	星期日	24	23
		17	星期一	25—26	24
11		18	星期二	崩得退出 27—28	25
12	可见	19	星期三	29—30	26
13	18	20	星期四	31—32	
14		21	星期五	33—34	
15	22—23	22	星期六	35—36	

可见 8 月 18 日的(非正式)会议是在第 28 次会议之后举行的。[210]

载于 1927 年《列宁文集》俄文版
第 6 卷

译自《列宁全集》俄文第 5 版
第 7 卷第 403—421 页

5

《关于崩得在俄国社会民主工党内的地位问题的发言》的提纲[①]

（7月19—20日〔8月1—2日〕）

（1）为什么联邦制**是有害的**？

（2）为什么自治**就够了**？

{图拉委员会}

（2）怎样**证明**在**完全**隶属于一个统一的中央的情况下同样卓有成效的工作是可能的？

“预见”

问题的地位和紧密的多数派

a
- 无产阶级力量的分裂
- 把独特性**合法化**
- **若干单个派别**的凑合，还是
- **只有一个**派别？

自治是**分**权制！！？？

施瓦尔茨曼：“崩得**不应直接参与共同事务**”

① 发言见本卷第248—250页。——编者注

b 图拉委员会的自治

“琐碎的干预”和由谁决定

自治就是不信任:**我们**没有履行**自己的**义务。

怎样证明?往哪里去?**同英国的煤矿工人比较**。

载于 1927 年《列宁文集》俄文版第 6 卷

译自《列宁全集》俄文第 5 版第 7 卷第 425 页

6

关于纲领委员会工作的笔记[211]

（7月21日和29日〔8月3日和11日〕之间）

纲领委员会

段数：15＋11＋2＋17＋1＋5＋2＝**53**

第1段：马尔丁诺夫：（阿基莫夫同意，但提出了一些小的修改）。

文明世界各资本主义国家之间的密切联系和这些国家中无产阶级利益的共同性一定使得……

> 我声明：我认为这样比原来的**要糟得多**。普列汉诺夫以另一种形式作了同样的声明。

米佐夫支持阿基莫夫和马尔丁诺夫，提出自己的条文。

2.　普列汉诺夫以"自己"和"俄国的"二词对原文进行修改，并提议表彰梁赞诺夫的埋头苦干精神。修改意见被一致通过。[212]

阿基莫夫提出修正案："遵循同样一些原则"。

---

3. 阿基莫夫修改了前两行，提出"继承革命运动事业"（大致如此）。阿布拉莫夫和马尔丁诺夫发言反对。修改意见被一致否决。

余下的一条（商品——阿基莫夫加上：**和土地**）＋代替上

层阶级进行剥削的资本家和土地占有者

并补充：这一特征造成压迫、“精神忧郁和政治上的无权地位”。

我们不承认这些阶级是上层阶级。

普列汉诺夫发言反对。马尔丁诺夫同意普列汉诺夫的意见。

西罗季宁：+“**现代**”资产阶级社会+在资本主义关系**占统治地位**的基础上。

4.　从“**这个社会的主要特点**”开始。[213]

5.　西罗季宁的修正案被否决。

6—13.第二次会议我未参加。

第3次会议。

14. 两处修辞上的改动。

15.16.

在若干问题上广泛实行地方自治等等。[214]

(高加索的提案。)

第6条。————**不分性别、宗教、种族、民族和语言————**[215]。

晚上的会议：

第7条：波兰人提出：

“保障组成国家的各民族在文化发展上的充分自由的

机构”。

波兰人提出：

1896 年

伦敦决议：

“代表大会宣布：大会主张各民族拥有充分的自决权并向如今在军事的、民族的或其他的专制制度压迫下饱受痛苦的每个国家的工人表示同情，大会号召所有这些国家的工人站到认清自己阶级利益的全世界的工人的队伍中来，同他们一起为反对国际资本主义和争取实现国际社会民主运动的目的而斗争。”

反对理由：

(1)道义上的

(2)实践上的(鼓动)。[216]

载于 1927 年《列宁文集》俄文版第 6 卷

译自《列宁全集》俄文第 5 版第 7 卷第 422—424 页

7

《关于党纲问题的发言》的提纲[1]

（7月22日〔8月4日〕）

A. 出现了我在《**怎么办**?》[2]中与之斗争的“经济主义”

——无产阶级专政
——贫困化
——{{**无产阶级没有做过主格**}
‖不是无产阶级的党，而是全体劳动者的党‖
充实理论。

B. 而**工人领导者**的培养呢?

而**同降低到群众的水平和中等水平**作斗争呢?

（而要求发展工会运动呢?
而预先说明：舒尔采-德里奇之类的人呢?

‖而资产阶级民主是幻影呢?

C. **矫枉过正**。

载于1927年《列宁文集》俄文版第6卷

译自《列宁全集》俄文第5版第7卷第426页

① 发言见本卷第251—253页。——编者注

② 见本版全集第6卷第1—183页。——编者注

8

就崩得代表关于党章讨论程序的提案进行辩论的笔记

（8月2日〔15日〕）

1.“**只有到那时**”我们才能对各条进行仔细分析。

2.自治对谁适用——这是个**原则性**问题。

3.前所未闻的提案——部分先于整体。这令人“可笑”，更令人**可恶**[①]。

载于1927年《列宁文集》俄文版第6卷

译自《列宁全集》俄文第5版第7卷第427页

---

① “可恶”一词被列宁删掉了。——俄文版编者注

9

就党章第 1 条进行辩论的笔记[217]

(8 月 2 日〔15 日〕)

什么是“党组织”

＝党承认的并编入党的机关系统的组织。

阿克雪里罗得:

“把党和组织混为一谈”:这是缺点。

以“教授”为例:是党员,但不是组织的成员。这样的人不能吸收入党。

马尔托夫:“党号召一切被剥削者加入自己的队伍”。

‖ 党员**除了向两个中央机关报告而外**,再没有别的权利了。

> **托洛茨基**
> 严格从秘密活动者的角度理解党的概念。

毕洛夫:

所有组织都应当是密谋组织,但这一点是不可能做到的。

不对(是松散的组织)

促进因素＝组织起来!

混乱:无法监督,

无法消除。

发展组织。

利波夫——赞成阿克雪里罗得和马尔托夫的意见

我只是有一点**疑惑**。

全部争论是关于用词的争论(列宁称之为党的东西,他们称之为组织)。

注意||| **只要他敢去(面对危险),他就会成为一个职业革命家**

如果他们想作为一个组织参加,那么这里是没有障碍的

没有明白我的意思

"思想派别"

"我们不要求做不到的事情"

马尔丁从我引起的思想**激动**中拯救了

中央委员会——这是**圣灵**。

阿克雪里罗得:反驳是不严肃的

被流放的人们?

关于西欧我什么也没有说过。

您能用什么命令来禁止他自称社会民主党人呢?

马尔丁诺夫:

密谋家——代理人——群众

不那么重要:阿克雪里罗得的

"磋商"

布鲁凯尔

是错误的：

把道义原则等列入**政治**章程

群众之外的群众的党

№1①(**没有弹性**)

范围的缩小和广度

坚定性和纯洁性

思想派别

“我们的党组织应当是职业革命家的组织”

在法庭上说的话：**害处**#①

“斗争”社，著作家们

把说空话的人和办实事的人区分开：**宁可不把十个办实事的人称做党员，也不把一个说空话的人称做党员**。

我再说一遍：中央委员会的力量和权力，党的坚定性和纯洁性——这就是实质之所在。

(司徒卢威就要变成组织中的一员，就要入党了)

马尔托夫：主要的反对意见——**无法实现**。

思想(松散的组织)是正确的，但方法不适用。

中央委员会将坚持不住并在实践中会让每个人统统都加入党。因此布鲁凯尔赞成。

甚至登记也做得到：有多少个散发传单的人是可以算得出来的。

要么是列宁的“**在组织上的空想**”

要么是把99%的人抛在党外。

① 参看下面作有同样记号的马尔托夫发言的记录。——俄文版编者注

№1　‖ **我希望把所有人都变成党员：如果你们愿意，那就算是**
注意 ‖ **党员。**
#注意 ‖‖ 独立者同盟最好能加入。①
‖ 按照列宁的观点，第 1 条就用不着了
№1　‖ 党员**没有任何权利**。
‖ **责任**。‖

载于 1927 年《列宁文集》俄文版第 6 卷

译自《列宁全集》俄文第 5 版第 7 卷第 428—430 页

① 这一句被列宁删掉了。——俄文版编者注

10

《在选举〈火星报〉编辑部时的发言》的提纲[①]

（8月7日〔20日〕）

（1）马尔托夫的讲话太奇怪了

（2）我坚决抗议

（3）事情被描述得不正确

（4）两个三人小组的计划是在马尔托夫看过以后才传阅的

（5）传阅了几个星期

（6）除了阿克雪里罗得的个人意见（“好像”反对草案）之外，没有反对意见

（7）《火星报》编辑部曾决定选举第七名成员

（8）马尔托夫的提法造成政治上的混乱。

戒严状态。

载于1927年《列宁文集》俄文版第6卷

译自《列宁全集》俄文第5版第7卷第431页

① 发言见本卷第288—291页。——编者注

11

代表大会的组成[218]

(8 月 10 日和 25 日〔8 月 23 日和 9 月 7 日〕之间)

崩得分子:

1. 阿布拉莫夫(艾森施塔特)
2. 利波夫(戈尔德曼)
3. 贝尔格曼(? 组织委员会委员)
4. 格林贝格(俄罗斯人)
5. (“弗拉基米尔”)施瓦尔茨曼

《工人事业》杂志:

6. 阿基莫夫(马赫诺韦茨)
7. 马尔丁诺夫(皮凯尔)

彼得堡:

8. 布鲁凯尔(马赫诺韦茨的妹妹,代表工人组织)

} 《工人事业》杂志

“南方工人”社:

9. 尤里耶夫
10. 马尔丁(代表“南方工人”社)

哈尔科夫:

11. 安娜·伊万诺夫娜(尤里的妻子)
12. “米哈伊尔·尼古拉耶维奇”

} “南方工人”社

9（6）
克里木：
13."安东诺夫"（两票）
和14.
15.、16. 马尔托夫（代表《火星报》组织）
17. 托洛茨基、18."毕洛夫"（代表西伯利亚）
19. 捷依奇（代表"劳动解放社"）
20. 扎戈尔斯基（代表乌法）
—— 马尔托夫分子

6（5）
21.、22. 米佐夫（代表尼古拉耶夫）
23."魏斯曼"（代表莫斯科）
（崩得分子）
24."巴季连科夫"代表罗斯托夫
25.、26."列维茨基"（代表矿区联合会）
27."康斯坦丁诺夫"（代表敖德萨）
马尔托夫分子
—— 泥潭派

1. 格里戈里耶夫（工人）
2. 安德列耶夫斯基——图拉
3. 德米特里耶夫（"图腊"）
4. 嘉金娜——北方协会

5.索柯洛夫斯基——叶卡捷琳诺斯拉夫
6.列昂诺夫——叶卡捷琳诺斯拉夫
7.捷姆利亚奇卡——敖德萨
8.贝尔格(工人)——彼得堡
9.伊格纳特——基辅
10.安德列(工人)——基辅

11.利金——萨拉托夫
12.西罗季宁——萨拉托夫
13.鲁边——巴库
和 14.(亚美尼亚人)
15.拉希德-别克——巴统
和 16.(亚美尼亚人)
24 (20) 17.伊萨里——梯弗利斯
和 18.(格鲁吉亚人)
19.普列汉诺夫——"劳动解放社"
20.列宁——同盟
和 21.
22.列别捷夫——罗斯托夫
23."佩图霍夫"——乌法
24.波列塔耶夫——莫斯科

有发言权的代表：

1.纳塔莉娅·伊万诺夫娜

2. 科斯佳
3. 阿克雪里罗得
4. 查苏利奇
5. 斯塔罗韦尔
6. 柯尔佐夫
7. 乔治(高加索人)
8—9. 塔尔们,一男一女。
10. 亚历山大(崩得分子)
11. 波里斯·尼古拉耶维奇
12. 列宁娜。

共计	
43 人(有表决权)	犹太人——21 人(有表决权)
12①	4①
55	25

1.

1+2=3　　19+3=22

(2)(4)(6)　　(38)+(5)=(43)

现在总共有 49 票[219]

合格的(**现在**,即代表大会之后)组织数:1. 圣彼得堡。2. 莫斯科。3. 下诺夫哥罗德。4. 萨拉托夫。5. 乌法。6. 哈尔科夫。7. 敖德萨。8. 基辅。9. 叶卡捷琳诺斯拉夫。10. 巴库。11. 巴统。12. 梯弗利斯。13. **北方协会**。14. 尼古拉

① 数字 12 和 4 表示有发言权的人数。——俄文版编者注

耶夫。15. **克里木**。16. 矿区。17. 顿河畔罗斯托夫。18. **西伯利亚**。19. 同盟。20. 图拉。

载于 1927 年《列宁文集》俄文版第 6 卷

译自《列宁全集》俄文第 5 版第 7 卷第 432—435 页

关于革命青年的任务的信的提纲

（1903 年 8—9 月）

关于革命青年的任务的信

可以按下面的提纲来写：

一、当代的大学生是些什么样的人？他们思想上的团结的任务是什么？

二、马克思主义在大学生革命化中|在革命运动中|的作用。

三、俄国的社会民主党人和社会革命党人。他们在理论上和策略上的区别。恐怖手段。

四、从“大学生革命化”的角度来看大学生的团体问题。

五、大学生和工人阶级（?）。

{思想上的团结＝某种无思想性。
总的论据——大学生中有各种派别。
分析，哪些派别，其偶然性与必然性。

社会上各个阶级中的文化人。
文化人是自由派的基础。
6 个派别的阶级性不够明确：这首先是由专制制度决定的（反动派——文化派——自由派）。小资产阶级、工人和资产阶级已经形成为**阶级集团**[①]了。

阶级(和政治)分化的进步意义。**例子:学院派和他们从“自由派”中分离出来**。这种分离不会妨碍而是促进了政治上的进展[发展、成长]。

“思想上的团结”。这是什么?谁同谁团结?学院派+自由派?自由派+社会党人?

只是社会革命党人同社会民主党人?

思想上的团结=传播一定的思想,**弄清**阶级纠纷,划清思想界限。

思想上的团结=传播**能够带领人们前进的**思想,即先进阶级的思想。

革命的马克思主义,它在1848年以前在欧洲的出现,它在西欧和俄国的作用。

{**补充**:关于社会主义不可能深入到资产阶级大学生中去的“绝顶聪明的”论调。}

载于1924年《红色青年》杂志
第1期

译自《列宁全集》俄文第5版
第7卷第437—438页

① 不是“最近”形成(形成为社会主义知识分子)的,而是在大约从彼得拉舍夫斯基派小组**220**出现以来的半个世纪内形成的。

《党的第二次代表大会》一文提纲[221]

（1903年9月9日〔22日〕和10月1日〔14日〕之间）

党的第二次代表大会

期待已久了。

为何迟迟不开？（社会革命党人和社会民主党人。真正的群众运动。庸俗观念和政策。）

代表大会的主要工作，建立政党。

1α 纲领。它的意义。“游牧”时期的结束。[222]同自由派、社会革命党人等作斗争的支柱。

宣传工作中的领导

鼓动工作中的领导。

2β 组织章程。它的意义。集中制。地方自治。（两个中央机关。）对领导者的同志关系。私人关系和政治关系。草拟对章程的解释和实施办法。

3γ 决议

自由派（两个） 社会革命党人	游行示威 工会斗争
党的书刊	

1. 自由派
2. 自由派
3. 社会革命党人
4. 党的书刊
5. 游行示威
6. 工会斗争

} 重要的

---

7. 工长
8. 1904 年代表大会
9. 基什尼奥夫大暴行
10. 教派信徒
11. 学生
12. 审讯时应采取的态度。

} 不重要的

4 δ 崩得的退党。公开更好。策略：阐明隔绝的危害。（崩得分子的民族主义和他们在组织问题上的胡说八道。）

5 **记录**。

载于 1927 年《列宁文集》俄文版
第 6 卷

译自《列宁全集》俄文第 5 版
第 7 卷第 439—440 页

俄国社会民主工党纲领

1903 年 7—8 月俄国社会民主工党
第二次代表大会通过①

交换的发展在文明世界各民族之间建立了密切的联系，因此伟大的无产阶级解放运动一定会成为而且早已成为国际的运动。

俄国社会民主党认为自己是全世界无产阶级大军中的一支队伍，它所追求的最终目的是和其他各国社会民主党人力求达到的目的相同的。

这个最终目的是由现代资产阶级社会发展的性质和进程决定的。

这个社会的主要特点是以资本主义生产关系为基础的商品生产，在资本主义生产关系下，最重要的和很大部分的生产资料和商品流通手段归一个人数不多的阶级所有，绝大多数的居民却是无产者和半无产者，他们由于自己的经济地位不得不一直出卖或定期出卖自己的劳动力，即受雇于资本家，并以自己的劳动为社会的上层阶级创造收入。

资本主义生产关系的统治范围随着下列情况而日益扩大：技术的不断改进提高大企业的经济作用，同时使独立的小生产者受

① 俄国社会民主工党第二次代表大会通过的这个纲领，是格·瓦·普列汉诺夫和列宁所拟定而由《火星报》编辑部提交代表大会的。——编者注

到排挤，一部分变成无产者，其余部分在社会经济生活中的作用日益缩小，某些地方还使他们在或大或小的程度上陷入完全地、明显地、深深地依附于资本的地位。

此外，上述的技术进步又使企业主能够在商品的生产和流通过程中愈来愈多地使用女工和童工。另一方面，既然这种技术进步使企业主对工人的活劳动的需要相对减少，劳动力也就必然供过于求，因此雇佣劳动愈来愈依附资本，雇佣劳动受剥削的程度不断提高。

各资产阶级国家内部的这种状况和它们在世界市场上日趋尖锐的相互竞争，使产量不断增加的商品愈来愈难找到销路。在相当尖锐的工业危机(接着危机而来的是相当长的工业停滞时期)中表现出来的生产过剩，是资产阶级社会中生产力发展的必然后果。危机和工业停滞时期又使小生产者更加陷于破产，使雇佣劳动更加依附资本，并更加迅速地引起工人阶级状况的相对恶化，而且有时是绝对恶化。

这样一来，意味着劳动生产率提高和社会财富增长的技术改进，在资产阶级社会却使社会不平等加剧，使有产者和无产者贫富更加悬殊，使愈来愈多的劳动群众的生活更无保障，失业和各种苦难加剧。

但是，随着资产阶级社会所固有的这一切矛盾的增长和发展，被剥削劳动群众对现状的不满也在增长，无产者的人数在增加，他们的团结在增强，他们同剥削者的斗争日益尖锐。同时，技术改进既使生产资料和流通手段集中起来，又使资本主义企业中的劳动过程社会化，于是日益迅速地造成以社会主义生产关系代替资本主义生产关系即进行社会革命的物质条件，这种革命是无产阶级阶级运动的自觉体现者国际社会民主党的全部活动的最终目的。

无产阶级的社会革命以生产资料和流通手段的公有制代替私有制，有计划地组织社会生产过程来保证社会全体成员的福利和全面发展，将消灭社会的阶级划分，从而解放全体被压迫的人类，因为它将消灭社会上一部分人对另一部分人的一切形式的剥削。

这个社会革命的必要条件就是无产阶级专政，即由无产阶级夺取可以用来镇压剥削者的一切反抗的政权。

国际社会民主党以使无产阶级能够完成其伟大历史使命为己任，把无产阶级组织成一个同一切资产阶级政党相对立的独立的政党，领导无产阶级各种形式的阶级斗争，向无产阶级揭示剥削者的利益同被剥削者的利益之间的不可调和的对立，并向他们阐明行将到来的社会革命的历史意义和必要条件。同时，国际社会民主党还向其余一切被剥削劳动群众指出，他们在资本主义社会中的处境是毫无希望的，必须进行社会革命才能摆脱资本的压迫。工人阶级政党，即社会民主党，号召一切被剥削劳动者阶层参加自己的队伍，因为他们正在站到无产阶级的立场上来。

在整个文明世界占统治地位的资本主义生产方式给各国社会民主党人确定了共同的最终目的，但他们在走向这一目的的道路上，必须给自己提出不同的最近任务，因为这种生产方式的发展程度不是到处都一样，它在各国发展的社会政治环境也各不相同。

在资本主义已经成为占统治地位的生产方式的俄国，还保存着以地主、国家或国家元首奴役劳动群众为基础的资本主义以前的旧制度的许多残余。这些残余极严重地阻碍着经济的进步，使无产阶级的阶级斗争不能全面发展，使国家和有产阶级对千百万农民的各种最野蛮的剥削保存下来并日益加重，使全体人民处于愚昧无知、毫无权利的境地。

所有这些残余中的最大残余，所有这一切野蛮行为的最强有力的支柱就是沙皇专制制度。沙皇专制制度就其本性来说是和任何社会运动敌对的，它不能不是反对无产阶级一切解放要求的最凶恶的敌人。

因此，俄国社会民主工党的最近的政治任务是推翻沙皇专制制度，代之以民主共和国，共和国的宪法应保证：

1. 建立人民专制，即国家的最高权力全部集中在立法会议手里，立法会议由人民代表组成，它是单一的议院。

2. 无论选举立法会议还是选举各级地方自治机关，凡年满20岁的男女公民都有普遍、平等和直接的选举权；选举时采取无记名投票；每个选民都有权被选入各级代表机构；议会每届任期两年；人民代表领取薪金。

3. 实行广泛的地方自治；在生活习俗和居民成分特殊的地方实行区域自治。

4. 人身和住宅不受侵犯。

5. 信仰、言论、出版、集会、罢工和结社的自由不受限制。

6. 有迁徙和从业的自由。

7. 废除等级制，全体公民不分性别、宗教信仰、种族和民族一律平等。

8. 居民有权受到用本民族语言进行的教育，国家和各级自治机关应拨款开办这类学校，以保证这种权利的实现；每个公民都有在各种会议上讲本民族语言的权利；在一切地方的社会团体和国家机关中，本民族语言和国语地位平等。

9. 国内各民族都有自决权。

10. 人人都有权按照通常程序向陪审法庭控告任何官吏。

11. 法官由人民选举产生。

12. 用普遍的人民武装代替常备军。

13. 教会同国家分离,学校同教会分离。

14. 对未满16岁的男女儿童一律实行免费的义务的普通教育和职业教育;由国家供给贫苦儿童膳食、服装、教材和教具。

俄国社会民主工党要求**取消一切间接税,征收累进所得税和累进遗产税**,认为这是使我国国家财政民主化的基本条件。

为了保护工人阶级不致在肉体上和精神上衰退,同时为了增强他们进行解放斗争的能力,党要求:

1. 一切雇佣工人的工作日应限制为一昼夜8小时。

2. 由法律规定,国民经济各部门的男女雇佣工人,每周连续休息时间不得少于42小时。

3. 绝对禁止加班加点。

4. 国民经济各部门禁止做夜工(晚9时至翌晨6时),由于技术原因绝对必须做夜工而又取得工人组织同意的部门除外。

5. 禁止企业主雇用学龄(未满16岁)儿童做工,少年(16—18岁)的工作时间限定为6小时。

6. 禁止在对妇女身体有害的部门使用女工;女工产前给假4周,产后给假6周,产假期间保留通常数额的工资。

7. 凡有女工的工厂和其他企业均应设立婴儿和幼儿托儿所;凡需哺乳的女工每隔3小时可以离开工作喂奶一次,每次不得少于半小时。

8. 工人在年老和完全或部分丧失劳动能力时,得享受国家保险,由国家向资本家征收特别税作为这项支出的专用基金。

9. 禁止用商品支付工资；在一切雇工合同上应规定每周用现金发工资，并在工作时间发给。

10. 禁止企业主以任何理由和为了任何目的（罚款、检验等等）克扣工资。

11. 在国民经济各部门设足够数量的工厂视察员，并把工厂视察机关监督制推广到一切使用雇佣劳动的企业，包括国营企业在内（家庭佣人的劳动也在这种监督范围之内）；在使用女工的部门设女视察员；由工人选出并由国家支付薪金的代表参加监督工厂法的执行，监督工资标准的制定及原料和产品的验收。

12. 地方自治机关在工人代表的参与下共同监督企业主拨给工人的住宅的卫生状况，以及监督这些住宅的内部规章和租用条件，使雇佣工人作为私人和公民的生活和行动不受企业主的干涉。

13. 在一切使用雇佣劳动的企业内建立正规的卫生监督，一切医疗卫生组织完全独立，不受企业主管辖；工人享受免费医疗，医疗费由企业主负担，病假期间发给生活费。

14. 规定雇主破坏劳动保护法应负刑事责任。

15. 在国民经济各部门设立职业法庭，由对等的工人代表和企业主代表组成。

16. 责成地方自治机关在各生产部门设立雇用本地和外来工人的介绍所（劳动介绍所），由工人组织派代表参加管理。

为了肃清沉重地直接压在农民身上的农奴制残余，为了使农村阶级斗争自由发展，党首先要求：

1. 取消赎金、代役租以及目前农民这个纳税等级所承担的一切义务。

2. 废除一切限制农民支配自己土地的法律。

3. 用赎金和代役租方式从农民那里勒索的钱应归还农民；为此没收寺院和教会的财产，也没收皇族的、皇室的以及沙皇近支的田产，同时对享有赎金贷款的贵族土地占有者的土地课以特别税；把这样获得的款项作为村团的文化和慈善事业的特别国民基金。

4. 设立农民委员会，以便：（一）把废除农奴制时从农民那里割去的和成为地主盘剥工具的那些土地归还村团（用剥夺的办法，或者——在土地已经转手的情况下——以由国家用贵族大地产赎买的办法）；（二）将高加索由暂时义务农、希赞和其他农民使用的土地转归他们本人所有；（三）消灭在乌拉尔、阿尔泰、西部边疆区和国内其他地区保留下来的农奴制关系残余。

5. 授权法庭降低过高的地租和宣布盘剥性契约无效。

俄国社会民主工党力求达到自己最近的目的，支持任何反对俄国现存社会政治制度的反政府运动和革命运动，同时坚决摒弃所有那些会使警察-官吏对劳动阶级的监护稍微扩大或巩固的改良方案。

俄国社会民主工党自己坚信，只有**推翻专制制度**并召开由全民自由选举的**立宪会议**，才能完全、彻底、可靠地实现上述各种政治改革和社会改革。

译自《苏联共产党代表大会、代表会议和中央全会决议汇编》1983 年俄文版第 1 卷第 59—65 页

注　释

1 《就我们的组织任务给一位同志的信》写于1902年9月,是列宁对彼得堡社会民主党人阿·阿·施涅尔松(叶列马)来信的答复。施涅尔松在来信中对俄国社会民主工党彼得堡工作的组织提出了批评。

1895年12月列宁和他的战友们被捕以后,彼得堡工人阶级解放斗争协会的领导权逐渐落入经济派的手中。同革命的马克思主义者相反,经济派反对建立严格集中和秘密的革命家组织,而主张建立广泛的实行选举制的工人组织,把直接维护工人的经济利益、建立互助储金会等等作为这种组织的首要任务。由于经济派的长期统治,斗争协会的组织结构也发生了变化:协会的工人部分(所谓工人组织)被人为地同知识分子部分分离开来;协会组织臃肿不堪,根本不适于领导工人群众进行反对专制制度和资产阶级的革命斗争。为改变这种状况,火星派同经济派在彼得堡组织中展开了斗争。1902年夏天,俄国社会民主工党彼得堡委员会终于转到了《火星报》立场上来。为了用火星派的组织原则来改组彼得堡斗争协会,当时成立了一个由《火星报》组织、工人组织和彼得堡委员会的代表组成的专门委员会。但是以亚·谢·托卡列夫为首的经济派却声明不同意彼得堡委员会关于支持《火星报》立场的决议,并建立了一个所谓工人组织委员会,来反对火星派。火星派在工人们的支持下守住了阵地,在彼得堡组织中巩固了下来。列宁的这封信就是在这场斗争进行得最激烈的时刻寄到彼得堡的。

列宁的信最初用胶版印刷,并在彼得堡社会民主党人中间辗转传抄。1903年6月,西伯利亚社会民主党人联合会将此信秘密出版,标题是:《论俄国社会民主工党组织的革命工作(给一位同志的信)》。1904年1月,俄国社会民主工党中央委员会出版了《给一位同志的信》的单行本,有列宁写的序言和后记(见本版全集第8卷)。《给一位同志的信》曾在各社会民主党组织中广为流传。从1902—1905年沙皇俄国警察司的材料中可以看出，在莫斯科、里加、顿河畔罗斯托夫、纳希切万、尼古拉耶夫、克拉斯诺亚尔斯克、伊尔库茨克等城市都发现过列宁的这封信。——1。

2 工人事业派是聚集在《工人事业》杂志周围的经济主义的拥护者。《工人事业》杂志是俄国经济派的不定期杂志，国外俄国社会民主党人联合会的机关刊物，1899年4月—1902年2月在日内瓦出版，共出了12期(9册)。该杂志的编辑部设在巴黎，担任编辑的有波·尼·克里切夫斯基、帕·费·捷普洛夫、弗·巴·伊万申和亚·萨·马尔丁诺夫。该杂志支持所谓"批评自由"这一伯恩施坦主义口号，在俄国社会民主党的策略和组织问题上持机会主义立场。工人事业派宣扬无产阶级政治斗争应服从经济斗争的机会主义思想，崇拜工人运动的自发性，否认党的领导作用。他们还反对列宁关于建立严格集中和秘密的组织的思想，维护所谓"广泛民主"的原则。《工人事业》杂志支持露骨的经济派报纸《工人思想报》，该杂志的编辑之一伊万申参加了这个报纸的编辑工作。在俄国社会民主工党第二次代表大会上，工人事业派是党内机会主义极右派的代表。——1。

3 《火星报》(«Искра»)是第一个全俄马克思主义的秘密报纸，由列宁创办。创刊号于1900年12月在莱比锡出版，以后各号的出版地点是慕尼黑、伦敦(1902年7月起)和日内瓦(1903年春起)。参加《火星报》编辑部的有：列宁、格·瓦·普列汉诺夫、尔·马尔托夫、亚·尼·波特列索夫、帕·波·阿克雪里罗得和维·伊·查苏利奇。编辑部的秘书起初是因·格·斯米多维奇，1901年4月起由娜·康·克鲁普斯卡娅担任。列宁实际上是《火星报》的主编和领导者。他在《火星报》上发表了许多文章，阐述有关党的建设和俄国无产阶级的阶级斗争的基本问题，并评论国际生活中的重大事件。

《火星报》在国外出版后，秘密运往俄国翻印和传播。《火星报》成了团结党的力量、聚集和培养党的干部的中心。在俄国许多城市成立了俄国社会民主工党列宁火星派的小组和委员会。1902年1月在萨马拉举行了火星派代表大会，建立了《火星报》俄国组织常设局。

《火星报》在建立俄国马克思主义政党方面起了重大的作用。在列宁的倡议和亲自参加下，《火星报》编辑部制定了党纲草案，筹备了俄国社会民主工党第二次代表大会。这次代表大会宣布《火星报》为党的中央机关报。

根据俄国社会民主工党第二次代表大会的决议，《火星报》编辑部改由列宁、普列汉诺夫、马尔托夫三人组成。但是马尔托夫坚持保留原来的六人编辑部，拒绝参加新的编辑部，因此《火星报》第46—51号是由列宁和普列汉诺夫二人编辑的。后来普列汉诺夫转到了孟什维主义的立场上，要求把原来的编辑都吸收进编辑部，列宁不同意这样做，于1903年10月19日(11月1日)退出了编辑部。《火星报》第52号是由普列汉诺夫一人编辑的。1903年11月13日(26日)，普列汉诺夫把原来的编辑全部增补进编辑部以后，《火星报》由普列汉诺夫、马尔托夫、阿克雪里罗得、查苏利奇和波特列索夫编辑。因此，从第52号起，《火星报》变成了孟什维克的机关报。人们将第52号以前的《火星报》称为旧《火星报》，而把孟什维克的《火星报》称为新《火星报》。

1905年5月第100号以后，普列汉诺夫退出了编辑部。《火星报》于1905年10月停刊，最后一号是第112号。——1。

4 《关于游行示威》这篇短评是列宁为彼得堡大学学生A.奥弗相尼科夫1902年10月6日(19日)给《火星报》编辑部的信写的编后记。奥弗相尼科夫的这封信以《谈游行示威问题》为题，评论了1902年9月15日《火星报》第25号发表的彼得堡一位同志的信——《怎么办?》。列宁原打算把短评和奥弗相尼科夫的信同时在《火星报》第27号发表，后来短评和信都没有刊出。——19。

5 《芬兰报》(«Финляндская Газета»)是俄国沙皇政府的官方报纸，由芬兰总督府于1900—1917年在赫尔辛福斯出版。该报是沙皇政府的俄罗斯化政策和大国主义政策的传声筒。——21。

6 犹杜什卡·戈洛夫廖夫是俄国作家米·叶·萨尔蒂科夫-谢德林的长篇小说《戈洛夫廖夫老爷们》中的主要人物波尔菲里·弗拉基米罗维

奇·戈洛夫廖夫的绰号,犹杜什卡是对犹大的蔑称。谢德林笔下的犹杜什卡是贪婪、无耻、伪善、阴险、残暴等各种丑恶品质的象征。——21。

7 指1901年6月8日(21日)沙皇政府颁布的关于西伯利亚官地拨给私人的法令。该法令为贵族土地占有者提供了特别优惠的条件。法令规定:如购买土地,数量可达3 000俄亩;如租赁土地,则数量不受限制,而且租期可长达99年,租赁者在最初5年可以不交纳任何租金。列宁在《农奴主在活动》(见本版全集第5卷)一文中对这项法令作了详细的分析和评价。——21。

8 **祖巴托夫政策**是20世纪初沙皇政府在工人问题上采取的一种政策,因其倡议者莫斯科保安处处长、宪兵上校谢·瓦·祖巴托夫而得名。祖巴托夫政策是在俄国工人运动从经济斗争向政治斗争转变、社会民主党的影响不断扩大的情况下提出来的,主要内容是建立亲政府的合法工人组织,以诱使工人脱离反对专制制度的政治斗争。祖巴托夫分子力图把工人运动引入纯粹经济要求的轨道,并向工人灌输政府准备满足这些要求的想法。祖巴托夫在制定和实行这一政策时利用了伯恩施坦主义、合法马克思主义和经济主义的思想。

1901年5月,保安处在莫斯科建立了第一个祖巴托夫组织——机械工人互助协会。同年夏季,祖巴托夫代理人(原为崩得成员)在明斯克和维尔诺建立了犹太独立工党。在1901—1903年间,彼得堡、基辅、哈尔科夫、叶卡捷琳诺斯拉夫、尼古拉耶夫、彼尔姆、敖德萨等地都建立了祖巴托夫组织。这些组织开会讨论过必须争取提高工人工资和缩短工作日等问题,甚至还提出过让工人购买企业的建议。革命报刊因此称祖巴托夫政策为“警察社会主义”。

革命社会民主党人揭露祖巴托夫政策的反动性,同时也利用合法工人组织来吸引工人阶级的广大阶层参加反对专制制度的斗争。在革命社会民主党人宣传鼓动的影响下,祖巴托夫组织发起的多次罢工都转变成了反政府的政治行动,1903年爆发的南俄总罢工特别明显地表明了这一点。沙皇政府于是摒弃了祖巴托夫建议的同革命运动斗争的方法，而祖巴托夫政策也为工厂主所反对。1903 年夏，祖巴托夫组织被全部撤销。——23。

9 《解放》杂志（«Освобождение»）是俄国自由派资产阶级反对派的机关刊物（双周刊），1902 年 6 月 18 日（7 月 1 日）—1905 年 10 月 5 日（18 日）先后在斯图加特和巴黎出版，共出了 79 期。编辑是彼·伯·司徒卢威。该杂志反映资产阶级的立宪和民主要求，在资产阶级知识分子和地方自治人士中影响很大。1903 年至 1904 年 1 月，该杂志筹备成立了俄国资产阶级自由派的秘密组织解放社。解放派和立宪派地方自治人士一起构成了 1905 年 10 月成立的立宪民主党的核心。——23。

10 指 1902 年 8 月 1 日《火星报》第 23 号社论《俄国自由派的纲领》。——25。

11 《曙光》杂志（«Заря»）是俄国马克思主义的科学政治刊物，由《火星报》编辑部编辑，1901—1902 年在斯图加特出版，共出了 4 期（第 2、3 期为合刊）。第 5 期已准备印刷，但没有出版。杂志宣传马克思主义，批判民粹主义和合法马克思主义、经济主义、伯恩施坦主义等机会主义思潮。——25。

12 社会革命党人是俄国最大的小资产阶级政党社会革命党的成员。该党是 1901 年底—1902 年初由南方社会革命党、社会革命党人联合会、老民意党人小组、社会主义土地同盟等民粹派团体联合而成的。成立时的领导人有马·安·纳坦松、叶·康·布列什柯-布列什柯夫斯卡娅、尼·谢·鲁萨诺夫、维·米·切尔诺夫、米·拉·郭茨、格·安·格尔舒尼等，正式机关报是《革命俄国报》（1901—1904 年）和《俄国革命通报》杂志（1901—1905 年）。社会革命党人的理论观点是民粹主义和修正主义思想的折中混合物。他们否认无产阶级和农民之间的阶级差别，抹杀农民内部的矛盾，否认无产阶级在资产阶级民主革命中的领导作用。在土地问题上，社会革命党人主张消灭土地私有制，按照平均使用原则将土地交村社支配，发展各种合作社。在策略方面，社会革命党人采用了社会民主党人进行群众性鼓动的方法，但主要斗争方法还是搞个人恐怖。为了进行恐怖活动，该党建立了事实上脱离该党中央的秘密战斗组织。

在1905—1907年俄国第一次革命中，社会革命党曾在农村开展焚烧地主庄园、夺取地主财产的所谓“土地恐怖”运动，并同其他政党一起参加武装起义和游击战，但也曾同资产阶级的解放社签订协议。在国家杜马中，该党动摇于社会民主党和立宪民主党之间。该党内部的不统一造成了1906年的分裂，其右翼和极左翼分别组成了人民社会党和最高纲领派社会革命党人联合会。在斯托雷平反动时期，社会革命党经历了思想上、组织上的严重危机。在第一次世界大战期间，社会革命党的大多数领导人采取了社会沙文主义的立场。1917年二月革命后，社会革命党中央实行妥协主义和阶级调和的政策，党的领导人亚·费·克伦斯基、尼·德·阿夫克森齐耶夫、切尔诺夫等参加了资产阶级临时政府。七月事变时期该党公开转向资产阶级方面。社会革命党中央的妥协政策造成党的分裂，左翼于1917年12月组成了一个独立政党——左派社会革命党。十月革命后，社会革命党人（右派和中派）公开进行反苏维埃的活动，在国内战争时期进行反对苏维埃政权的武装斗争，对共产党和苏维埃政权的领导人实行个人恐怖。内战结束后，他们在“没有共产党人参加的苏维埃”的口号下组织了一系列叛乱。1922年，社会革命党彻底瓦解。——27。

13 《革命俄国报》（«Революционная Россия»）是俄国社会革命党人的秘密报纸，由社会革命党人联合会于1900年底在俄国出版，创办人为安·亚·阿尔古诺夫。1902年1月—1905年12月，作为社会革命党的正式机关报在日内瓦出版，编辑为米·拉·郭茨和维·米·切尔诺夫。——29。

14 《工人思想报》（«Рабочая Мысль»）是俄国经济派的报纸，1897年10月—1902年12月先后在彼得堡、柏林、华沙和日内瓦等地出版，共出了16号。头几号由“独立工人小组”发行，从第5号起成为彼得堡工人阶级解放斗争协会的机关报。参加该报编辑部的有尼·尼·洛霍夫（奥尔欣）、康·米·塔赫塔廖夫、弗·巴·伊万申、阿·亚·雅库波娃等人。该报号召工人阶级为争取狭隘经济利益而斗争。它把经济斗争同政治斗争对立起来,认为政治斗争不在无产阶级任务之内,反对建立马克思主义的无产阶级政党,主张成立工联主义的合法组织。列宁在《俄国社会民主党中的倒退倾向》和《怎么办?》(见本版全集第 4 卷和第 6 卷)等著作中批判了《工人思想报》的观点。——34。

15 指国外的俄国社会民主党团体斗争社的出版物。

斗争社是达・波・梁赞诺夫、尤・米・斯切克洛夫和埃・李・古列维奇于 1900 年夏在巴黎成立的一个团体,1901 年 5 月取此名称。该社试图调和俄国社会民主党内革命派和机会主义派之间的矛盾,建议统一社会民主党各国外组织。

1901 年秋,斗争社成为一个独立的著作家团体。它在自己的出版物(《制定党纲的材料》第 1—3 辑、1902 年《快报》第 1 号等)中歪曲马克思主义理论,反对列宁提出的俄国革命的社会民主党的组织原则和策略原则。由于它背弃社会民主党的观点和策略,进行瓦解组织的活动,并且同国内的社会民主党的组织没有联系,因此未被允许参加 1903 年俄国社会民主工党第二次代表大会。根据第二次代表大会的决定,斗争社被解散。——34。

16 《俄国革命通报。社会政治评论》杂志(«Вестник Русской Революции. Социально-политическое обозрение»)是俄国社会革命党人的秘密刊物,1901—1905 年先后在巴黎和日内瓦出版,共出了 4 期。第 1 期由老民意党人小组出版,编辑是尼・谢・鲁萨诺夫(塔拉索夫)。从第 2 期起成为社会革命党的理论性机关刊物。撰稿人有米・拉・郭茨、伊・阿・鲁巴诺维奇、维・米・切尔诺夫(尤・加尔德宁)、叶・康・布列什柯-布列什柯夫斯卡娅等。——35。

17 俄国政治解放工人党是 19 世纪 90 年代末在明斯克成立的民粹派组织。这个组织联合了近 40 个工人小组,共有成员约 200 人,其中一些小组分布于比亚韦斯托克、叶卡捷琳诺斯拉夫、日托米尔和其他一些城市。该组织的领导人是 Л.М.克利亚奇科(罗季奥诺娃)。它的纲领性文件是 1900 年在明斯克出版的小册子《自由》,其中提出了主要通过恐怖活动求得政治自由的任务。1900 年春，该组织被沙皇保安机关破坏。保留下来的小组于 1902 年夏加入了统一的社会革命党。——35。

18 *法老的瘦牛和肥牛*一语出自圣经《旧约全书》上的一个故事：古埃及的一位法老一天夜里梦见七头瘦牛吃掉了七头肥牛。列宁在这里把社会民主党比做瘦牛，而把社会革命党比做肥牛，意在说明不掩盖自己内部矛盾的社会民主党，比保持"统一"假象的社会革命党要强。——35。

19 民意党是俄国土地和自由社分裂后产生的革命民粹派组织，于 1879 年 8 月建立。主要领导人是安·伊·热里雅鲍夫、亚·德·米哈伊洛夫、米·费·弗罗连柯、尼·亚·莫罗佐夫、维·尼·菲格涅尔、亚·亚·克维亚特科夫斯基、索·李·佩罗夫斯卡娅等。该党主张推翻专制制度，在其纲领中提出了广泛的民主改革的要求，如召开立宪会议，实现普选权，设置常设人民代表机关，实行言论、信仰、出版、集会等自由和广泛的村社自治，给人民以土地，给被压迫民族以自决权，用人民武装代替常备军等。但是民意党人把民主革命的任务和社会主义革命的任务混为一谈，认为在俄国可以超越资本主义，经过农民革命走向社会主义，并且认为俄国主要革命力量不是工人阶级而是农民。民意党人从积极的"英雄"和消极的"群氓"的错误理论出发，采取个人恐怖的活动方式，把暗杀沙皇政府的个别代表人物作为推翻沙皇专制制度的主要手段。他们在 1881 年 3 月 1 日（13 日）刺杀了沙皇亚历山大二世。由于理论上、策略上和斗争方法上的错误，在沙皇政府的严重摧残下，民意党在 1881 年以后就瓦解了。——36。

20 1902 年 10—11 月，列宁在瑞士的一些城市作了批判社会革命党的纲领和策略的报告。这里是指米·拉·郭茨（拉法伊洛夫）于 1902 年 10 月 31 日（11 月 13 日）在日内瓦和哈·约·日特洛夫斯基于 1902 年 11 月 1 日或 2 日（14 日或 15 日）在伯尔尼就列宁的报告进行辩论时的发言。——38。

21 指 1902 年 11 月在顿河畔罗斯托夫发生的罢工。1902 年 11 月 2 日（15 日），该市铁路工厂锅炉车间工人为抗议厂方克扣工资开始罢工。11

月4日(17日)俄国社会民主工党顿河区委员会发出传单,号召全体铁路工厂工人参加罢工,并提出实行九小时工作制、提高工资、取消罚款、开除最令人痛恨的工长等要求。11月6—7日(19—20日)罢工扩展到全市,并发展成为政治罢工。工人们在市外的一个小山谷里连续举行群众大会。11月11日(24日),警察和哥萨克袭击了集会的罢工工人,死6人,伤17人。罢工工人群众大会仍继续开了两个星期。罢工坚持到11月26日(12月9日)被迫停止,同一天俄国社会民主工党顿河区委员会印发了传单《告全俄公民》。这次罢工震动了全俄国,在西欧各国也引起了反响。——43。

22 指俄国社会民主工党顿河区委员会于1902年11月6日(19日)印发的传单《告全体公民》。1902年12月1日《火星报》第29号转载了这份传单。——45。

23 指马克思在1875年5月5日给威·白拉克的信中说的一句话:"一步实际运动比一打纲领更重要。"(见《马克思恩格斯文集》第3卷第426页)——46。

24 指下诺夫哥罗德工人彼·安·扎洛莫夫、阿·伊·贝科夫、米·И.萨梅林和Г.Е.米哈伊洛夫在法庭上发表的演说。这四位工人是因参加1902年5月1日和5日(14日和18日)的五一节游行示威而被捕和受审的。这次游行示威是在俄国社会民主工党下诺夫哥罗德委员会领导下准备的。在游行中,工人们高举红旗和"打倒专制制度!"、"政治自由万岁!"的标语,同前来镇压的警察发生了冲突。1902年10月28—31日(11月10—13日),莫斯科高等法院在下诺夫哥罗德和索尔莫沃开庭审判游行示威的参加者。共有23人受审,其中13人被判处终身流放西伯利亚。马·高尔基的小说《母亲》反映了这次游行示威。小说主人公巴维尔的原型就是工人扎洛莫夫。

四位工人的演说最初由俄国社会民主工党下诺夫哥罗德委员会以石印单页的形式散发。1902年12月1日《火星报》第29号转载了这几篇演说并发表了列宁为演说写的前言。——46。

25 有眼可看、有耳可听的人一语出自圣经《新约全书》。耶稣在传道时多次对众人说，有眼可看的人都应当看，有耳可听的人都应当听。意思是说，对于善于观察，用心领会的人，无论什么隐蔽的事物，一听也就明白，一看也就清楚。这里是指明辨是非的人民大众。——47。

26 这篇短评是为中学生南俄组织出版的号召书《致中学生》写的编后记，在 1902 年 12 月 1 日《火星报》第 29 号上同号召书一起发表。

中学生南俄组织是 1902 年 5 月在顿河畔罗斯托夫建立的，在俄国社会民主工党顿河区委员会领导下进行工作。1902 年 8 月该组织的第一次代表大会通过了上述号召书，规定该组织的任务是：在中学生中间开展革命工作和文化工作，传播秘密书刊。该组织与俄国南部 11 个城市的中学生保持经常联系，散发过《火星报》、《曙光》杂志和马克思、恩格斯以及格·瓦·普列汉诺夫等人的著作。该组织的中央委员会在 1902 年 10 月—1903 年 6 月期间印发了约 4 000 份传单。1904 年，该组织自行解散，并入俄国社会民主工党。——49。

27 《关于"自由社"》是列宁为 1902 年 12 月 15 日《火星报》第 30 号登载的尔·马尔托夫的《蛊惑家们从派别斗争中取利》一文写的一条脚注。

1902 年 12 月，自由社为支持彼得堡的经济派出版了《工人社会民主主义报刊〈评论〉附刊》第 1 期，上面刊登了 1902 年秋彼得堡经济派反对火星派的俄国社会民主工党彼得堡委员会的材料。上述马尔托夫的文章就是为此而写的。

自由社是叶·奥·捷连斯基(尔·纳杰日丁)于 1901 年 5 月建立的，自称为"革命社会主义的"组织。自由社鼓吹恐怖主义和经济主义思想。该社在瑞士出版过两期《自由》杂志(1901 年第 1 期和 1902 年第 2 期)。此外，还出版过《革命前夜。理论和策略问题不定期评论》第 1 期和纲领性小册子《俄国革命主义的复活》等。1903 年该社不复存在。——50。

28 经济主义是 19 世纪末—20 世纪初俄国社会民主党内的机会主义思潮，是国际机会主义的俄国变种。经济派的代表人物是康·米·塔赫塔廖夫、谢·尼·普罗柯波维奇、叶·德·库斯柯娃、波·尼·克里切夫斯基、亚·萨·皮凯尔(亚·马尔丁诺夫)、弗·彼·马赫诺韦茨(阿基莫夫)等,经济派的主要报刊是《工人思想报》(1897—1902 年)和《工人事业》杂志(1899—1902 年)。

经济派主张工人阶级只进行争取提高工资、改善劳动条件等等的经济斗争,认为政治斗争是自由派资产阶级的事情。他们否认工人阶级政党的领导作用,崇拜工人运动的自发性,否定向工人运动灌输社会主义意识的必要性,维护分散的和手工业的小组活动方式,反对建立集中的工人阶级政党。经济主义有诱使工人阶级离开革命道路而沦为资产阶级政治附庸的危险。

列宁对经济派进行了始终不渝的斗争。他在《俄国社会民主党人抗议书》(见本版全集第 4 卷)中尖锐地批判了经济派的纲领。列宁的《火星报》在同经济主义的斗争中发挥了重大作用。列宁的《怎么办?》一书(见本版全集第 6 卷),从思想上彻底地粉碎了经济主义。——50。

29 列宁所指的是刊登在 1902 年 12 月《工人社会民主主义报刊〈评论〉附刊》第 1 期上的《关于彼得堡来信》一文。——50。

30 这是列宁给俄国社会民主工党顿河区委员会 1902 年 11 月 26 日印发的传单《告全俄公民》加的引言。传单和引言刊登于 1903 年 1 月 1 日《火星报》第 31 号,有抽印本。俄国社会民主工党顿河区委员会的传单是为 1902 年 11 月 2—25 日(11 月 15 日—12 月 8 日)罗斯托夫罢工而发的。传单驳斥了《政府通报》关于罗斯托夫事件的报道,叙述了这次明显带有政治性质的罢工的真实情景,描述了沙皇军队对工人及其家属的野蛮镇压。传单写道:“越来越多的事实证明,在工人群众内部蕴藏着强大的革命力量……几天之内席卷俄国东南部的罢工风暴表明了工人阶级的觉醒,显示了工人阶级内部日益增长的阶级团结和政治觉悟的威力。”传单号召工人采取革命行动回击沙皇政府的暴力。——52。

31 指为召开俄国社会民主工党第二次代表大会而成立的组织委员会(参看注 41)。——55。

32　指1898年3月俄国社会民主工党第一次代表大会后由党的中央委员会以代表大会名义发表的《俄国社会民主工党宣言》(参看《苏联共产党代表大会、代表会议和中央全会决议汇编》1964年人民出版社版第1分册第4—6页)。——59。

33　《工人报》(«Рабочая Газета»)是基辅社会民主党人小组的秘密报纸，波·李·埃杰尔曼、巴·卢·图恰普斯基、尼·阿·维格多尔契克等任编辑，在基辅出版。共出过两号:第1号于1897年8月出版;第2号于同年12月(报纸上印的日期是11月)出版。图恰普斯基曾受编辑部委派出国同劳动解放社建立联系，得到了格·瓦·普列汉诺夫等给报纸撰稿的许诺。《工人报》和彼得堡工人阶级解放斗争协会也有联系。《工人报》参与了1898年3月召开的俄国社会民主工党第一次代表大会的筹备工作，并被这次代表大会承认为党的正式机关报。代表大会以后不久，《工人报》的印刷所被警察破获和捣毁，已编好待发排的第3号没能出版。1899年该报试图复刊，没有成功。

1899年崩得中央委员会试图恢复《工人报》，编辑部曾先后建议列宁参加编辑和撰稿，列宁表示同意。列宁在《给编辑部的信》中叙述了他参加工作的条件，并随信寄去了他为《工人报》写的三篇文章:《我们的纲领》、《我们的当前任务》和《迫切的问题》(见本版全集第4卷)。由于该报复刊未成，这些文章当时也就没有发表。——59。

34　《工作者》文集(«Работник»)是国外俄国社会民主党人联合会的不定期刊物，由劳动解放社编辑，1896—1899年在日内瓦出版，读者对象为马克思主义工人小组成员。列宁是出版这个文集的发起人。1895年5月，他在瑞士同格·瓦·普列汉诺夫、帕·波·阿克雪里罗得以及劳动解放社的其他成员商谈了出版这个文集的问题。1895年9月回国以后，他又多方设法为这个文集提供物质支援和组织稿件。到1895年12月被捕为止，他除为文集撰写《弗里德里希·恩格斯》(见本版全集第2卷)一文外，还给文集编辑部寄去了阿·亚·瓦涅耶夫、米·亚·西尔文、索·巴·舍斯捷尔宁娜等写的几篇通讯。这个文集一共出了6期(3册)。

《〈工作者〉小报》(«Листок«Работника»»)是《工作者》文集的附刊，1896—1898年在日内瓦出版，共出了10期。第1—8期由劳动解放社编辑。第9—10期合刊由经济派编辑，于1898年11月出版。——59。

35 《生活》杂志(«Жизнь»)是俄国文学、科学和政治刊物(月刊)，1897—1901年在彼得堡出版。该杂志从1899年起成为合法马克思主义者的机关刊物，实际领导者是弗·亚·波谢，撰稿人有米·伊·杜冈-巴拉诺夫斯基、彼·伯·司徒卢威等。该杂志刊登过列宁的《农业中的资本主义》和《答普·涅日丹诺夫先生》两文(见本版全集第4卷)。在小说文学栏发表过马·高尔基、安·巴·契诃夫、亚·绥·绥拉菲莫维奇、伊·阿·布宁等的作品。该杂志于1901年6月被沙皇政府查封。1902年4—12月，该杂志由弗·德·邦契-布鲁耶维奇、波谢、维·米·韦利奇金娜等组织的生活社在国外复刊，先后在伦敦和日内瓦出了6期，另外出了《〈生活〉杂志小报》12号和《〈生活〉杂志丛书》若干种。——59。

36 马哈伊斯基派是20世纪初俄国工人运动中的一个接近无政府工团主义的小派别，由其领导人瓦·康·马哈伊斯基得名。该派敌视知识分子，力图挑起工人阶级和知识分子之间的对抗。认为知识分子"垄断地占有知识"，依靠工人劳动而生活，也是寄生阶级，并攻击科学社会主义是"知识分子对工人的极大欺骗"。马哈伊斯基派在伊尔库茨克、敖德萨、华沙、彼得堡等地有一些互不联系的小组，在工人阶级中的影响微不足道，1905年革命以后就无声无息了。——67。

37 工人旗帜派是指1898—1902年存在于彼得堡、比亚韦斯托克、基辅、格罗德诺、考纳斯等地的革命团体——工人旗帜社的成员，他们大多是从被经济派夺取了领导权的社会民主党地方组织中退出的革命工人。工人旗帜派反对工人运动只搞经济斗争，号召无产阶级积极投身政治活动，但是在组织问题上否定集中制建党原则。工人旗帜派的政治观点不完全一致，其中一部分人倾向于民粹派。各地的工人旗帜社之间也缺乏经常的联系。工人旗帜派出版过3号《工人旗帜报》(第1号于1898年5月在比亚韦斯托克出版，第2号于1900年3月在伦敦出版，第3号于1901年2月7日在基辅出版）和一些小册子，包括纲领性小册子《俄国工人政党的任务》。彼得堡的工人旗帜社曾于1898年宣布自己是“俄国社会民主党”，并企图联合其他社会民主主义团体与1898年3月宣布成立的俄国社会民主工党相对抗。该社在彼得堡建立了一些工人小组，曾多次组织罢工和传播秘密书刊，后被沙皇警察破坏。1901年，工人旗帜派一部分活动家（维·巴·诺根、谢·瓦·安德罗波夫、阿·亚·索尔茨等）加入了列宁火星派；不久，另一部分活动家（波·维·萨文柯夫、伊·普·卡利亚耶夫等）加入了社会革命党。——67。

38 《莫斯科新闻》（«Московские Ведомости»）是俄国最老的报纸之一，1756年开始由莫斯科大学出版。1842年以前每周出版两次，以后每周出版三次，从1859年起改为日报。1863—1887年，由米·尼·卡特柯夫等担任编辑，宣扬地主和宗教界人士中最反动阶层的观点。1897—1907年由弗·安·格林格穆特任编辑，成为黑帮报纸，鼓吹镇压工人和革命知识分子。1917年10月27日（11月9日）被查封。——68。

39 俄罗斯会议是1900年10—11月在彼得堡成立的一个君主派组织，参加者有反动知识分子、沙皇政府官员、宗教界人士和地主分子，在哈尔科夫、喀山、敖德萨等城市设有分会。该会领导机构是一个由18人组成的委员会，先后担任主席的有德·彼·哥利岑公爵、M.X.沙霍夫斯科伊公爵等。该会最初是一个文学艺术俱乐部，从1904年秋开始积极从事政治活动。在1906年举行的第一次代表大会上确定的行动纲领为：捍卫俄国的专制制度和国家统一，维护地主土地占有制和正教的统治地位，承认咨议性的国家杜马。俄罗斯会议参加过俄国君主派和黑帮组织召开的各种代表大会，还出版过许多定期出版物，如《通报》、《农村通报》、《农人》、《俄国事业报》等。1917年2月专制制度被推翻后不复存在。——68。

40 《光明报》（«Свет»）是俄国的资产阶级民族主义报纸（日报），1882—1917年在彼得堡出版。

《俄罗斯通报》杂志（«Русский Вестник»）是俄国文学和政治刊物，

1856年由米·尼·卡特柯夫在莫斯科创办,起初为双周刊,1861年起改为月刊。该杂志初期持温和自由派立场,期待自上而下的改革,1862年起变成了反动势力的喉舌。1887年卡特柯夫死后,该杂志曾迁到彼得堡出版,1906年停刊。

《新时报》(«Новое Время»)是俄国报纸,1868—1917年在彼得堡出版。出版人多次更换,政治方向也随之改变。1872—1873年采取进步自由主义的方针。1876—1912年由反动出版家阿·谢·苏沃林掌握,成为俄国最没有原则的报纸。1905年起是黑帮报纸。1917年二月革命后,完全支持资产阶级临时政府的反革命政策,攻击布尔什维克。1917年10月26日(11月8日)被查封。

《政府通报》(«Правительственный Вестник»)是沙皇政府内务部的机关报(日报),1869年1月1日(13日)—1917年2月26日(3月11日)在彼得堡出版。

《断片》杂志(«Осколки»)是俄国低级趣味的幽默刊物,1881年创刊,后来改为画报(周刊),编辑是尼·亚·雷金。——69。

41 这是列宁为《关于"组织委员会"成立的通告》在1903年1月15日《火星报》第32号上发表而写的后记。

组织委员会是在1902年11月2—3日(15—16日)举行的普斯科夫会议上成立的,负责召集俄国社会民主工党第二次代表大会。1902年3月,经济派和崩得分子发起召开的俄国社会民主工党各委员会和组织的比亚韦斯托克代表会议曾选出由《火星报》的费·伊·唐恩、俄国社会民主工党南方各委员会和组织联合会的奥·阿·叶尔曼斯基、崩得中央委员会的К.Я.波尔特诺伊组成的组织委员会。但是代表会议结束不久,它的两名委员就被捕了,因此这个组织委员会事实上并未着手工作。

1902年春天和夏天,列宁在给《火星报》国内组织的成员——彼得堡的伊·伊·拉德琴柯和萨马拉的弗·威·林格尼克的信中,提出了成立新的组织委员会的任务(见本版全集第44卷第133、135、142号文献)。列宁认为,火星派应在组织委员会中起主导作用,同时为保持同比亚韦斯托克代表会议的继承关系,在制止崩得代表企图影响俄国社会民主党事务的条件下，吸收崩得代表加入组织委员会也是必要的。1902年8月2日（15日），由列宁主持，在伦敦召开了一次火星派会议。参加会议的有弗·潘·克拉斯努哈、彼·阿·克拉西科夫和弗·亚·诺斯科夫。这次会议建立了俄国组织委员会的核心。会议决定邀请崩得和当时向《火星报》靠拢的南方工人社派代表参加组织委员会。同时给了组织委员会以增补新的委员的权利。

11月2—3日（15—16日），在普斯科夫举行了社会民主党各组织的代表会议，成立了由俄国社会民主工党彼得堡委员会的克拉斯努哈、《火星报》国内组织的拉德琴柯和南方工人社的叶·雅·列文组成的组织委员会。组织委员会还增补了《火星报》国内组织的克拉西科夫、林格尼克、潘·尼·勒柏辛斯基、格·马·克尔日扎诺夫斯基和俄国社会民主工党北方协会的亚·米·斯托帕尼为委员（拉德琴柯、克拉斯努哈和勒柏辛斯基于会议后次日被捕）。会议还通过了《关于"组织委员会"成立的通告》，该《通告》于1902年12月在俄国印成单页出版。

崩得没有派代表出席这次会议，在《火星报》发表《关于"组织委员会"成立的通告》后不久，崩得在自己的报纸《最新消息》上发表声明攻击组织委员会。列宁在《论崩得的声明》（见本卷第80—86页）一文中，尖锐地批判了崩得的立场。

1903年2月初，在奥廖尔举行了组织委员会的第二次会议。会议决定吸收《火星报》国内组织的罗·萨·哈尔贝施塔特和叶·米·亚历山德罗娃、南方工人社代表弗·尼·罗扎诺夫、崩得代表波尔特诺伊参加组织委员会，并批准火星派分子波·伊·戈尔德曼、А.П.多利沃-多布罗沃尔斯基、罗·萨·捷姆利亚奇卡和崩得分子伊·李·艾森施塔特为组织委员会候补委员。会议制定并通过了代表大会章程草案和有权参加代表大会的组织的名单。代表大会章程草案分发给各地方委员会进行讨论。结果，在组织委员会列入有权参加代表大会组织名单的16个组织中，表决通过章程草案的全部条文的占三分之二以上；这样，代表大会的章程就得到了各地方组织的通过和批准。组织委员会根据这一章程进一步开展了党的第二次代表大会的筹备工作。

列宁在《进一步，退两步》一书中谈到组织委员会的工作时写道：

“组委会**主要**是一个负责召集代表大会的委员会,是一个有意吸收各种色彩的代表(直到崩得为止)组成的委员会;而实际**建立**党的组织统一工作,则完全由《火星报》组织来担负。”(见本版全集第 8 卷第 274 页)。——74。

42 1903 年 1 月 22 日(2 月 4 日),列宁收到国外俄国社会民主党人联合会给俄国革命社会民主党人国外同盟的信。信中说,联合会认为成立俄国组织委员会的国外分会是必要的。1 月 22 日或 23 日(2 月 4 日或 5 日),列宁为同盟起草了给联合会的复信,表示同盟同意联合会的意见,但认为在接到俄国国内组织委员会的邀请之前就成立组织委员会国外分会,是不合适的(参看本版全集第 44 卷第 194 号文献)。列宁同时就写了这里收载的《俄国组织委员会告俄国革命社会民主党人国外同盟、国外俄国社会民主党人联合会和崩得国外委员会书的草案》,并于 1 月 23 日(2 月 5 日)将它寄给在巴黎的尔·马尔托夫,让他同当时已抵达巴黎的俄国组织委员会委员彼·阿·克拉西科夫和弗·亚·诺斯科夫进行讨论。鉴于联合会成员和崩得分子要求成立与国内组织委员会有同等权力的国外分会,是为了要削弱《火星报》日益扩大的影响,列宁在 1903 年 1 月 23 日(2 月 5 日)给马尔托夫的信中要求组织委员会把国外分会的职权缩小到最低限度(同上书,第 195 号文献)。组织委员会国外分会后来组成,其成员是:《火星报》编辑部的列·格·捷依奇、崩得的亚·约·克列梅尔和国外俄国社会民主党人联合会的尼·尼·洛霍夫(奥尔欣)。——79。

43 指 1902 年 3 月 23—28 日(4 月 5—10 日)举行的俄国社会民主工党各委员会和组织的比亚韦斯托克代表会议。这次会议的决议,参看《苏联共产党代表大会、代表会议和中央全会决议汇编》1964 年人民出版社版第 1 分册第 22—27 页。——79。

44 俄国革命社会民主党人国外同盟是根据列宁的倡议由《火星报》和《曙光》杂志国外组织同“社会民主党人”革命组织于 1901 年 10 月在瑞士合并组成的。根据章程,同盟是《火星报》组织的国外部,其任务是协助《火星报》和《曙光》杂志的出版和传播,在国外宣传革命的社会民主党的思想，帮助俄国各社会民主党组织培养积极的活动家，向政治流亡者介绍俄国革命进程等。在1903年召开的俄国社会民主工党第二次代表大会上，同盟被承认为享有党的地方委员会权利的唯一国外组织。俄国社会民主工党第二次代表大会以后，孟什维克的势力在同盟内增强，他们于1903年10月召开同盟第二次代表大会，反对布尔什维克。列宁及其拥护者曾退出代表大会。孟什维克把持的同盟通过了同俄国社会民主工党党章相抵触的新章程。从此同盟就成为孟什维主义在国外的主要堡垒，直至1905年同盟撤销为止。——79。

45 国外俄国社会民主党人联合会是根据劳动解放社的倡议，在全体会员承认劳动解放社纲领的条件下，于1894年在日内瓦成立的。联合会为俄国国内出版书刊，它的出版物全部由劳动解放社负责编辑。1896—1899年联合会出版了不定期刊物《工作者》文集和《〈工作者〉小报》。1898年3月，俄国社会民主工党第一次代表大会承认联合会是党的国外代表机关。1898年底经济派在联合会里占了优势。1898年11月，在苏黎世召开的联合会第一次代表大会上，劳动解放社声明，除《工作者》文集以及列宁的《俄国社会民主党人的任务》和《新工厂法》两个小册子外，拒绝为联合会编辑出版物。联合会从1899年4月起出版《工人事业》杂志，由经济派分子担任编辑。1900年4月，在日内瓦举行的联合会第二次代表大会上，劳动解放社的成员以及与其观点一致的人正式退出联合会，成立了独立的"社会民主党人"革命组织。此后，联合会和《工人事业》杂志就成了经济主义在俄国社会民主党内的代表。1903年，根据俄国社会民主工党第二次代表大会的决议，联合会宣布解散。——79。

46 崩得是立陶宛、波兰和俄罗斯犹太工人总联盟的简称，1897年9月在维尔诺成立。参加这个组织的主要是俄国西部各省的犹太手工业者。崩得在成立初期曾进行社会主义宣传，后来在争取废除反犹太特别法律的斗争过程中滑到了民族主义立场上。在1898年俄国社会民主工党第一次代表大会上，崩得作为只在专门涉及犹太无产阶级问题上独立的"自治组织"，加入了俄国社会民主工党。在1903年俄国社会民主工党第二次代表大会上，崩得分子要求承认崩得是犹太无产阶级的唯一代表。在代表大会否决了这个要求之后，崩得退出了党。根据1906年俄国社会民主工党第四次(统一)代表大会决议，崩得重新加入了党。从1901年起，崩得是俄国工人运动中民族主义和分离主义的代表。它在党内一贯支持机会主义派别(经济派、孟什维克和取消派)，反对布尔什维克。第一次世界大战期间，崩得分子采取社会沙文主义立场。1917年二月革命后，崩得支持资产阶级临时政府。1918—1920年外国武装干涉和国内战争时期，崩得的领导人同反革命势力勾结在一起，而一般的崩得分子则开始转变，主张同苏维埃政权合作。1921年3月崩得自行解散，部分成员加入俄国共产党(布)。——79。

47 《最新消息》(«Последние Известия»)是崩得国外委员会的公报，1901—1906年先后在伦敦和日内瓦出版，共出了256号。——80。

48 《火星报》组织是指在俄国活动的火星派的组织。早在《火星报》筹办时期和创刊后的第一年(1900年12月—1901年12月)，《火星报》代办员网就在俄国建立。《火星报》代办员有潘·尼·勒柏辛斯基、奥·波·勒柏辛斯卡娅、彼·阿·克拉西科夫、亚·米·斯托帕尼、格·马·克尔日扎诺夫斯基、季·巴·克尔日扎诺夫斯卡娅、斯·伊·拉德琴柯、柳·尼·拉德琴柯、亚·德·瞿鲁巴、尼·埃·鲍曼、伊·瓦·巴布什金等。在彼得堡、普斯科夫、萨马拉、波尔塔瓦等城市还建立了《火星报》协助小组。当时火星派活动的内容是：筹集出版经费，投寄通讯稿，运送和传播报纸，解决在俄国印刷《火星报》的技术问题。火星派小组和代办员主要同《火星报》编辑部直接联系，彼此之间很少来往。随着革命运动的发展和实际工作范围的扩大，列宁提出了建立全俄《火星报》组织的计划(参看《从何着手?》和《怎么办?》(本版全集第5卷和第6卷))。1902年1月，在萨马拉举行了火星派代表大会，参加大会的有格·马·克尔日扎诺夫斯基、季·巴·克尔日扎诺夫斯卡娅、弗·威·林格尼克、米·亚·西尔文、瓦·彼·阿尔齐布舍夫、德·伊·乌里扬诺夫和玛·伊·乌里扬诺娃等人。代表大会通过的决议，除确定了《火星报》组织成员之间以及同《火星报》编辑部之间联系的方式、筹集经费和分配资金的方式外，还规定了火星派在对社会民主党各委员会和各地方报刊的关系方面所担负的任务。为了实现使各委员会加入《火星报》组织并承认《火星报》是全党机关报这一基本任务，代表大会决定派人到俄国各个地区去进行工作。结果到 1902 年底，几乎所有重要的社会民主党委员会都宣称自己拥护《火星报》。《火星报》组织积极参加了组织委员会，为筹备和召开俄国社会民主工党第二次代表大会作出了重大贡献。这次代表大会以后，《火星报》组织不再存在。——81。

49　南方工人社是 1900 年秋初以《南方工人报》为中心在俄国南方形成的社会民主主义团体。《南方工人报》于 1900 年 1 月—1903 年 4 月秘密出版，共出了 12 号。在不同时期加入南方工人社和参加《南方工人报》编辑部的有伊·克·拉拉扬茨、阿·维连斯基、奥·阿·科甘（叶尔曼斯基）、波·索·策伊特林、叶·雅·列文、叶·谢·列文娜、弗·尼·罗扎诺夫等。

南方工人社不赞同经济派的观点，认为进行政治斗争和推翻专制制度是无产阶级首要任务。它反对恐怖主义，主张开展群众性革命运动。但是，南方工人社过高估计自由资产阶级的作用，轻视农民运动，并且不同意列宁和火星派关于把革命的社会民主党人联合在《火星报》周围并在集中制原则基础上建立一个马克思主义政党的计划，而提出通过建立各区域社会民主党人联合会的途径来恢复俄国社会民主工党的计划。1901 年 12 月，南方工人社召开了南方俄国社会民主工党各委员会和组织的代表大会，成立了俄国社会民主工党南方各委员会和组织联合会，并以《南方工人报》为其机关报。这个尝试和南方工人社整个组织计划一样，是不切实际的。在 1902 年春大批组织被破坏后，联合会就瓦解了。1902 年 8 月，南方工人社开始同《火星报》编辑部就恢复俄国社会民主党统一的问题进行谈判。南方工人社发表了支持《火星报》的声明（载于 1902 年 11 月 1 月《火星报》第 27 号和 1902 年 12 月《南方工人报》第 10 号），这对团结俄国社会民主党的力量具有很大意义。1902 年 11 月，南方工人社的成员参加了筹备召开俄国社会民主工党第二次代表大会的组织委员会。但是南方工人社在这个时期仍有分离主义倾向，曾要求出版一种与《火星报》平行的全俄报纸。在党的第二次代表大会上，南方工人社的代表采取了中派立场。根据这次代表大会的决议，南方工人社被解散。——81。

50 指1901年4月召开的崩得第四次代表大会的决定。这个决定说："代表大会认为俄国社会民主工党是居住在俄罗斯国家的各民族的社会民主党的联邦制联合体，决定让犹太无产阶级的代表崩得作为联邦的一个部分加入该党，并责成崩得中央委员会实现这一决定。"——82。

51 1901年8月《火星报》第7号刊载了尔·马尔托夫的一篇文章，批评了崩得第四次代表大会提出的犹太人民族自治的纲领性要求和代表大会作出的在同俄国社会民主工党相互关系方面确立联邦制原则的决定。崩得中央委员会于8月29日(9月11日)写了一封信回答这篇文章。《火星报》编辑部又将这封信连同它对这封信的答复一起发表在1901年9月10日该报第8号上。论战至此暂时停止。——82。

52 **亚美尼亚社会民主党人联合会**是亚美尼亚第一个列宁火星派社会民主党组织，1902年夏由斯·格·邵武勉、波·米·克努尼扬茨、阿·格·祖拉博夫、A.X.胡马良等在梯弗利斯创立。联合会同俄国社会民主工党梯弗利斯委员会有密切联系，1902年底并入该委员会。——87。

53 **《无产阶级报》**(«Пролетариат»)是用亚美尼亚文出版的秘密报纸，亚美尼亚社会民主党人联合会的机关报，由斯·格·邵武勉创办。该报只在1902年10月出版了一号(出版地点是梯弗利斯，为保密起见印做日内瓦)，另外出了《〈无产阶级报〉小报》第1、2号。根据1903年3月举行的高加索社会民主党组织第一次代表大会的决定，《无产阶级报》和《斗争报》(格鲁吉亚社会民主党组织机关报)合并为《无产阶级斗争报》。《无产阶级斗争报》于1903年4—5月开始用格鲁吉亚文和亚美尼亚文出版，1905年7月起增出俄文版。三种文字版的内容完全相同。

《无产阶级报》第1号所载《亚美尼亚社会民主党人联合会的宣言》一文是邵武勉写的。——87。

54 《对欧洲和俄国的土地问题的马克思主义观点》是列宁 1903 年 2 月 10—13 日(23—26 日)在巴黎俄国社会科学高等学校所作的关于土地问题的讲演的提纲和第一讲的提要。

俄国社会科学高等学校是由一批被沙皇政府逐出俄国高等学校的自由派教授于 1901 年创办的,主要组织者是马·马·柯瓦列夫斯基、尤·斯·加姆巴罗夫和叶·瓦·罗别尔季。这是一所合法的学校,学员主要是巴黎俄国侨民区的流亡革命青年和俄国大学生。该校校务委员会在拟定 1902 年讲演人名单时,邀请社会革命党人维·米·切尔诺夫和卡·罗·卡乔罗夫斯基讲土地问题。巴黎火星派小组获悉这一情况后,决定为马克思主义观点的代表也争取一个在该校讲演的机会。他们要求聘请著名的马克思主义者、《俄国资本主义的发展》和《经济评论集》这两部合法著作的作者弗·伊林来校讲演。校务委员会接受了这一建议并于 1902 年 12 月发出了正式邀请。后来,学校领导弄清了弗·伊林和列宁原来是一个人,曾企图撤销自己的决定,但是未能实现。列宁在该校作了四次讲演,都十分成功。在准备讲演时,列宁研究了大量有关土地问题的著作,摘译了恩格斯的《法德农民问题》,摘录了马克思的《资本论》和马克思发表在《新莱茵报》上的一些有关土地问题的文章,以及彼·巴·马斯洛夫、亚·尼·恩格尔哈特、瓦·巴·沃龙佐夫、埃·施图姆普费、罗·罗基尼、路·格朗多、阿·诺西希、胡·伯特格尔等人的书籍和文章。列宁写的讲演提纲要点(两稿)载于《列宁文集》俄文版第 19 卷第 225—228、230—240 页。

本卷所载的第一讲提要是该校一个学员在听讲时作的记录,经列宁审阅过。——91。

55 列宁这里说的小册子后来没有出版。——100。

56 锡安主义即犹太复国主义,是 19 世纪末在欧洲各国犹太资产阶级中产生的一种资产阶级民族主义思潮。锡安是耶路撒冷的一座山,古犹太人把它看做犹太国的政治和宗教中心,锡安主义即得名于此。锡安主义的中心思想为:世界各国的犹太人是一个统一的犹太民族,具有一致的民族利益,因此要“从世界各地回到巴勒斯坦重建国家”。锡安主义者鼓吹犹太劳动人民同犹太资产阶级之间的阶级和平，诱使犹太劳动人民不去进行反对资产阶级的阶级斗争，不同其他民族的劳动人民共同进行争取民主自由和社会主义的斗争。——100。

57 连环保是每一村社的成员在按时向国家和地主交清捐税和履行义务方面互相负责的制度。这种奴役农民的形式，在俄国废除农奴制后还保存着，直到1906年才最终取消。——107。

58 《告贫苦农民》这本小册子写于1903年3月。列宁在1903年3月2日(15日)给格·瓦·普列汉诺夫的信中曾谈到他给农民写这本通俗小册子的事(见本版全集第44卷第204号文献)。列宁所写的小册子的提纲和其他有关材料收在本卷《附录》中。

《告贫苦农民》最初由俄国革命社会民主党人国外同盟于1903年5月在日内瓦出版，1904年由俄国社会民主工党中央委员会在国外再版，俄国社会民主工党各地方组织在国内曾多次翻印，1905年又由在梯弗利斯的党的阿弗拉巴尔秘密印刷所出版。小册子曾流传到俄国各城市、农村以及陆军、海军和大学生中。

1905年，列宁准备了小册子的合法版本，并根据俄国社会民主工党中央委员会的指示同彼得堡铁锤出版社达成了出版协议。1905年底，铁锤出版社用《农村需要什么(告贫苦农民)》这个书名出版了小册子，1906年又用初版纸型出了第2版。合法版本是在俄国第一次革命高潮时期准备的，所以列宁对小册子的内容作了一些修改和补充：评论了日俄战争，阐述了国家杜马的作用问题，并且根据俄国社会民主工党第三次代表大会的决议说明党在土地问题上提出的要求。为了应付书报检查，列宁对小册子也作了一些删节(关于1902年农民起义失败的原因，关于沙皇1903年2月26日诏书的论述等)，并改写了一些地方。

在《列宁全集》俄文第5版第7卷中，这个著作是按照1903年版本刊印的，列宁在准备合法版本时所作的一些重要改动，都用脚注加以说明。——111。

59 国务会议是俄罗斯帝国的最高咨议机关，于1810年设立，1917年二月革命后废除。国务会议审议各部大臣提出的法案，然后由沙皇批准；它本身不具有立法提案权。国务会议的主席和成员由沙皇从高级官员中任命，在沙皇亲自出席国务会议时，则由沙皇担任主席。国家杜马成立以后，国务会议获得了除改变国家根本法律以外的立法提案权。国务会议成员半数改由正教、各省地方自治会议、各省和各州贵族组织、科学院院士和大学教授、工商业主组织、芬兰议会分别选举产生。国务会议讨论业经国家杜马审议的法案，然后由沙皇批准。——116。

60　农民协会（全俄农民协会）是俄国1905年革命中产生的群众性的革命民主主义政治组织，于1905年7月31日—8月1日（8月13—14日）在莫斯科举行了成立大会。据1905年10—12月的统计，协会在俄国欧洲部分有470个乡级和村级组织，会员约20万人。根据该协会成立大会和1905年11月6—10日（19—23日）举行的第二次代表大会通过的决议，协会的纲领性要求是：实现政治自由和在普选基础上立即召开立宪会议，支持抵制第一届国家杜马；废除土地私有制，由农民选出的委员会将土地分配给自力耕作的农民使用，同意对一部分私有土地给以补偿。农民协会曾与彼得堡工人代表苏维埃合作，它的地方组织在农民起义地区起了革命委员会的作用。农民协会从一开始就遭到警察镇压，1907年初被解散。——118。

61　荣誉公民是沙皇俄国从1832年起开始采用的特权称号，以敕令授予"小市民"或"僧侣"这些等级中的有一定学历和地位的人。荣誉公民不服兵役，不纳人头税，不受体罚，有权参加城市自治机关。1858年，俄罗斯帝国共有荣誉公民21 400人。十月革命后，这一称号被废除。——127。

62　小册子1903年版书末附有《火星报》和《曙光》杂志编辑部制定的俄国社会民主工党纲领草案和列宁写的纲领草案简要说明（见本卷第175—178页）。——144。

63　纳税等级原指俄国交纳人头税的居民，包括农民、小市民、手艺人等。在废除人头税以后，由于他们同其他居民在社会地位上还有另外的差别，所以这个称呼仍然存在。属于纳税等级的人，不能免除体罚，要服劳役，并且没有迁徙的自由。——147。

64 分裂教派也称旧教派或旧礼仪派，是17世纪从俄国正教分裂出来的教派，1906年以前受沙皇政府的迫害。——150。

65 赎金指俄国1861年改革后农民为赎取份地每年交纳的款项。按照改革的法令，农民的宅地可以随时赎取，而份地则须经地主与农民自愿协议或地主单方面要求始可赎取。份地的赎价是将每年代役租按6％的年利率加以资本化得出的，例如，每年代役租为6卢布，赎价就是100卢布。所以农民所赎取的在名义上是土地，实际上也包括人身自由在内，赎价远远超过了份地的实际价格。在赎取份地时，农民先付赎价的20％—25％（如果地主单方面要求赎地，则农民不付这笔费用），其余75％—80％由政府以债券形式付给地主，然后由农民在49年内加利息分年偿还政府。因此赎金实际上成了前地主农民交纳的一种沉重的直接税。由于农民赎取份地的最后限期为1883年，赎金的交纳要到1932年才最后结束。在1905—1907年俄国第一次革命中，沙皇政府慑于农民运动的威力，从1907年1月起废除了赎金。

代役租是农民向地主交纳的实物或货币，也指沙皇政府向国家农民、皇族农民征收的一种税，这种税起初按人口征收，后来改为按土地和手工业收入征收。在农民改革以后，代役租逐渐为赎金所代替。——156。

66 贵族委员会指1857—1858年在俄国欧洲部分各省（除阿尔汉格尔斯克省以外）成立的省委员会，其任务是制定解除农民的农奴制依附关系的方案。这些委员会成员都是从贵族中选出来的，故有贵族委员会之称。这些委员会在寻求进行“农民改革”的方式方法时，主要考虑如何使贵族得到最大限度的好处。——156。

67 规约是俄国废除农奴制的改革中规定农民与地主关系的一种文书。按照改革的法令，农民与地主订立赎地契约以前，对地主负有暂时义务。规约中规定了这种暂时义务农的份地面积以及他们为使用份地而对地主负担的义务。规约上还记载了其他用地的分配、宅地的迁移等情况。

规约由地主草拟，通过解决地主和农民之间纠纷的调停官订立。规约如被农民拒绝，也可以在未经农民同意的情况下得到批准。规约的订立，引起了农民的广泛抵抗。政府往往动用军队进行镇压。——156。

68 指沙皇政府1903年3月12日颁布的《关于在已实施1899年6月23日征收村团份地直接税程序条例的地区废除农民交纳直接税方面的连环保的法令》。——158。

69 汉尼拔式的誓言意为下定决心、始终不渝。汉尼拔（公元前247—前183年）是古代迦太基的统帅。他自幼在神殿祭坛前立下誓言，要为击败罗马而献身。在迦太基和罗马争夺地中海霸权的第二次布匿战争中，他英勇善战，重创罗马，后战局逆转，自杀殉国。——179。

70 特·普·是列宁1901年12月在《曙光》杂志第2—3期合刊上发表《地方自治机关的迫害者和自由主义的汉尼拔》一文用的笔名。——183。

71 斯拉夫主义者是19世纪中叶在俄国农奴制度发生危机的条件下产生的一个社会思想派别的成员，代表人物有阿·斯·霍米亚科夫、伊·瓦·和彼·瓦·基列耶夫斯基兄弟、伊·谢·和康·谢·阿克萨科夫兄弟、尤·费·萨马林等。斯拉夫主义者提出所谓俄国历史发展有其不同于西欧的特殊道路的理论，并说唯独斯拉夫人才具有的村社制度和正教是这一道路的基础；认为俄国的历史发展会排除革命变革的可能，因而不仅对俄国的革命运动，而且对西欧的革命运动都持激烈的否定态度；主张保持专制制度，认为君主应重视舆论，建议召开由社会各阶层选举产生的国民代表会议（杜马），但是反对制定宪法和对专制制度加以形式上的限制；在农民问题上，主张农民在人身方面得到解放和通过向地主交纳赎金的办法把土地分配给村社。在准备1861年改革的过程中，斯拉夫主义者同西欧派接近起来，加入了统一的自由主义阵营。——183。

72 《新言论》杂志（«Новое Слово»）是俄国科学、文学和政治刊物（月刊），1894—1897年在彼得堡出版。最初是自由主义民粹派刊物。1897年春起，在亚·米·卡尔梅柯娃的参加下，由合法马克思主义者彼·伯·司徒卢威等出版。撰稿人有格·瓦·普列汉诺夫、维·伊·查苏利奇、尔·马尔托夫和马·高尔基等。杂志刊载过恩格斯的《资本论》第3卷增补和列宁的《评经济浪漫主义》、《论报纸上的一篇短文》等著作。1897年12月被查封。——183。

73 伯恩施坦主义者指国际工人运动中的修正主义派别——伯恩施坦派的成员。伯恩施坦派产生于19世纪末20世纪初。爱·伯恩施坦的《社会主义的前提和社会民主党的任务》(1899年)一书是对伯恩施坦派思想体系的全面阐述。伯恩施坦派在哲学上否定辩证唯物主义和历史唯物主义，用庸俗进化论和诡辩论代替革命的辩证法；在政治经济学上修改马克思主义的剩余价值学说，竭力掩盖帝国主义的矛盾，否认资本主义制度的经济危机和政治危机；在政治上鼓吹阶级合作和资本主义和平长入社会主义，传播改良主义和机会主义思想，反对马克思主义的阶级斗争学说，特别是无产阶级革命和无产阶级专政的学说。伯恩施坦派得到德国社会民主党右翼和第二国际其他一些政党的支持。在俄国，追随伯恩施坦派的有合法马克思主义者、经济派等。——187。

74 《俄罗斯新闻》(«Русские Ведомости»)是俄国报纸，1863—1918年在莫斯科出版。它反映自由派地主和资产阶级的观点，主张在俄国实行君主立宪，撰稿人是一些自由派教授。至70年代中期成为俄国影响最大的报纸之一。80—90年代刊登民主主义作家和民粹主义者的文章。1898年和1901年曾经停刊。从1905年起成为右翼立宪民主党人的机关报。1917年二月革命后支持资产阶级临时政府。十月革命后被查封。——187。

75 蒲鲁东主义是以法国无政府主义者皮·约·蒲鲁东为代表的小资产阶级社会主义流派，产生于19世纪40年代。蒲鲁东主义从小资产阶级立场出发批判资本主义所有制，把小商品生产和交换理想化，幻想使小资产阶级私有制永世长存。主张建立“人民银行”和“交换银行”，认为它们能帮助工人购置生产资料，使之成为手工业者，并能保证他们“公平地”销售自己的产品。蒲鲁东主义反对任何国家和政府，否定任何权威和法律，宣扬阶级调和，反对政治斗争和暴力革命。马克思在《哲学的贫困》(参看《马克思恩格斯全集》第1版第4卷)等著作中，对蒲鲁东主义作了彻底批判。列宁称蒲鲁东主义为不能领会工人阶级观点的“市侩和庸人的痴想”。蒲鲁东主义被资产阶级的理论家们广泛利用来鼓吹阶级调和。——189。

76 指恩格斯在《法德农民问题》一文中对法国工人党在1892年9月马赛代表大会上通过、并在1894年9月南特代表大会上作了补充的土地纲领的批评(见《马克思恩格斯文集》第4卷)。——190。

77 一方面不能不承认，另一方面必须承认是俄国作家米·叶·萨尔蒂科夫-谢德林嘲笑自由派在政治上的无原则态度的讽刺性用语，见于他的作品《外省人旅京日记》和《葬礼》。——190。

78 这本小册子没有写成。——192。

79 《社会主义月刊》(«Sozialistische Monatshefte»)是德国机会主义者的主要刊物，也是国际修正主义者的刊物之一。1897—1933年在柏林出版。编辑和出版者为右翼社会民主党人约·布洛赫。撰稿人有爱·伯恩施坦、康·施米特、弗·赫茨、爱·大卫、沃·海涅、麦·席佩耳等。第一次世界大战期间，该杂志持社会沙文主义立场。——192。

80 指《社会革命党农民协会告俄国革命社会主义运动全体工作者书》这一纲领性文件，载于1902年6月25日《革命俄国报》第8号。下面(C)部分的第3条中，也是指的这一文件。——194。

81 指发表在1901年12月《曙光》杂志第2—3期合刊上的亚·尼·波特列索夫的文章《当代贞女(当代期刊研究之一)》，署名“斯塔·”。——196。

82 《人民事业》(«Народное Дело»)是俄国社会革命党的通俗机关刊物，1902—1904年在日内瓦出版，一共出了5期。该刊第1期采取报纸的形式，以后各期采取文集的形式。——198。

83 指载于1902年9月《革命俄国报》第11号的《关于〈火星报〉上的论战》一文。——198。

84 指载于1902年9月15日胶印刊物《前进》第5期的一篇署名为“社会革命党人”的文章(无标题)。《前进》是民粹派前进小组在彼得堡出版的刊物。——199。

85 这是载于1902年6月《革命俄国报》第7号的《我们纲领中的恐怖因素》一文中的一些论点。——199。

86 指载于1902年10月《革命俄国报》第12号的文章《怎样回答政府的暴行?》。——199。

87 这篇文章没有写成。——201。

88 《答对我们纲领草案的批评》是针对彼·巴·马斯洛夫(伊克斯)的《论土地纲领》一文而写的。马斯洛夫在这篇文章中批评了《火星报》编辑部制定的俄国社会民主工党纲领草案的土地部分,在文章后面附了他自己的土地纲领草案。列宁的文章连同马斯洛夫的文章和草案一起在俄国社会民主工党第二次代表大会前在日内瓦以单行本出版,并作为纲领草案的土地部分的报告发给了代表大会的代表。——203。

89 提供材料人是谁尚未查清。他给列宁的回信上的署名无法辨认。列宁就在这封信上,根据信中提供的材料,计算出了他在文章中引用的那些数字以及徭役农民在各类省份中所占的平均百分数。列宁还在该信的空白页上作了有关分析农村各阶级的统计和图表(参看《列宁文集》俄文版第19卷第350—355页;本卷第359—361页)。——206。

90 《祖国纪事》杂志(«Отечественные Записки»)是俄国刊物,在彼得堡出版。1820—1830年期间登载俄国工业、民族志、历史学等方面的文章。1839年起成为文学和社会政治刊物(月刊)。1839—1846年,由于维·格·别林斯基等人参加该杂志的工作,成为当时最优秀的进步刊物。60年代初采取温和保守的立场。1868年起,由尼·阿·涅克拉索夫、米·叶·萨尔蒂科夫-谢德林、格·扎·叶利谢耶夫主持，成为团结革命民主主义知识分子的中心。1877 年涅克拉索夫逝世后，尼·康·米海洛夫斯基加入编辑部，民粹派对这个杂志的影响占了优势。该杂志不断遭到沙皇政府书报检查机关的迫害。1884 年 4 月被查封。——215。

91 波兰社会党是以波兰社会党人巴黎代表大会(1892 年 11 月)确定的纲领方针为基础于 1893 年成立的。这次代表大会提出了建立独立民主共和国、为争取人民群众的民主权利而斗争的口号，但是没有把这一斗争同俄国、德国和奥匈帝国的革命力量的斗争结合起来。该党右翼领导人约·皮尔苏茨基等认为恢复波兰国家的唯一道路是民族起义，而不是以无产阶级为领导的全俄反对沙皇的革命。从 1905 年 2 月起，以马·亨·瓦列茨基、费·雅·柯恩等为首的左派逐步在党内占了优势。1906 年 11 月在维也纳召开的波兰社会党第九次代表大会把皮尔苏茨基及其拥护者开除出党，该党遂分裂为两个党:波兰社会党“左派”和波兰社会党“革命派”(“右派”，亦称弗腊克派)。

波兰社会党“左派”反对皮尔苏茨基分子的民族主义及其恐怖主义和密谋策略，主张同全俄工人运动密切合作，认为只有在全俄革命运动胜利的基础上才能解决波兰劳动人民的民族解放和社会解放问题。在 1908—1910 年期间，主要通过工会、文教团体等合法组织进行活动。该党不同意孟什维克关于在反对专制制度斗争中的领导权属于资产阶级的论点，可是支持孟什维克反对第四届国家杜马中的布尔什维克代表。第一次世界大战爆发后，该党持国际主义立场，参加了 1915 年的齐美尔瓦尔德会议和 1916 年的昆塔尔会议。该党欢迎俄国十月革命。1918 年 12 月，该党同波兰王国和立陶宛社会民主党一起建立了波兰共产主义工人党(1925 年改称波兰共产党，1938 年解散)。

波兰社会党“革命派”于 1909 年重新使用波兰社会党的名称，强调通过武装斗争争取波兰独立，但把这一斗争同无产阶级的阶级斗争割裂开来。从第一次世界大战开始起，该党的骨干分子参加了皮尔苏茨基站在奥德帝国主义一边搞的军事政治活动(成立波兰军团)。1917 年俄国二月革命后，该党转而对德奥占领者采取反对立场，开展争取建立独立的民主共和国和进行社会改革的斗争。1918 年该党参加创建独立的资产阶级波兰国家,1919 年同原普鲁士占领区的波兰社会党和原奥地利占领区的加利西亚和西里西亚波兰社会民主党合并。该党不反对地主资产阶级波兰对苏维埃俄国的武装干涉,并于 1920 年 7 月参加了所谓国防联合政府。1926 年该党支持皮尔苏茨基发动的政变,同年 11 月由于拒绝同推行"健全化"的当局合作而成为反对党。1939 年该党解散。——218。

92 《黎明》杂志(«Przedświt»)是波兰政治刊物,由波兰社会主义者于 1881 年创办。1884 年起是波兰第一个工人政党"无产阶级"党的机关刊物。1892 年起被右翼社会党人和民族主义分子所掌握,但偶尔也刊登一些马克思主义者的文章。1893—1899 年该杂志是波兰社会党人国外联合会(波兰社会党的国外组织)的机关刊物,1900—1905 年是波兰社会党的理论性和争论性机关刊物。1907 年起,该杂志是波兰社会党"革命派"的机关刊物;1918—1920 年是波兰社会党的机关刊物。1920 年停刊。1881—1901 年在国外(日内瓦、利普斯克、伦敦、巴黎)出版,后来在波兰(克拉科夫、华沙、利沃夫)出版。——218。

93 《新时代》杂志(«Die Neue Zeit»)是德国社会民主党的理论刊物,1883—1923 年在斯图加特出版。1890 年 10 月前为月刊,后改为周刊。1917 年 10 月以前编辑为卡・考茨基,以后为亨・库诺。1885—1895 年间,杂志发表过马克思和恩格斯的一些文章。恩格斯经常关心编辑部的工作,帮助它端正办刊方向。为杂志撰过稿的还有威・李卜克内西、保・拉法格、格・瓦・普列汉诺夫、罗・卢森堡、弗・梅林等国际工人运动活动家。《新时代》杂志在介绍马克思主义基本理论、宣传俄国 1905—1907 年革命等方面做了有益的工作。随着考茨基转到机会主义立场,1910 年以后,《新时代》杂志成了中派分子的刊物。第一次世界大战期间,杂志持中派立场,实际上支持社会沙文主义者。——221。

94 《新莱茵报》(«Neue Rheinische Zeitung»)是德国和欧洲革命民主派中无产阶级一翼的日报,1848 年 6 月 1 日—1849 年 5 月 19 日在科隆出版。马克思任该报的主编,编辑部成员恩格斯、恩・德朗克、斐・沃尔弗、威·沃尔弗、格·维尔特、斐·弗莱里格拉特、亨·毕尔格尔斯等都是共产主义者同盟的盟员。报纸编辑部作为无产阶级革命运动的领导核心,实际履行了共产主义者同盟中央委员会的职责。该报揭露反动的封建君主派和资产阶级反革命势力,主张彻底解决资产阶级民主革命的任务和用民主共和国的形式统一德国。该报创刊不久,就遭到反动报纸的围攻和政府的迫害,1848 年 9—10 月间曾一度停刊。1849 年 5 月,普鲁士政府借口马克思没有普鲁士国籍而把他驱逐出境,并对其他编辑进行迫害,该报于 5 月 19 日被迫停刊。——221。

95 法兰克福议会是德国 1848 年三月革命以后召开的全德国民议会,1848 年 5 月 18 日在美因河畔法兰克福正式开幕。法兰克福议会的选举由各邦自行办理,代表中资产阶级自由派占多数。由于自由派的怯懦和动摇以及小资产阶级左派的不坚定和不彻底,法兰克福议会害怕接管国家的最高权力,没有成为真正统一德国的机构,最后变成了一个没有实际权力、只能导致群众离开革命斗争的纯粹的争论俱乐部。直至 1849 年 3 月 27 日,议会才通过了帝国宪法,而这时反动势力已在奥地利和普鲁士得胜。法兰克福议会制定的宪法尽管很保守,但毕竟主张德国统一,有些自由主义倾向,因此普鲁士、奥地利、巴伐利亚等邦纷纷宣布予以拒绝,并从议会召回自己的代表。留在议会里的小资产阶级左派不敢领导已经兴起的人民群众保卫宪法的斗争,于 1849 年 5 月 30 日把法兰克福议会迁至持中立立场的符腾堡的斯图加特。6 月 18 日,法兰克福议会被符腾堡军队解散。——221。

96 为俄国社会民主工党第二次代表大会准备的这些决议草案,列宁后来在代表大会上只提出了其中的一个,即《关于对青年学生的态度的决议草案》。——227。

97 在 1900 年 9 月 23—27 日于巴黎举行的第二国际第五次代表大会上,俄国代表团选举了格·瓦·普列汉诺夫和波·尼·克里切夫斯基为俄国社会民主工党驻社会党国际局的代表。——231。

98 这个决议草案是在代表大会召开以前写的。关于这个决议,苏共中央马克思列宁主义研究院档案馆还存有另一个草案。该草案看来是在1903年8月10日(23日)代表大会第37次会议讨论对青年学生的态度问题时写的,同这里收载的草案差别不大。在该草案上签名的有列宁和另外10名代表。该草案除其中的第2点外为代表大会通过。列宁曾在会上发言维护自己的草案(见本卷第295页)。——235。

99 《俄国社会民主工党章程草案》写于1903年6月底—7月初,在代表大会之前曾将其内容介绍给《火星报》编委,后来又介绍给前来出席代表大会的代表们。但是这个草案并不是提交代表大会的草案。1904年在日内瓦出版的俄国社会民主工党第二次代表大会记录的附录曾以《由列宁提交代表大会的俄国社会民主工党组织章程草案》为标题刊印了这个草案,列宁指出了这个错误(见本版全集第8卷第239页)。列宁提交代表大会章程委员会的党章草案定稿没有保存下来,从代表大会的讨论中可以看出,定稿和这个草案的不同之处是:第一,把党总委员会规定为党的最高机关,而不是仲裁机关;第二,增补中央机关报和中央委员会成员时要求一致通过,增补中央机关成员时要求中央委员会和中央机关报相互监督。列宁在1903年5—6月写的《俄国社会民主工党章程草案(初稿)》收在本卷《附录》中,它是列宁看过尔·马尔托夫的草案以后写的。——238。

100 这是有关俄国社会民主工党第二次代表大会的一组文献。有关这次代表大会的另一些材料收在本卷《附录》中。

俄国社会民主工党第二次代表大会于1903年7月17日(30日)—8月10日(23日)召开。7月24日(8月6日)前,代表大会在布鲁塞尔开了13次会议。后因比利时警察将一些代表驱逐出境,代表大会移至伦敦,继续开了24次会议。

代表大会是《火星报》筹备的。列宁为代表大会起草了一系列文件,并详细拟订了代表大会的议程和议事规程。出席代表大会的有43名有表决权的代表,他们代表着26个组织(劳动解放社、《火星报》组织、崩得国外委员会和中央委员会、俄国革命社会民主党人国外同盟、国外俄国社会民主党人联合会以及俄国社会民主党的20个地方委员会和联合会),共有51票表决权(有些代表有两票表决权)。出席代表大会的有发言权的代表共14名。代表大会的成分不一,其中有《火星报》的拥护者,也有《火星报》的反对者以及不坚定的动摇分子。

列入代表大会议程的问题共有20个:1.确定代表大会的性质。选举常务委员会。确定代表大会的议事规程和议程。组织委员会的报告和选举审查代表资格和决定代表大会组成的委员会。2.崩得在俄国社会民主工党内的地位。3.党纲。4.党的中央机关报。5.代表们的报告。6.党的组织(党章问题是在这项议程下讨论的)。7.区组织和民族组织。8.党的各独立团体。9.民族问题。10.经济斗争和工会运动。11.五一节的庆祝活动。12.1904年阿姆斯特丹国际社会党代表大会。13.游行示威和起义。14.恐怖手段。15.党的工作的内部问题:(1)宣传工作,(2)鼓动工作,(3)党的书刊工作,(4)农民中的工作,(5)军队中的工作,(6)学生中的工作,(7)教派信徒中的工作。16.俄国社会民主工党对社会革命党人的态度。17.俄国社会民主工党对俄国各自由主义派别的态度。18.选举党的中央委员会和中央机关报编辑部。19.选举党总委员会。20.代表大会的决议和记录的宣读程序,以及选出的负责人和机构开始行使自己职权的程序。有些问题没有来得及讨论。

列宁被选入了常务委员会,主持了多次会议,几乎就所有问题发了言。他还是纲领委员会、章程委员会和代表资格审查委员会的委员。

代表大会要解决的最重要的问题是:批准党纲、党章以及选举党的中央领导机关。列宁及其拥护者在大会上同机会主义者展开了坚决的斗争。代表大会否决了机会主义分子要按照西欧各国社会民主党的纲领的精神来修改《火星报》编辑部制定的纲领草案的一切企图。大会先逐条讨论和通过党纲草案,然后由全体代表一致通过整个纲领(有1票弃权)。在讨论党章时,会上就建党的组织原则问题展开了尖锐的斗争。由于得到了反火星派和"泥潭派"(中派)的支持,尔·马尔托夫提出的为不坚定分子入党大开方便之门的党章第1条条文,以微弱的多数票为大会所通过。但是代表大会还是基本上批准了列宁制定的党章。

大会票数的划分起初是:火星派33票,"泥潭派"(中派)10票,反火星派8票(3名工人事业派分子和5名崩得分子)。在彻底的火星派(列宁派)和"温和的"火星派(马尔托夫派)之间发生分裂后,彻底的火星派暂时处于少数地位。但是,8月5日(18日),7名反火星派分子(2名工人事业派分子和5名崩得分子)因不同意代表大会的决议而退出了大会。在选举中央机关时,得到反火星派分子和"泥潭派"支持的马尔托夫派(共7人)成为少数派,共有20票(马尔托夫派9票,"泥潭派"10票,反火星派1票),而团结在列宁周围的20名彻底的火星派分子成为多数派,共有24票。列宁及其拥护者在选举中取得了胜利。代表大会选举列宁、马尔托夫和格·瓦·普列汉诺夫为中央机关报《火星报》编委,格·马·克尔日扎诺夫斯基、弗·威·林格尼克和弗·亚·诺斯科夫为中央委员会委员,普列汉诺夫为党总委员会委员。从此,列宁及其拥护者被称为布尔什维克(俄语多数派一词音译),而机会主义分子则被称为孟什维克(俄语少数派一词音译)。

俄国社会民主工党第二次代表大会具有重大历史意义。列宁说:"布尔什维主义作为一种政治思潮,作为一个政党而存在,是从1903年开始的。"(见本版全集第39卷第4页)——240。

101 这两次发言都是对米·伊·李伯尔所提问题的答复。前一个发言答复的问题是:"'民族问题'这一项如何理解?为什么把它从'纲领草案'这一项中分出来?如何理解民族问题是策略问题?为什么不把这一问题列入基本问题?"后一个发言答复的问题是:"'民族组织'这一项是什么意思?提出这一问题似乎与崩得在党内的地位问题无关。"(参看《俄国社会民主工党第二次代表大会》1959年俄文版第17、18页)列宁提到的代表大会所要讨论的问题清单的第1项("关于崩得在俄国社会民主工党内的地位"),在代表大会通过的议程中列为第2项,而第6项("区组织和民族组织")则列为第7项。——240。

102 列宁在讨论代表大会议程时所作的这两次发言,主要针对米·伊·李伯尔、弗·彼·阿基莫夫和德·巴·卡拉法季(马霍夫)的发言。约在1902年12月中,列宁曾在给筹备召开代表大会的组织委员会委员叶·雅·列文的信(见本版全集第44卷第165号文献)中初步拟订了俄国社会民主工党第二次代表大会的议程。后来，列宁更为详尽地制定了代表大会的议程，并附有说明(见本卷第373—377页)。组织委员会采纳了列宁制定的议程，作了少许改动后提交给代表大会。代表大会经过讨论，以36票赞成、6票反对和1票弃权通过了这个议程。——242。

103 代表大会讨论组织委员会的行动问题一事的原委如下。在代表大会召开前，组织委员会已拒绝了斗争社提出的允许它派代表出席代表大会的要求。斗争社后来向代表大会的审查代表资格和决定代表大会组成的委员会提出申诉。1903年7月17日(30日)，审查代表资格和决定代表大会组成的委员会听取了参加该委员会的组织委员会委员叶·米·亚历山德罗娃(施泰因)和彼·阿·克拉西科夫(巴甫洛维奇)的说明后，认为组织委员会的决定是正确的。可是在7月18日(31日)代表大会讨论这个问题时，一位没有赶上大会开幕而刚刚到会的组织委员会委员叶·雅·列文(叶戈罗夫)却要求休会，以便同组织委员会的委员们讨论关于斗争社的问题。而在休会期间举行的组织委员会会议上，多数委员，包括亚历山德罗娃(施泰因)在内，反过来投票赞成邀请斗争社的代表达·波·梁赞诺夫列席代表大会，只有火星派分子克拉西科夫投票反对，并在代表大会会议上抗议组织委员会的这个行动。列文反而指责克拉西科夫反对组织委员会的多数是违反党纪。代表大会否决了组织委员会的建议，并通过了如下决议："代表大会请全体同志在提个别建议时将其交代表大会常务委员会，同时认为由巴甫洛维奇同志和叶戈罗夫同志两人的声明而引起的事件已告结束。""随着负责决定代表大会组成的委员会的选出，组织委员会已不再有以委员会资格影响代表大会组成的权利。组织委员会作为委员会在这一方面的工作已告结束。"(参看《苏联共产党代表大会、代表会议和中央全会决议汇编》1964年人民出版社版第1分册第58页)列宁在《俄国社会民主工党第二次代表大会记事》、《俄国革命社会民主党人国外同盟第二次代表大会文献》和《进一步，退两步》(见本版全集第8卷)中，都详细地叙述过这一事件。——244。

104 指组织委员会制定的俄国社会民主工党第二次代表大会章程草案第7条:"代表不应当以限权代表委托书来限制自己的职权。他们在执行自己的职权时是完全自由和独立自主的。"(参看《俄国社会民主工党第二次代表大会》1959年俄文版第706页)——244。

105 关于波兰王国和立陶宛社会民主党派代表参加俄国社会民主工党第二次代表大会的问题,是组织委员会根据《火星报》编辑部的倡议,在1903年2月7日给波兰王国和立陶宛社会民主党国外委员会的信中首先提出的。组织委员会在信中说,它只能邀请承认自己是俄国党的一部分的组织参加代表大会,因此,如果波兰社会民主党人愿意成为代表大会的全权成员,建议他们向《火星报》声明,宣布他们加入俄国社会民主工党。可是,波兰社会民主党人没有发表这样一个声明。

1903年7月11—16日(24—29日)举行的波兰王国和立陶宛社会民主党第四次代表大会讨论了该党同俄国社会民主工党统一的条件问题。大会在决议中提出了一系列条件,如该党在其一切内部事务中完全独立自主,波兰其他社会民主主义组织只有先加入波兰王国和立陶宛社会民主党才能加入俄国社会民主工党等。此外,作为统一的条件之一,代表大会还要求,俄国社会民主工党纲领草案中关于民族自决权条文的措辞要换成另一种可以"排除民族主义解释的""准确的"措辞。

俄国社会民主工党第二次代表大会开幕时,代表们还不知道波兰社会民主党人的上述决议。审查代表资格和决定代表大会组成的委员会在7月18日(31日)向代表大会作报告时,宣读了他们收到的波兰王国和立陶宛社会民主党领导人之一阿·瓦尔斯基(阿·绍·瓦尔沙夫斯基)的信。这封信没有说清楚波兰王国和立陶宛社会民主党愿意同俄国社会民主工党保持何种关系,只是说该党代表大会认为全俄国社会民主党的统一是头号大事。因此,委员会决定邀请波兰社会民主党人列席代表大会。7月22日(8月4日),波兰王国和立陶宛社会民主党的代表瓦尔斯基和雅·斯·加涅茨基出席了代表大会。瓦尔斯基在会上宣读了波兰王国和立陶宛社会民主党第四次代表大会关于该党同俄国社会民主工党统一条件的决议。为了研究这些条件,代表大会选举了一个专门委员会。

鉴于波兰社会民主党人提出了纲领草案中关于民族自决权的条文问题，纲领委员会讨论了这一条文。在讨论中，波兰社会民主党人反对民族自决权的条文，而提出在纲领中列入成立保障国内各民族文化发展充分自由的机构的要求。纲领委员会否决了他们的提议。波兰王国和立陶宛社会民主党的代表便留下申述他们观点的声明，退出了代表大会。8月6日(19日)，研究两党统一条件的专门委员会向大会作了报告。代表大会就此通过了一项决议，对于因为波兰社会民主党人退出代表大会而使它无法完成关于该党加入俄国社会民主工党的问题的讨论表示惋惜，并责成中央委员继续进行这一问题的谈判。——246。

106　指分裂前的火星派。——248。

107　1903年7月19日(8月1日)，在俄国社会民主工党第二次代表大会第4次会议讨论崩得在党内的地位问题时，崩得代表米·伊·李伯尔将崩得第五次代表大会通过的崩得章程提交代表大会审议。这个章程实质上要求同俄国社会民主工党建立联邦制关系。会议就此问题展开了激烈的争论。多数代表谴责崩得提出的联邦制原则。在7月21日(8月3日)第7次会议上，李伯尔又提出了崩得章程的修正案，并向代表大会发表了最后通牒式的声明。崩得的代表一再坚持要求大会在讨论总的党章以前，应立即逐条讨论崩得的章程。多数代表反对这一要求。7月21日(8月3日)下午举行的第8次会议以45票赞成，5票反对通过了尔·马尔托夫起草的决议，否决了崩得提出的联邦制原则。决议认为崩得的章程应作为党章的一个部分，在讨论党章时再予以审议。后来，在8月5日(18日)的第27次会议上，再次讨论了崩得的章程。——248。

108　指英国诺森伯兰和达勒姆两郡的煤矿工人工会。这两个工会在19世纪80年代通过同业主搞交易而争取到让熟练的井下工人实行七小时工作制，后来他们就一直反对通过立法让英国所有的工人实行八小时工作制。——250。

109 列宁的这篇讲话是在代表大会第 9 次会议讨论《火星报》编辑部制定的党纲草案总纲部分时作的。在列宁讲话前发言的是米·伊·李伯尔。

俄国社会民主工党第二次代表大会是在 1903 年 7 月 21 日(8 月 3 日)开始讨论党纲问题的。会议先讨论党纲的总纲部分。总纲部分讨论结束后,根据列宁和列·达·托洛茨基在第 10 次会议上的提议,党纲草案提交给了第 8 次会议选出的纲领委员会作初步的文字修订。该委员会的成员有:格·瓦·普列汉诺夫、列宁、帕·波·阿克雪里罗得、亚·尼·波特列索夫(斯塔罗韦尔)、亚·马尔丁诺夫、伊·李·艾森施塔特(尤金)和叶·雅·列文(叶戈罗夫)。后来在 7 月 29 日—8 月 1 日(8 月 11—14 日)的第 15 次至第 21 次会议上又对纲领委员会所通过的党纲总纲和具体要求的措辞进行了详细的讨论。——251。

110 列宁援引的米·伊·李伯尔发言中的这句话,在代表大会记录中没有记下来。李伯尔在发言中反对将《火星报》制定的纲领草案中的下述一段话写进党纲:"工人阶级政党,即社会民主党,号召一切被剥削劳动者阶层参加自己的队伍,因为他们正在站到无产阶级的立场上来。"李伯尔可能在发言中引用了列宁的《内政评论》一文。列宁在这篇文章中评述了两个贵族代表发表的反政府演说,号召社会民主党人"在所有的居民阶级中进行鼓动和组织活动"。在这段话的末尾,列宁写道:"在向贵族代表们告别时,我们要对他们说:再见吧,我们明天的同盟者先生们!"(见本版全集第 5 卷第 312 页)——251。

111 指马克思《法兰西内战》一文中的下述一段话:"公社对农民说,'公社的胜利是他们的唯一希望',这是完全正确的。"(见《马克思恩格斯文集》第 3 卷第 160 页)——251。

112 列宁在这里指的是他在《怎么办?》一书中制定的一个科学社会主义原理:社会主义意识和社会主义意识形态不可能在工人阶级中自发地产生,而只能由社会主义理论家和革命的马克思主义政党从外面灌输给它。列宁关于工人运动的自发性和自觉性问题的提法,在代表大会上遭到工人事业派分子亚·马尔丁诺夫和弗·彼·阿基莫夫的攻击。——252。

113　根据列宁《俄国社会民主工党第二次代表大会会议日志》记载，弗·彼·阿基莫夫就在这次会议上的发言中使用了“充实理论”这个词(见本卷第388页)，但代表大会记录中此处没有记下来。阿基莫夫所提的是下述机会主义的论点：在资本主义发展过程中，随着自发的工人运动的高涨，无产阶级会自动地浸透社会主义意识，“被社会主义充实起来”。——252。

114　指一种机会主义的改良主义理论，这种理论认为社会主义能够逐渐“挖空”资本主义，即在资本主义制度下通过提高工人工资、同资本家订立集体合同、成立消费合作社、扩大有产者的人数等办法来逐步缓和阶级矛盾。——252。

115　指达·波·梁赞诺夫为批判《火星报》纲领草案而写的一本长达302页的书，标题为：《制定党纲的材料。第2辑。〈火星报〉的纲领草案和俄国社会民主党人的任务》。梁赞诺夫在书中详细地分析了《火星报》纲领中的“危机和工业停滞时期”一句中所用的连接词“和”，大谈其从“正统的马克思主义”观点来看在这种场合怎样使用这一连接词方为恰当。因此列宁讽刺地称这本书为关于字义的学术著作。格·瓦·普列汉诺夫也写了《正统的咬文嚼字》一文评梁赞诺夫这本书(参看1903年6月1日、15日和7月1日《火星报》第41、42、43号附刊)。——252。

116　指对党纲草案总纲部分一段文字的修正案。这一段文字是：“但是，随着资产阶级社会所固有的这一切矛盾的增长和发展，被剥削的劳动群众对现状的不满也在增长，无产者的人数在增加，他们的团结在增强，他们同剥削者的斗争日益尖锐。”亚·马尔丁诺夫在7月21日(8月3日)代表大会第8次会议上提出在“团结”之后加上“自觉性”一词。后来纲领委员会讨论这一段文字时(列宁没有出席会议)以多数票通过了马尔丁诺夫的修正案。在7月29日(8月11日)代表大会第15次会议讨论党纲时，这一修正案被否决。上述这一段文字照原来的措辞以多数票通过。——255。

117　指党纲草案的一般政治要求中的第1条。在纲领委员会稿中，这一条的文字是:“建立人民专制,即国家的最高权力全部集中在立法会议手里,立法会议由人民代表组成,它是单一的议院。”(参看《俄国社会民主工党第二次代表大会》1959 年俄文版第 179 页)康·米·塔赫塔廖夫(斯特拉霍夫)提议把“人民专制”改为“人民的最高权力”。这一修正案被代表大会否决。——256。

118 指纲领委员会提出的党纲草案的一般政治要求中的第 3 条,这一条的内容是要求实行广泛的地方自治和区域自治。——256。

119 指党纲草案的一般政治要求中的第 9 条(火星派草案第 8 条),其中说:“任何公民都有权向法庭控告任何官吏,不必向其上级申诉。”维·尼·克罗赫马尔(佛敏)提议在“公民”一词后加上“以及外国人”。这个提议被大会否决。——256。

120 党纲草案一般政治要求中的第 12 条(火星派草案第 9 条)讲的是用普遍的人民武装代替常备军。在讨论这一条时,米·伊·李伯尔提议把“普遍的人民武装”这几个字改为“民兵”。这一提议被代表大会否决。——257。

121 这个建议草案是在第二次讨论党纲的一般政治要求第 7 条(火星派草案第 6 条)的条文时由列宁提交纲领委员会会议的。

在火星派的纲领草案中,这一条包含废除等级制和全体公民不分性别、宗教信仰和种族一律平等的要求。纲领委员会初次讨论时,把这一条中间的文字改成:“……不分宗教信仰、种族、民族和语言……”,然后提交 7 月 30 日(8 月 12 日)代表大会第 16 次会议。在代表大会讨论这一条文时,崩得分子要求把“语言平等”问题专写一条。由于他们把一部分动摇的火星派分子拉到自己方面,在代表大会上进行表决时,双方票数相等。后来列宁在《俄国社会民主工党第二次代表大会记事》一文中曾提到这次“使用语言平等”的事件(见本版全集第 8 卷)。

第 7 条条文修改问题在代表大会第 16 次和第 17 次会议上争论不休,于是被再次提交纲领委员会。委员会通过了列宁的建议(文字上略有修改)并以委员会的名义提交 8 月 1 日(14 日)代表大会第 21 次会议。建议的第 1 项被大会否决;第 2 项作了一些修改后得到通过(在代表大会通过的纲领中是第 8 条);第 3 项按原来文字通过。

列宁建议的第 3 项中提到的第 11 条,在火星派的纲领草案中是这样措辞的:"对未满十六岁的男女儿童一律实行免费的义务的普通教育和职业教育;由国家供给贫苦儿童膳食、服装、教材和教具。"纲领委员会起初通过了这一条,未加修改(第 14 条),但在 7 月 31 日(8 月 13 日)代表大会第 18 次会议上讨论本条时通过了一项补充内容:"按照居民的要求,使用本民族语言进行教学。"(参看《俄国社会民主工党第二次代表大会》1959 年俄文版第 198 页)由于已经通过了关于语言问题的单独的一条,故列宁建议删去这项补充。——258。

122 指党纲草案关于保护工人部分的第 2 条。这一条包括下述要求:由法律规定,国民经济各部门的男女雇佣工人,每周连续休息时间不得少于 36 小时。马·尼·利亚多夫建议在这一条里写上要求连续休息 42 小时;米·伊·李伯尔指出,在纲领中丝毫没有谈到小生产的监督问题。利亚多夫的建议被大会通过,李伯尔的修正案被大会否决。——259。

123 指党纲草案关于保护工人部分的第 12 条(火星派草案第 11 条),这一条包括以下要求:"地方自治机关在工人代表的参与下共同监督企业主拨给工人的住宅的卫生状况,以及监督这些住宅的内部规章和租用条件,使雇佣工人作为私人和公民的生活和行动不受企业主的干涉。"马·尼·利亚多夫对这一条提出了如下补充:(1)建立农业视察制,对有雇佣工人的所有农场进行监督;(2)党纲关于保护工人部分的第 1—13 条的适用范围应扩大到整个有雇佣劳动的农业部门中去;(3)把按对分制或以给地主耕地为条件而租用土地的佃农看成是雇佣工人,对他们应实行农业视察制。前两条补充被大会否决,第 3 条补充由利亚多夫撤回。——259。

124 7 月 31 日(8 月 13 日),在代表大会第 19 次会议讨论土地纲领时,亚·马尔丁诺夫发言说,土地问题纲领草案中关于将赎金和割地归还农民的条文并不是从无产阶级政党应该解决的任务中产生的,其目的似乎仅仅是"纠正历史上的不公平现象"。——260。

125 这一修正案是在讨论土地问题纲领草案的引言部分时提出的。引言原来的措辞是:“为了肃清沉重地压在农民身上的农奴制残余,为了使农村阶级斗争自由发展,党将力求……”修正案被大会通过。——264。

126 指土地问题纲领草案的第1条。这一条包括以下要求:“取消赎金、代役租以及目前农民这个纳税等级所承担的一切义务。”马·尼·利亚多夫建议在“农民”以后补充:“或其他农村居民这些纳税等级……”这一修正案被大会否决。——265。

127 土地问题纲领草案第2条谈到了必须废除连环保和一切限制农民支配自己土地的法律。在讨论这一条时,亚·马尔丁诺夫提出一个问题:“如何理解‘自己土地’这几个字?”他认为,对这一条可能有两种解释:“(1)每一个农民有赎买权——那么村社的利益就不会受到侵犯;(2)每一个农民有权不经赎买把土地归于自己。”在列宁作了解释之后,马尔丁诺夫再次发言,声明他指的不是细节,而是一般原则,即谁是土地的所有者——是村社还是农民?马尔丁诺夫说:“如果是村社,那么,由于认为村社是限制经济发展的,我们就主张赎买权。如果是农民,那就不必赎买。”(参看《俄国社会民主工党第二次代表大会》1959年俄文版第235页)——265。

128 党纲草案关于土地问题纲领草案第4条包括以下要求:“设立农民委员会,以便:(一)把废除农奴制时从农民那里割去的和成为地主盘剥工具的那些土地归还村团(用剥夺的办法,或者——在土地已经转手的情况下——以由国家用贵族大地产赎买的办法);(二)消灭在乌拉尔、阿尔泰、西部边疆区和国内其他地区保留下来的农奴制关系残余……”

诺·尼·饶尔丹尼亚(科斯特罗夫)对这一条提出如下补充意见:“将高加索由暂时义务农、希赞和其他农民使用的土地转归他们本人所有。”波·米·克努尼扬茨(鲁索夫)和马·尼·利亚多夫提出另一个建议,他们认为只要在纲领中一般地指出必须在俄国一切地区消灭农奴制关系的残余就可以了。

列宁发言中提到的季·亚·托普里泽(卡尔斯基)的修正案,在代表大会记录中没有记上。

代表大会通过了饶尔丹尼亚提出的补充意见。

暂时义务农是指俄国农奴制废除后为使用份地而对地主暂时负有一定义务(交纳代役租或服徭役)的前地主农民。农民同地主订立了赎买份地的契约后,即不再是暂时义务农,而归入私有农一类。1881 年 12 月沙皇政府法令规定,从 1883 年 1 月 1 日起,暂时义务农必须赎得份地。

希赞是格鲁吉亚的一种根据特殊契约条件定居在地主土地上的农民。希赞在形式上不被算做农奴,有人身自由,实际上是终身无权的佃农。1861 年的农民改革没有扩大到希赞;他们仍然完全依附于地主,而且地主还增加希赞的劳役,夺取希赞耕种的土地。直到十月革命以后,希赞制才被废除。——266。

129　列宁的发言是针对科斯特罗夫(诺·尼·饶尔丹尼亚)的一项建议。科斯特罗夫认为最好成立劳资调解委员会。土地问题纲领草案的第 5 条中谈到,必须授权法庭降低过高的地租和宣布盘剥性契约无效。纲领草案关于保护工人部分的第 16 条包括以下要求:在国民经济各部门设立职业法庭,由对等的工人代表和企业主代表组成。——267。

130　列宁这里说的是米·伊·李伯尔的一个建议:在土地问题纲领草案的第 5 条中写进授权法庭规定土地租价的要求。——267。

131　8 月 2 日(15 日)代表大会第 22 次会议讨论党章第 1 条时,发生了激烈的争论。这里列宁说的是他提出的党章第 1 条的条文:“凡承认党纲、在物质上支持党并亲自参加党的一个组织的人,可以作为党员。”(见本版全集第 8 卷第 238 页)尔·马尔托夫提出的另外一个条文是:“凡承认党纲、在物质上支持党并在党的一个组织领导下经常亲自协助党的人,可以作为俄国社会民主工党党员。”(参看《俄国社会民主工党第二次代表大会》1959 年俄文版第 425 页)关于这两个条文,章程委员会 7 月 30 日(8 月 12 日)的会议没有取得一致意见。委员会只根据多数意见删去了“在物质上支持党”的字句,然后将两个条文都提交给代表大会讨论。后来,代表大会以 28 票赞成、22 票反对和 1 票弃权,通过了马尔托夫的条文。代表大会还以 26 票对 18 票的多数,通过了在该条文中写上党员“在物质上支持党”的字句。列宁在《进一步，退两步》这本小册子中，曾对代表大会关于党章第1条问题的讨论和表决情况作了分析(见本版全集第8卷《进一步，退两步》第7、8、9节)。——269。

132 在讨论党章草案第4条第1段——关于党总委员会委员的任命和总委员会委员出缺时的替补程序——时，章程委员会没有取得一致意见，因此向代表大会提交了三种条文。

由尔·马尔托夫和弗·亚·诺斯科夫(格列博夫)提出的第一种条文是：“党总委员会由中央机关报编辑部和中央委员会各任命委员二人组成；第五名委员由这四名总委员会委员聘请；总委员会的委员出缺时由任命该委员的机构另派人替补。”

由列宁和弗·尼·罗扎诺夫(波波夫)提出的第二种条文是：“党总委员会由代表大会从中央机关报编辑部和中央委员会的委员中任命五人组成，两机构各不得少于二人。总委员会的委员出缺时由总委员会自行任命。”

由叶·雅·列文(叶戈罗夫)提出的第三种条文是：“党总委员会由代表大会从中央委员会和中央机关报编辑部中各选出二人组成。第五名委员由这四名委员一致选出；总委员会的委员出缺时，除第五名委员外，由该委员所属机构另派人替补，第五名委员按上述方法替补。”

经过讨论，代表大会通过了如下条文：

“4.代表大会任命党总委员会的第五名委员、中央委员会和中央机关报编辑部。

5.党总委员会由中央机关报编辑部和中央委员会任命，它们各委派委员二人参加党总委员会；总委员会的委员出缺时，由任命该委员的机构另派人替补，第五名委员由总委员会自行替补。”(参看《苏联共产党代表大会、代表会议和中央全会决议汇编》1964年人民出版社版第1分册第44页)——274。

133 在讨论党章草案第4条第1段时，维·伊·查苏利奇发言同意尔·马尔托夫和弗·亚·诺斯科夫(格列博夫)的条文，她说：“那种认为总委员会的四名委员不能选出第五名委员的反驳意见是没有根据的。如果像总委员会这样的机关都不能选出第五名委员，这就说明这个机关根本不中用。”（参看《俄国社会民主工党第二次代表大会》1959 年俄文版第 296 页）——274。

134 指党章草案第 10 条：“每一个党员和同党有来往的任何个人，都有权要求把他的声明原原本本送达中央委员会，或中央机关报编辑部，或党代表大会。”（参看《俄国社会民主工党第二次代表大会》1959 年俄文版第 426 页）尔·马尔托夫提出将这一条文中“和同党有来往的任何个人”这些字删去。这一修正案以 25 票对 13 票被否决。——275。

135 这个发言谈的是党章草案第 12 条关于党的委员制机构（包括中央委员会和中央机关报编辑部）成员的增补问题。列宁在《进一步，退两步》中写道：“接受委员时采取更严格的法定多数（以$4/5$代替$2/3$），增补时采取一致同意和对中央机关成员的增补实行相互监督，——所有这些，**当我们在中央机关人选问题上处于少数地位时**我们都曾加以坚持。”（见本版全集第 8 卷第 294 页）尔·马尔托夫反对将增补时采取一致同意和中央委员会与中央机关报编辑部相互监督的办法写入党章。后来列宁在俄国革命社会民主党人国外同盟第二次代表大会上曾叙述代表大会上当时所形成的局面：“我们自然担心我们会受到暗算，陷于困境。因此有必要实行中央机关成员的相互增补，以便保证党中央机关行动一致。在这个问题上又引起了斗争。……必须组成一个坚定不移的、忠实的火星派内阁。在这个问题上我们又失败了。关于中央机关成员的相互增补的条款被否决了。在‘泥潭派’支持下的马尔托夫所犯的错误，更加明显地表现出来了。从这时起，他们的联盟便完全形成了，而我们面对失败的威胁，不得不把我们的枪炮装上双倍的弹药。崩得和《工人事业》杂志坐在那里运用自己的投票权决定大会的命运。因此就发生了激烈的残酷的斗争。”（同上书，第 46 页）——275。

136 叶·雅·列文（叶戈罗夫）反对用某种数字$2/3$或$4/5$来限定增补党的委员制机构所必需的多数，认为在没有提出说明理由的异议的情况下，问题可以用简单多数决定。——275。

137 由于党章草案中没有关于授权党总委员会决定党的中央机关成员的增补问题的条文，叶·雅·列文（叶戈罗夫）在发言中把它称为“瘸腿的”党章草案。——275。

138 指列·达·托洛茨基和尔·马尔托夫发言反对列宁的建议——在党章第12条中写入：只有经党总委员会全体委员同意才能增补中央委员会委员和中央机关报编辑部委员。列宁的这一建议以22票对27票被大会否决。——278。

139 指尔·马尔托夫在讨论党章草案第12条时提出的建议：“如果中央委员会或中央机关报编辑部增补新委员未能取得一致意见，可将接受委员的问题转交总委员会；如总委员会撤销有关的委员会原来的决定，该委员会即以简单多数票作最后决定。”（参看《俄国社会民主工党第二次代表大会》1959年俄文版第311页）——278。

140 指尔·马尔托夫的下面这句话：“我建议，给不满意少数派决定的多数派以要求总委员会作出决定的权利。”（参看《俄国社会民主工党第二次代表大会》1959年俄文版第311页）马尔托夫的修正案以24票对23票被代表大会通过。——279。

141 列宁在发言中回答了弗·亚·诺斯科夫（格列博夫）和列·格·捷依奇的以下提议：第13条（关于承认俄国革命社会民主党人国外同盟是俄国社会民主工党唯一的国外组织以及关于它的任务）不写入党章，而转交党中央委员会（格列博夫的提议）或党总委员会（捷依奇的提议）讨论。代表大会以31票赞成、12票反对、6票弃权通过了党章第13条。——279。

142 在代表大会批准了关于承认俄国革命社会民主党人国外同盟为俄国社会民主工党唯一的国外组织的党章第13条之后，国外俄国社会民主党人联合会的代表亚·马尔丁诺夫和弗·彼·阿基莫夫向大会常务委员会声明：他们今后将拒绝参加表决，并打算只为听取宣读以前各次会议的记录和讨论公布这些记录的程序而出席代表大会。8月5日（18

日)，在代表大会第27次会议上宣读了这一声明。在同日下午举行的第28次会议上，列宁向代表大会报告了常务委员会会议讨论这一声明的情况，并把这一问题提交代表大会讨论。代表大会建议阿基莫夫和马尔丁诺夫收回他们的声明，但是他们拒绝了这一建议并退出了代表大会。列宁没有将这里收载的决议草案提交代表大会。据《列宁全集》俄文第5版编者注，这一草案的手稿已被列宁勾掉。——280。

143 《关于崩得退出俄国社会民主工党的决议草案》以及下面收载的《对马尔托夫关于崩得退出俄国社会民主工党的决议案的补充》、《关于各独立团体的决议草案》、《关于军队工作的决议草案》和《关于农民工作的决议草案》，列宁都没有提交代表大会。后两个问题也没有在代表大会上讨论。1903年10月14日(27日)，列宁在俄国革命社会民主党人国外同盟第二次代表大会上作关于俄国社会民主工党第二次代表大会的报告时指出，由于"泥潭派"的阻碍和拖延，不得不从议程中取消了许多重要项目，并且根本没有剩下时间讨论全部策略问题(参看本版全集第8卷《俄国革命社会民主党人国外同盟第二次代表大会文献》)。——283。

144 这里说的是1903年8月5日(18日)代表大会通过的关于拒绝接受崩得提交代表大会讨论的崩得章程的第2条的决定。崩得章程的这一条说:"崩得是犹太无产阶级的社会民主党组织，它的活动不受任何地区范围的限制，它是作为犹太无产阶级的唯一代表加入党的。"(参看《俄国社会民主工党第二次代表大会》1959年俄文版第51页)鉴于这一条具有原则性的意义，所以在代表大会上首先讨论。崩得的代表为了抗议代表大会的决定，声明崩得退出俄国社会民主工党，并离开了代表大会。——283。

145 意志社是一个自称"革命社会民主主义组织"的国外团体。1903年2月，该社出版了传单《革命社会民主主义组织"意志社"致革命者书》，在其中提出了在各阶层居民中进行政治鼓动和把社会民主党人同社会革命党人联合起来的任务。意志社没有加入俄国社会民主工党。俄国社会民主工党第二次代表大会通过了《关于库克林出版社和"意志社"的决议》,其中说:“代表大会确认:上述两组织不是党的组织,它们和有组织的俄国社会民主党毫无共同之处。关于该两社同我党此后的关系问题将由党中央委员会负责处理,如果该两社向它提出的话。”(参看《苏联共产党代表大会、代表会议和中央全会决议汇编》1964 年人民出版社版第 1 分册第 62 页)在俄国社会民主工党第二次代表大会后不久,意志社发表了该社解散以及其成员加入俄国社会民主工党的声明。这个消息刊载于 1903 年 11 月 7 日《火星报》第 52 号。——285。

146 这个发言是列宁在代表大会第 31 次会议上作的。在代表大会第 35 次会议批准这次会议的记录时,经列宁同意,对他的发言的文字作了修改。从发言的开头“同志们! 马尔托夫的讲话十分奇怪,我觉得不得不坚决反对他对问题的提法……”起,到“……只能说明政治概念的惊人的混淆”止的这一段话被删去,而代之以如下的话:

“我请求大会允许我回答马尔托夫。

马尔托夫同志说,刚才的投票有损他的政治声誉。选举和损害政治声誉风马牛不相及。(喊声:“不对! 不是事实!”普列汉诺夫和列宁抗议这种打断发言的做法。列宁请求秘书把查苏利奇、马尔托夫和托洛茨基等同志打断他发言的事实记入记录,并请求记下打断他发言的次数。)”

但是,列宁在同意这种修改之后,在代表大会上作了如下声明:“我同意科斯季奇、帕宁同志的修改,但同时我声明,我的意思是,马尔托夫同志认为只有他一人参加三人编辑部而没有他的伙伴们参加,是对他的污辱。”(参看《俄国社会民主工党第二次代表大会》1959 年俄文版第 372、392—393 页)

在《列宁全集》俄文第 5 版中,这个发言是按照列宁写的并在会议宣读的发言稿刊印的。——288。

147 “选举党的中央委员会和中央机关报编辑部”在列宁为代表大会拟订的议程中是第 24 项,而在后来代表大会通过的议程中是第 18 项。——288。

148 选举两个三人小组(中央委员会和中央机关报)的计划,是列宁在对他拟订的代表大会议程的说明中提出的(见本卷第 377 页)。列宁后来在《进一步,退两步》一文中写道,早在召开代表大会很久以前以及在代表大会上,所有代表都知道这个选出两个三人小组和改组编辑部的计划,并且指出,编辑部之所以必须改组,是因为要消除某些与党的机关不相称的旧的小组习气的特点和消除著作家小组的“神权”特点(参看本版全集第 8 卷第 307—308 页)。

关于选举中央机关报编辑部的问题,尔·马尔托夫的拥护者和彻底的火星派在代表大会第 30 次和第 31 次会议上进行了激烈的斗争。马尔托夫及其拥护者坚持要求批准《火星报》的旧编辑部(列宁、格·瓦·普列汉诺夫、马尔托夫、亚·尼·波特列索夫、维·伊·查苏利奇、列·格·捷依奇),彻底的火星派则支持由代表大会自由选举出三名编委的要求。

代表大会以多数票通过了选举由三人组成编辑部的决议。列宁、普列汉诺夫和马尔托夫当选为中央机关报编辑部的成员。马尔托夫在选举后立即声明他将不参加编辑部的工作。列宁后来在评述这场关于选举中央机关报编辑部的斗争时指出,它是庸俗观念同党性作斗争,最坏的“个人意气”同政治上的理由作斗争,抱怨的话同起码的革命责任感作斗争(见本版全集第 8 卷第 314 页)。——289。

149 指列宁对他为代表大会拟订的议程的第 24 项加的说明(见本卷第 377 页)。说明的最后一句话是在收到尔·马尔托夫的意见后,由列宁用红墨水写的。——289。

150 这里说的“紧密的多数派”是指火星派多数派,它是在临近选举中央机关时最后形成的。——292。

151 波·米·克努尼扬茨(鲁索夫)建议着手进行党中央委员会的选举,并提议中央委员会的选举结果由代表大会主席掌握,为了保密起见,只向代表大会宣布一名中央委员的名字。——292。

152 这一决议草案经格·瓦·普列汉诺夫作了少许文字修改后,以列宁和普列汉诺夫的名义提交 8 月 10 日(23 日)代表大会的第 37 次会议。在代表大会讨论该决议草案时,尔·马尔托夫提议对草案的第二部分作如下改动:"代表大会委托中央委员会研究邦契-布鲁耶维奇同志报告中的建议。"这一修正案被代表大会通过(参看《苏联共产党代表大会、代表会议和中央全会决议汇编》1964年人民出版社版第1分册第48—49页)。在这一决议草案上签名的,除列宁和普列汉诺夫外,还有另外11名代表。——293。

153 向代表大会提出的关于对自由派的态度问题的决议草案有两个:第一个是亚·尼·波特列索夫(斯塔罗韦尔)提出的,第二个是列宁、格·瓦·普列汉诺夫以及其他13名代表共同提出的(经列宁修改过的普列汉诺夫的草案,见《列宁文集》俄文版第6卷第177—178页)。这两个决议草案在表决时,所得票数相等,因此都算通过。

后来列宁在《地方自治运动和〈火星报〉的计划》一文中,曾将这两个决议作过比较(参看本版全集第9卷)。——294。

154 《财政通报》即《财政与工商业通报》杂志(«Вестник Финансов, Промышленности и Торговли»),是沙皇俄国财政部的刊物(周刊),1883年11月—1917年在彼得堡出版,1885年1月前称《财政部政府命令一览》。该杂志刊登政府命令、经济方面的文章和评论、官方统计资料等。——299。

155 指1903年7月敖德萨政治总罢工。这次罢工是1903年夏天几乎席卷整个南俄并成为1905—1907年革命前兆的群众性政治罢工的一个环节。罢工由大火车站和铁路工厂工人发动,起因是锅炉车间一名工人被非法开除。当地的港口、采石场、水泥厂、软木厂、麻纺厂和其他一些工厂企业的工人很快加入了罢工的行列。城市运输、发电厂、煤气厂、面包房和商业企业的工人也都停止了工作。在工人当中有过一些影响的敖德萨祖巴托夫组织"独立工党委员会",力图阻止这些罢工发展成为政治性罢工,但是他们的政策很快被工人们所揭穿。罢工运动的领导权集中到了敖德萨社会民主党委员会手中。该委员会有计划地出版传单。在传单中提出工人的要求并号召工人为推翻专制制度而斗争。它还派遣鼓动员到各个工厂,组织群众集会和政治性的游行示威。祖巴托夫分子遭到了彻底的失败。——301。

156 基什尼奥夫事件是指1903年在基什尼奥夫发生的大规模蹂躏犹太人的血腥事件。这一暴行是沙皇政府内务大臣、宪兵司令维·康·普列韦指挥进行的，其目的是诱使群众离开日益高涨的革命运动。在这一事件中死伤者有几百人，被抢劫和捣毁的住房和店铺上千座。——305。

157 特里什卡的外套出自俄国作家伊·安·克雷洛夫的同名寓言。这则寓言说，特里什卡用挖东墙补西墙的办法补缀自己的外套，结果愈弄愈糟，把外套改得比小坎肩还短一截。——309。

158 《拆穿了！……》一文是对1903年8月20日《革命俄国报》第30号上刊登的《编辑部的话》的答复。在此以前，《火星报》和《革命俄国报》已就“4月2日案件”（即1903年4月2日大学生斯·瓦·巴尔马晓夫刺杀沙皇政府内务大臣德·谢·西皮亚金一事）发表了一系列论战性文章。——316。

159 达尔杜弗是法国剧作家让·巴·莫里哀的喜剧《达尔杜弗或者骗子》里的主角，是一个集贪婪、伪善、奸诈、狠毒于一身的伪君子的典型。——317。

160 诺兹德列夫是俄国作家尼·瓦·果戈理的小说《死魂灵》中的一个惯于信口开河、吹牛撒谎的无赖地主。当他的谎言被当面揭穿时，他也满不在乎，我行我素。——318。

161 丘必特是罗马神话中最高的天神和司风雨雷电之神，相当于希腊神话中的宙斯。在俄语中，丘必特这个词也用来比喻自高自大、目空一切的人。——319。

162 关于崇高的诚实的话语出自俄国作家亚·谢·格里鲍耶陀夫的喜剧《智慧的痛苦》。剧中有一个名叫列彼季洛夫的终日信口雌黄的浪荡子，一次在一个贵族家里说：他那一伙朋友的首领是个强盗、骗子，此人一谈起仁义道德和“崇高的诚实”来就激动得声泪俱下，惹得所有在场的人都为之痛哭流涕。——321。

163 《革命青年的任务》一文是应《大学生报》编辑部之请而写的，刊登于1903年9月该报第2—3号合刊“自由论坛”栏，副标题为《第一封信》。从文末的附言以及《关于革命青年的任务的信的提纲》（见本卷第420—421页）可以看出，列宁本来打算就这个题目再写几封信，但看来没有写成。

《革命青年的任务》一文有《大学生报》抽印本，并曾以《告大学生。革命青年的任务（社会民主党和知识分子）》为题出过油印单行本（未收入附言）。莫斯科大学的学生还曾石印出版过这篇文章。

《大学生报》第2—3号合刊“自由论坛”栏还刊登了尤·加尔德宁（维·米·切尔诺夫）的《给大学生编辑部的公开信》。——322。

164 《大学生报》（«Студент»）是俄国大学生的报纸，一共出版了两号（第1号和第2—3号合刊）。第1号最初在俄国印刷，但在印刷所里就被没收了，后来于1903年4月在日内瓦重印，第2—3号合刊在苏黎世出版。列宁在信中提到的该报编辑部的声明说：“编辑部不附和任何一个俄国反对党……而认为把本报篇幅提供出来，由俄国革命思想界中哪怕是最对立的派别的代表就革命斗争中的理论问题和实践问题进行平心静气的讨论，是适当的，并且始终注意在大学生中树立明确的完整的政治的和社会主义革命的世界观，认为这是推动大学生思想上的团结所必不可少的强有力因素。”——322。

165 中央党是德国天主教徒的政党，1870—1871年由普鲁士议会和德意志帝国国会的天主教派党团联合而成，因这两个党团的议员的席位在会议大厅的中央而得名。中央党通常持中间立场，在支持政府的党派和左派反对派国会党团之间随风转舵。——325。

166 指莫斯科的第一个马克思主义组织——莫斯科工人协会于1896年11月3日（15日）发表的告大学生书。——330。

167　指沃罗涅日县农用工业需求委员会的两名委员 Н.Ф.布纳柯夫和 С.В.马尔丁诺夫于 1902 年 8 月 26 日(9 月 8 日)在该委员会会议上发表的反政府演说。马尔丁诺夫因此被驱逐到阿尔汉格尔斯克省,布纳柯夫被驱逐到诺夫哥罗德省。关于沃罗涅日事件的报道以及布纳柯夫的发言和马尔丁诺夫在会上所宣读的报告书都载于 1902 年 12 月 1 日《火星报》第 29 号。——341。

168　这里说的是贫苦农民(650 万户)把中等农民(200 万户)吸引到自己方面来。——344。

169　指列宁所作的俄国土地制度图解,形状为四个格子:第一个格子——地主 10 万户;第二个格子——富裕农民 150 万户;第三个格子——中等农民 200 万户;第四个格子——贫苦农民 650 万户(见本卷第 361 页)。——346。

170　列宁所引用的 48.6%这一数字是指 1893—1894 年占总户数 16.5%的富裕农民在农业马匹总数中所占的百分比。从关于村团中马匹分配状况(见本卷第 357 页)的摘录中可以看出,1893—1894 年有 3 匹马的农户占总户数 8.7%,拥有 18.8%的马,有 4 匹马以上的农户占总户数 7.8%,拥有 29.8%的马。这两类富裕农民共占总户数 16.5%,拥有全部马匹的 48.6%。为了获得 1888—1891 年的相应材料,列宁使用了自己的统计材料分类法(即所谓再分组的方法)。列宁在小册子的一个大纲的白边上作了下列计算:

“10.6

　5.3　　　9.4

11.4　　　37.4

16.7　　　46.8”

把这些计算同 1888—1891 年马匹分配状况的资料加以比较便可以看出:富裕农民这一类户数占 16.7%(此百分比与 1893—1894 年的相应的百分比即 16.5%很接近)。这个百分比是列宁把有 4 匹马以上的户数即 11.4%和有 3 匹马的户数的一半即 5.3%相加而得出的。但是列宁不止是计算出了富裕农民占总户数 16.7%,其相应马匹数占

46.8%,而且还借助于上述方法更加精确地计算出,1888—1891 年富裕农民占总户数 16.5%,其相应马匹数则是 46.6%。关于列宁的再分组的方法,参看《俄国资本主义的发展》一书第 2 章第 9 节(见本版全集第 3 卷)。——349。

171 1888 年和 1891 年俄国欧洲部分 49 个省的材料来源有两个:1888 年 31 个省的材料摘自《俄罗斯帝国统计资料。第 20 卷。1888 年军马调查》(1891 年圣彼得堡版)一书;1891 年 18 个省的材料摘自《俄罗斯帝国统计资料。第 31 卷。1891 年军马调查》(1894 年圣彼得堡版)一书。第一个表右边一栏数字表示各类农户每一户的平均马匹数。1893—1894 年的材料摘自《俄罗斯帝国统计资料。第 37 卷。1893 年和 1894 年军马调查》(1896 年圣彼得堡版)一书。——357。

172 第一图右边的数字和第二、第三图左边的数字表示户数,以万为单位;第二图右边数字表示马匹数,也以万为单位。——359。

173 这里收载的是列宁为筹备俄国社会民主工党第二次代表大会而写的党章草案的初稿。据《列宁全集》俄文第 5 版编者介绍,从这个文件的手稿看,列宁写了最初稿后,又在稿子上作了修改和补充。为了便于阅读并使读者看到列宁起草党章的过程,该版以两稿(最初稿和改后稿)对照的形式刊载这个初稿。列宁在加工这一初稿时所作的另外的修改,则用脚注加以说明。——362。

174 《关于向俄国社会民主工党第二次代表大会作〈火星报〉组织工作的报告的笔记》是娜·康·克鲁普斯卡娅起草的这一报告的基础。列宁审阅过克鲁普斯卡娅起草的报告,并作了少许文字上的修改。第二次代表大会记录仅仅提到作报告这件事,没有记下报告的内容。克鲁普斯卡娅起草的报告最初发表于 1928 年《无产阶级革命》杂志第 1 期。——368。

175 指《俄国社会民主党人抗议书》(见本版全集第 4 卷)。——368。

176 指由列宁、尔·马尔托夫和亚·尼·波特列索夫组成的小组。它是列宁1900年初从流放地返回后为了在国外创办全俄马克思主义秘密报纸而倡议建立的。——368。

177 这里说的是由俄国社会民主工党叶卡捷琳诺斯拉夫委员会倡议、并得到崩得和国外俄国社会民主党人联合会的支持、1900年初曾试图于当年春在斯摩棱斯克召开俄国社会民主工党第二次代表大会一事。列宁和劳动解放社的成员都认为召开第二次代表大会为时尚早。但是劳动解放社没有拒绝参加，委托列宁代表它出席，并从国外给他寄去了委托书。代表大会由于1900年4—5月间各社会民主党组织有许多人被捕而没有开成。——368。

178 这里是按以下事实分期的：1900年2月，列宁从流放地回来，开始筹备出版《火星报》；1900年12月，《火星报》创刊号出版；1902年1月在萨马拉举行了火星派代表大会，会上成立了俄国《火星报》组织常设局；1902年2月沙皇俄国的特务机关保安处对火星派分子进行大逮捕。——368。

179 "马"是火星派巴库小组的秘密代号。1901年，该小组进行了从国外运送《火星报》和火星派书刊到俄国以及在巴库的秘密印刷所翻印《火星报》的工作。书刊的运输要先经维也纳到波斯(大不里士)，然后再从那里用马驮运到巴库(这个小组的秘密代号"马"即由此而来)。这个小组的成员有：列·波·克拉辛、弗·扎·克茨霍韦利、谢·雅·阿利卢耶夫、瓦·安·舍尔古诺夫、列·叶·加尔佩林等。——369。

180 指将《火星报》和火星派书刊从国外运往俄国的工作。书刊的转运是由一些专门的运输小组和个人通过陆路和海路进行的。这里提到的拉脱维亚人是指在苏黎世求学的拉脱维亚大学生恩·罗劳、爱·斯库比克等人组成的小组。他们负责将书刊经波罗的海沿岸地区运往俄国。后来查明，宪兵已掌握了这个小组活动情况的情报，因此1900年12月和1901年6月由拉脱维亚人组织运输的火星派书刊均遭没收。

"手提箱"是指用双层底旅行手提箱转运秘密书刊的方法。——369。

181 这个文件详细地拟订了代表大会议事规程和议程。文件的第一部分是代表大会通过的议事规程的基础。第二部分是附有说明的议程草案。这一议程草案是所有火星派分子在大会召开以前很久就知道的，也是参加代表大会的全体代表知道的。列宁曾对这个草案的初稿作了一些补充，这些补充考虑了尔·马尔托夫所提的意见，可能还考虑了读过这个草案的其他火星派分子的意见。《列宁全集》俄文第5版所收的这一文献是按后来经过补充和修改的文稿全文刊印的。列宁在1903年春季起草的《俄国社会民主工党第二次代表大会议事规程和议程初稿》载于《列宁文集》俄文版第6卷。——370。

182 这个文件是列宁在代表大会开幕前对代表大会的组成和代表大会上各派力量的对比所作的预计。"票数"这一栏是指每个组织在代表大会上拥有的票数。"到达人数"这一栏是指编制表格时已经到达日内瓦的代表人数。在"+？－"这一栏里，"+"号下面的数字表示火星派分子的票数，"?"号下面的数字表示派别不明的代表的票数，"－"号下面的数字表示反火星派分子的票数。在这一栏的个别地方不仅对已到代表而且对应到代表可能采取的立场都作了估计。最后一栏的数字，看来是表示当时火星派的分化，即整个火星派分为"坚定的"(彻底的)火星派分子和"温和的"火星派分子。——378。

183 俄国社会民主工党特维尔委员会未派代表出席代表大会，因为特维尔委员会加入了北方协会，所以由该协会的代表来代表它。——378。

184 俄国社会民主工党下诺夫哥罗德委员会的代表没有前来参加代表大会。——378。

185 高加索的代表在代表大会上享有的票数不是8票，而是6票。列宁把0改成了6，但没有划掉他先前写的2这个数字。这一栏的总数也未作改动。——378。

186 列宁把总数改为36以代替原来的数字32。这是考虑到了表中所作的修改，即下诺夫哥罗德委员会代表(2票)缺席和高加索现有票数为6

票(而不是原先写的 2 票),以及后来补进名单的克里木联合会的 2 票。——379。

187 列宁在这里打了一个问号,看来是因为俄国《火星报》组织本应派来的两名代表没有到达。——379。

188 给数字 2 打上的特别记号,看来是表示列宁对南方工人社的代表能否采取彻底的火星派立场持怀疑态度。——379。

189 总计数 47 是在表内某些项目改动前算出的,即仍有下诺夫哥罗德委员会的 2 票,高加索仍为 2 票(不是后来的 6 票),后来补进的克里木联合会的 2 票未算在内。——379。

190 总计数 36 中,高加索的票数仍按改动前的 2 票计算。——379。

191 尼古拉·彼得罗维奇是社会民主党彼得堡委员会(火星派)的代号之一。《火星报》编辑部与各地方组织通信中曾使用过这一代号。这里看来是指参加俄国社会民主工党第二次代表大会的彼得堡委员会的代表亚·瓦·绍特曼。——380。

192 主要由经济派分子组成的沃罗涅日委员会未被邀请出席俄国社会民主工党第二次代表大会,因为该委员会不承认筹备召开代表大会的组织委员会以及由组委会拟定的召开这次代表大会的章程。在代表大会开幕前两天,沃罗涅日委员会向组委会递交了要求就这一问题进行仲裁的声明。在代表资格审查委员会对这一声明进行审议后,代表大会拒绝了沃罗涅日委员会的要求并认为组委会的做法是对的。——381。

193 指俄国社会民主工党第二次代表大会选出的审查代表资格和确定大会组成的委员会,其成员为:列宁、列·格·捷依奇、德·柯尔佐夫、娜·康·克鲁普斯卡娅(萨布林娜)和伊·李·艾森施塔特(尤金)。——381。

194 指代表大会关于表决程序的决定。在讨论议事规程时,尔·马尔托夫提出一项建议:不仅让有表决权的代表,而且也让有发言权的代表参加全部有关会议程序问题的表决。列宁认为这将会给计算票数带来困难,建议所有问题都只按代表委托书进行表决,即只让有表决权的代表参加表决。——381。

195 指米·伊·李伯尔提出的代表大会议程。李伯尔反对像组织委员会在提交大会批准的议程中建议的那样,把崩得在党内的地位问题放在第1项,即紧接着组织问题进行讨论。——381。

196 在代表大会第二次会议上,巴库委员会的代表在梯弗利斯委员会和巴统委员会的代表支持下发言,对组织委员会报告中所说的是他建议邀请斗争社参加代表大会一事辟谣。组织委员会的报告后来作了修改。——382。

197 指米·伊·李伯尔所作的关于崩得在党内的地位问题的报告。——383。

198 指米·伊·李伯尔提交代表大会讨论的崩得的章程。列宁在下面简要地摘记了这个章程各条的内容。——384。

199 崩得在它的章程的第4条中,要求授权它"在由俄国犹太无产阶级的特殊地位和犹太民族中各种社会力量的相互关系所决定的一些问题上"以特殊的、似乎与党的纲领不相抵触的条文来补充全党的纲领。——384。

200 这里和下面几处标有"+"号的地方是弗·菲·哥林对《火星报》和《曙光》杂志编辑部制定的俄国社会民主工党纲领草案原则部分的修改和补充意见,括号内是《俄国社会民主工党纲领草案(《火星报》和《曙光》杂志编辑部制定的)。〈火星报〉第21号抽印本》第1—2页上的行数。——387。

201 格·瓦·普列汉诺夫在代表大会上批评了亚·马尔丁诺夫反对列宁的一个论点的发言,这个论点是:工人阶级单靠自己的力量只能形成工联主义的意识,而社会主义意识要由社会民主党从外面灌输到工人运动中去。普列汉诺夫指出，马尔丁诺夫把自己对党纲草案的批评建立在摘自列宁著作《怎么办?》的一段引文上。普列汉诺夫说："马尔丁诺夫同志的手法使我想起了一个书报检查官的话：'把《我们的父》那篇祷告词给我，让我从中抽出一句话来，我可以向你们证明，它的作者是应该判处绞刑的。'"（参看《俄国社会民主工党第二次代表大会》1959年俄文版第125页）——388。

202 指列宁的《怎么办?》一书（见本版全集第6卷）。——388。

203 指尔·马尔托夫宣读的关于《火星报》组织的工作的报告。——390。

204 《致纲领委员会》这段笔记写的是党纲草案中关于保护工人部分的第8条的条文。这一条在文字上作少许修改后，被纲领委员会和代表大会通过。——393。

205 指代表大会对崩得分子关于在党纲中把"语言平等"问题专写一条的建议进行的讨论。——394。

206 列宁于8月7日（20日）在代表大会第31次会议上选举《火星报》编辑部时作了发言（见本卷第288—291页）。这是列宁事后追记的发言要点。——401。

207 指对波·米·克努尼扬茨（鲁索夫）提出的通过无记名投票选举3人为中央机关报编委的提案进行的表决。——401。

208 在俄国社会民主工党第二次代表大会的记录中，没有记载这项表决。——402。

209 指对诺·尼·饶尔丹尼亚（科斯特罗夫）下述提案的表决结果："代表大会选出一名编委，由这名编委增补其余的编委。"（参看《俄国社会民主工党第二次代表大会》1959年俄文版第375页）——402。

210 指火星报多数派的拥护者于1903年8月5日（18日）举行的会议（即按表决票数而不是按人数计算的"24人会议"）。在这次会议之前召开的

《火星报》组织第四次(最后一次)非正式会议,即"16 人会议",未能就中央委员会候选人名单问题达成协议,因此坚定的火星派和"曲折路线"的火星派(列宁这样称呼马尔托夫派)的分裂终于成了定局。后来就进行了列宁称之为同道者举行的私人性质的、非正式的会谈。8 月 5 日(18 日)举行的会议就是这样一种会谈。列宁在《俄国社会民主工党第二次代表大会记事》一文中详细地叙述了这一过程(见本版全集第 8 卷)。在 24 人会议上宣读了尔·马尔托夫和亚·尼·波特列索夫(斯塔罗韦尔)的一封信,他们坚持要求参加火星报多数派会议并要求批准由马尔托夫派所拟定的中央委员会候选人名单。会议驳回了这些建议,拟定了自己的名单并提交代表大会。

这个表是列宁在"24 人会议"后编制的,目的在于确定这次会议的确切日期。在《进一步,退两步》这本小册子中,列宁指出:这种时间上的考证很重要。它证据确凿地驳斥了马尔托夫同志的说法,即所谓我们的分离是由于中央机关的组成问题而不是由于中央机关的人选问题引起的(见本版全集第 8 卷第 278 页)。——402。

211 这是列宁在纲领委员会会议上作的笔记。下面列出的数字依次表示纲领草案每一部分的段数和总段数。——405。

212 指关于在党纲草案第 2 段中以"自己"代替"自己的党"、以"俄国社会民主党"代替"俄罗斯社会民主党"这个建议。——405。

213 列宁在这里指的是:纲领委员会将党纲草案第 3 段分成了两段,分出来的第 4 段从"这个社会的主要特点"这几个字开始(见本卷第 424 页)。——406。

214 指在纲领的一般政治要求部分中增加关于地方自治的新的一条。——406。

215 指党纲草案一般政治要求第 6 条(在纲领委员会的修改稿中为第 7 条)条文(见注 121)。——406。

216 最后一段话(在手稿中已被删掉)是对波兰社会民主党人反对党纲草案一

般政治要求第7条(关于民族自决权)的理由的简要记录。从7月29日(8月11日)波兰社会民主党人在代表大会上宣读的声明中可以看出,他们断言第7条条文和列宁《我们纲领中的民族问题》一文(见本卷第218—226页)对民族自决权问题的解释,使得俄国社会民主工党同波兰王国和立陶宛社会民主党在道义上和实践上的统一不再可能。——407。

217　这是列宁在8月2日(15日)代表大会第22次和第23次会议上作的笔记,其中记录了会议发言中的某些论点以及列宁自己的一些提法,这些提法大部分稍作改动后被吸收进了在讨论党章第1条时的发言(见本卷第269—273页)。——410。

218　这个材料是列宁在俄国社会民主工党第二次代表大会结束之后写的。它反映了代表大会上(在共有7票表决权的5名崩得分子和2名工人事业派分子退出以前)形成的各主要派别的情况。左边的数字(9、6、24)分别表示马尔托夫派、泥潭派和坚定的火星派所拥有的票数。括号内的数字(6、5、20)分别表示各派代表的人数。在有发言权的代表名单中没有波兰社会民主党人,看来是因为他们只出席了第10、11、12、13次这四次会议。——415。

219　指在俄国社会民主工党第二次代表大会以后,根据代表大会通过的党章,党的代表大会所能拥有的全部票数。总数49票包括:20个地方组织,每个组织2票,共40票;中央委员会和中央机关报编辑部各2票,共4票;党总委员会5票。——418。

220　彼得拉舍夫斯基派小组是19世纪40年代中期在彼得堡出现的一个由青年知识分子组成的团体,参加者除了贵族出身者外,还有许多平民知识分子的代表。小组的领导者是革命民主主义知识分子的代表、法国空想社会主义者沙·傅立叶的信徒米·瓦·彼得拉舍夫斯基,著名成员有尼·亚·斯佩什涅夫、德·德·阿赫沙鲁莫夫、尼·亚·莫姆别利、尼·谢·卡什金和作家米·叶·萨尔蒂科夫-谢德林、阿·尼·普列谢耶夫、费·米·陀思妥耶夫斯基、瓦·尼·和阿·尼·迈科夫兄弟等。从1845年秋开始,小组成员每星期五到彼得拉舍夫斯基家集会。

小组没有固定的组织和纲领，主要是进行自学，了解唯物主义和空想社会主义的理论。小组成员们的政治观点并不完全一致，但大部分成员反对沙皇专制制度和农奴制度，拥护空想社会主义。俄国伟大革命民主主义者维·格·别林斯基和亚·伊·赫尔岑的著作对该派政治观点和哲学观点的形成起了决定性的作用。在法国1848年革命的影响下，彼得拉舍夫斯基派的活动在1848—1849年间特别活跃，成了反对俄国官方的地主阶级意识形态的斗争中心之一。在小组的集会上讨论过解放农民的方案，谈到过用共和制取代专制制度、实行司法公开和设立陪审法庭以及要求出版自由，并提出过进行革命宣传的问题。小组热烈地讨论了别林斯基的《给果戈理的信》，并打算加以散发。在小组存在的末期，彼得拉舍夫斯基和小组其他领导人曾试图制定领导农民起义的计划，还讨论过建立秘密团体的问题。

1849年4月23日(5月5日)，由于奸细告密，彼得拉舍夫斯基派小组成员被捕，监禁于彼得保罗要塞。21人曾被军事法庭判处枪决，后分别改判为服不同期限的苦役、由管教所监禁等。——421。

221　这篇文章没有写成。——422。

222　“游牧”时期的结束是指手工业方式即社会民主党组织在思想上和组织上的涣散状态的结束。——422。

人名索引

A

阿布拉莫夫——见艾森施塔特，伊赛·李沃维奇。

阿基莫夫(**马赫诺韦茨**)，弗拉基米尔·彼得罗维奇(Акимов(Махновец)，Владимир Петрович 1872—1921)——俄国社会民主党人，经济派代表人物。19世纪90年代中期加入彼得堡民意社，1897年被捕，1898年流放叶尼塞斯克省，同年9月逃往国外，成为国外俄国社会民主党人联合会领导人之一；为经济主义思想辩护，反对劳动解放社，后又反对《火星报》。1903年代表联合会出席俄国社会民主工党第二次代表大会，是反火星派分子，会后成为孟什维克极右翼代表。1905—1907年革命期间支持建立"全俄工人阶级组织"(社会民主党仅是该组织中的一种思想派别)的取消主义主张。作为有发言权的代表参加了俄国社会民主工党第四次(统一)代表大会的工作，维护孟什维克的机会主义策略，呼吁同立宪民主党人联合。斯托雷平反动时期脱党。——252、280、281、381、382、388、389、391、392、393、405、415。

阿基姆——见戈尔德曼，列夫·伊萨科维奇。

阿克雪里罗得，帕维尔·波里索维奇(Аксельрод，Павел Борисович 1850—1928)——俄国孟什维克领袖之一。19世纪70年代是民粹派分子。1883年参与创建劳动解放社。1900年起是《火星报》和《曙光》杂志编辑部成员。这一时期在宣传马克思主义的同时，也在一系列著作中把资产阶级民主制和西欧社会民主党议会活动理想化。1903年在俄国社会民主工党第二次代表大会上是《火星报》编辑部有发言权的代表，属火星派少数派，会后是孟什维主义的思想家。1905年提出召开广泛的工人代表大会的取消主义观点。1906年在党的第四次(统一)代表大会上代表孟什维克作了关于国家杜马问题的报告，宣扬无产阶级同资产阶级实行政治合作的机会主义思想。斯托雷平反动时期和新的革命高涨年代是取消派的思想领袖，参加孟什维克取消派《社会民主党人呼声报》编辑部。1912年加入“八月联盟”。第一次世界大战期间表面上是中派，实际持社会沙文主义立场；曾参加齐美尔瓦尔德代表会议和昆塔尔代表会议，属于右翼。1917年二月革命后任彼得格勒苏维埃执行委员会委员，支持资产阶级临时政府。十月革命后侨居国外，反对苏维埃政权，鼓吹武装干涉苏维埃俄国。——269、289、401、410、411、414、418。

阿普拉克辛(Апраксин)——俄国伯爵，曾任基辅总督。——69。

艾森施塔特，伊赛·李沃维奇(阿布拉莫夫)(Айзенштадт，Исай Львович (Абрамов)1867—1937)——崩得领袖之一。1886年加入雅罗斯拉夫尔民意党小组，90年代中期成为社会民主党人。1902年起为崩得中央委员，在明斯克和敖德萨工作。曾代表崩得中央委员会出席俄国社会民主工党第二次代表大会，会上是反火星派分子，会后成为孟什维克骨干分子。敌视十月革命。1922年侨居德国，领导诽谤苏联的崩得集团，为孟什维克的《社会主义通报》杂志撰稿。——380、405、415。

安德列——见尼基京，伊万·康斯坦丁诺维奇。

安德列耶夫斯基——见乌里扬诺夫，德米特里·伊里奇。

安东诺夫——见马卡久布，马尔克·绍洛维奇。

安娜·伊万诺夫娜——见列文娜，叶夫多基娅·谢苗诺夫娜。

奥博连斯基，伊万·米哈伊洛维奇(Оболенский，Иван Михайлович 1845—1910)——俄国公爵。20世纪初起先后任赫尔松省和哈尔科夫省省长，是沙皇对付饥民政策的狂热推行者，竭力掩盖人民的疾苦，禁止私人救济饥民。1902年哈尔科夫省农民骚动时，他扫荡了一座座村落，大肆杀戮，凶残无比。1904年被任命为芬兰总督，1905年10月残酷地镇压了赫尔辛福斯的革命起义。——40、171、341。

奥尔纳茨基(Орнатский)——俄国大司祭。——69。

奥哈根，胡贝特(Auhagen，Hubert)——德国经济学家，《农业年鉴》撰稿人，《农业中的大生产和小生产》(1896)的作者。——91。

B

巴尔马晓夫，斯捷潘·瓦列里安诺维奇（Балмашев，Степан Валерианович 1881—1902）——俄国社会革命党人，大学生运动的积极参加者。1901 年 1 月被捕，与基辅大学 182 名学生一起被遣送去当兵。1901 年夏加入克里木和哈尔科夫革命小组；9 月重入基辅大学，继续进行革命工作，接近社会革命党人，加入他们的战斗组织。1902 年 4 月 2 日（15 日）为了抗议政府残酷镇压国内社会运动，参加了社会革命党战斗组织的首次恐怖行动——枪杀了内务大臣德·谢·西皮亚金。1902 年 5 月 3 日（16 日）在施吕瑟尔堡被处死。——198、317、318、319、320。

巴甫洛维奇——见克拉西科夫，彼得·阿纳尼耶维奇。

巴季连科夫——见洛克尔曼，亚历山大·萨莫伊洛维奇。

巴库人——见克努尼扬茨，波格丹·米尔扎江诺维奇。

巴索夫斯基，约瑟夫·波里索维奇（杰缅季耶夫）（Басовский，Иосиф Борисович（Дементьев）生于 1876 年）——1896 年加入俄国敖德萨社会民主主义小组，后为向国内秘密运送《火星报》的组织者之一。1902 年 2 月因《火星报》和俄国社会民主工党基辅委员会案被捕，同年 8 月从基辅的卢基扬诺夫监狱逃出，重新组织《火星报》的运输工作。俄国社会民主工党第二次代表大会后成为孟什维克，在哈尔科夫和叶卡捷琳诺斯拉夫社会民主党组织中工作；曾作为有发言权的代表出席党的第四次（统一）代表大会。斯托雷平反动时期没有积极参加政治活动。1917 年二月革命后在沃罗涅日孟什维克组织中工作，参加国务会议和民主会议。十月革命后脱离孟什维克，在莫斯科从事经济工作。——369。

邦契-布鲁耶维奇，弗拉基米尔·德米特里耶维奇（Бонч-Бруевич，Владимир Дмитриевич 1873—1955）——19 世纪 80 年代末参加俄国革命运动，1896 年侨居瑞士。在国外参加劳动解放社的活动，为《火星报》撰稿。俄国社会民主工党第二次代表大会后是布尔什维克。1903—1905 年在日内瓦领导俄国社会民主工党中央委员会发行部，组织出版布尔什维克的书刊（邦契-布鲁耶维奇和列宁出版社）。以后几年积极参加布尔什维克报刊和党的出版社的组织工作，屡遭沙皇政府迫害。对俄国的宗教社会运动、尤其是宗教分化运动作过研究，写过一些有关宗教分化运动史的著作；1904 年曾为教派信徒出版社会民主主义的小报《黎明报》。1917 年二月革命后任彼得格勒苏维埃执行委员会委员、《彼得格勒苏维埃消息报》编委（至 1917 年 5 月）、布尔什维克《工人和士兵报》编辑。积极参加彼得格勒十月武装起义。十月革命后任人民委员会办公厅主任（至 1920 年 10 月）、生活和知识出版社总编辑。1921 年起从事科学研究和著述活动。1933 年起任国家文学博物馆馆长。1945—1955 年任苏联科学院宗教和无神论历史博物馆馆长。写有回忆列宁的文章。——293。

鲍曼，尼古拉·埃内斯托维奇（波列塔耶夫；格拉奇）（Бауман，Николай Эрнестович（Полетаев，Грач）1873—1905）——19 世纪 90 年代前半期在俄国喀山开始革命活动，1896 年积极参加彼得堡工人阶级解放斗争协会的工作。1897 年被捕，后流放维亚特卡省。1899 年 10 月流亡瑞士，加入国外俄国社会民主党人联合会，积极参加反对经济主义的斗争。1900 年在创办《火星报》的工作中成为列宁的亲密助手。1901—1902 年作为《火星报》代办员在莫斯科工作，成为俄国社会民主工党莫斯科委员会委员。1902 年 2 月被捕，同年 8 月越狱逃往国外。在俄国社会民主工党第二次代表大会上是莫斯科委员会的代表，属火星派多数派。1903 年 12 月回到莫斯科，领导莫斯科党的布尔什维克组织，同时主持党中央委员会北方局，在自己的住宅创办了秘密印刷所。1904 年 6 月再次被捕，1905 年 10 月获释。1905 年 10 月 18 日参加莫斯科委员会组织的示威游行时被黑帮分子杀害。鲍曼的葬礼成了一次大规模的政治示威。——369、417。

贝尔格——见绍特曼，亚历山大·瓦西里耶维奇。

贝尔格曼——见波尔特诺伊，К.Я.。

贝科夫，阿列克谢·伊万诺维奇（Быков，Алексей Иванович 生于 1880 年）——俄国下诺夫哥罗德工人，社会民主党人。因参加 1902 年索尔莫沃五一游行示威被捕，在法庭上发表了反对专制制度的演说，被判处终身流放东西伯利亚。——46—47、48。

本丢·彼拉多（Pontius Pilatus 死于 39 年）——公元 26—36 年任罗马驻犹太的总督（地方长官）。其暴政激起人民多次起义，因而被免职。据基督教传说，他批准对耶稣基督处以死刑，又推卸责任，说是犹太祭司们要处死耶稣。他的名字成了伪善和残暴的代名词。与其名字相连的还有一句讽刺性成语“从本丢推给彼拉多”，意指推来推去，不解决问题。——316。

彼舍霍诺夫，阿列克谢·瓦西里耶维奇（斯塔里茨基，安东）（Пешехонов, Алексей Васильевич(Старицкий, Антон) 1867—1933）——俄国社会活动家和政论家。19世纪90年代为自由主义民粹派分子。《俄国财富》杂志撰稿人，1904年起为该杂志编委；曾为自由派资产阶级的《解放》杂志和社会革命党的《革命俄国报》撰稿。1903—1905年为解放社成员。小资产阶级政党“人民社会党”的组织者（1906）和领袖之一，该党同劳动派合并后（1917年6月），参加劳动人民社会党中央委员会。1917年二月革命后任彼得格勒工兵代表苏维埃执行委员会委员，同年5—8月任临时政府粮食部长，后任预备议会副主席。十月革命后反对苏维埃政权，参加了反革命组织“俄罗斯复兴会”。1922年被驱逐出境，成为白俄流亡分子。——24。

毕洛夫——见曼德尔贝格，维克多·叶夫谢耶维奇。

编辑——见司徒卢威，彼得·伯恩哈多维奇。

别尔嘉耶夫，尼古拉·亚历山德罗维奇（Бердяев, Николай Александрович 1874—1948）——俄国宗教哲学家。学生时代参加社会民主主义运动。19世纪90年代末曾协助基辅的工人阶级解放斗争协会，因协会案于1900年被逐往沃洛格达省。早期倾向合法马克思主义，试图将马克思主义同新康德主义结合起来；后转向宗教哲学。1905年加入立宪民主党。斯托雷平反动时期是宗教哲学流派“寻神说”的代表人物之一。曾参与编撰《路标》文集。十月革命后创建“自由精神文化学院”。1922年因涉嫌“战术中心”案而被捕，后被驱逐出境。著有《自由哲学》、《创造的意义》、《俄罗斯的命运》、《新中世纪》、《论人的奴役与自由》、《俄罗斯思想》等。——326。

波尔特诺伊，К.Я.（贝尔格曼）（Портной, К.Я.(Бергман) 1872—1941）——崩得领袖之一。19世纪90年代中期参加社会民主主义运动，1896年被捕，后流放西伯利亚五年。1900年领导华沙的崩得组织。代表崩得参加负责召开俄国社会民主工党第二次代表大会的组织委员会，在代表大会上是崩得中央委员会的代表，反火星派分子。此后任在波兰的崩得中央委员会主席。1939年移居美国并脱离政治活动。——383、385、415。

波里斯·尼古拉耶维奇——见诺斯科夫，弗拉基米尔·亚历山德罗维奇。

波列塔耶夫——见鲍曼，尼古拉·埃内斯托维奇。

波特列索夫，亚历山大·尼古拉耶维奇(斯塔罗韦尔)(Потресов，Александр Николаевич(Старовер)1869—1934)——俄国孟什维克领袖之一。19世纪90年代初参加马克思主义小组。1896年加入彼得堡工人阶级解放斗争协会，后被捕，1898年流放维亚特卡省。1900年出国，参与创办《火星报》和《曙光》杂志。在俄国社会民主工党第二次代表大会上是《火星报》编辑部有发言权的代表，属火星派少数派，会后是孟什维克刊物的主要撰稿人和领导人。斯托雷平反动时期和新的革命高涨年代是取消派思想家，在《复兴》杂志和《我们的曙光》杂志中起领导作用。第一次世界大战期间是社会沙文主义者。1917年在反布尔什维克的资产阶级《日报》中起领导作用。十月革命后侨居国外，为克伦斯基的《白日》周刊撰稿，攻击苏维埃政权。——294、418。

布尔加柯夫，谢尔盖·尼古拉耶维奇(Булгаков，Сергей Николаевич 1871—1944)——俄国经济学家、哲学家和神学家。19世纪90年代是合法马克思主义者，后来成了"马克思的批评家"。修正马克思关于土地问题的学说，企图证明小农经济稳固并优于资本主义大经济，用土地肥力递减规律来解释人民群众的贫困化；还试图把马克思主义同康德的批判认识论结合起来。后来转向宗教哲学和基督教。1901—1906年和1906—1918年先后在基辅大学和莫斯科大学任政治经济学教授。1905—1907年革命失败后追随立宪民主党，为《路标》文集撰稿。1918年起是东正教司祭。1923年侨居国外。1925年起在巴黎的俄国神学院任教授。主要著作有《论资本主义生产条件下的市场》(1897)、《资本主义和农业》(1900)、《经济哲学》(1912)等。——91、96、98、326。

布鲁凯尔——见马赫诺韦茨，莉迪娅·彼得罗夫娜。

布罗克豪斯，弗里德里希·阿尔诺德(Brockhaus，Friedrich Arnold 1772—1823)——德国出版家。1805年在阿姆斯特丹创办了布罗克豪斯出版公司，于1808年起开始出版百科全书(《布罗克豪斯百科全书》)。曾与俄国印刷企业家伊·阿·叶弗龙合作，在彼得堡出版了俄国革命前最大的一套百科全书——布罗克豪斯和叶弗龙《百科词典》。——353。

C

策杰尔包姆，谢尔盖·奥西波维奇（雅柯夫）（Цедербаум，Сергей Осипович（Яков）1879—1939）——1898年参加俄国社会民主主义运动，在彼得堡工人旗帜社工作。后被捕，在警察公开监视下被逐往波尔塔瓦。曾担任从国外运送《火星报》的工作。1904年秋侨居国外，加入孟什维克。1905年4月参加了在日内瓦召开的孟什维克代表会议。不久回国，在孟什维克彼得堡组织中工作，1906年编辑孟什维克合法报纸《信使报》。斯托雷平反动时期和新的革命高涨年代是取消派分子，参加孟什维克取消派报刊的工作，是取消派彼得堡“发起小组”的领袖之一。第一次世界大战期间是护国派分子。1917年为孟什维克的《前进报》撰稿。十月革命后脱离政治活动。——369。

策伊特林，列夫·索洛蒙诺维奇（莫斯科夫斯基；魏斯曼）（Цейтлин，Лев Соломонович（Московский，Вейсман）生于1877年）——1898年起是俄国维捷布斯克社会民主主义工人小组的宣传员。1901年起在莫斯科工作，与南方工人社有联系。1902年11月莫斯科委员会遭破坏后，从事重建莫斯科党组织的工作，加入《火星报》组织。在俄国社会民主工党第二次代表大会上是莫斯科委员会的代表，持中派立场，会后成为孟什维克，在敖德萨、莫斯科、维捷布斯克工作。1907年起不再积极参加政治活动。1917年二月革命后领导莫斯科苏维埃编辑出版局。十月革命后从事编辑出版工作。——382、416。

查苏利奇，维拉·伊万诺夫娜（Засулич，Вера Ивановна 1849—1919）——俄国民粹主义运动和社会民主主义运动活动家。1868年在彼得堡参加革命小组。1878年1月24日开枪打伤下令鞭打在押革命学生的彼得堡市长费·费·特列波夫。1879年加入土地平分社。1880年侨居国外，逐步同民粹主义决裂，转到马克思主义立场。1883年参与创建劳动解放社。80—90年代翻译了马克思的《哲学的贫困》和恩格斯的《社会主义从空想到科学的发展》，写了《国际工人协会史纲要》等著作；为劳动解放社的出版物以及《新言论》和《科学评论》等杂志撰稿，发表过一系列文艺批评文章。1900年起是《火星报》和《曙光》杂志编辑部成员。在俄国社会民主工党第二次代表大会上是《火星报》编辑部有发言权的代表，属火星派少数派，会后成为孟什维克领袖之一，参加孟什维克的《火星报》编辑部。1905 年回国。斯托雷平反动时期和新的革命高涨年代是取消派分子。第一次世界大战期间是社会沙文主义者。1917 年是孟什维克统一派分子。对十月革命持否定态度。——274、418。

D

大卫，爱德华(David，Eduard 1863—1930)——德国社会民主党右翼领袖之一，经济学家；德国机会主义者的主要刊物《社会主义月刊》创办人之一。1893 年加入社会民主党。公开修正马克思主义关于土地问题的学说，否认资本主义经济规律在农业中的作用。1903 年出版《社会主义和农业》一书，宣扬小农经济稳固，维护所谓土地肥力递减规律。1903—1918 年和 1920—1930 年为国会议员，社会民主党国会党团领袖之一。第一次世界大战期间是社会沙文主义者；在《世界大战中的社会民主党》(1915)一书中为德国社会民主党右翼在第一次世界大战中的机会主义立场辩护。1919 年 2 月任魏玛共和国国民议会第一任议长。1919—1920 年任内务部长，1922—1927 年任中央政府驻黑森的代表。——91、141、187、189、190。

丹尼尔逊，尼古拉·弗兰策维奇(尼古·—逊)(Даниельсон，Николай Францевич(Ник.—он)1844—1918)——俄国经济学家，政论家，自由主义民粹派理论家。他的政治活动反映了民粹派从对沙皇制度进行革命斗争转向与之妥协的演变。19 世纪 60—70 年代与革命的青年平民知识分子小组有联系。接替格·亚·洛帕廷译完了马克思的《资本论》第 1 卷(1872 年初版)，以后又译出第 2 卷(1885)和第 3 卷(1896)。在翻译该书期间同马克思和恩格斯有过书信往来。但不了解马克思主义的实质，认为马克思主义理论不适用于俄国，资本主义在俄国没有发展前途；主张保存村社土地所有制，维护小农经济和手工业经济。1893 年出版了《我国改革后的社会经济概况》一书，论证了自由主义民粹派的经济观点。列宁尖锐地批判了他的经济思想。——32。

德米特里耶夫——见斯托帕尼，亚历山大·米特罗范诺维奇。

东布罗夫斯基，雅罗斯拉夫(Dąbrowski，Jaroslaw 1836—1871)——波兰革

命家，1871年巴黎公社将领。1859—1861年在彼得堡总参谋部学院学习，回国后领导波兰起义组织“红党”左翼，准备民族起义。起义开始前(1862)被捕，被判处十五年苦役，1864年12月越狱潜逃。1865年6月流亡巴黎，成为波兰流亡者民主派的领导人之一。1871年巴黎公社成立后是公社最坚决的保卫者之一，曾建议立即向凡尔赛进军，逮捕反革命政府成员，解散反动的国民议会。负责指挥防线上最主要的地段，任公社第1军司令，后统率公社全部武装力量。1871年5月23日在蒙马特尔高地保卫战中阵亡。——222。

杜林，欧根·卡尔(Dühring，Eugen Karl 1833—1921)——德国哲学家和经济学家。毕业于柏林大学，当过见习法官，1863—1877年为柏林大学非公聘讲师。70年代起以“社会主义改革家”自居，反对马克思主义，企图创立新的理论体系。在哲学上把唯心主义、庸俗唯物主义和实证论混合在一起；在政治经济学方面反对马克思的劳动价值学说和剩余价值学说；在社会主义理论方面以资产阶级改良主义精神阐述自己的社会主义体系，反对科学社会主义。他的思想得到部分德国社会民主党人的支持。恩格斯在《反杜林论》一书中系统地批判了他的观点。主要著作有《国民经济学和社会主义批判史》(1871)、《国民经济学和社会经济学教程》(1873)、《哲学教程》(1875)等。——26。

E

恩格斯，弗里德里希(Engels，Friedrich 1820—1895)——科学共产主义创始人之一，世界无产阶级的领袖和导师，马克思的亲密战友。——26、176、189、190、220、221、386。

尔·恩·斯·(P.H.C.)——见司徒卢威，彼得·伯恩哈多维奇。

尔·马·——见马尔托夫，尔·。

F

菲拉列特(**德罗兹多夫，瓦西里·米哈伊洛维奇**)(Филарет(Дроздов，Василий Михайлович)1783—1867)——俄国正教教会反动代表人物，农奴制的狂热维护者。1826年起任莫斯科都主教。奉亚历山大二世之命起草了沙皇政府 1861 年 2 月 19 日关于废除俄国农奴制的法令。——170。

冯·普列韦,尼古拉·维亚切斯拉维奇(Фон-Плеве, Николай Вячеславич)——69。

弗拉基米尔——见科索夫斯基,弗拉基米尔。

符卢勃列夫斯基,瓦列里(Wróblewski,Walery 1836—1908)——波兰革命家,1871 年巴黎公社将领。曾在彼得堡林学院学习,接受俄国革命民主主义者的思想影响。回国后在农民中进行革命鼓动。波兰 1863—1864 年起义期间指挥起义部队,身负重伤。1864 年 1 月去巴黎,成为波兰流亡者民主派领导人之一。1871 年巴黎公社成立后,坚定地站到起义者方面,任公社第 2 军司令。公社失败后流亡伦敦,被增补进第一国际总委员会,支持马克思和恩格斯反对巴枯宁主义者的斗争。1880 年大赦后回到法国。——222。

G

戈尔德曼——见李伯尔,米哈伊尔·伊萨科维奇。

戈尔德曼,列夫·伊萨科维奇(阿基姆)(Гольдман, Лев Исаакович(Аким) 1877—1939)——1893 年参加俄国革命运动,曾在维尔诺和明斯克工人小组中进行宣传工作,1897 年 9 月参加崩得成立大会。1900 年出国,在国外参加《火星报》组织。1901 年初在慕尼黑会见列宁,讨论在俄国建立《火星报》印刷所的计划。1901 年 5 月在基什尼奥夫创办秘密印刷所,印刷《火星报》和社会民主党的其他出版物。1902 年 3 月被捕,后流放西伯利亚。1905 年从流放地逃往日内瓦,加入孟什维克,担任孟什维克《火星报》编辑部秘书。1905 年代表孟什维克参加俄国社会民主工党彼得堡委员会,在党的第四次(统一)代表大会上当选为中央委员。1907 年在乌拉尔工作,后被捕,1911 年流放西伯利亚。1917 年二月革命后任伊尔库茨克苏维埃主席和孟什维克中央委员会委员。1921 年起脱离政治活动,从事经济工作和编辑出版工作。——369。

哥利岑,德米特里·彼得罗维奇(Голицын, Дмитрий Петрович 1860—1919)——俄国国务活动家,公爵。曾任俄罗斯会议主席。——72。

哥连尼舍夫-库图佐夫,П. А.(Голенищев-Кутузов, П. А.)——俄国伯

爵。——69。

哥列梅金，伊万·洛金诺维奇（Горемыкин，Иван Логгинович 1839—1917）——俄国国务活动家，君主派分子。1895—1899年任内务大臣，推行削弱和取消1861年改革的反动政策（所谓“反改革”政策），残酷镇压工人运动。1899年起为国务会议成员。1906年4月被任命为大臣会议主席（同年7月由斯托雷平接替），维护专制制度，解散第一届国家杜马。1914年1月—1916年1月再次出任大臣会议主席，执行以格·叶·拉斯普廷为首的宫廷奸党的意志。敌视第四届国家杜马和进步同盟。——183、184。

哥林（**加尔金**），弗拉基米尔·菲力波维奇（尼古拉·尼古拉耶维奇；西罗季宁）（Горин（Галкин），Владимир Филиппович（Николай Николаевич，Сиротинин）1863—1925）——19世纪80年代前半期参加俄国民意党小组，90年代中期成为社会民主党人。曾参与组织西伯利亚社会民主党人联合会。1902年在萨拉托夫社会民主党组织中工作，代表该组织出席俄国社会民主工党第二次代表大会。会上属火星派多数派，代表布尔什维克参加大会记录整理委员会。会后积极参加反对孟什维克的斗争。长期侨居国外，住在日内瓦。1910年以尼·格拉博夫斯基的笔名出版《打倒唯物主义！（对经验批判主义批判的批判）》一书，反对用马赫主义修正马克思主义。1917年二月革命后回国，在彼得格勒军事革命委员会工作，参加十月武装起义的准备工作。1918—1920年在红军中做政治工作。1920年起在普遍军训部任职，后从事科研和教学工作。——261、263、387、395、396、399、406、417。

格拉奇——见鲍曼，尼古拉·埃内斯托维奇。

格里戈里耶夫——见斯捷潘诺夫，谢尔盖·伊万诺维奇。

格列博夫——见诺斯科夫，弗拉基米尔·亚历山德罗维奇。

格林贝格——见麦迭姆，弗拉基米尔·达维多维奇。

格林格穆特，弗拉基米尔·安德列耶维奇（Грингмут，Владимир Андреевич 1851—1907）——俄国政论家。1897—1907年任《莫斯科新闻》编辑。反对解放运动和革命运动，维护沙皇专制制度和正教教会的特权地位，持大俄罗斯沙文主义立场。1905—1907年革命期间是黑帮组织“俄罗斯人民同盟”的组织者和领袖之一。——68。

葛伊甸,Н.Ф.(Гейден,Н.Ф.)——俄国伯爵。——69。

古列维奇,雅柯夫·雅柯夫列维奇(Т)(Гуревич,Яков Яковлевич(Т)生于1869年)——俄国国民教育家,自由派资产阶级报刊撰稿人。1901年起在彼得堡一些中学教书,1906年起为《俄罗斯学校》杂志的编辑兼出版人。1898—1904年是图拉省地方自治机关议员。在《解放》杂志第7期上撰文号召地方自治机关在反对专制制度的斗争中采取更加坚定的立场。1910—1913年参加“关于中学改革”法案的制定工作。——24、25。

古谢夫,谢尔盖·伊万诺维奇(**德拉布金,雅柯夫·达维多维奇**;列别捷夫)(Гусев,Сергей Иванович(Драбкин,Яков Давидович,Лебедев)1874—1933)——1896年在俄国彼得堡工人阶级解放斗争协会开始革命活动。1899年起住在顿河畔罗斯托夫,积极参加俄国社会民主工党顿河区委员会的工作,是1902年罗斯托夫罢工和1903年三月示威游行的领导人之一。1903年在俄国社会民主工党第二次代表大会上是顿河区委员会的代表,属火星派多数派。会后到俄国南方一些城市传达大会情况。1904年8月参加在日内瓦举行的22个布尔什维克的会议。1904年12月—1905年5月任多数派委员会常务局书记和党的彼得堡委员会书记,后为敖德萨布尔什维克组织的领导人之一。1906年起任党的莫斯科委员会委员,是党的第四次(统一)代表大会莫斯科组织的代表。当年被捕,流放托博尔斯克,1909年从流放地逃走。斯托雷平反动时期反对取消派和召回派。屡遭沙皇政府迫害。十月革命期间领导彼得格勒军事革命委员会秘书处。1918—1920年在红军中做政治工作,历任第5和第2集团军革命军事委员会委员,东方面军、东南方面军、高加索方面军和南方面军革命军事委员会委员,共和国革命军事委员会野战司令部政委等职。1921—1923年任工农红军政治部主任、共和国革命军事委员会委员。1923年起任党中央监察委员会书记和苏联工农检查人民委员部部务委员。1925—1926年任党中央报刊部部长。1929—1933年任共产国际执行委员会主席团委员。写有《统一的经济计划和统一的经济机构》(1920)、《经济建设的当前问题(关于俄共中央的提纲)》(1920)等小册子以及一些关于党史、军事、社会主义建设和国际工人运动方面的著作。——397、417。

郭茨,米哈伊尔·拉法伊洛维奇(拉法伊洛夫)(Гоц,Михаил Рафаилович(Рафаилов)1866—1906)——俄国社会革命党创建人和理论家之一。19世纪80年代中期参加莫斯科民意党小组,在工人中进行宣传,创办民意党的秘密印刷所。1886年被捕,1888年流放东西伯利亚。1895年起住在库尔干,后迁居敖德萨,1901年侨居巴黎。在国外积极参与组织社会革命党及其机关报刊《俄国革命通报》杂志和《革命俄国报》的工作,任该党中央委员并加入党的战斗组织。——38。

H

哈尔贝施塔特,罗莎丽亚·萨姆索诺夫娜(科斯佳)(Гальберштадт,Розалия Самсоновна(Костя)1877—1940)——1896年在日内瓦加入普列汉诺夫领导的社会民主主义小组。回到俄国后,在敖德萨、哈尔科夫等地的社会民主党组织中工作,加入《火星报》组织。1903年2月被选入筹备召开俄国社会民主工党第二次代表大会的组织委员会,作为组织委员会有发言权的代表出席了代表大会。在会上属火星派少数派,会后成为孟什维克骨干分子,1905年12月代表孟什维克进入统一的中央委员会。斯托雷平反动时期和新的革命高涨年代持取消派立场。第一次世界大战期间持护国主义立场。1917年二月革命后脱离政治活动。——418。

赫茨,弗里德里希·奥托(Hertz,Friedrich Otto 生于1878年)——奥地利经济学家,社会民主党人。在《土地问题及其同社会主义的关系。附爱德华·伯恩施坦的序言》(1899)一书中修正马克思主义关于土地问题的学说,企图证明小农经济稳固并具有对抗大经济竞争的能力。此书的俄译本被谢·尼·布尔加柯夫、维·米·切尔诺夫等人用来反对马克思主义。——91、98、192、197。

赫鲁晓夫,И.П.(Хрущев,И.П.)——20世纪初为俄国国民教育部办公会议成员。——69。

黑希特,莫里茨(Hecht,Moritz)——德国经济学家和统计学家,论述农民经济的专著《巴登哈尔特山区的三个村庄》(1895)一书的作者,书中试图证明小农经济在资本主义制度下具有稳固性。——91。

霍夫曼——见科索夫斯基,弗拉基米尔。

J

加尔佩林，列夫·叶菲莫维奇(科尼亚加)(Гальперин, Лев Ефимович (Коняга)1872—1951)——俄国社会民主党人。1898年参加革命运动。1901年春作为《火星报》代办员被派往巴库，从事创建俄国社会民主工党巴库委员会和地下印刷所以及从国外运进和在国内散发秘密书刊的工作。1902年初在基辅参加游行示威时被捕，同年8月越狱逃往国外，继续进行向国内运送党的书刊的组织工作。俄国社会民主工党第二次代表大会后是布尔什维克，曾代表中央机关报编辑部参加党总委员会，后被增补进中央委员会。对孟什维克采取调和主义态度，反对召开党的第三次代表大会。1905年2月再次被捕。1906年起不再积极参加政治活动。1917年二月革命后加入孟什维克国际主义派，参加了国务会议。1918年起从事经济工作。——369。

嘉金娜——见克尼波维奇，莉迪娅·米哈伊洛夫娜。

杰赫捷廖夫，弗拉基米尔·加甫里洛维奇(Дехтерев, Владимир Гаврилович 1853—1903)——俄国彼得堡市杜马代表和省地方自治会议代表，市财政委员会副主席。——69、72。

杰米扬年科夫(Демьяненков)——沙俄将军。——69。

杰缅季耶夫——见巴索夫斯基，约瑟夫·波里索维奇。

捷姆利亚奇卡(扎尔金德)，罗莎丽亚·萨莫伊洛夫娜(Землячка(Залкинд), Розалия Самойловна 1876—1947)——1893年参加俄国革命运动，1896年在基辅的社会民主主义组织中工作，后进入俄国社会民主工党基辅委员会。1901年起为《火星报》代办员，在敖德萨和叶卡捷琳诺斯拉夫开展工作。在俄国社会民主工党第二次代表大会上是敖德萨委员会的代表，属火星派多数派。会后代表布尔什维克被增补进党中央委员会，积极参加同孟什维克的斗争。1904年8月参加了在日内瓦举行的22个布尔什维克的会议，被选入多数派委员会常务局。曾任彼得堡党组织书记，代表该组织出席党的第三次代表大会。1905—1907年革命期间任党的莫斯科委员会书记。屡遭沙皇政府迫害。1909年任巴库布尔什维克组织书记，后侨居国外。1915年起在莫斯科做党的领导工作，积极参加莫斯科十月武装起义。1918—1921 年在几个集团军担任政治部主任，后从事党政领导工作。1924 年起为党中央监察委员会委员。1926—1933 年是工农检查人民委员部和交通人民委员部领导人之一。1934 年起为苏维埃监察委员会委员，后任苏维埃监察委员会副主席和主席。1939 年起为党中央委员。1939—1943 年任苏联人民委员会副主席。晚年任联共(布)中央党的监察委员会副主席。1937 年起为苏联最高苏维埃代表。——417。

捷依奇，列夫·格里戈里耶维奇(Дейч，Лев Григорьевич 1855—1941)——俄国社会民主主义运动活动家，孟什维克领袖之一。早年参加土地和自由社、土地平分社。1880 年出国，1883 年参与创建劳动解放社，从事出版和向国内运送马克思主义书刊的工作。曾参加《火星报》和《曙光》杂志的出版工作。1884 年被判处服苦役。1901 年从流放地逃走，来到慕尼黑，参加俄国革命社会民主党人国外同盟的工作。1903 年在俄国社会民主工党第二次代表大会上是劳动解放社的代表，属火星派少数派，会后成为孟什维克。斯托雷平反动时期是取消派分子。第一次世界大战期间是社会沙文主义者。1917 年二月革命后与普列汉诺夫一起编辑孟什维克护国派的《统一报》。十月革命后脱离政治活动，从事普列汉诺夫遗著的出版工作，写有一些俄国解放运动史方面的论文。——275、279、416。

居约，伊夫(Guyot，Yves 1843—1928)——法国政治活动家，经济学家和政论家。1885—1893 年为议员，1889—1892 年任公共工程部长。反对社会主义，试图证明私有制是不可动摇的；认为自由竞争是获得社会福利的最佳手段。——183。

K

卡尔梅柯娃，亚历山德拉·米哈伊洛夫娜(亚历山德拉·米哈伊洛夫娜)(Калмыкова，Александра Михайловна(Александра Михайловна)1850—1926)——俄国社会活动家。19 世纪 80 年代在哈尔科夫和彼得堡组织星期日学校。参加过民意党人运动，与劳动解放社和彼得堡工人阶级解放斗争协会有密切联系。曾参加合法马克思主义者的《新言论》杂志和《开端》杂志编辑部工作。1889—1902 年在彼得堡开办一家通俗读物书店，该书店成了社会民主党人的秘密接头点。为出版《火星报》和《曙光》杂志提供过物质帮助，并资助过布尔什维克。十月革命后在列宁格勒国民教育局和乌申斯基师范学院工作。——369。

卡尔斯基——见托普里泽，季奥米德·亚历山德罗维奇。

卡拉法季，德米特里·巴甫洛维奇（马霍夫；米佐夫）（Калафати，Дмитрий Павлович（Махов，Мицов）1871—1940）——俄国社会民主党人。1891年起先后在莫斯科和尼古拉耶夫参加社会民主主义小组的工作。1897年参加南俄工人协会的活动，1901年进入俄国社会民主工党尼古拉耶夫委员会。1902年被捕，后流放沃洛格达省，不久逃往国外。在俄国社会民主工党第二次代表大会上是尼古拉耶夫委员会的代表，持中派立场，会后成为孟什维克。1905年负责孟什维克《火星报》出版社的技术财务工作。1906年回国，主持社会民主党的新世界出版社的工作。1913年起脱离政治活动。十月革命后做会计和经济工作。——264、382、397、398、402、405、416。

卡拉津（Каразин）——俄国画家。——69、72。

康斯坦丁诺夫——见兹博罗夫斯基，米哈伊尔·索洛蒙诺维奇。

考茨基，卡尔（Kautsky，Karl 1854—1938）——德国社会民主党和第二国际的领袖和主要理论家之一。1875年加入奥地利社会民主党，1877年加入德国社会民主党。1881年与马克思和恩格斯相识后，在他们的影响下逐渐转向马克思主义。从19世纪80年代到20世纪初写过一些宣传和解释马克思主义的著作：《卡尔·马克思的经济学说》（1887）、《土地问题》（1899）等。但在这个时期已表现出向机会主义方面摇摆，在批判伯恩施坦时作了很多让步。1883—1917年任德国社会民主党理论刊物《新时代》杂志主编。曾参与起草1891年德国社会民主党纲领（爱尔福特纲领）。1910年以后逐渐转到机会主义立场，成为中派领袖。第一次世界大战前夕提出超帝国主义论，大战期间打着中派旗号支持帝国主义战争。1917年参与建立德国独立社会民主党，1922年拥护该党右翼与德国社会民主党合并。1918年后发表《无产阶级专政》等书，攻击俄国十月革命，反对无产阶级专政。——102、176、189、190、220—221、222、268。

柯尔佐夫，德·（**金兹堡，波里斯·阿布拉莫维奇**）（Кольцов，Д.（Гинзбург，Борис Абрамович）1863—1920）——俄国社会民主党人，孟什维克。19世

纪80年代前半期参加民意党人运动,80年代末转向社会民主主义。1893年初侨居瑞士,接近劳动解放社。1895—1898年任国外俄国社会民主党人联合会书记。1900年联合会分裂后,退出该组织。曾参加第二国际伦敦代表大会(1896)和巴黎代表大会(1900)的工作。作为有发言权的代表出席了俄国社会民主工党第二次代表大会,属火星派少数派;会后成为孟什维克骨干分子,为孟什维克报刊《社会民主党人报》、《开端报》等撰稿。1905—1907年革命期间在彼得堡参加工会运动,1908年起在巴库工作。斯托雷平反动时期和新的革命高涨年代持取消派立场。第一次世界大战期间是社会沙文主义者。1917年二月革命后任彼得格勒工兵代表苏维埃劳动委员。敌视十月革命。1918—1919年在合作社组织中工作。——382、383、418。

科马罗夫,维萨里昂·维萨里昂诺维奇(Комаров,Виссарион Виссарионович 1838—1907)——俄国新闻工作者,曾任彼得堡出版的资产阶级民族主义报纸《光明报》编辑。——69、72。

科马罗夫,К.В.(Комаров,К.В.)——沙俄将军,曾任华沙总督助理。——68。

科尼亚加——见加尔佩林,列夫·叶菲莫维奇。

科热夫尼科娃,瓦尔瓦拉·费多罗夫娜(瓦莲卡)(Кожевникова,Варвара Федоровна(Варенька)1870—1906)——俄国社会民主党人。1892年参加社会民主主义运动,1897年加入彼得堡工人阶级解放斗争协会。1901年加入《火星报》组织,后被捕并逐往诺夫哥罗德省。1902年参与创建《火星报》秘密印刷所,同年11月再次被捕,1903年2月因病获释。俄国第一次革命开始后在农民中进行宣传工作。1906年11月死于肺结核。——369。

科斯佳——见哈尔贝施塔特,罗莎丽亚·萨姆索诺夫娜。

科斯特罗夫——见饶尔丹尼亚,诺伊·尼古拉耶维奇。

科索夫斯基,弗拉基米尔(**列文松,М.Я.**;弗拉基米尔;霍夫曼;施瓦尔茨曼)(Косовский,Владимир(Левинсон,М.Я.,Владимир,Гофман,Шварцман)1870—1941)——崩得创建人和领袖之一。19世纪90年代中期加入维尔诺社会民主主义小组,1897年参加崩得成立大会,被选入崩得中央委员会,任崩得中央机关报《工人呼声报》主编。1903年在俄国社会民主工党第二次代表大会上是崩得国外委员会的代表,反火星派分子,会后成为孟什维克。斯托雷平反动时期和新的革命高涨年代为孟什维克取消派刊物《我们的曙光》杂志和《光线报》撰稿。第一次世界大战期间是社会沙文主义者,采取亲德立场。敌视十月革命,革命后侨居国外,在波兰的崩得组织中工作。1939 年移居美国。——248、403、415。

克拉夫基,卡尔(Klawki,Karl)——德国经济学家,《论农业小生产的竞争能力》(1899)的作者。——91。

克拉西科夫,彼得·阿纳尼耶维奇(巴甫洛维奇;伊格纳特)(Красиков,Петр Ананьевич(Павлович,Игнат)1870—1939)——1892 年在俄国彼得堡开始革命活动。1893 年被捕,次年流放西伯利亚,在流放地结识了列宁。1900 年到普斯科夫,成为《火星报》代办员。1902 年被选入筹备召开俄国社会民主工党第二次代表大会的组织委员会。在代表大会上是基辅委员会的代表,属火星派多数派,同列宁、普列汉诺夫一起进入大会常务委员会。会后积极参加同孟什维克的斗争。1904 年 8 月参加了在日内瓦举行的 22 个布尔什维克的会议;是布尔什维克出席第二国际阿姆斯特丹代表大会的代表。1905—1907 年革命期间任彼得堡工人代表苏维埃执行委员会委员。屡遭沙皇政府迫害。1917 年二月革命后任彼得格勒工兵代表苏维埃执行委员会委员。十月革命后任彼得格勒军事革命委员会所属肃反侦查委员会主席、司法人民委员部部务委员。1921 年起任小人民委员会委员、副司法人民委员。1924 年起任苏联最高法院检察长。1933—1938 年任苏联最高法院副院长。多次当选全俄中央执行委员会和苏联中央执行委员会委员。——244、380、382、417。

克里切夫斯基,波里斯·尼古拉耶维奇(Кричевский,Борис Николаевич 1866—1919)——俄国社会民主党人,政论家,经济派领袖之一。19 世纪 80 年代末参加社会民主主义小组的工作。90 年代初侨居国外,加入劳动解放社,参加该社的出版工作。90 年代末是国外俄国社会民主党人联合会的领导人之一。1899 年任该会机关刊物《工人事业》杂志的编辑,在杂志上宣扬伯恩施坦主义观点。1903 年俄国社会民主工党第二次代表大会后不久脱离政治活动。——231。

克里文柯,瓦西里·西洛维奇(Кривенко,Василий Силович 生于 1854 年)。——69。

克列梅尔，亚伦·约瑟福维奇（亚历山大）（Кремер，Арон Иосифович（Александр）1865—1935）——崩得创建人和领袖之一。作为崩得代表参加了俄国社会民主工党第一次代表大会，当选为中央委员；会后不久被捕。在党的第二次代表大会上是崩得有发言权的代表，反火星派分子；会后成为孟什维克。1905—1907年革命后退出崩得中央委员会，脱离政治活动。曾侨居意大利和法国。1921年起在波兰参加崩得组织的工作。——418。

克鲁普斯卡娅，娜捷施达·康斯坦丁诺夫娜（列宁娜）（Крупская，Надежда Константиновна（Ленина）1869—1939）——列宁的妻子和战友。1890年在彼得堡大学生马克思主义小组中开始革命活动。1895年参与组织彼得堡工人阶级解放斗争协会。1896年8月被捕，后被判处流放三年，先后在舒申斯克和乌法服刑。1901年流放期满后侨居国外，任《火星报》编辑部秘书。曾参加俄国社会民主工党第二次代表大会的筹备工作，作为有发言权的代表出席了大会。1904年起先后任布尔什维克的《前进报》和《无产者报》编辑部秘书。曾参加党的第三次代表大会的筹备工作。1905—1907年革命期间在国内担任党中央委员会秘书。斯托雷平反动时期积极参加反对取消派和召回派的斗争。1911年在隆瑞莫党校（法国）工作。1912年党的布拉格代表会议后协助列宁同国内党组织、《真理报》和第四届国家杜马布尔什维克党团保持联系。第一次世界大战期间参加国际妇女运动和布尔什维克国外支部的活动，担任国外组织委员会秘书并研究国民教育问题。1917年二月革命后和列宁一起回国，在党中央书记处工作，参加了十月武装起义。十月革命后任教育人民委员部部务委员，领导政治教育总委员会；1929年起任俄罗斯联邦副教育人民委员。1924年起为党中央监察委员会委员，1927年起为党中央委员。历届全俄中央执行委员会和苏联中央执行委员会委员，苏联第一届最高苏维埃代表和主席团委员。——418。

克罗赫马尔，维克多·尼古拉耶维奇（扎戈尔斯基）（Крохмаль，Виктор Николаевич（Загорский）1873—1933）——俄国社会民主党人，孟什维克。19世纪90年代中期参加基辅社会民主主义小组，1898年被逐往乌法，在当地社会民主主义小组中起了积极作用。1901年起是《火星报》代办员，在基辅工作。1902年被捕，同年8月越狱逃往国外，加入俄国革命社会民主党人国外同盟。在俄国社会民主工党第二次代表大会上是乌法委员会的代表,属火星派少数派。1904年底代表孟什维克被增补进党中央委员会,在党的第四次(统一)代表大会上代表孟什维克被选入中央委员会。1917年二月革命后编辑孟什维克的《工人报》。十月革命后在列宁格勒的一些机关中工作。——369、416。

克尼波维奇,莉迪娅·米哈伊洛夫娜(嘉金娜)(Книпович, Лидия Михайловна(Дядина)1856—1920)——俄国社会民主党人,布尔什维克。19世纪70年代末参加赫尔辛福斯民意党小组的革命活动,90年代成为社会民主党人。在《火星报》同俄国各地方组织建立联系方面起过重要作用。在俄国社会民主工党第二次代表大会上是北方协会的代表,属火星派多数派。1905年任党的敖德萨委员会书记;是党的第四次(统一)代表大会代表。1905—1907年革命后继续做党的工作。1911年被逐往波尔塔瓦省。晚年身患重病,长期在克里木休养。——416。

克努尼扬茨,波格丹·米尔扎江诺维奇(巴库人;鲁边;鲁索夫)(Кнунянц, Богдан Мирзаджанович(бакинец, Рубен, Русов)1878—1911)——俄国社会民主党人,布尔什维克。1897年参加彼得堡工人阶级解放斗争协会。1901年被逐往巴库,不久成为俄国社会民主工党巴库委员会和高加索联合会委员会委员。1902年参与创建亚美尼亚社会民主党人联合会及其秘密机关报《无产阶级报》。在俄国社会民主工党第二次代表大会上是巴库委员会的代表,属火星派多数派,会后作为中央代办员在高加索和莫斯科工作。在彼得堡参加1905—1907年革命。1905年9月被增补进党的彼得堡委员会并代表布尔什维克参加彼得堡第一届工人代表苏维埃执行委员会。1905年12月被捕,被判处终身流放西伯利亚。1907年从流放地逃往国外,参加了第二国际斯图加特代表大会和在赫尔辛福斯举行的俄国社会民主工党第四次代表会议(第三次全俄代表会议)的工作。1907年底起在巴库工作。1910年9月被捕,死于巴库监狱。——292、390、400、417。

L

拉德琴柯,柳博芙·尼古拉耶夫娜(柳巴)(Радченко, Любовь Николаевна(Люба)1871—1962)——19世纪80年代末参加俄国民粹派小组,19世纪

90年代初参加社会民主主义小组；曾是彼得堡工人阶级解放斗争协会会员。1896年被捕，1898年流放普斯科夫三年。1900年8月加入波尔塔瓦《火星报》协助小组，是《火星报》代办员。俄国社会民主工党第二次代表大会后成为孟什维克，在莫斯科、顿河畔罗斯托夫和敖德萨工作。在党的第四次（统一）代表大会上代表孟什维克当选为中央委员。曾在第二届国家杜马秘书处工作，是第三届国家杜马社会民主党党团秘书。斯托雷平反动时期和新的革命高涨年代是取消派分子。1917年二月革命后参加孟什维克的莫斯科委员会。1918年起脱离政治活动，在一些机关当统计员。——369。

拉德琴柯，斯捷潘·伊万诺维奇（斯捷潘）（Радченко，Степан Иванович（Степан）1868—1911）——1890年参加俄国社会民主主义运动，在彼得堡工人小组中担任宣传员。1893年是列宁、格·马·克尔日扎诺夫斯基等人参加的工艺学院学生马克思主义小组的组织者之一。1895年参与组织彼得堡工人阶级解放斗争协会，是协会的领导核心成员。1898年参加俄国社会民主工党第一次代表大会，当选为中央委员，领导《俄国社会民主工党宣言》的起草和出版工作。1900年3月出席列宁组织的讨论在国外出版秘密报纸问题的普斯科夫会议。1901年被捕，1904年流放沃洛格达省。1905年10月大赦获释，后脱离政治活动。——369。

拉法伊洛夫——见郭茨，米哈伊尔·拉法伊洛维奇。

拉希德-别克——见祖拉博夫，阿尔沙克·格拉西莫维奇。

朗格——见斯托帕尼，亚历山大·米特罗范诺维奇。

雷金，尼古拉·亚历山德罗维奇（Лейкин，Николай Александрович 1841—1906）——俄国作家和新闻工作者。1882—1905年是幽默杂志《断片》的编辑兼出版者。——69。

李比希，尤斯图斯（Liebig，Justus 1803—1873）——德国化学家，农业化学和土壤学的创始人之一，确定了土壤中有机物和矿物质的“肥力恢复律”。著有《人造肥料或矿物肥料》、《化学书简》、《有机物分析手册》、《化学在农业和生理学中的应用》等。——98。

李伯尔（**戈尔德曼**），米哈伊尔·伊萨科维奇（利波夫；利平）（Либер（Гольдман），Михаил Исаакович（Липов，Липин）1880—1937）——崩得和

孟什维克领袖之一。1898 年起为社会民主党人,1902 年起为崩得中央委员。1903 年率领崩得代表团出席俄国社会民主工党第二次代表大会,在会上采取极右的反火星派立场,会后成为孟什维克。1907 年在党的第五次(伦敦)代表大会上代表崩得被选入中央委员会,是崩得驻中央委员会国外局的代表。斯托雷平反动时期是取消派分子,1912 年是"八月联盟"的骨干分子,第一次世界大战期间是社会沙文主义者。1917 年二月革命后任彼得格勒工兵代表苏维埃执行委员会委员和第一届中央执行委员会主席团委员,采取孟什维克立场,支持资产阶级联合内阁,敌视十月革命。后脱离政治活动,从事经济工作。——249—250、251、257、259、262、266、267、382、383、391—392、393、394、396、397、399、411、415。

李卜克内西,威廉(Liebknecht,Wilhelm 1826—1900)——德国工人运动和国际工人运动活动家,德国社会民主党的创建人和领袖之一,马克思和恩格斯的朋友和战友。积极参加德国 1848 年革命,革命失败后流亡国外,在国外结识马克思和恩格斯,接受了科学共产主义思想。1850 年加入共产主义者同盟。1862 年回国。第一国际成立后,成为国际的革命思想的热心宣传者和国际的德国支部的组织者之一。1868 年起任《民主周报》编辑。1869 年与倍倍尔共同创建了德国社会民主工党(爱森纳赫派),任党的中央机关报《人民国家报》编辑。1875 年积极促成爱森纳赫派和拉萨尔派的合并。在反社会党人非常法施行期间与倍倍尔一起领导党的地下工作和斗争。1890 年起任党的中央机关报《前进报》主编,直至逝世。1867—1870 年为北德意志联邦国会议员,1874 年起多次被选为德意志帝国国会议员,利用议会讲坛揭露普鲁士容克反动的内外政策。因革命活动屡遭监禁。是第二国际的组织者之一。——189。

李嘉图,大卫(Ricardo,David 1772—1823)——英国经济学家,资产阶级古典政治经济学最著名的代表人物。早年从事证券交易所活动,后致力于学术研究。1819 年被选为下院议员。在资产阶级反对封建残余的斗争中维护资产阶级的利益,坚持自由竞争原则,要求消除妨碍资本主义生产发展的一切限制。在经济理论上发展了亚当·斯密的价值论,对商品价值决定于生产商品所耗费的劳动时间的原理作了比较透彻的阐述与发展,奠定了劳动价值学说的基础,并在这一基础上着重论证了资本主义的分配问题,发现了工人、资本家、土地所有者之间经济利益上的对立，从而初步揭示了阶级矛盾和阶级斗争的经济根源。但是由于资产阶级立场、观点、方法的限制，把资本主义生产方式看做是永恒的唯一合理的生产方式，在理论上留下了不少破绽和错误，为后来的庸俗政治经济学所利用。主要著作有《政治经济学和赋税原理》(1817)、《论对农业的保护》(1822)等。——95、96。

利波夫——见李伯尔，米哈伊尔·伊萨科维奇。

利金——见利亚多夫，马尔丁·尼古拉耶维奇。

利平——见李伯尔，米哈伊尔·伊萨科维奇。

利亚多夫(**曼德尔施塔姆**)，马尔丁·尼古拉耶维奇(利金；萨拉托夫人)(Лядов(Мандельштам)，Мартын Николаевич(Лидин，Саратовец)1872—1947)——1891 年参加俄国民粹派小组。1893 年参与创建莫斯科工人协会。1895 年被捕，1897 年流放上扬斯克，为期五年。从流放地返回后在萨拉托夫工作。在俄国社会民主工党第二次代表大会上是萨拉托夫委员会的代表，属火星派多数派；会后是党中央代办员。1904 年 8 月参加了在日内瓦举行的 22 个布尔什维克的会议，被选入多数派委员会常务局。是布尔什维克出席第二国际阿姆斯特丹代表大会的代表和俄国社会民主工党第三次代表大会有发言权的代表。积极参加 1905—1907 年革命，为党的莫斯科委员会委员。斯托雷平反动时期是召回派分子，卡普里党校(意大利)的讲课人，曾加入"前进"集团(1911 年退出)。1917 年二月革命后任巴库工兵代表苏维埃副主席，持孟什维克立场。1920 年重新加入俄共(布)，在最高国民经济委员会工作。1923 年起先后任斯维尔德洛夫共产主义大学校长，科学机构、博物馆及艺术科学部门总管理局局长，十月革命档案馆馆长，列宁研究院和党史委员会学术委员会委员等职。写有党史方面的著作。——259、265、390、417。

梁赞诺夫(**戈尔登达赫**)，达维德·波里索维奇(Рязанов(Гольдендах)，Давид Борисович 1870—1938)——1889 年参加俄国革命运动。曾在敖德萨和基什尼奥夫开展工作。1900 年出国，是著作家团体斗争社的组织者之一；该社反对《火星报》制定的党纲和列宁的建党组织原则。俄国社会民主工党第二次代表大会反对斗争社参加大会的工作，并否决了邀请梁赞诺夫作为该社代表出席大会的建议。代表大会后是孟什维克。1905—1907

年在国家杜马社会民主党党团和工会工作。后再次出国,为《新时代》杂志撰稿。1909 年在“前进”集团的卡普里党校(意大利)担任讲课人,1911 年在隆瑞莫党校(法国)讲授工会运动课。曾受德国社会民主党委托从事出版《马克思恩格斯全集》和第一国际史的工作。第一次世界大战期间是中派分子,为孟什维克的《呼声报》和《我们的言论报》撰稿。1917 年二月革命后参加区联派,在俄国社会民主工党(布)第六次代表大会上随区联派集体加入布尔什维克党。十月革命后从事工会工作。1918 年初因反对签订布列斯特和约一度退党。1920—1921 年工会问题争论期间持错误立场,被解除工会职务。1921 年参与创建马克思恩格斯研究院,担任院长直到 1931 年。1931 年 2 月因同孟什维克国外总部有联系被开除出党。——252、382、405。

列昂诺夫——见维连斯基,列昂尼德·谢苗诺维奇。

列别捷夫——见古谢夫,谢尔盖·伊万诺维奇。

列利亚诺夫(Лелянов)——20 世纪初任俄国某市市长。——69。

列宁,弗拉基米尔·伊里奇(**乌里扬诺夫,弗拉基米尔·伊里奇**;特·普·)(Ленин, Владимир Ильич (Ульянов, Владимир Ильич, Т. П.) 1870—1924)——25、29、32、38、50、53、55、90、179—180、181—182、183、251—253、254、260、263、264、270、275、288、289—290、380、381、382、389、391、396、398、399、405、406、408、411、412、413、414、417。

列宁娜——见克鲁普斯卡娅,娜捷施达·康斯坦丁诺夫娜。

列维茨基——见莫申斯基,约瑟夫·尼古拉耶维奇。

列文,叶弗列姆·雅柯夫列维奇(叶戈罗夫;尤里;尤里耶夫)(Левин, Ефрем Яковлевич(Егоров, Юрий, Юрьев)生于 1873 年)——俄国社会民主党人,南方工人社领导人之一。19 世纪 90 年代参加哈尔科夫社会民主主义小组,1900 年 10 月因俄国社会民主工党哈尔科夫委员会案被捕,次年被逐往波尔塔瓦。曾参加《南方工人报》编辑部,是筹备召开俄国社会民主工党第二次代表大会的组织委员会委员。在代表大会上是南方工人社的代表,持中派立场,会后成为孟什维克。1903 年 9 月再次被捕,后脱离政治活动。——244、260、261、264、275、382、391、392、393、395、397、398、415。

列文娜,叶夫多基娅·谢苗诺夫娜(安娜·伊万诺夫娜)(Левина, Евдокия

Семеновна（Анна Ивановна）1874—1905）——俄国社会民主党人。19世纪90年代参加哈尔科夫社会民主主义小组，1898年因在哈尔科夫印刷工人中进行宣传案被捕，次年被逐往波尔塔瓦。曾为《南方工人报》撰稿。积极参加南方工人社的活动，反对南方工人社和《火星报》组织的联合。在俄国社会民主工党第二次代表大会上是哈尔科夫委员会的代表，持中派立场，会后成为孟什维克。不久脱离政治活动。——415。

柳巴——见拉德琴柯，柳博芙·尼古拉耶夫娜。

卢格，阿尔诺德（Ruge，Arnold 1802—1880）——德国政论家，青年黑格尔派，资产阶级激进派。1843—1844年同马克思一起在巴黎筹办和出版《德法年鉴》杂志，不久与马克思分道扬镳。1866年后成为民族自由党人，写文章支持俾斯麦所奉行的在普鲁士领导下"自上而下"统一德国的政策。——221。

鲁边——见克努尼扬茨，波格丹·米尔扎江诺维奇。

鲁金，亚·（**波塔波夫，亚历山大·伊万诺维奇**）（Рудин，А.（Потапов，Александр Иванович）1869—1915）——早年是俄国民粹派分子，1896年流放库尔干两年。曾为《俄国财富》和《教育》等杂志撰稿。后加入社会革命党，1903—1905年为该党中央委员。在有关土地问题的论文和小册子中反对马克思主义。1909年被逐往阿斯特拉罕，后出国。1914—1915年在莫斯科担任保健医生。——210、213。

鲁索夫——见克努尼扬茨，波格丹·米尔扎江诺维奇。

罗扎诺夫，弗拉基米尔·尼古拉耶维奇（马尔丁）（Розанов，Владимир Николаевич（Мартын）1876—1939）——俄国社会民主党人，孟什维克。19世纪90年代中期在莫斯科参加社会民主主义运动，1899年被逐往斯摩棱斯克。1900年加入南方工人社。是筹备召开俄国社会民主工党第二次代表大会的组织委员会委员，并代表南方工人社出席了代表大会。会上持中派立场，会后成为孟什维克骨干分子。1904年底被增补进调和主义的党中央委员会，1905年2月被捕。1905年5月在孟什维克代表会议上被选入孟什维克领导中心——组织委员会，在党的第四次（统一）代表大会上代表孟什维克被选入中央委员会。1908年侨居国外。第一次世界大战期间持国际主义立场。1917年二月革命后是彼得格勒工兵代表苏维埃孟什维克党团成员，护国派分子。敌视十月革命，积极参加反革命组织的活动，因“战术中心”案被判刑。大赦后脱离政治活动，在卫生部门工作。——380、382、391、392、399、411、415。

洛赫京，П.М.（Лохтин，П.М.）——俄国经济学家，写有一些关于俄国农业问题的著作，其中以《俄国的农业状况同其他国家的比较。二十世纪前的总结》(1901)一书最著名。——358。

洛克尔曼，亚历山大·萨莫伊洛维奇（巴季连科夫）（Локерман，Александр Самойлович（Базиленков）1880—1937）——俄国社会民主党人，孟什维克。1898年参加社会民主主义运动，在顿河畔罗斯托夫工作，曾参加俄国社会民主工党顿河区委员会。在党的第二次代表大会上是顿河区委员会的代表，持中派立场，会后成为孟什维克。1917年二月革命后代表孟什维克参加中央执行委员会。十月革命后竭力反对苏维埃政权。1917—1920年为孟什维克顿河区委员会委员。因进行反革命活动被判刑。——402、416。

M

马尔丁——见罗扎诺夫，弗拉基米尔·尼古拉耶维奇。

马尔丁诺夫，亚历山大（**皮凯尔，亚历山大·萨莫伊洛维奇**）（Мартынов，Александр（Пиккер，Александр Самойлович）1865—1935）——俄国经济派领袖之一，孟什维克著名活动家，后为共产党员。19世纪80年代初参加民意党人小组，1886年被捕，流放东西伯利亚十年；流放期间成为社会民主党人。1900年侨居国外，参加经济派的《工人事业》杂志编辑部，反对列宁的《火星报》。在俄国社会民主工党第二次代表大会上是国外俄国社会民主党人联合会的代表，反火星派分子，会后成为孟什维克。1907年作为叶卡捷琳诺斯拉夫组织的代表参加了党的第五次（伦敦）代表大会的工作，在代表大会上当选为中央委员。斯托雷平反动时期和新的革命高涨年代是取消派分子，参加取消派的机关报《社会民主党人呼声报》编辑部。第一次世界大战期间持中派立场。1917年二月革命后为孟什维克国际主义者。十月革命后脱离孟什维克。1918—1922年在乌克兰当教员。1923年加入俄共（布），在马克思恩格斯研究院工作。1924年起任《共产国际》杂志编委。——252、260、263、264、265、280、281、382、386、387、389、395、

396、405、406、411、415。

马尔托夫，尔·（**策杰尔包姆，尤利·奥西波维奇**；尔·马·）（Мартов，Л.（Цедербаум，Юлий Осипович，Л.М.）1873—1923）——俄国孟什维克领袖之一。1895年参与组织彼得堡工人阶级解放斗争协会。1896年被捕并流放图鲁汉斯克三年。1900年参与创办《火星报》，为该报编辑部成员。在俄国社会民主工党第二次代表大会上是《火星报》组织的代表，领导机会主义少数派，反对列宁的建党原则；从那时起成为孟什维克中央机关的领导成员和孟什维克报刊的编辑。曾参加党的第五次（伦敦）代表大会的工作。斯托雷平反动时期和新的革命高涨年代是取消派分子，编辑《社会民主党人呼声报》，参与组织"八月联盟"。第一次世界大战期间是中派分子，参加齐美尔瓦尔德代表会议和昆塔尔代表会议。曾参加孟什维克组织委员会国外书记处，为书记处编辑机关刊物。1917年二月革命后领导孟什维克国际主义派。十月革命后反对镇压反革命和解散立宪会议。1919年当选为全俄中央执行委员会委员，1919—1920年为莫斯科苏维埃代表。1920年9月侨居德国。参与组织第二半国际，在柏林创办和编辑孟什维克杂志《社会主义通报》。——176、196、269、270、271—272、278、279、284、288、289、290、292、307、380、381、382、383、385、386、387、389、390、392、397、401、410、411、412、414、416。

马赫林，拉扎尔·达维多维奇（索柯洛夫斯基）（Махлин，Лазарь Давидович（Соколовский）1880—1925）——1900年参加俄国社会民主主义运动，在国外加入《火星报》组织。1902年为《火星报》代办员，在国内工作。1903年在叶卡捷琳诺斯拉夫进行宣传工作，参加俄国社会民主工党叶卡捷琳诺斯拉夫委员会，代表该委员会出席了俄国社会民主工党第二次代表大会。在会上属火星派多数派，会后成为孟什维克，在维尔诺、德文斯克和彼得堡工作。1905—1907年革命后侨居国外。1919年回国，1920年加入俄共（布），在列宁格勒做工会工作和经济工作。——417。

马赫诺韦茨——见阿基莫夫，弗拉基米尔·彼得罗维奇。

马赫诺韦茨，莉迪娅·彼得罗夫娜（布鲁凯尔）（Махновец，Лидия Петровна（Брукэр）1876—1965）——19世纪90年代末参加俄国社会民主主义运动，经济派代表人物。曾在俄国社会民主工党沃罗涅日委员会里起领导作用,该委员会在俄国社会民主工党第二次代表大会筹备期间反对《火星报》的立场。在代表大会上是彼得堡工人组织的代表,反火星派分子。1905年在沃罗涅日社会民主党组织中工作,后脱离政治活动。——269、270、381、411、412、415。

马霍夫——见卡拉法季,德米特里·巴甫洛维奇。

马卡久布,马尔克·绍洛维奇(安东诺夫)(Макадзюб, Марк Саулович (Антонов)生于1876年)——俄国社会民主党人,孟什维克。1901—1903年在俄国南部社会民主党组织中工作。在俄国社会民主工党第二次代表大会上是克里木联合会的代表,属火星派少数派。1905年5月参加了在日内瓦召开的孟什维克代表会议,被选入孟什维克领导中心——组织委员会。支持阿克雪里罗得关于召开广泛的工人代表大会的取消主义观点。斯托雷平反动时期和新的革命高涨年代是取消派分子,为孟什维克取消派的《我们的曙光》杂志撰稿。1917年二月革命后任彼得格勒工兵代表苏维埃执行委员会委员。十月革命后脱离政治活动。1921年起在苏联驻国外的木材出口机关工作。1931年起侨居国外。——416。

马克思,卡尔(Marx, Karl 1818—1883)——科学共产主义的创始人,世界无产阶级的领袖和导师。——26、30、46、91、93、95、96、97、98、176、189、220、221—222、251、264、386。

马斯洛夫,彼得·巴甫洛维奇(伊克斯)(Маслов, Петр Павлович (Икс) 1867—1946)——俄国经济学家,社会民主党人。写有一些土地问题著作,修正马克思主义政治经济学原理。曾为《生活》、《开端》和《科学评论》等杂志撰稿。俄国社会民主工党第二次代表大会后是孟什维克;曾提出孟什维克的土地地方公有化纲领。在俄国社会民主工党第四次(统一)代表大会上代表孟什维克作了关于土地问题的报告,被选入中央机关报编辑部。斯托雷平反动时期和新的革命高涨年代是取消派分子。第一次世界大战期间是社会沙文主义者。十月革命后脱离政治活动,从事教学和科研工作,研究社会主义政治经济学问题。1929年起为苏联科学院院士。——91、96、97、203—217、260、263。

麦迭姆(**格林贝格**),弗拉基米尔·达维多维奇(Медем(Гринберг), Владимир Давидович 1879—1923)——崩得领袖之一。1899年参加俄国社会民主主义运动,1900年加入明斯克崩得组织。曾流放西伯利亚,1901年从流放地逃往国外。1903年起为崩得国外委员会委员,代表该委员会出席俄国社会民主工党第二次代表大会,会上是反火星派分子。1906年当选为崩得中央委员。曾参加俄国社会民主工党第五次(伦敦)代表大会工作,支持孟什维克。十月革命后领导在波兰的崩得组织。1921年到美国,在犹太右翼社会党人的《前进报》上撰文诽谤苏维埃俄国。——393、415。

曼德尔贝格,维克多·叶夫谢耶维奇(毕洛夫)(Мандельберг, Виктор Евсеевич(Бюлов)生于1870年)——俄国社会民主党人。1894—1896年在彼得堡当医生,因在工人中进行社会民主主义宣传而被捕,监禁三年后又被流放东西伯利亚四年。在俄国社会民主工党第二次代表大会上是西伯利亚联合会的代表,属火星派少数派,会后成为孟什维克。第二届国家杜马代表,因社会民主党党团案被起诉,后流亡国外。——410、416。

梅林,弗兰茨(Mehring, Franz 1846—1919)——德国工人运动活动家,德国社会民主党左翼领袖和理论家之一,历史学家和政论家,德国共产党创建人之一。19世纪60年代末起是资产阶级民主主义政论家,1877—1882年持资产阶级自由主义立场,后向左转化,逐渐接受马克思主义。曾任民主主义报纸《人民报》主编。1891年加入德国社会民主党,担任党的理论刊物《新时代》杂志撰稿人和编辑,1902—1907年任《莱比锡人民报》主编,反对第二国际的机会主义和修正主义,批判考茨基主义。第一次世界大战爆发后坚决谴责帝国主义战争和社会沙文主义者的背叛政策;是国际派(后改称斯巴达克派和斯巴达克联盟)的组织者和领导人之一。1918年参加建立德国共产党的准备工作。欢迎俄国十月革命,撰文驳斥对十月革命的攻击,维护苏维埃政权。在研究德国中世纪史、德国社会民主党史和马克思主义史方面作出重大贡献,在整理出版马克思、恩格斯和拉萨尔的遗著方面也做了大量工作。主要著作有《莱辛传奇》(1893)、《德国社会民主党史》(1897—1898)、《马克思传》(1918)等。——222、223。

米尔柏格,阿尔图尔(Mülberger, Arthur 1847—1907)——德国小资产阶级政论家,蒲鲁东主义者;职业是医生。1872年在德国社会民主工党中央机关报《人民国家报》上发表了几篇论述住宅问题的文章,受到恩格斯的严厉批评。曾为赫希柏格出版的《未来》杂志撰稿,写过一些关于法国和德国社会思想史方面的著作。——31。

米哈伊尔·尼古拉耶维奇;米哈伊尔·伊万诺维奇——见尼古拉耶夫,列昂尼德·弗拉基米罗维奇。

米哈伊洛夫,Г.Е.(Михайлов,Г.Е.生于1880年)——俄国下诺夫哥罗德工人,因参加1902年索尔莫沃五一游行示威被捕,在法庭上发表了反对专制制度的演说,被判处终身流放东西伯利亚。——46—47、48。

米海洛夫斯基,尼古拉·康斯坦丁诺维奇(Михайловский, Николай Константинович 1842—1904)——俄国自由主义民粹派理论家,政论家,文艺批评家,实证论哲学家,社会学主观学派代表人物。1860年开始写作活动。1868年起为《祖国纪事》杂志撰稿,后任编辑。1879年与民意党接近。1882年以后写了一系列谈"英雄"与"群氓"问题的文章,建立了完整的"英雄"与"群氓"的理论体系。1884年《祖国纪事》杂志被查封后,给《北方通报》、《俄国思想》、《俄罗斯新闻》等报刊撰稿。1892年起任《俄国财富》杂志编辑,在该杂志上与俄国马克思主义者进行激烈论战。——32。

米留可夫,帕维尔·尼古拉耶维奇(斯·斯·)(Милюков,Павел Николаевич (С.С.)1859—1943)——俄国立宪民主党领袖,俄国自由派资产阶级思想家,历史学家和政论家。1886年起任莫斯科大学讲师。90年代前半期开始政治活动,1902年起为资产阶级自由派的《解放》杂志撰稿。1905年10月参与创建立宪民主党,后任该党中央委员会主席和中央机关报《言语报》编辑。第三届和第四届国家杜马代表。第一次世界大战期间为沙皇政府的掠夺政策辩护。1917年二月革命后任第一届临时政府外交部长,推行把战争进行到"最后胜利"的帝国主义政策;同年8月积极参与策划科尔尼洛夫叛乱。十月革命后同白卫分子和武装干涉者合作。1920年起为白俄流亡分子,在巴黎出版《最新消息报》。著有《俄国文化史概要》、《第二次俄国革命史》及《回忆录》等。——179、181—182。

米舍涅夫,格拉西姆·米哈伊洛维奇(佩图霍夫)(Мишенев, Герасим Михайлович(Петухов)死于1906年)——俄国社会民主党人,俄国社会民主工党乌法委员会委员,代表该委员会出席了党的第二次代表大会。在会上属火星派多数派,会后成为布尔什维克;一贯反对孟什维克。1905年起在萨拉托夫社会民主党组织中工作。——417。

米佐夫——见卡拉法季,德米特里·巴甫洛维奇。

莫申斯基,约瑟夫·尼古拉耶维奇(列维茨基)(Мошинский, Иосиф Николаевич(Левицкий)1875—1954)——俄国社会民主党人。1892—1893年是基辅马克思主义工人小组组织者之一,1894—1895年是波兰王国和立陶宛社会民主党地下组织成员,1897年在基辅工人阶级解放斗争协会工作。1898年流放维亚特卡省三年。1901年起在罗斯托夫工作,加入俄国社会民主工党顿河区委员会,参与组织当地的《火星报》小组和秘密矿区联合会。代表该联合会出席党的第二次代表大会,会上持中派立场,会后成为孟什维克,在顿河畔罗斯托夫、彼得堡和华沙工作。1917年二月革命后是孟什维克国际主义者。十月革命后脱离政治活动。1925年起在莫斯科司法部门工作。——382、416。

莫斯科夫斯基——见策伊特林,波里斯·索洛蒙诺维奇。

N

纳济莫夫(Назимов)——沙俄海军上将。——69。

纳杰日丁,尔·(**捷连斯基,叶夫根尼·奥西波维奇**)(Надеждин, Л.(Зеленский, Евгений Осипович)1877—1905)——早年是俄国民粹派分子,1898年加入萨拉托夫社会民主主义组织。1899年被捕并被逐往沃洛格达省,1900年流亡瑞士,在日内瓦组织了"革命社会主义的"自由社(1901—1903)。在《自由》杂志上以及在他写的《革命前夜》(1901)、《俄国革命主义的复活》(1901)等小册子中支持经济派,同时宣扬恐怖活动是"唤起群众"的有效手段;反对列宁的《火星报》。俄国社会民主工党第二次代表大会后为孟什维克报刊撰稿。——50。

纳塔莉娅·伊万诺夫娜——见亚历山德罗娃,叶卡捷琳娜·米哈伊洛夫娜。

尼古·—逊——见丹尼尔逊,尼古拉·弗兰策维奇。

尼古拉·彼得罗维奇——见绍特曼,亚历山大·瓦西里耶维奇。

尼古拉·尼古拉耶维奇——见哥林,弗拉基米尔·菲力波维奇。

尼古拉二世(罗曼诺夫)(Николай II(Романов)1868—1918)——俄国最后一个皇帝,亚历山大三世的儿子。1894年即位,1917年二月革命时被推翻。1918年7月17日根据乌拉尔州工兵代表苏维埃的决定在叶卡捷琳堡被枪决。——21—22、105—110、115—116、125、126、156—158。

尼古拉耶夫，列昂尼德·弗拉基米罗维奇(米哈伊尔·尼古拉耶维奇；米哈伊尔·伊万诺维奇)(Николаев, Леонид Владимирович(Михаил Николаевич, Михаил Иванович)生于1866年)——俄国社会民主党人。19世纪90年代中期加入哈尔科夫社会民主主义小组，1898年因在哈尔科夫印刷工人中进行宣传案被捕，流放维亚特卡省三年。流放期满后在哈尔科夫工作。1902年12月同《火星报》编辑部取得联系。1903年在俄国社会民主工党第二次代表大会上是哈尔科夫委员会的代表，持中派立场，会后成为孟什维克。——394、415。

尼基京，伊万·康斯坦丁诺维奇(安德列)(Никитин, Иван Константинович(Андрей)1877—1944)——俄国社会民主党人，布尔什维克；职业是旋工。1897年参加革命运动，曾在基辅领导马克思主义工人小组。1901年被捕并流放卡卢加。在俄国社会民主工党第二次代表大会上是基辅委员会的代表，属火星派多数派。从代表大会返回后再次被捕。在基辅参加1905—1907年革命，后脱离政治活动。十月革命后在莫斯科索科利尼基车辆修配厂工作。1925年加入俄共(布)。——417。

诺斯科夫，弗拉基米尔·亚历山德罗维奇(波里斯·尼古拉耶维奇；格列博夫)(Носков, Владимир Александрович(Борис Николаевич, Глебов)1878—1913)——俄国社会民主党人。19世纪90年代参加革命运动。1898年因彼得堡工人阶级解放斗争协会案被捕，先后流放雅罗斯拉夫尔和沃罗涅日。1900年是俄国社会民主工党北方协会组织者之一。1902年侨居国外，同年4月参加《火星报》编辑部的苏黎世会议，会上讨论了党纲草案。1902—1903年负责向国内运送社会民主党秘密出版物的组织工作，参与筹备俄国社会民主工党第二次代表大会。在会上是有发言权的代表，属火星派多数派；是党章起草委员会主席，当选为中央委员。会后对孟什维克采取调和主义态度，反对召开党的第三次代表大会。1905年被捕。斯托雷平反动时期脱离政治活动。——279、369、393、418。

诺西希，阿尔弗勒德(Nossig, Alfred 生于1863年)——德国经济学家、政论家和诗人。1902年出版《现代土地问题》一书，书中维护改良主义，批评马克思主义。在文章、剧本和诗歌中鼓吹犹太复国主义。后来成为各种犹太复国主义组织的积极活动分子。——98。

P

佩图霍夫——见米舍涅夫,格拉西姆·米哈伊洛维奇。

皮凯尔,亚·萨·——见马尔丁诺夫,亚历山大。

普列汉诺夫,格奥尔吉·瓦连廷诺维奇(Плеханов,Георгий Валентинович 1856—1918)——俄国早期的马克思主义理论家,后来成为孟什维克和第二国际机会主义领袖之一。19世纪70年代参加民粹主义运动,是土地和自由社成员及土地平分社领导人之一。1880年侨居瑞士,逐步同民粹主义决裂。1883年在日内瓦创建俄国第一个马克思主义团体——劳动解放社。翻译和介绍了马克思和恩格斯的许多著作,对马克思主义在俄国的传播起了重要作用;写过不少优秀的马克思主义著作,批判民粹主义、合法马克思主义、经济主义、伯恩施坦主义、马赫主义。20世纪初是《火星报》和《曙光》杂志编辑部成员。曾参与制定俄国社会民主工党纲领草案和参加党的第二次代表大会的筹备工作。在代表大会上是劳动解放社的代表,属火星派多数派,参加了大会常务委员会,会后逐渐转向孟什维克。1905—1907年革命时期反对列宁的民主革命的策略,后来在孟什维克和布尔什维克之间摇摆。在俄国社会民主工党第四次(统一)代表大会上作了关于土地问题的报告,维护马斯洛夫的孟什维克方案;在国家杜马问题上坚持极右立场,呼吁支持立宪民主党人的杜马。斯托雷平反动时期和新的革命高涨年代反对取消主义,领导孟什维克护党派。第一次世界大战期间持社会沙文主义立场。1917年二月革命后支持资产阶级临时政府。对十月革命持否定态度,但拒绝支持反革命。最重要的理论著作有《社会主义与政治斗争》(1883)、《我们的意见分歧》(1885)、《论一元论历史观之发展》(1895)、《唯物主义史论丛》(1896)、《论个人在历史上的作用》(1898)、《没有地址的信》(1899—1900),等等。——231、270、380、382、388、389、397、405、406、417。

普列韦,维亚切斯拉夫·康斯坦丁诺维奇(Плеве,Вячеслав Константинович 1846—1904)——俄国国务活动家。1881年起任警察司司长,1884—1894年任枢密官和副内务大臣。1902年4月任内务大臣兼宪兵团名誉团长。

掌权期间，残酷地镇压了波尔塔瓦省和哈尔科夫省的农民运动，破坏了许多地方自治机关；鼓动在俄国边疆地区推行反动的俄罗斯化政策。为了诱使群众脱离反对专制制度的斗争，促进了日俄战争的爆发；出于同一目的，多次策划蹂躏犹太人的暴行，鼓励祖巴托夫政策。1904 年 7 月 15 日(28 日)被社会革命党人刺死。——23、24、44。

Q

乔治——见饶尔丹尼亚，诺伊·尼古拉耶维奇。

切尔诺夫，维克多·米哈伊洛维奇(Чернов，Виктор Михайлович 1873—1952)——俄国社会革命党领袖和理论家之一。1902—1905 年任社会革命党中央机关报《革命俄国报》编辑。曾撰文反对马克思主义，企图证明马克思的理论不适用于农业。第一次世界大战期间持社会沙文主义立场，曾参加齐美尔瓦尔德代表会议和昆塔尔代表会议。1917 年 5—8 月任临时政府农业部长，对夺取地主土地的农民实行残酷镇压。敌视十月革命。1918 年 1 月任立宪会议主席；曾领导萨马拉的反革命立宪会议委员会，参与策划反苏维埃叛乱。1920 年流亡国外，继续反对苏维埃政权。在他的理论著作中，主观唯心主义和折中主义同修正主义和民粹派的空想混合在一起；企图以资产阶级改良主义的“结构社会主义”对抗科学社会主义。——91、98。

瞿鲁巴，亚历山大·德米特里耶维奇(Цюрупа，Александр Дмитриевич 1870—1928)——1891 年参加俄国革命运动，1898 年加入俄国社会民主工党。曾任《火星报》代办员。1901 年起先后在哈尔科夫、图拉、乌法等地做党的工作，屡遭沙皇政府迫害。1917 年二月革命后任俄国社会民主工党乌法统一委员会委员、乌法工兵代表苏维埃委员、省粮食委员会主席和市杜马主席。十月革命期间任乌法军事革命委员会委员。1917 年 11 月起任副粮食人民委员，1918 年 2 月起任粮食人民委员。国内战争时期主管红军的供给工作，领导征粮队的活动。1921 年 12 月起任人民委员会和劳动国防委员会副主席。1922 年起任全俄中央执行委员会和苏联中央执行委员会主席团委员。1922—1923 年任工农检查人民委员，1923—1925 年任国家计划委员会主席，1925 年起任国内商业和对外贸易人民委员。

在党的第十二至第十五次代表大会上当选为中央委员。——398。

R

饶尔丹尼亚，诺伊·尼古拉耶维奇（科斯特罗夫；乔治）（Жордания，Ной Николаевич（Костров，Джордж）1869—1953）——俄国社会民主党人。19世纪90年代开始政治活动，加入格鲁吉亚第一个社会民主主义团体"麦撒墨达西社"，领导该社的机会主义派。1903年在俄国社会民主工党第二次代表大会上是有发言权的代表，属火星派少数派，会后为高加索孟什维克的领袖。1905年编辑孟什维克的《社会民主党人报》（格鲁吉亚文），反对布尔什维克在资产阶级民主革命中的策略。第一届国家杜马代表，社会民主党党团领袖。1907—1912年为俄国社会民主工党中央委员（代表孟什维克）。斯托雷平反动时期和新的革命高涨年代形式上参加孟什维克护党派，实际上支持取消派。1914年为托洛茨基的《斗争》杂志撰稿。第一次世界大战期间是社会沙文主义者。1917年二月革命后任梯弗利斯工人代表苏维埃主席。1918—1921年是格鲁吉亚孟什维克政府主席。1921年格鲁吉亚建立苏维埃政权后成为白俄流亡分子。——264、266、397、418。

日特洛夫斯基，哈伊姆·约瑟福维奇（Житловский，Хаим Иосифович 1865—1943）——俄国政论家，早年是民意党人。19世纪80年代末侨居瑞士，1894年在伯尔尼参与组织俄国社会革命党人联合会。后来继续与社会革命党保持密切联系，并成为犹太小资产阶级民族主义运动的思想家，曾参加组织犹太社会主义工人党，是该党的领袖和理论家之一。沙皇1905年10月17日宣言颁布后回到俄国，后又侨居国外。1908年起在美国出版《新生活》杂志。以后住在美国，为一些进步的犹太人杂志撰稿。——38、192。

S

萨拉托夫人——见利亚多夫，马尔丁·尼古拉耶维奇。

萨梅林，米哈伊尔·И.（Самылин，Михаил И.生于1871年）——俄国下诺夫哥罗德工人，社会民主党人。1895年起是下诺夫哥罗德社会民主主义小组的宣传员。1902年索尔莫沃五一游行示威的组织者之一。游行时被捕,在法庭上发表了反对专制制度的演说,被判处终身流放东西伯利亚。1905 年逃往国外,在日内瓦布尔什维克的《无产者报》发行部工作。同年年底回国,在沃洛格达和下诺夫哥罗德党组织中工作。1910 年起脱离政治活动。——46—47、48、70。

瑟罗米亚特尼科夫(Сыромятников)——俄国《新时报》撰稿人。——69。

绍特曼,亚历山大·瓦西里耶维奇(贝尔格;尼古拉·彼得罗维奇)(Шотман, Александр Васильевич(Берг, Николай Петрович)1880—1937)——1899 年加入俄国社会民主工党,布尔什维克;旋工。1899—1902 年是彼得堡工人阶级解放斗争协会会员,参加了 1901 年"奥布霍夫防卫战",任维堡区党的组织员。在俄国社会民主工党第二次代表大会上是彼得堡委员会的代表,属火星派多数派;会后在科斯特罗马和伊万诺沃-沃兹涅先斯克工作,任党的北方委员会委员。在彼得堡和敖德萨参加 1905—1907 年革命。1911—1912 年任芬兰社会民主党赫尔辛福斯委员会委员。在 1913 年有党的工作者参加的俄国社会民主工党中央委员会波罗宁会议上被增补为中央委员和中央委员会俄国局成员,同年 11 月被捕并流放西伯利亚。在托木斯克参加 1917 年二月革命。1917 年 6 月起任党的彼得堡郊区委员会委员;7 月起是党中央委员会和列宁之间的联络员,8 月受党中央委托,安排列宁从拉兹利夫转移到芬兰。积极参加十月革命,十月革命后历任最高国民经济委员会主席团委员、西伯利亚国民经济委员会主席、卡累利阿苏维埃社会主义自治共和国中央执行委员会主席等职。1926—1937 年在最高国民经济委员会和全俄中央执行委员会主席团工作。1924—1934 年为党中央监察委员会委员。——380、417。

施泰因——见亚历山德罗娃,叶卡捷琳娜·米哈伊洛夫娜。

施瓦尔茨曼——见科索夫斯基,弗拉基米尔。

舒尔采-德里奇,海尔曼(Schulze-Delitzsch, Hermann 1808—1883)——德国庸俗经济学家和政治活动家。1848 年是普鲁士国民议会议员,60 年代是进步党领袖之一,1867—1883 年为国会议员。宣扬资本家和工人的阶级利益协调一致。1849 年起在德国工人和手工业者中间开展成立合作社和信贷所的活动,认为这是摆脱贫困的唯一道路。——252—253、408。

司徒卢威,彼得·伯恩哈多维奇(编辑;尔·恩·斯·)(Струве, Петр

Бернгардович(Редактор,P.H.C.)1870—1944)——俄国经济学家,哲学家,政论家,合法马克思主义主要代表人物,立宪民主党领袖之一。19世纪90年代编辑合法马克思主义者的《新言论》杂志和《开端》杂志。1896年参加第二国际第四次代表大会。1898年参加起草《俄国社会民主工党宣言》。在1894年发表的第一部著作《俄国经济发展问题的评述》中,在批判民粹主义的同时,对马克思的经济学说和哲学学说提出"补充"和"批评"。20世纪初同马克思主义和社会民主主义彻底决裂,转到自由派营垒。1902年起编辑自由派资产阶级刊物《解放》杂志,1903年起是解放社的领袖之一。1905年起是立宪民主党中央委员,领导该党右翼。1907年当选为第二届国家杜马代表。第一次世界大战爆发后鼓吹俄国的帝国主义侵略扩张政策。十月革命后敌视苏维埃政权,是邓尼金和弗兰格尔反革命政府成员,后逃往国外。——25—26、27、98、179—186、196、294、322、326、412。

斯·斯·——见米留可夫,帕维尔·尼古拉耶维奇。

斯捷潘——见拉德琴柯,斯捷潘·伊万诺维奇。

斯捷潘诺夫,谢尔盖·伊万诺维奇(格里戈里耶夫)(Степанов,Сергей Иванович(Григорьев)1876—1935)——1895年参加俄国社会民主主义运动,当时在图拉枪械制造厂当车工。1902—1905年为俄国社会民主工党图拉委员会委员,代表该委员会出席党的第二次代表大会,属火星派多数派。曾在图拉、彼得堡、莫斯科等地做党的工作,多次被捕和流放。1917年在图拉参加十月革命。十月革命后领导图拉工厂的国有化工作,1919年被任命为图拉弹药厂厂长。1925年起任图拉省执行委员会主席。1930年起在莫斯科任州执行委员会副主席、州监察委员会党组书记。1933—1935年任莫斯科州法院院长。1924—1925年为党中央监察委员会委员,1925—1934年为党中央检查委员会委员。全俄中央执行委员会和苏联中央执行委员会委员。——416。

斯捷普尼亚克,谢·(**克拉夫钦斯基,谢尔盖·米哈伊洛维奇**)(Степняк,С.(Кравчинский,Сергей Михайлович)1851—1895)——俄国作家和政论家,革命民粹派代表人物。1872年加入民粹主义的柴可夫斯基派小组,参加了"到民间去"的运动,后被捕,1873年流亡国外。1878年回国,积极参加土地和自由社的活动,刺杀了宪兵团名誉团长尼·弗·梅津佐夫,不久潜逃国外。1891年在伦敦创办自由俄国出版基金会。著有特写集《地下的俄罗斯》(1882)以及一些小说、剧本等。在作品中把民粹派分子—恐怖主义分子的形象理想化。——27。

斯列波夫,Ф.А.(Слепов,Ф.А.)——俄国祖巴托夫分子,莫斯科布罗姆莱工厂的工人。作为莫斯科保安处密探,积极参与建立祖巴托夫的"机械工人互助协会",在工人集会上鼓吹在政府的协助和监督下建立工人组织。——68—73。

斯卢切夫斯基,康斯坦丁·康斯坦丁诺维奇(Случевский, Константин Константинович 1837—1904)——俄国作家。曾在巴黎大学和柏林、莱比锡、海德堡等地的大学攻读哲学和自然科学。担任过政府高级职务,1891—1902年编辑《政府通报》。——69。

斯塔里茨基,安东——见彼舍霍诺夫,阿列克谢·瓦西里耶维奇。

斯塔罗韦尔——见波特列索夫,亚历山大·尼古拉耶维奇。

斯特拉霍夫——见塔赫塔廖夫,康斯坦丁·米哈伊洛维奇。

斯托帕尼,亚历山大·米特罗范诺维奇(德米特里耶夫;朗格;图腊)(Стопани, Александр Митрофанович (Дмитриев, Ланге, Тура) 1871—1932)——1892年在俄国喀山开始革命活动,1893年组织马克思主义小组。1899年起在普斯科夫工作,1900年结识列宁。曾参加筹备出版《火星报》的工作,是俄国社会民主工党北方协会的组织者之一。1902年11月被选入筹备召开俄国社会民主工党第二次代表大会的组织委员会。在代表大会上是北方协会的代表,属火星派多数派。1903—1904年参加党的北方委员会和巴库委员会的组建工作。参加了1905—1907年革命,任党的科斯特罗马委员会书记。多次被捕。1917年二月革命后任巴库粮食委员会主席。十月革命后担任党和苏维埃的领导工作。1922年起为俄罗斯联邦最高法院成员,1924—1929年任俄罗斯联邦劳动事务检察长,1930—1932年任全苏老布尔什维克协会副主席。——265、393、398、416。

索柯洛夫,И.С.(Соколов, И.С.)——俄国彼得堡工人,祖巴托夫分子。——69。

索柯洛夫斯基——见马赫林,拉扎尔·达维多维奇。

T

塔尔们——见塔赫塔廖夫,康斯坦丁·米哈伊洛维奇和雅库波娃,阿波利纳里娅·亚历山德罗夫娜。

塔赫塔廖夫,康斯坦丁·米哈伊洛维奇(斯特拉霍夫;塔尔)(Тахтарев, Константин Михайлович(Страхов,Тар)1871—1925)——1893年参加俄国社会民主主义运动,曾加入彼得堡工人阶级解放斗争协会。1896年被捕,后流亡国外。1900年编辑经济派的《工人思想报》,彼得堡工人组织出席第二国际1900年巴黎代表大会的代表。曾协助筹备俄国社会民主工党第二次代表大会,在会上是有发言权的代表,会后同情孟什维克,不久脱党。后来从事科研和教学活动,写有一些社会学和俄国革命运动史方面的著作。1924年起在马克思恩格斯研究院工作。——256、418。

特·普·——见列宁,弗拉基米尔·伊里奇。

梯也尔,阿道夫(Thiers,Adolphe 1797—1877)——法国国务活动家,历史学家。早年当过律师和新闻记者。19世纪20年代末作为自由资产阶级反对派活动家开始政治活动。七月王朝时期历任参事院院长、内务大臣、外交大臣和首相,残酷镇压1834年里昂工人起义。第二共和国时期是秩序党领袖之一,制宪议会和立法议会议员。1870年9月4日第二帝国垮台后,成为资产阶级国防政府实际领导人之一,1871年2月就任第三共和国政府首脑。上台后与普鲁士签订了丧权辱国的和约,又策划解除巴黎国民自卫军的武装,从而激起了3月18日起义。内战爆发后逃往凡尔赛,勾结普鲁士军队血腥镇压巴黎公社。1871—1873年任第三共和国总统。作为历史学家,他的观点倾向于复辟王朝时期的资产阶级历史编纂学派。马克思在《法兰西内战》一书中对他在法国历史上的作用作了详尽的评述。——180。

图腊——见斯托帕尼,亚历山大·米特罗范诺维奇。

托洛茨基(勃朗施坦),列夫·达维多维奇(Троцкий(Бронштейн),Лев Давидович 1879—1940)——1897年参加俄国社会民主主义运动。在俄国社会民主工党第二次代表大会上是西伯利亚联合会的代表,属火星派少数派。1905年同亚·帕尔乌斯一起提出和鼓吹"不断革命论"。在斯托雷平反动时期和新的革命高涨年代打着“非派别性”的幌子,实际上采取取消派立场。1912年组织“八月联盟”。第一次世界大战期间持中派立场。1917年二月革命后参加区联派,在党的第六次代表大会上随区联派集体加入布尔什维克党,当选为中央委员。参加十月武装起义的领导工作。十月革命后任外交人民委员,1918年初反对签订布列斯特和约,同年3月改任共和国革命军事委员会主席、陆海军人民委员等职。参与组建红军。1919年起为党中央政治局委员。1920年起历任共产国际执行委员会候补委员、委员。1920—1921年挑起关于工会问题的争论。1923年起进行派别活动。1925年初被解除革命军事委员会主席和陆海军人民委员职务。1926年与季诺维也夫结成“托季联盟”。1927年被开除出党,1929年被驱逐出境,1932年被取消苏联国籍。在国外组织第四国际。死于墨西哥。——267、270—271、290、382、393、394、396、398、410、416。

托普里泽,季奥米德·亚历山德罗维奇(卡尔斯基;伊萨里)(Топуридзе, Диомид Александрович(Карский, Исари)1871—1942)——俄国社会民主党人,孟什维克。曾参加格鲁吉亚第一个社会民主主义团体“麦撒墨达西社”。在俄国社会民主工党第二次代表大会上是梯弗利斯委员会的代表,属火星派多数派,但表现动摇,大会结束时又赞同火星派少数派。会后成为孟什维克,反对代表大会选出的党的中央机关,因此于1903年10月初被党的高加索联合会委员会解除党内职务。1918—1921年在孟什维克统治格鲁吉亚时期任立宪会议财政预算委员会主席、库塔伊西市市长。1921年格鲁吉亚建立苏维埃政权后,在财政委员部工作,从事学术评论活动。——266、385、393、398、402、417。

W

瓦·沃·——见沃龙佐夫,瓦西里·巴甫洛维奇。

瓦尔,维克多·威廉莫维奇(Валь, Виктор Вильгельмович 1840—1915)——俄国沙皇政府官员,将军。在镇压1863—1864年波兰起义时出名,后当过一些省的省长和彼得堡市市长(1892—1895)。在任维尔纳省省长期间,曾下令鞭笞参加庆祝五一节活动的被捕者。1902年被任命为副内务大臣和独立宪兵团司令。1904 年起为国务会议成员。——40、341。

瓦莲卡——见科热夫尼科娃，瓦尔瓦拉·费多罗夫娜。

瓦西里耶夫，А. В.（Васильев，А. В.）——20 世纪初任俄国总检察长。——68、72。

威廉二世（霍亨索伦）（Wilhelm II（Hohenzollern）1859—1941）——普鲁士国王和德国皇帝（1888—1918）。——183。

韦利奇科，瓦西里·李沃维奇（Величко，Василий Львович 1860—1903）——俄国诗人和新闻工作者，曾任《俄罗斯通报》杂志编辑。——69。

韦列田尼科夫，А.П.（Веретенников，А.П.）——沙俄上校。——68—69、72。

维连斯基，列昂尼德·谢苗诺维奇（列昂诺夫）（Виленский，Леонид Семенович（Леонов）1880—1950）——1899 年加入俄国社会民主工党基辅委员会宣传员小组。1902 年起在叶卡捷琳诺斯拉夫从事筹办秘密印刷所和散发社会民主党书刊的工作。在俄国社会民主工党第二次代表大会上是叶卡捷琳诺斯拉夫委员会的代表，属火星派多数派，会后成为布尔什维克。1905 年退出俄国社会民主工党，加入无政府共产主义者组织，是无政府主义的《反抗者》杂志编辑。1907 年被捕并流放图鲁汉斯克边疆区，为期四年，流放归来后脱离政治活动。十月革命后参与建立敖德萨的苏维埃政权，在工农检查院机关工作，后来在莫斯科工商银行和国家计划委员会工作。——417。

维特，谢尔盖·尤利耶维奇（Витте，Сергей Юльевич 1849—1915）——俄国国务活动家。1892 年 2—8 月任交通大臣，1892—1903 年任财政大臣，1903 年 8 月起任大臣委员会主席，1905 年 10 月—1906 年 4 月任大臣会议主席。在财政、关税政策、铁路建设、工厂立法和鼓励外国投资等方面采取了一系列措施，促进了俄国资本主义的发展。同时力图通过对自由派资产阶级稍作让步和对人民群众进行镇压的手段来维护沙皇专制制度。1905—1907 年革命期间派军队对西伯利亚、波罗的海沿岸地区、波兰以及莫斯科的武装起义进行了镇压。——179。

魏斯曼——见策伊特林，列夫·索洛蒙诺维奇。

沃多沃佐夫，尼古拉·瓦西里耶维奇（Водовозов，Николай Васильевич 1870—1896）——俄国政论家，合法马克思主义代表人物之一。曾在彼得堡大学学习,参加过学潮,1891 年因在尼·瓦·舍尔古诺夫的葬礼上发表演说而被开除学籍。写有许多社会思想史和工人运动史方面的文章,其中一些文章为马尔萨斯主义辩护。1895 年和玛·伊·沃多沃佐娃一起创办图书出版社。列宁的《俄国资本主义的发展》一书于 1899 年由该出版社出版。其论文集《经济评述》于 1897 年出版。——183、184。

沃龙佐夫,瓦西里·巴甫洛维奇(瓦·沃·)(Воронцов, Василий Павлович (В.В.)1847—1918)——俄国经济学家,社会学家,政论家,自由主义民粹派思想家。曾为《俄国财富》、《欧洲通报》等杂志撰稿。认为俄国没有发展资本主义的条件,俄国工业的形成是政府保护政策的结果;把农民村社理想化,力图找到一种维护小资产者不受资本主义发展之害的手段。19 世纪 90 年代发表文章反对俄国马克思主义者,鼓吹同沙皇政府和解。主要著作有《俄国资本主义的命运》(1882)、《俄国手工工业概述》(1886)、《农民经济中的进步潮流》(1892)、《我们的方针》(1893)、《理论经济学概论》(1895)。——32、196、215。

乌里扬诺夫,德米特里·伊里奇(安德列耶夫斯基)(Ульянов, Дмитрий Ильич(Андреевский)1874—1943)——列宁的弟弟,医生。1894 年参加莫斯科大学生马克思主义小组。1900 年起为《火星报》代办员。1903 年在俄国社会民主工党第二次代表大会上是图拉委员会的代表,属火星派多数派,会后任中央代办员。屡遭逮捕和监禁。1905—1907 年任布尔什维克辛比尔斯克委员会委员,后在谢尔普霍夫和费奥多西亚当医生,同布尔什维克的一些中央组织保持经常联系。1914 年被征入伍,在士兵中进行革命工作。十月革命后任克里木人民委员会副主席和党的克里木州委员会委员等职。1921 年起在卫生人民委员部工作。1925—1930 年在斯维尔德洛夫共产主义大学工作。1933 年起在克里姆林宫医疗卫生处工作。积极参加中央列宁博物馆的工作。——416。

X

西罗季宁——见哥林,弗拉基米尔·菲力波维奇。

西皮亚金,德米特里·谢尔盖耶维奇(Сипягин, Дмитрий Сергеевич 1853—1902)——俄国国务活动家,农奴制的维护者。1891—1893 年任莫斯科省省长。1894 年起任副内务大臣，1900 年起任内务大臣兼宪兵团名誉团长；无情压制民主主义的任何表现，残酷镇压工人、农民和学生运动，竭力阻挠社会组织和私人团体救济饥民的活动。1902 年 4 月 2 日(15 日)被社会革命党人斯·瓦·巴尔马晓夫杀死。——44。

希波夫，德米特里·尼古拉耶维奇(Шипов，Дмитрий Николаевич 1851—1920)——俄国大地主，地方自治运动活动家，温和自由派分子。1893—1904 年任莫斯科省地方自治局主席。1904 年 11 月是地方自治人士非正式会议主席。1905 年 11 月是十月党的组织者之一，该党中央委员会主席。1906 年退出十月党，成为和平革新党领袖之一；同年被选为国务会议成员。1911 年脱离政治活动。敌视十月革命。1918 年是白卫组织“民族中心”的领导人。——23、24、182。

Y

雅柯夫——见策杰尔包姆，谢尔盖·奥西波维奇。

雅库波娃，阿波利纳里娅·亚历山德罗夫娜(塔尔)(Якубова，Аполлинария Александровна(Тар)1869—1913)——1893 年参加俄国社会民主主义运动，是经济派著名代表人物。曾加入彼得堡工人阶级解放斗争协会。1897—1898 年是经济派的《工人思想报》创办人之一。1898 年流放东西伯利亚，1899 年夏流亡国外。曾协助组织俄国社会民主工党第二次代表大会，并作为有发言权的代表出席大会；会后同情孟什维克。1905 年后脱离政治活动，在工人教育组织中工作。——418。

亚历山大——见克列梅尔，亚伦·约瑟福维奇。

亚历山大三世(罗曼诺夫)(Александр III(Романов)1845—1894)——俄国皇帝(1881—1894)。——22、105、115。

亚历山德拉·米哈伊洛夫娜——见卡尔梅柯娃，亚历山德拉·米哈伊洛夫娜。

亚历山德罗娃，叶卡捷琳娜·米哈伊洛夫娜(纳塔莉娅·伊万诺夫娜；施泰因)(Александрова，Екатерина Михайловна(Наталья Ивановна，Штейн)1864—1943)——19 世纪 80 年代末加入俄国民意党组织，1890 年起在彼得堡工人小组中进行宣传活动，加入民意社。1894 年被捕，流放沃洛格达省五年;流放期间成为社会民主党人。1902 年在国外加入《火星报》组织,后作为该组织代办员,在俄国工作。1903 年 2 月被选入筹备召开俄国社会民主工党第二次代表大会的组织委员会。在代表大会上是组织委员会有发言权的代表,属火星派少数派,会后成为孟什维克骨干分子。1904 年代表孟什维克被增补进中央委员会。1905 年 10 月起任孟什维克组织委员会秘书。1910—1912 年在莫斯科和彼得堡工作,加入托洛茨基的维也纳《真理报》。1913—1914 年是托洛茨基主办的《斗争》杂志编辑部秘书和成员。十月革命后在文教机关工作。——244、417。

叶尔莫洛夫,阿列克谢·谢尔盖耶维奇(Ермолов,Алексей Сергеевич 1846—1917)——俄国沙皇政府官员。高等学校毕业后一直在国家产业部和财政部任职。1886—1888 年是自由经济学会副会长。写有一些农业问题的著作。1892 年出版《歉收和人民的灾难》一书,为沙皇政府的农业政策辩护。1892 年任副财政大臣。1893 年主持国家产业部,1894—1905 年任农业和国家产业大臣,后为国务会议成员。——147—148。

叶弗龙,伊里亚·阿布拉莫维奇(Ефрон,Илья Абрамович 1847—1917)——俄国印刷企业家。1890—1907 年与德国布罗克豪斯出版公司合作,在彼得堡出版了一套大型百科全书——布罗克豪斯和叶弗龙《百科词典》,1911—1916 年又出了新的版本。——353。

叶戈罗夫——见列文,叶弗列姆·雅柯夫列维奇。

伊格纳季耶夫,阿列克谢·巴甫洛维奇(Игнатьев,Алексей Павлович 1842—1906)——俄国国务活动家,骑兵将军,伯爵。1859—1885 年在军队供职。1885—1896 年先后任伊尔库茨克和基辅总督。1896 年被任命为国务会议成员。1896—1905 年在法律局工作,曾任国家保安委员会和宗教问题委员会主席。维护君主专制政权,主张严厉镇压革命运动,反对召开国家杜马。被社会革命党人杀死。——69。

伊格纳特——见克拉西科夫,彼得·阿纳尼耶维奇。

伊克斯——见马斯洛夫,彼得·巴甫洛维奇。

伊萨里——见托普里泽,季奥米德·亚历山德罗维奇。

尤里;尤里耶夫——见列文,叶弗列姆·雅柯夫列维奇。

Z

扎布茨基(Забудский)——沙俄将军。——69。

扎戈尔斯基——见克罗赫马尔，维克多·尼古拉耶维奇。

扎洛莫夫，彼得·安德列耶维奇(Заломов，Петр Андреевич 1877—1955)——俄国下诺夫哥罗德工人，社会民主党人。1892年参加革命运动。曾加入马克思主义秘密小组，在索尔莫沃、彼尔姆和下诺夫哥罗德工人中做宣传工作。1901年5月进入俄国社会民主工党下诺夫哥罗德委员会。是1902年索尔莫沃五一游行示威的组织者之一。游行时被捕，在法庭上发表反对专制制度的演说，被判处终身流放东西伯利亚。1905年3月从流放地逃出，加入布尔什维克，在彼得堡和莫斯科工作，积极参加十二月武装起义。1906年夏因患重病不再积极从事政治活动。1917年二月革命后参加组织库尔斯克省苏维埃的工作。国内战争时期，先后被乌克兰海达马克匪帮和邓尼金匪帮逮捕，遭到严刑拷打，险遭枪杀。1925年加入联共(布)。——46—47、48。

兹博罗夫斯基，米哈伊尔·索洛蒙诺维奇(康斯坦丁诺夫)(Зборовский，Михаил Соломонович(Константинов) 1879—1935)——俄国社会民主党人，孟什维克。1898年在敖德萨开始政治活动。1903年在俄国社会民主工党第二次代表大会上是敖德萨委员会的代表，属火星派少数派。俄国第一次革命期间支持召开广泛的工人代表大会的取消主义思想。1905年是彼得堡工人代表苏维埃执行委员会委员，与苏维埃其他领导人一起被捕和流放，1906年从流放地逃往瑞士。斯托雷平反动时期是取消派分子，1908年参与创办孟什维克取消派的国外机关报《社会民主党人呼声报》。1917年二月革命后回国，在敖德萨工作。敌视十月革命。1919年底侨居国外，继续在孟什维克组织中活动。——416。

祖拉博夫，阿尔沙克·格拉西莫维奇(拉希德-别克)(Зурабов，Аршак Герасимович(Рашид-Бек) 1873—1920)——1892年参加俄国革命运动，1896年加入彼得堡工人阶级解放斗争协会，1899年起在俄国社会民主工党梯弗利斯委员会工作，1902年是亚美尼亚社会民主党人联合会及其机关报《无产阶级报》的组织者之一。1903年加入俄国社会民主工党高加索联合会委员会。在党的第二次代表大会上是巴统委员会的代表,属火星派多数派;会后是布尔什维克,1906 年参加孟什维克。第二届国家杜马代表。杜马解散后转入地下。1908 年被捕,关入彼得保罗要塞,后流放西伯利亚,从那里逃往国外。1912 年加入反布尔什维克的“八月联盟”。第一次世界大战期间是孟什维克国际主义者。1917 年二月革命后回国,被选入彼得格勒工兵代表苏维埃执行委员会。十月革命后在外高加索工作,反对孟什维克和达什纳克党人,为建立苏维埃政权并与苏维埃俄国建立密切联系而积极斗争。——385、417。

佐洛塔廖夫,阿基姆·米哈伊洛维奇(Золотарев,Аким Михайлович 1853—1912)——沙俄将军,总参谋部尼古拉学院统计学教授,中央统计委员会主席,官方统计编制人。曾统计 1905 年俄国欧洲部分 50 个省的土地占有情况。反对强制转让地主土地。——69。

T——见古列维奇,雅柯夫·雅柯夫列维奇。

文献索引

奥哈根,胡·《农业中的大生产和小生产》(Auhagen, H. Über Groß-und Kleinbetrieb in der Landwirtschaft.—«Landwirtschaftliche Jahrbücher», Bd.XXV, Berlin, 1896, S.1—55)——91。

编辑——见司徒卢威,彼·伯·。

[波特列索夫,亚·尼·]《当代贞女》([Потресов, А. Н.] Современная весталка.(Из этюдов о современной журналистике).—«Заря», Stuttgart, 1901, №2—3, декабрь, стр.226—258.Подпись: Ст.)——196。

—斯塔罗韦尔《关于对自由派的态度的决议案》——见《关于对自由派的态度》(斯塔罗韦尔的)。

布尔加柯夫,谢·尼·《资本主义和农业》(Булгаков, С. Н. Капитализм и земледелие. Т.1—2.Спб., тип.Тиханова, 1900.2 т.)——91、96、98。

布罗克豪斯,弗·阿·和叶弗龙,伊·阿·《百科词典》(第 12 卷)(Брокгауз, Ф.А.и Ефрон, И.А. Энциклопедический словарь. Т.XII, [полут.23], Спб., 1894, стр.396—411)——353—356。

—第 16 卷上(Т.XVI[a], [полут.32], Спб., 1895, стр.675—725)——207。

大卫,爱·《农村的野蛮人》(David, E. Bäuerliche Barbaren.—«Sozialistische Monatshefte», Berlin, 1899, №2, S.62—71)——91。

—《社会主义和农业》(Sozialismus und Landwirtschaft. Bd. I. Die Betriebsfrage. Berlin, Verl. der Sozialistischen Monatshefte, 1903. 703 S.)——141、187—191。

恩格斯,弗·《法德农民问题》(Engels, F. Die Bauernfrage in Frankreich und Deutschland.—«Die Neue Zeit», Stuttgart, 1894—1895, Jg. XIII, Bd. I, №10, S.292—306)——189—190。

—《法兰克福关于波兰问题的辩论》(Die Polendebatte in Frankfurt.—

«Neue Rheinische Zeitung», Köln, 1848, №81, 20. August, S.1—2; №93, 3. September, S.1—2)——221—222。

—《欧根·杜林先生在科学中实行的变革》(Herrn Eugen Dühring's Umwälzung der Wissenschaft. Philosophie. Politische Ökonomie. Sozialismus. Leipzig, Druck und Verl. der Genossenschafts-Buchdr., 1878. VIII, 274 S.)——26—27。

尔·恩·斯·——见司徒卢威,彼·伯·。

尔·马·——见马尔托夫,尔·。

[古列维奇,雅·雅·]《是和平的反政府派还是革命斗争?》([Гуревич, Я.Я.] Мирная оппозиция или революционная борьба? —«Освобождение», Штутгарт, 1902, №7, 18 сентября (1 октября), стр. 106—108. Подпись: Земский гласный Т.)——24—25。

[郭茨,米·拉·]《简评》([Гоц, М.Р.] Беглые заметки.—«Вестник Русской Революции», Женева—Paris, 1902, №2, февраль, стр. 123—158, в отд. I. Подпись: А.Левицкий)——196。

赫茨,弗·《土地问题及其同社会主义的关系》(Hertz, F. Die agrarischen Fragen im Verhältnis zum Sozialismus. Mit einer Vorrede von E. Bernstein. Wien, Rosner, 1899. VII, 141 S.)——91、98。

黑希特,莫·《巴登哈尔特山区的三个村庄》(Hecht, M. Drei Dörfer der badischen Hard. Eine wirtschaftliche und soziale Studie. Leipzig, Wilhelm, 1895. 94 S.)——91。

卡雷舍夫,尼·亚·《西欧和俄国的土地占有制》(Карышев, Н. А. Землевладение в Западной Европе и России.—В кн.: Брокгауз. Ф. А. и Ефрон, И. А. Энциклопедический словарь. Т. XII, [полут. 23], Спб., 1894, стр. 396—411)——353—356。

考茨基,卡·《爱尔福特纲领解说》(Каутский, К. Эрфуртская программа. Пер. с нем. Stuttgart, Dietz, 1903. IV, 120 стр.)——176。

—《波兰完了吗?》(K[autsky, K.] Finis Poloniae? —«Die Neue Zeit», Stuttgart, 1895—1896, Jg. XIV, Bd. II, №42, S. 484—491; №43, S. 513—525)——220—221、222—223。

—《马克思主义的三次危机》(Drei Kriesen des Marxismus.—«Die Neue Zeit»,Stuttgart,1902,Jg.XXI,Bd.I,№23,S.723—731)——189、190。

—《社会改良和社会革命》(Социальная реформа и социальная революция. Издана Всеобщим еврейским рабочим Союзом Литвы,Польши и России. Лондон,декабрь 1902.96 стр.(РСДРП).На еврейском яз.)——102。

克拉夫基,卡·《论农业小生产的竞争能力》(Klawki,K. Über Konkurrenzfähigkeit des landwirtschaftlichen Kleinbetriebes.—« Landwirtschaftliche Jahrbücher»,Bd.XXVIII,Berlin,1899,S.363—484)——91。

李嘉图,大·《李嘉图全集》(Рикардо,Д. Сочинения. Пер. Н. Зибера. С прил. пер.Спб.,Пантелеев,1882.III,XX,III,661 стр.)——95、96。

[梁赞诺夫,达·波·]梁赞诺夫,H.《〈火星报〉的纲领草案和俄国社会民主党人的任务》([Рязанов,Д. Б.]Рязанов,Н. Проект программы«Искры»и задачи русских социал-демократов. Изд. гр. «Борьба». Женева,1903. 302 стр.(РСДРП. Материалы для выработки партийной программы. Вып. II))——252。

[列宁,弗·伊·]《答对我们纲领草案的批评》([Ленин,В. И.]Ответ на критику нашего проекта программы.—В кн.:[Маслов,П. П.]Икс. Об аграрной программе.[Ленин,В. И.]Ленин. Н. Ответ на критику нашего проекта программы. Изд. Лиги русск. рев. с.-д.,Женева,тип. Лиги,1903, стр.26—42.(РСДРП).Подпись:Н.Ленин)——260、263。

—《地方自治机关的迫害者和自由主义的汉尼拔》(Гонители земства и Аннибалы либерализма.—«Заря»,Stuttgart,1901,№2—3,декабрь,стр. 60—100.Подпись:Т.П.)——25、179—182。

—《俄国社会民主工党章程草案(向俄国社会民主工党第二次代表大会提出)》(Проект устава РСДРП,внесенный на II съезд РСДРП)——254、269—270、362—367、410—413。

—《改革的时代》(Эра реформ.—«Искра»,[Женева],1903,№46,15 августа,стр.1—2)——308。

—《告贫苦农民》(К деревенской бедноте. Объяснение для крестьян,чего хотят социал-демократы. С прил. проекта программы РСДРП. Изд.

Загран.лиги русск.рев.с.-д.Женева,тип.Лиги,1903.92 стр.(РСДРП).Перед загл.авт.:Н.Ленин)——176。

—《革命冒险主义》(Революционный авантюризм.—«Искра»,[Лондон],1902,№23,1 августа,стр.2—4;№24,1 сентября,стр.2—4.Без подписи)——29、32、33—34、38—39。

—[《关于代表大会议程问题的第一次发言(1903年7月18日(31日)在俄国社会民主工党第二次代表大会上)》]([Первая речь по вопросу о порядке дня съезда 18(31)июля 1903 г.на II съезде РСДРП].—В кн.:Второй очередной съезд Росс.соц.-дем.рабочей партии.Полный текст протоколов.Изд.ЦК.Женева,тип.партии,[1904],стр.31.(РСДРП))——381。

—[《关于党纲问题的发言(1903年7月22日(8月4日)在俄国社会民主工党第二次代表大会上)》]([Речь по вопросу о программе партии 22 июля(4 августа)1903 г.на II съезде РСДРП].—В кн.:Второй очередной съезд Росс.соц.-дем.рабочей партии.Полный текст протоколов.Изд.ЦК.Женева,тип.партии,[1904],стр.130—132.(РСДРП))——389。

—[《关于党章的报告(1903年7月29日(8月11日)在俄国社会民主工党第二次代表大会上)》]([Доклад об уставе партии 29 июля(11 августа)1903 г.на II съезде РСДРП].—В кн.:Второй очередной съезд Росс.соц.-дем.рабочей партии.Полный текст протоколов.Изд.ЦК.Женева,тип.партии,[1904],стр.153.(РСДРП))——391。

—《[〈火星报〉编辑部声明]编辑部的话》([Заявление редакции«Искры»].От редакции.[Листовка.Лейпциг],1900.2 стр.(РСДРП))——35。

—《论报纸上的一篇短文》(По поводу одной газетной заметки.—«Новое Слово»,Спб.,1897,№1,октябрь,стр.126—131,в отд.[II].Подпись:К.Т—н)——183。

—[《论"亚美尼亚社会民主党人联合会"的宣言》]([О манифесте «Союза армянских социал-демократов»].—«Искра»,[Лондон],1903,№33,1 февраля,стр.7—8,в отд.:Из партии.Без подписи)——218。

—《评经济浪漫主义(西斯蒙第和我国的西斯蒙第主义者)》(К

характеристике экономического романтизма. Сисмонди и наши отечественные сисмондисты.—«Новое Слово», Спб., 1897, №7, апрель, стр.25—50, в отд.[I]; №8, май, стр.25—60, в отд.[I]; №9, июнь, стр. 26—53, в отд.[I]; №10, июль, стр.18—32, в отд.[I]. Подпись: К.Т—н)——183。

—《我们运动的迫切任务》(Насущные задачи нашего движения.—«Искра», [Лейпциг], 1900, №1, декабрь, стр. 1. Без подписи)——53、340。

—[《在讨论土地纲领时的第一次发言(1903年7月31日(8月13日)在俄国社会民主工党第二次代表大会上)》]([Первая речь при обсуждении аграрной программы 31 июля (13 августа) 1903 г. на II съезде РСДРП].—Там же, стр.195—196)——396。

—[《在讨论土地纲领时的第一次发言(1903年8月1日(14日)在俄国社会民主工党第二次代表大会上)》]([Первая речь при обсуждении аграрной программы 1(14) августа 1903 г. на II съезде РСДРП].—Там же, стр.209—210)——398。

—《怎么办?(我们运动中的迫切问题)》(Что делать? Наболевшие вопросы нашего движения. Stuttgart, Dietz, 1902. VII, 144 стр. На обл. и тит. л. авт.: Н.Ленин)——50、200、252、270—271、307、398。

—《致彼·阿·克拉西科夫》[1902年11月](П. А. Красикову. [Ноябрь 1902 г.]. Рукопись)——84。

列维茨基,А.——见郭茨,米·拉·。

鲁金,亚·《关于农民问题》(Рудин, А. К крестьянскому вопросу. (Обзор текущей литературы).—«Вестник Русской Революции», [Б. м.], 1903, №3, март, стр.199—225, в отд.I)——210、213。

洛赫京,П.《俄国的农业状况同其他国家的比较。二十世纪前的总结》(Лохтин, П. Состояние сельского хозяйства в России сравнительно с другими странами. Итоги к XX веку. Спб., «Посредник», 1901. 309 стр.; 45 стр. табл.)——358。

[马尔托夫,尔·][《崩得第四次代表大会》]([Мартов, Л.][Четвертый съезд

Бунда].—«Искра», [Мюнхен], 1901, №7, август, стр. 6, в отд.: Из партии)——82、99。

—《俄国的工人事业》(Рабочее дело в России. 2-е перераб. изд. Изд. Лиги русской революционной социал-демократии. Женева, тип. Лиги русск. рев. с.-д., 1903. 104 стр. (РСДРП))——152、176。

—《俄国自由派的纲领》(Программа русских либералов.—«Искра», [Лондон]. 1902, №23, 1 августа, стр. 1)——25。

—《革命道德的达尔杜弗》(Тартюфы революционной морали.—«Искра», [Женева], 1903, №40, 15 мая, стр. 2)——319。

—《革命的俄国》(«Революционная Россия», издание Союза социалистов-революционеров, №2.—«Заря», Stuttgart, 1901, №2—3, декабрь, стр. 331—334, в отд.: Библиография. Подпись: Л. М.)——196。

马克思,卡·《法兰西内战》(Marx, K. Der Bürgerkrieg in Frankreich. Adresse des Generalrats der Internationalen Arbeiter-Assoziation an alle Mitglieder in Europa und den Vereinigten Staaten. S.—Abdr. aus dem Volksstaat. Leipzig, Verl. der Exped. des Volksstaat, 1871, 52 S.)——251。

—[《给白拉克的信》](1875年5月5日)([Brief an Bracke]. 5. Mai 1875.—«Die Neue Zeit», Stuttgart, 1890—1891, Jg. IX, Bd. I, №18. S. 562)——46。

—《路易·波拿巴的雾月十八日》(Der 18. Brumaire des Louis Napoleon. New-York, Exped.: Deutsche Vereins Buchh. von Schmidt u. Helmich, 1852. IV, 64 S. (Die Revolution. Eine Zeitschrift in zwanglosen Heften. Hrsg. von J. Weydemeyer. Hft. I))——251、264。

—《社会民主党纲领批判》(Zur Kritik des sozialdemokratischen Parteiprogramms.—«Die Neue Zeit», Stuttgart, 1890—1891, Jg. IX, Bd. I, №18, S. 562—575)——30。

—《资本论》(第1卷)(Das Kapital. Kritik der politischen Ökonomie. Bd. I. Buch I: Der Produktionsprozeß des Kapitals. Hamburg, Meißner, 1867. XII, 784 S.)——46。

—《资本论》(第3卷)(Das Kapital.Kritik der politischen Ökonomie.Bd.III,T.2,Buch III:Der Gesamtprozeß der kapitalistischen Produktion.Kapitel XXIX bis LII. Hrsg. von F. Engels. Hamburg, Meißner, 1894. IV, 422 S.)——91、95—98。

[马克思,卡·和恩格斯,弗·]《共产党宣言》(Marx,K. und Engels,F.] Manifest der Kommunistischen Partei. Veröffentlicht im Februar 1848. London,gedr.in der Office der«Bildungs-Gesellschaft für Arbeiter»von J. E.Burghard,[1848].23 S.)——26、119。

马斯洛夫,彼·巴·《俄国农业发展的条件》(Маслов,П.П. Условия развития сельского хозяйства в России. Опыт анализа сельскохозяйственных отношений.Спб.,Водовозова,1903.VIII,493 стр.)——91、96—97。

—《论土地纲领》(Об аграрной программе.—В кн.:[Маслов,П.П.]Икс.Об аграрной программе.[Ленин,В.И.].Ленин.Н.Ответ на критику нашего проекта программы.Изд.Лиги русск.рев.с.-д.Женева,тип.Лиги русск.рев. с.-д.,1903,стр.1—25.(РСДРП).Подпись:Икс.)——203—217、263。

—《论土地问题》(К аграрному вопросу.(Критика критиков).—«Жизнь»,Спб.,1901,№3,стр.162—186;№4,стр.63—100)——91、96—97。

—伊克斯《论土地纲领》(Икс.Об аграрной программе.[Ленин,В.И.] Ленин,Н. Ответ на критику нашего проекта программы.Изд.Лиги русск. рев. с.-д. Женева, тип. Лиги, 1903. 42 стр.(РСДРП))——203—217、260、263。

梅林,弗·《[出版者为〈卡·马克思、弗·恩格斯和斐·拉萨尔的遗著〉一书加的]序言》(Mehring, F. Einleitung[des Herausgebers zum Buch: Aus dem literarischen Nachlaß von K.Marx,F.Engels und F.Lassalle].—In: Aus dem literarischen Nachlaß von K.Marx,F.Engels und F.Lassalle. Hrsg.von F.Mehring.Bd.III.Gesammelte Schriften von K.Marx und F. Engels von Mai 1848 bis Oktober 1850. Stuttgart, Dietz, 1902, S. 3—86)——222—224。

米留可夫,帕·尼·《俄国的农民》(Милюков,П.Н.Крестьяне в России.—В кн.:Брокгауз,Ф.А.и Ефрон,И.А.Энциклопедический словарь.Т.XVI[a], [полут.32].Спб.,1895,стр.675—725)——206。

[米留可夫,帕·尼·和司徒卢威,彼·伯·]《关于当前的问题》([Милюков, П. Н. и Струве, П. Б.] К очередным вопросам.—«Освобождение», Штутгарт,1903,№17,16 февраля(1 марта),стр.289—292.Подписи:СС и Редактор)——179—186。

尼古拉二世[《向库尔斯克省贵族和地方自治人士的演说(1902年8月29日)》](Николай II.[Речи перед представителями дворянства и земства Курской губернии.29 августа 1902 г.].—«Правительственный Вестник», Спб.,1902,№191,1(14)сентября,стр.1.Под общ.загл.:Курские маневры в высочайшем присутствии)——21—23。

—[《在访问波罗的海造船厂时的演说(1902年9月12日)》]([Речь при посещении Балтийского судостроительного завода. 12 сентября 1902 г.].—«Правительственный Вестник»,Спб.,1902,№202,14(27)сентября. Первое прибавление к №202-му«Правительственного Вестника»,1902,15(28)сентября,стр.1)——21—22。

—[《在库尔斯克市召开的库尔斯克省、波尔塔瓦省、哈尔科夫省、切尔尼戈夫省、奥廖尔省和沃罗涅日省乡长和村长代表会议上的演说(1902年9月1日)》]([Речь в г.Курске на собрании представителей волостных старшин и сельских старост Курской, Полтавской, Харьковской, Черниговской, Орловской и Воронежской губерний. 1 сентября 1902 г.].—«Правительственный Вестник»,Спб.,1902,№192,3(16)сентября, стр.1)——21—22。

诺西希,阿·《对社会主义的修正》(Nossig,A.Revision des Sozialismus.Bd.2. Das System des Sozialismus.(Die moderne Agrarfrage).Berlin—Bern, Akad.Verl.für soziale Wissenschaften,1902,VII,587 S.)——98。

[普列汉诺夫,格·瓦·]《不得已的论战》([Плеханов,Г.В.]Вынужденная полемика.—«Искра»,[Лондон],1902,№23,1 августа,стр.1—2)——319—320。

—《旧皮囊里装新酒》(Новое вино в старых мехах.—«Искра»,[Мюнхен], 1901,№5,июнь,стр.2—4)——35。

—《西皮亚金之死和我们的鼓动任务》(Смерть Сипягина и наши агитационные задачи.—«Искра», [Мюнхен], 1902, №20, 1 мая, стр. 1)——319。

切尔诺夫,维·米·《经济制度范畴的农民和工人》(Чернов, В. М. Крестьянин и рабочий, как категории хозяйственного строя.—В кн.: На славном посту (1860 — 1900). Литературный сборник, посвященный Н. К. Михайловскому. Ч. 2. Б. м., тип. Клобукова, [1900], стр. 157 — 197)——91、98。

—《资本主义和农业的演进类型》(Типы капиталистической и аграрной эволюции.—«Русское Богатство», Спб., 1900, №8, стр. 201 — 239)——91、98。

日特洛夫斯基,哈·《解放》(Schitlowsky, Ch. Oswoboshdenije.—«Sozialistische Monatshefte», Berlin, 1902, Bd. II, №9, S. 754—755)——192。

[邵武勉,斯·格·]《"亚美尼亚社会民主党人联合会"的宣言》([Шаумян, С. Г.] Манифест «Союза армянских социал-демократов».—«Пролетариат», Тифлис, 1902, №1, октябрь, стр. 1—4. На армянском яз.)——87—90。

司徒卢威,彼·伯·《俄国经济发展问题的评述》(Струве, П. Б. Критические заметки к вопросу об экономическом развитии России. Вып. 1. Спб., тип. Скороходова, 1894. X, 293 стр.)——98。

—《关于当前的问题》——见[米留可夫,帕·尼·和司徒卢威,彼·伯·]《关于当前的问题》。

—《关于一次责难》(По поводу одного упрека.—«Освобождение», Штутгарт, 1902, №7, 18 сентября (1 октября), стр. 102. Подпись: Ред.)——25—28。

—《尼·瓦·沃多沃佐夫的〈经济评述〉》(短评)(«Экономические этюды» Н. В. Водовозова. (Заметка).—«Новое Слово», Спб., 1897, кн. 10, июль, стр. 56—62, в отд. [II])——183—184。

—《三名作者》(Три автора.—«Освобождение», Штутгарт, 1903, №18, 2(15) марта, стр. 305—307. Подпись: Редактор)——185。

—[《谢·尤·维特〈专制制度和地方自治机关〉一书序言》]([Предисловия

—《祖巴托夫分子在彼得堡》(Зубатовщина в Петербурге.—«Искра»,[Лондон],1902,№30,15 декабря,стр.2)——69。

瓦尔沙夫斯基,阿·绍·——见瓦尔斯基,阿·。

[《瓦尔斯基,阿·〈关于波兰王国和立陶宛社会民主党第四次代表大会就波兰社会民主党对俄国社会民主工党的态度问题的决定给尔·马尔托夫的信〉》]([Варский, А. Письмо Л. Мартову о решении IV съезда СДКПиЛ по вопросу об отношении польской социал-демократии к РСДРП].—В кн.:Второй очередной съезд Росс.соц.-дем.рабочей партии. Полный текст протоколов.Изд.ЦК.Женева,тип.партии,[1904],стр.375,прил.II.(РСДРП).Подпись:А.Варшавский)——246。

瓦·沃·——见沃龙佐夫,瓦·巴·。

维特,谢·尤·《专制制度和地方自治机关》(1901 年版)(Витте,С.Ю. Самодержавие и земство.Конфиденциальная записка министра финансов статс-секретаря С.Ю.Витте(1899 г.).С предисл.и примеч.Р.Н.С.Печ.«Зарей».Stuttgart,Dietz,1901.XLIV,212 стр.)——179—186。

—《专制制度和地方自治机关》(1903 年第 2 版)(Самодержавие и земство. Конфиденциальная записка министра финансов статс-секретаря С.Ю. Витте(1899 г.).2-е изд.с двумя предисл.П.Струве и с прилож.записки министра финансов о напряжении платежных сил населения.Изд.ред.«Освобождения».Stuttgart,Dietz,1903.LXXII,224 стр.)——179—182、185。

[沃龙佐夫,瓦·巴·]瓦·沃·《我国农民经济和农业》([Воронцов,В.П.]В.В. Наше крестьянское хозяйство и агрономия.—«Отечественные Записки»,Спб.,1882,№8,август,стр.143—169;№9,сентябрь,стр.1—35)——215—216。

[叶尔莫洛夫,阿·谢·]《歉收和人民的灾难》([Ермолов.А.С.]Неурожай и народное бедствие.Спб.,тип.Киршбаума,1892.270 стр.)——147—148。

伊·《工人运动和革命知识分子》(И.Рабочее движение и революционная интеллигенция.—«Вестник Русской Революции»,Женева—Paris,1902,№2,февраль,стр.211—231,в отд.I)——194。

约·——见约[洛斯]。

约[洛斯]柏林。1 月 30 日。(И[оллос]. Берлин. 30 января.—«Русские Ведомости», М., 1903, №35, 4 февраля, стр.2)——187。

———

н-д-и.《对社会立法任务的专制》(н-д-и. Самодержавие пред задачами социального законодательства.—«Освобождение», Штутгарт, 1903, №1 (25), 18 июня (1 июля), стр.7—10)——299。

T——见古列维奇,雅·雅·。

Э.《状况》(Э. Положение дел. (Письмо из Петербурга).—«Освобождение», Штутгарт, 1902, №8, 2(15) октября, стр.123)——24。

*　　*　　*

敖德萨(Одесса. [Письмо за подписью: «Очевидец»].—«Искра», [Женева], 1903, №45, 1 августа, стр.6, в отд.: Хроника рабочего движения и письма с фабрик и заводов)——306。

《巴登调查》——见《1883 年巴登大公国内务部对大公国农业状况的调查》。

[《崩得章程草案(崩得代表团 1903 年 7 月 19 日(8 月 1 日)在俄国社会民主工党第二次代表大会第四次会议上讨论时提出)》]([Проект устава Бунда, внесенный делегацией Бунда на обсуждение 19 июля (1 августа) 1903 г. на четвертом заседании II съезда РСДРП].—В кн.: Второй очередной съезд Росс. соц.-дем. рабочей партии. Полный текст протоколов. Изд. ЦК. Женева, тип. партии, (1904), стр. 56 — 58, подстр. примеч. (РСДРП))——248、385。

《[崩得中央委员会]对〈关于组织委员会成立的通告〉的声明》(Заявление [Центрального комитета Бунда] по поводу «Извещения об образовании Организационного комитета».—«Последние Известия», Лондон, 1903, №106, 3 февраля (21 января), стр.1—2)——80—86、99。

《编辑部的话》(От редакции.—«Революционная Россия», [Женева], 1903. №30, 20 августа, стр.24)——317—321。

《编辑部声明》(Заявление от редакции.—«Студент», [Цюрих], 1903, №2—

3,сентябрь,стр.1)——322。

[《编辑部文章》]([Редакционная статья].—«Финляндская Газета»,Гельсингфорс,1902,№142,19 сентября(2 октября),стр.2)——21。

《波兰和立陶宛社会民主党代表的声明》(Заявление представителей Социал-демократии Польши и Литвы.—В кн.:Второй очередной съезд Росс.соц.-дем. рабочей партии. Полный текст протоколов. Изд. ЦК. Женева, тип. партии, [1904],стр.388—390,прил.IX.(РСДРП))——391。

《不得已的论战》——见普列汉诺夫,格·瓦·《不得已的论战》。

《不得已的说明》(Вынужденное объяснение.—«Революционная Россия», [Женева],1902,№7,июнь,стр.5—7)——319。

《财政部的尖酸刻薄的话》(Терновая кислота министерства финансов.—«Отклики. Приложение к рабочей социал-демократической газете-журналу«Отклики»», Женева, 1902, №1, декабрь, стр. 29 — 60)——50—51。

《财政与工商业通报》杂志(圣彼得堡)(«Вестник Финансов,Промышленности и Торговли»,Спб.,1903,№27,6(19)июля,стр.1—3)——299。

《参加5月1日和5日游行示威的被告人的演说(1902年10月28—31日在莫斯科高等法院法庭上)》(Речи обвиняемых за участие в демонстрациях 1 и 5 мая, произнесенные перед судом Московской судебной палаты 28 — 31 октября 1902 года.[Нижний Новгород, изд. Нижегородского комитета РСДРП,1902,5 стр.].Литогр)——46—47、48、340。

《大学生报》[日内瓦—苏黎世](«Студент»,[Женева—Цюрих])——322、335。

—[Женева],1903,№1,3 апреля,стр.2—7,20.——322、323—325、327、330、420—421。

—[Цюрих],1903,№2—3,сентябрь,стр.1.——322。

《[〈大学生报〉编辑部]声明》(Заявление [от редакции газеты«Студент»].—«Освобождение», Штутгарт, 1903, №4 (28), 2 (15) августа, стр. 72)——322。

《大学生和革命》(Студенчество и революция.—«Революционная Россия»,

[Женева],1903,№17,1 февраля,стр.1—4)——327—335。

《当代贞女》——见波特列索夫,亚·尼·《当代贞女》。

“党的活动”(Из партийной деятельности.—«Революционная Россия»,[Женева],1902,№9,июль,стр.17—18)——35。

《德意志帝国统计》(Statistik des Deutschen Reichs. Hrsg. vom Kaiserlichen Statistischen Amt. Neue Folge. Bd. 112. Die Landwirtschaft im Deutschen Reich. Nach der landwirtschaftlichen Betriebszählung vom 14. Juni 1895. Berlin, 1898. VIII, 70, 500 S.; 7 Bl. Karten)——91—92、139、194、350。

《俄国财富》杂志(圣彼得堡)(«Русское Богатство», Спб., 1900, №8, стр.201—239)——91、98。

《俄国的工人事业》——见马尔托夫,尔·。

《俄国的自由派和贵族阶层》(Русский либерализм и дворянство, как сословие.—«Революционная Россия», [Женева], 1902, №11, сентябрь, стр.2—6)——198。

《俄国革命通报》杂志(日内瓦—巴黎)(«Вестник Русской Революции», Женева—Paris)——197。

—1901, №1, июль, стр.1—15.——35。

—1902, №2, февраль, стр.39—87, 99—104, 123—158, 211—231.——192、193、194、196。

—[Б.м.], 1903, №3, март, стр.1—37, 199—225.——195、210—211、213。

《俄国社会民主党对民族问题的态度》(Stosunek socyalnej demokracyi rosyjskiej do kwestyi narodowościowej.—«Przedświt», Kraków, 1903, №3, S.81—88)——218—226。

《[俄国社会民主工党第一次]代表大会的决定》(Решения [I] съезда [РСДРП].—В листовке: Манифест Российской социал-демократической рабочей партии. Б.м., тип. партии, [1898], стр.2)——80、82、85、99、103—104、227—228。

《[俄国社会民主工党第二次]代表大会议程》(Порядок дня [II] съезда [РСДРП].—В кн.: Второй очередной съезд Росс. соц.-дем. рабочей партии. Полный текст протоколов. Изд. ЦК. Женева, тип. партии, [1904],

Заграничной лиги русской рев. социал-демократии. Женева, тип. Лиги, 1903, стр.84—92.(РСДРП))——151—152、175—178、345、346。

《俄国社会民主工党纲领草案》(社会民主党组织“生活”社制定的)(Проект программы Российской социал-демократической рабочей партии, выработанный социал-демократ. организацией «Жизнь».—В кн.: Программы«Жизни», «Искры» и «Зари» с прил. отзывов о них. Женева, Куклин, 1903, стр. 3 — 11. (Б-ка русского пролетария.—№5))——373—374。

《俄国社会民主工党宣言》(Манифест Российской социал-демократической рабочей партии.[Листовка].Б.м., тип. партии, [1898].2 стр.)——59、80、82、85、99、103、229、242。

《俄国社会民主工党组织章程(党的第二次代表大会通过)》(Организационный устав Российской соц.-дем. рабочей партии, принятый на Втором съезде партии.—В кн.: Второй очередной съезд Росс. соц.-дем. рабочей партии. Полный текст протоколов. Изд. ЦК. Женева, тип. партии, [1904], стр.7—9.(РСДРП))——307、422—423。

《俄国社会主义思想的演进》(Эволюция русской социалистической мысли.—«Вестник Русской Революции», [Б. м.], 1903, №3, март, стр. 1 — 37, в отд.1)——195。

《俄国自由派的新发动》(Новое выступление русских либералов.—«Революционная Россия», [Женева], 1902, №9, июль, стр. 3 — 5)——193、194、196。

《俄罗斯帝国法律汇编》(Свод законов Российской империи. Т.9.[Ч.1].Законы о состояниях. [Ч.2]. Особое приложение к законам о состояниях. Спб., 1899—1902.2 т.)——265。

《俄罗斯帝国统计资料。第 20、31、37、55 卷。1888、1891、1893 和 1894、1899—1901 年军马调查》(Статистика Российской империи. XX, XXXI, XXXVII, LV. Военно-конская перепись 1888, 1891, 1893 и 1894, 1899—1901 гг. Под ред. А. Сырнева. Изд. Центр. стат. ком. м-ва внутр. дел. Спб., 1891—1902.4 т. Текст на русском и французском яз.)——357—358。

《俄罗斯新闻》(莫斯科)(«Русские Ведомости», М., 1903, №35, 4 февраля, стр.2)——187。

《芬兰报》(赫尔辛福斯)(«Финляндская Газета», Гельсингфорс)——21。
—1902, №142, 19 сентября(2 октября), стр.1, 2.——20—21。

《纲领问题》(Программные вопросы.—«Революционная Россия», [Женева], 1902, №11, сентябрь, стр. 6—9; №14, декабрь, стр. 5—8; 1903, №15, январь, стр.5—8)——29—35、190、193—194。

《告读者》(К читателям.—«Студент», [Женева], 1903, №1, 3 апреля, стр.2—7)——322、323—325、327、420—421。

《告俄国沙皇全体臣民书》(Ко всем подданным русского царя. [Листовка]. 3 апреля 1902 г. Изд. Партии социалистов-революционеров. Б. м., 1902. 1 стр.)——34—35、42、198—199、337。

《告全俄公民》(俄国社会民主工党顿河区委员会[传单])([顿河畔]罗斯托夫)(1902年11月顿河区委员会印刷所印刷)(К гражданам всей России. [Листовка] Донского комитета Росс. соц.-дем. рабочей партии. Ростов [-на-Дону], тип. Донского комитета, ноябрь 1902. 2 стр. (РСДРП))——52。

《告全俄公民》[俄国社会民主工党顿河区委员会传单。顿河畔罗斯托夫，1902年11月](1902年12月《火星报》印刷所印刷)(К гражданам всей России. [Листовка Донского комитета Росс. соц.-дем. рабочей партии. Ростов-на-Дону, ноябрь 1902 г.]. [Лондон], тип. «Искры», декабрь 1902. 4 стр. (Отд. оттиск из №31 «Искры»))——52。

《告全体公民》(俄国社会民主工党顿河区委员会[传单])(Ко всем гражданам. [Листовка] Донского комитета Росс. соц.-дем. рабочей партии. Б. м., тип. Донского комитета, [1902]. 1 стр. (РСДРП))——45。

[《告全体公民》(俄国社会民主工党顿河区委员会传单)(1902年11月6日)]([Ко всем гражданам. Листовка Донского комитета РСДРП. 6 ноября 1902 г.].—«Искра», [Лондон], 1902, №29, 1 декабря, стр. 3. Под общ. загл.: Борьба ростовских рабочих)——45。

《告叶卡捷琳诺斯拉夫市犹太工人书》(К еврейским рабочим г.

[Листовка].[М.],1896.1 стр.Гект.)——330。

《工人事业》杂志(日内瓦)(«Рабочее Дело»,Женева)——34、59、415。

《工人思想报》(圣彼得堡—柏林—华沙—日内瓦)(«Рабочая Мысль»,Спб.—Берлин—Варшава—Женева)——34、59。

《工人运动和我们的策略任务》(Рабочее движение и наши тактические задачи.—«Революционная Россия»,[Женева],1902,№10,август,стр.3—7)——34—35、42—43、44、53—54、338、340。

《工作者》文集(日内瓦)(«Работник»,Женева)——59。

《〈工作者〉小报》(日内瓦)(«Листок«Работника»»,Женева)——59。

《关于彼得堡来信》(По поводу письма из Петербурга.—«Отклики.Приложение к рабочей социал-демократической газете-журналу«Отклики»»,Женева,1902,№1,декабрь,стр.6—24)——50—51。

《关于变动芬兰帝国参政院机构的某些部门的决定》(Постановление об изменении в некоторых частях учреждения императорского Финляндского сената.—«Финляндская Газета»,Гельсингфорс,1902,№142,19 сентября (2 октября),стр.1)——20—21。

《关于对自由派的态度》(斯塔罗韦尔的)(Об отношении к либералам (Старовера).[Главнейшие резолюции,принятые на Втором съезде Росс.соц.-дем.раб.партии].—В кн.:Второй очередной съезд Росс.соц.-дем.рабочей партии.Полный текст протоколов.Изд.ЦК.Женева,тип.партии,[1904],стр.13.(РСДРП))——294。

《关于……废除农民交纳直接税方面的连环保的法令》(1903 年 3 月 12 日)(Об отмене круговой поруки крестьян по уплате окладных сборов…12 марта 1903 г.—«Правительственный Вестник»,Спб.,1903,№64,20 марта(2 апреля),стр.1)——158。

《关于给残废工人发放抚恤金的法令》——见《关于批准给工厂、矿山和采矿工业部门遭受不幸事故的工人和职员及其家属发放抚恤金的条例》。

《关于工长的法令》——见《关于在工业企业中设立工长的法令》。

《关于贵族储金互助会的法令》——见《关于批准贵族储金互助会章程的法令》。

6、34、50、59、81、82、84、99、100、175—176、179、195、197、227、232、244、288—291、307、317、320、321、322、330、368、369、373、375、379、401、416。

—[Лейпциг],1900,№1,декабрь,стр.1.——53、340。

—[Мюнхен],1901,№5,июнь,стр.2—4.——35。

—1901,№7,август,стр.6.——82、99、100。

—1901,№8,10 сентября,стр.6.——82、99、100。

—1902,№20,1 мая,стр.1.——321。

—[Лондон],1902,№23,1 августа,стр.1—4.——25、29、32、33—35、38、319—320。

—1902,№24,1 сентября,стр.2—4.——29、32、33—35、38。

—1902,№29,1 декабря,стр.2—4.——45、46—47、70。

—1902,№30,15 декабря,стр.2.——69。

—1903,№31,1 января,стр.2—3.——327—328。

—1903,№33,1 февраля,стр.7—8.——218。

—1903,№35,1 марта,стр.4—5.——327—328。

—[Женева],1903,№40,15 мая,стр.2.——320。

—1903,№41,1 июня,стр.4.——320。

—1903,№45,1 августа,стр.6.——306。

—1903,№46,15 августа,стр.1—2.——308。

[《〈火星报〉编辑部对崩得中央委员会1901年8月29日(9月11日)的信的答复》]([Ответ редакции газеты«Искра»на письмо ЦК Бунда от 29 августа(11 сентября)1901 г.].—«Искра»,[Мюнхен],1901,№8,10 сентября,стр.6,в отд.:Из партии)——82、99—100。

《解放》杂志(斯图加特—巴黎)(«Освобождение»,Штутгарт—Париж)——23、24—25、27、60、66、294、325。

—1902,№5,19 августа(1 сентября),стр.65—68.——23。

—1902,№6,2(15)сентября,стр.81—85.——23。

—1902,№7,18 сентября(1 октября),стр.97—102,106—108.——23—28。

—1902,№8,2(15)октября,стр.123.——24—25。

—1903,№1(25),18 июня(1 июля),стр.7—10.——299。

—1903,№2(26),2(15)июля,стр.24—25.——299、300。

—1903,№3(27),19 июля(1 августа),стр.40—42.——299。

—1903,№4(28),2(15)августа,стр.72.——322。

—1903,№17,16 февраля(1 марта),стр.289—292.——179—186。

—1903,№18,2(15)марта,стр.305—307.——185。

《军事统计汇编》(Военно-статистический сборник. Вып. IV. Россия. Под общ. ред. Н. Н. Обручева. Спб.,1871. XXX,922,235 стр.;1 л. табл.)——206。

《卡·马克思、弗·恩格斯和斐·拉萨尔的遗著》(Aus dem literarischen Nachlaß von K. Marx, F. Engels und F. Lassalle. Hrsg. von F. Mehring. Bd. III. Gesammelte Schriften von K. Marx und F. Engels von Mai 1848 bis Oktober 1850. Stuttgart, Dietz, 1902. 491 S.)——222—224。

《黎明》杂志(克拉科夫)(«Przedświt», Kraków, 1903, №3, S. 81—88)——218—226。

《立陶宛、波兰和俄罗斯犹太工人总联盟第五次代表大会》(V съезд Всеобщего еврейского рабочего союза в Литве, Польше и России. 7(20) августа 1903 года. [Листовка]. Изд. заграничного комитета Бунда. London, Nathanson, [1903], 2 стр.)——303—306。

[《立陶宛、波兰和俄罗斯犹太工人总联盟中央委员会给〈火星报〉编辑部的信》](1901 年 8 月 29 日(9 月 11 日))([Письмо Центрального комитета Всеобщего еврейского рабочего союза в Литве, Польше и России в редакцию газеты«Искра»]. 29 августа(11 сентября) 1901 г.—«Искра», [Мюнхен], 1901, №8, 10 сентября, стр. 6, в отд.: Из партии)——82、99—100。

《民族的奴役和革命的社会主义》(Национальное порабощение и революционный социализм.—«Революционная Россия», [Женева], 1903, №18, 15 февраля, стр. 1—4)——219—220。

《莫斯科新闻》(«Московские Ведомости», 1902, №345, 15(28) декабря, стр. 4)——68—73。

《农村中的阶级斗争》(Классовая борьба в деревне.—«Революционная Россия», [Женева], 1902, №11, сентябрь, стр. 6—9. Под общ. загл.: Программные

вопросы)——29—33、34—35、193—194。
《农民》——见米留可夫，帕·尼·《俄国的农民》。
《农民运动》(Крестьянское движение.—«Революционная Россия»，[Женева]，1902，№8，25 июня，стр.1—5)——197。
《农业年鉴》(柏林)(«Landwirtschaftliche Jahrbücher».—Bd. XXV，Berlin，1896，—S.1—55)——91。
—Bd.XXVIII，Berlin，1899，S.363—484.——91。
《评论》(«Отклики». Приложение к рабочей социал-демократической газете-журналу«Отклики»，Женева，1902，№1，декабрь，стр. 6 — 24，29 — 60)——50—51。
《前进》(圣彼得堡)(«Вперед»，Спб.，1902，№5，15 сентября，10 стр. Гект.)——199。
《全俄大学生代表大会宣言》(Манифест Всеросс[ийского]студенч[еского] съезда.—«Революционная Россия»，[Женева]，1902，№5，март，стр.14—15)——327—328。
《人民的英雄》(Народный герой.—«Народное Дело»，[Женева]，1902，№2，сентябрь，стр.3—21)——198。
《人民事业》[日内瓦](«Народное Дело»，[Женева]，1902，№2，сентябрь，стр. 3—21，51—63)——198。
[《沙皇尼古拉二世1903年2月26日的诏书》]([Манифест царя Николая II. 26 февраля 1903 г.].—«Правительственный Вестник»，Спб.，1903，№46，27 февраля(12 марта)，стр.1)——105—110、156、158。
《[沙皇亚历山大三世1881年4月29日的]诏书》(Манифест [царя Александра III. 29 апреля 1881 г.].—«Правительственный Вестник»，Спб.，1881，№93，30 апреля(12 мая)，стр.1)——105。
《社会革命党农民协会告俄国革命社会主义运动全体工作者书》(От Крестьянского союза партии социалистов-революционеров ко всем работникам революционного социализма в России.—«Революционная Россия»，[Женева]，1902，№8，25 июня，стр. 5 — 14)——35、126、187、190、194、197。

《社会革命党人的战斗组织》[传单](Боевая организация социалистов-революционеров.[Листовка].Петербург,3 апреля 1902 г.Б.м.,тип.с.-р.,1902.1 стр.)——34。

《社会革命党人的战斗组织 1902 年 4 月 3 日传单》——见《社会革命党人的战斗组织》。

《社会革命党宣言》(Манифест партии социалистов-революционеров.(Выработан на съезде представителей объединенных групп с.-р.).Б.м.,тип.партии с.-р.,1900.12 стр.)——35。

《社会革命党 1902 年 4 月 3 日传单》——见《告俄国沙皇全体臣民书》。

《[社会革命党战斗组织成员]关于 4 月 2 日事件的声明》(Заявление[членов Боевой организации партии с.-р.]по делу 2-го апреля.—«Революционная Россия»,[Женева],1903,№27,1 июля,стр.1—4.Подпись:Члены Боевой организации партии с.-р.товарищи С.В.Балмашева по делу 2-го апреля)——317、318、319—320。

《社会革命党中央委员会声明》(От Центрального комитета партии социалистов-революционеров.—«Революционная Россия»,[Женева],1902,№11,сентябрь,стр.26—27)——319—320。

《社会主义月刊》(柏林)(«Sozialistische Monatshefte»,Berlin,1899,№2,S.62—71)——91。

—1902,Bd.II,№9,S.754—755.——192。

《社会主义在全世界的发展和危机》(Мировой рост и кризис социализма.—«Вестник Русской Революции»,Женева—Paris,1902,№2,февраль,стр.39—87,в отд.1)——192、193。

《"生活"社、〈火星报〉、〈曙光〉杂志的纲领(附对纲领的批评)》(Программы «Жизни»,«Искры»и«Зари»с прил.отзывов о них.Женева,Куклин,1903,стр.3—11.(Б—ка русского пролетария.—№5))——373。

《生活》杂志(圣彼得堡—伦敦—日内瓦)(«Жизнь»,Спб.—Лондон—Женева)——59、373、375。

—Спб.,1901,№3,стр.162—186.——91、96—97。

—1901,№4,стр.63—100.——91、96—97。

《曙光》杂志(斯图加特)(«Заря»,Stuttgart)——59、175、368。

—1901,№2—3,декабрь,стр.60—100,226—258,331—334.——25、179—182、196—197。

《肆无忌惮的行为》(Беспримерный поступок.—«Революционная Россия»,[Женева],1902,№11,сентябрь,стр.24—25)——198、319—320。

《[同乡会、大学生组织和基辅工学院组织委员会基辅联合委员会]致俄国高等学校联合委员会和组织委员会的公开信》(载于1902年11月《革命俄国报》第13号)(Открытое письмо [Киевского союзного совета объединенных землячеств и организаций и Организационного комитета Киевского политехнического института] союзным советам и организационным комитетам высших учебных заведений России.—«Революционная Россия»,[Женева],1902,№13,ноябрь,стр.13—14. Загл.:Письмо киевских студентов)——327、330。

《[同乡会、大学生组织和基辅工学院组织委员会基辅联合委员会]致俄国高等学校联合委员会和组织委员会的公开信》(载于1903年4月3日《大学生报》第1号)(Открытое письмо [Киевского союзного совета объединенных землячеств и организаций и Организационного комитета Киевского политехнического института] союзным советам и организационным комитетам высших учебных заведений России.—«Студента»,[Женева],1903,№1,3 апреля,стр.20)——327、330。

《土地社会化和农业合作化》(Социализация земли и кооперация в сельском хозяйстве.—«Революционная Россия»,[Женева],1902,№14,декабрь,стр.5—8.Под.общ.загл.:Программные вопросы)——29、189—190。

《土地占有制》——见卡雷舍夫,尼·亚·《西欧和俄国的土地占有制》。

《我们的纲领》(载于1901年《俄国革命通报》杂志第1期)(Наша программа.—«Вестник Русской Революции»,Женева—Paris,1901,№1,июль,стр.1—15)——35。

《我们的纲领("斗争"社的纲领草案和对它的评述)》(Наша программа. Проект программы группы «Борьба» и комментарий к ней. Изд. группы «Борьба». Женева, 1903. 52 стр. (РСДРП. Материалы для выработки

尼亚社会民主党人联合会”的宣言》。

《1883年巴登大公国内务部对大公国农业状况的调查》(Erhebungen über die Lage der Landwirtschaft im Großherzogtum Baden 1883, veranstaltet durch das Großherzogliche Ministerium des Innern. Bd. I—[4]. Karlsruhe, Braun, 1883. 4 Bd.)——91。

《1883年巴登大公国农业状况的调查结果》(Ergebnisse der Erhebungen über die Lage der Landwirtschaft im Großherzogtum Baden 1883. (Karlsruhe, Braun, 1883). 185 S.; 8. Taf.—In: Erhebungen über die Lage der Landwirtschaft im Großherzogtum Baden 1883, veranstaltet durch das Großherzogliche Ministerium des Innern. Bd. 4)——91。

1902年8月15日(8月28日)。[社论](15-го августа(28-го августа)1902 г. [Передовая].—«Освобождение», Штутгарт, 1902, №5, 19 августа (1 сентября), стр. 65—68)——23。

1902年8月30日(9月12日)。[社论](30-го августа(12-го сентября)1902 г. [Передовая].—«Освобождение», Штутгарт, 1902, №6, 2(15) сентября, стр. 81—85)——23。

1902年9月15日(9月28日)。[社论](15-го сентября(28-го сентября)1902 г. [Передовая].—«Освобождение», Штутгарт, 1902, №7, 18 сентября (1 октября), стр. 97—100)——23。

《在工业企业中设立工长》(Учреждение старост в промышленных предприятиях.—«Вестник Финансов, Промышленности и Торговли», Спб., 1903, №27, 6(19) июля, стр. 1—3)——298—299。

《在光荣的岗位上(1860—1900)》(На славном посту (1860—1900). Литературный сборник, посвященный Н. К. Михайловскому. Ч. 2. Б. м., тип. Клобукова, [1900]. VI, [2], 229, [3], 516 стр., 2 л. портр.)——91、98。

《怎样回答政府的暴行?》(Как отвечать на правительственные зверства? —«Революционная Россия», [Женева], 1902, №12, октябрь, стр. 1—3)——42—43、54、199、337—338。

《政府通报》(圣彼得堡)(«Правительственный Вестник», Спб., 1881, №93, 30

апреля(12 мая),стр.1)——105。

—1901,№167,31 июля(13 августа),стр.1.——21。

—1902,№186,24 августа(6 сентября),стр.1.——21。

—1902,№191,1(14)сентября,стр.1.——21—23。

—1902,№192,3(16)сентября,стр.1.——21—22。

—1902, №202, 14 (27) сентября. Первое прибавление к №202-му «Правительственного Вестника», 1902, 15 (28) сентября, стр. 1.——21—22。

—1903,№46,27 февраля(12 марта),стр.1.——105—110、156、158。

—1903,№64,20 марта(2 апреля),стр.1.——158。

—1903,№147,2(15)июля,стр.1.——297—301、308—309。

—1903,№174,3(16)августа,стр.1.——228、308—315。

《制定党纲的材料》第2辑。梁赞诺夫,Н.《〈火星报〉的纲领草案和俄国社会民主党人的任务》(Материалы для выработки партийной программы. Вып.II.Рязанов,Н.Проект программы«Искры»и задачи русских социал-демократов.Изд.гр.«Борьба».Женева,1903.302 стр.(РСДРП))——252。

《专制制度和工人问题》(Самодержавие и рабочий вопрос.—«Освобождение», Штутгарт,1903,№2(26),2(15)июля,стр.24—25;№3(27),19 июля(1 августа),стр.40—42)——299、300。

《自发的革命和觉悟的革命者》(Стихийная революция и сознательные революционеры.—«Революционная Россия»,[Женева], 1902, №4, февраль,стр.1—3)——197、198、200。

《自述》(Pro domo sua.(Библиографическая заметка о №1«В.Р.Р.»в«Заре» №2—3).—«Вестник Русской Революции»,Женева—Paris,1902,№2, февраль,стр.99—104,в отд.III)——194。

《自由》(Свобода.Изд.Рабочей партии политического освобождения России. [Минск],тип.партии,[1900].21 стр.)——35。

《自由》杂志(日内瓦)(«Свобода»,Женева,1901,№1.VIII,72,87,IX,80 стр.)——50。

《自治还是联邦制》(Автономия или федерация.(По поводу статьи против

Бунда в №36 «Искры»). 27 (14) апреля 1903 г. [Листовка]. Изд. Заграничного комитета Всеобщ. евр. раб. союза в Литве, Польше и России. Лондон, тип. Бунда, [1903]. 4 стр.)——249—250、403—404。

《祖国纪事》杂志(圣彼得堡)(«Отечественные Записки», Спб., 1882, №8, август, стр. 143—169)——215。

—1882, №9, сентябрь, стр. 1—35.——215。

《最新消息》(伦敦—日内瓦)(«Последние Известия», Лондон—Женева)——102、305。

—Лондон, 1903, №105, 28(15) января, стр. 1—2.——99—104。

—1903, №106, 3 февраля(21 января), стр. 1—2.——80—86、99。

《最主要的决议(俄国社会民主工党第二次代表大会通过)》(Главнейшие резолюции, принятые на Втором съезде Российской соц.-дем. рабочей партии.—В кн.: Второй очередной съезд Росс. соц.-дем. рабочей партии. Полный текст протоколов. Изд. ЦК. Женева, тип. партии, [1904], стр. 12—18. (РСДРП))——422—423。

年　　表

（1902 年 9 月—1903 年 9 月上半月）

1902 年

1902 年 9 月—1903 年 4 月

列宁侨居伦敦（自 1902 年 4 月）。

1902 年 9 月—1903 年 9 月

继续主持《火星报》工作：审订文章，准备登载关于俄国各城市（莫斯科、彼得堡、罗斯托夫、敖德萨、哈尔科夫、乌法、波尔塔瓦、托木斯克、赫尔松、彼尔姆等）工人情况、工人运动和学生运动以及关于国际事件的通讯，并为这些通讯加写评注。

9 月 1 日和 11 日（14 日和 24 日）之间

写《就我们的组织任务给一位同志的信》，信中阐述了《火星报》的建党计划。彼得堡社会民主党人在收到列宁的这封信以后，曾多次用胶印版翻印，辗转手抄，使它广泛流传。

9 月 3 日（16 日）

致函在哈尔科夫的《南方工人报》编辑部，说明把各地方委员会组成一个全俄统一组织和集中全党力量出版《火星报》的任务十分重要；还说，要采取一切措施把南俄社会民主党组织同《火星报》国内组织合并在一起。

9 月 11 日（24 日）

致函在彼得堡的弗·潘·克拉斯努哈和叶·德·斯塔索娃。信中说，以亚·谢·托卡列夫为首的彼得堡经济派想把彼得堡“工人阶级解放斗争协会”的多数人拉到他们那方面去，企图撕毁俄国社会民主工党彼得堡委员会 1902 年 7 月同《火星报》达成的协议，对此必须坚决予以回击。

9月14日(27日)

致函在德累斯顿的亚·米·卡尔梅柯娃,谈关于拨款给《火星报》编辑部的手续问题和编辑部管理经费的开支问题,并请她立即汇寄2 000马克。

致函在萨马拉的母亲玛·亚·乌里扬诺娃,询问她的健康状况,打算怎样过冬,还告诉母亲他在伦敦的很多时间都是在图书馆度过的。

9月21日(10月4日)以前

致函约·波·巴索夫斯基,建议由他来领导往国内运送《火星报》的组织工作,并给他寄去自己起草的关于集中管理《火星报》运输事务的方案。

9月

同从叶卡捷琳诺斯拉夫监狱越狱来到伦敦的俄国工人革命家伊·瓦·巴布什金进行多次谈话,从日内瓦来的格·瓦·普列汉诺夫也参加了这些谈话。列宁同巴布什金讨论了许多问题,指出了《火星报》国内组织当前的任务,约请巴布什金撰写他从事革命活动的回忆录。

10月6日(19日)

撰写短评《关于游行示威》。

10月15日(28日)

《政治斗争和政治手腕》一文在《火星报》第26号上发表。

不晚于10月27日(11月9日)

收到母亲的来信,信中说弟弟德·伊·乌里扬诺夫获释了。

复函在彼得堡的彼·阿·克拉西科夫,表示不能满足他的请求:要列宁把1902年8月2日(15日)在伦敦举行的俄国社会民主工党彼得堡委员会、《火星报》国内组织和俄国社会民主工党北方委员会的代表磋商会议上写的笔记寄去。这次会议成立了筹备召开俄国社会民主工党第二次代表大会的组织委员会的火星派核心小组。列宁对确定的组织委员会成员表示满意,强调必须全力以赴地尽快召开代表大会。

10月27日(11月9日)

致函在萨马拉的母亲,说自己正在通过实践掌握英语;收到了寄来的俄文和其他外文书刊,其中包括俄国经济学家弗·雅·热列兹诺夫的《政治经济学概论》一书。

在列日作评社会革命党人的纲领和策略的报告。

在洛桑作评社会革命党人的纲领和策略的报告。

10 月 29 日(11 月 11 日)

致函在伯尔尼的柳·伊·阿克雪里罗得,请阿克雪里罗得把他的评社会革命党人的纲领和策略的报告安排在星期六即 11 月 2 日(15 日)以前;告知已在洛桑和日内瓦作了报告,并打算在苏黎世作同一内容的报告。

10 月 31 日(11 月 13 日)

列宁记录维·米·切尔诺夫、尔·纳杰日丁、亚·马尔丁诺夫和 O.米诺尔在讨论他在日内瓦的报告时所作的发言;起草反驳切尔诺夫和马尔丁诺夫的提纲。

11 月 1 日(14 日)

《社会革命党人所复活的庸俗社会主义和民粹主义》一文在《火星报》第 27 号上发表。

11 月 2 日(15 日)

在伯尔尼作评社会革命党人的纲领和策略的报告。

11 月 2 日—3 日(15 日—16 日)

俄国火星派遵照列宁的指示,在普斯科夫召开俄国社会民主工党彼得堡委员会、《火星报》国内组织和《南方工人报》的代表的磋商会议,会上成立了筹备召开俄国社会民主工党第二次代表大会的组织委员会,其成员有:弗·潘·克拉斯努哈、彼·阿·克拉西科夫、格·马·克尔日扎诺夫斯基、叶·雅·列文、弗·威·林格尼克、潘·尼·勒柏辛斯基、伊·伊·拉德琴柯和亚·斯托帕尼。

11 月 3 日(16 日)以后

写《一个针对社会革命党人的基本论点》一文。

不晚于 11 月 7 日(20 日)

在苏黎世作评社会革命党人的纲领和策略的报告。

11 月 15 日(28 日)

回伦敦后写信告诉在伯尔尼的柳·伊·阿克雪里罗得,说收到了她的来信、汇款和寄来的《红旗》杂志。还说,虽然感到相当疲劳,但明天还要作一次报告。

11月16日(29日)

在伦敦作评社会革命党人的纲领和策略的报告;记录持反对意见的人的发言。

11月18日(12月1日)

致函在日内瓦的格·瓦·普列汉诺夫,询问他为《火星报》写文章的事情,还告诉他《火星报》第28号上发表的维·伊·查苏利奇一篇反驳社会革命党人的文章的内容。

11月21日(12月4日)以前

致函在利沃夫的约·波·巴索夫斯基,并汇给他100卢布作为组织运送《火星报》的费用。

11月25日(12月8日)

读寄给《火星报》编辑部的俄国社会民主工党下诺夫哥罗德委员会的传单,传单上刊印了因参加五一节游行示威而被捕受审的工人们的演说。列宁为演说写了前言。

11月28日(12月11日)以前

出席《火星报》编委会议。会议讨论俄国社会民主工党第二次代表大会的议事日程问题。列宁坚持自己提出的关于党的中央机关报问题应是代表大会最先讨论的问题之一的建议。

不早于11月28日(12月11日)

致函在哈尔科夫的叶·雅·列文,对他关于筹备召开俄国社会民主工党第二次代表大会的组织委员会的活动情况的报告表示满意;询问各地方委员会对组织委员会的态度;告诉他在《火星报》编委会议上拟订的俄国社会民主工党第二次代表大会的议事日程草案,以及在会上讨论该草案第1—5条的情况;请他注意必须设法让每一个委员会正式承认组织委员会;建议在俄国发表《关于"组织委员会"成立的通告》,任命几个主要中心(彼得堡、莫斯科、基辅)的组织委员会委员;请求把他们的接头地点写来,以便使所有到俄国去的党的工作者都能服从组织委员会的指挥。

11月底

撰写《新事件和旧问题》一文的提纲和正文。

撰写《论社会民主主义运动的任务》一文。

1902年11月—1903年6月上半月

校订卡·考茨基《社会革命》小册子俄译文;写编者注,在注文中根据俄国工业统计资料指出,组织大工业企业以代替小工业对俄国经济是有益的。

12月1日(14日)以前

阅读中学生南俄组织中央委员会印发的给中学生的号召书《致中学生》,为号召书写编后记和《火星报》编辑部按语。这份号召书连同编后记和按语发表在12月1日(14日)《火星报》第29号上。

12月1日(14日)

《新事件和旧问题》一文发表在《火星报》第29号上。

致函在日内瓦的格·瓦·普列汉诺夫,请他为《火星报》第30号写文章,同时写一本驳斥社会革命党人的小册子;建议他去布鲁塞尔参加社会党国际局召开的代表会议时顺便来伦敦作反对无政府主义者的报告并共同讨论一些重要问题,特别是同在俄国成立筹备召开俄国社会民主工党第二次代表大会的组织委员会有关的问题。

12月1日和7日(14日和20日)之间

应巴黎俄国社会科学高等学校的邀请,在该校就土地问题作几次讲演。

12月3日(16日)

阅读娜·康·克鲁普斯卡娅写给在敖德萨的德·伊·乌里扬诺夫的信,信中说,必须争取使俄国社会民主工党委员会同靠近《火星报》的南方革命联盟合并。列宁补充说,只有在保证火星派胜利的条件下,这两个组织才可以合并。

12月5日(18日)

致函在伯尔尼的柳·伊·阿克雪里罗得,说给她和给从俄国来到伯尔尼的罗斯托夫罢工领导人之一——伊·伊·斯塔夫斯基寄去了《火星报》第29号;认为斯塔夫斯基的到来对火星派是一大收获;评述敖德萨的社会民主党人南方革命联盟和俄国社会民主工党委员会的立场;请她对俄国来的社会民主党人做点工作,把他们引导到《火星报》方面来。

致函伊·伊·斯塔夫斯基,请他把写作关于罗斯托夫罢工的小册子所需的材料寄来。

12月6日(19日)

致函在日内瓦的格·瓦·普列汉诺夫,对他开始写作关于驳斥社会革命党人的小册子表示满意,请他先把小册子的部分章节寄来在《火星报》第30号上发表;请他回击尼·谢·鲁萨诺夫(K.塔拉索夫)的《俄国社会主义思想的演变》一文;告知拥护《火星报》的工人和知识分子在彼得堡被捕、卡·考茨基的小册子《社会革命》译文的开头部分寄去付排、托木斯克社会民主党组织再版俄国社会民主工党纲领草案等消息。

12月12日(25日)

格·瓦·普列汉诺夫自日内瓦来信,告知同弗·德·邦契-布鲁耶维奇谈判关于他加入俄国革命社会民主党人国外同盟问题的情况。列宁回信,认为只有当邦契-布鲁耶维奇公开在《火星报》上发表关于《生活》杂志编辑部发生分裂而自己转到《火星报》方面来的信件时,才可以提名让他加入同盟。

12月13日(26日)

致函母亲玛·亚·乌里扬诺娃,问姐姐安娜和弟弟米嘉及其妻子是否回来过节;告知最近因德国社会民主党反对提高粮价的斗争而对德国报纸比往常更感兴趣。

致函在日内瓦的亚·尼·波特列索夫,告知已按照他的要求寄去《火星报》第29号和A.И.波格丹诺维奇的小册子,请他通过格·瓦·普列汉诺夫和伊·克·拉拉扬茨结识阿·阿·萨宁,并吸收萨宁参加工作。

12月14日(27日)

致函在基辅的火星派分子弗·威·林格尼克,告知已收到他关于经济派夺取俄国社会民主工党基辅委员会的情况的信,指出必须立即参加委员会并同经济派进行坚决的斗争;告诉他《火星报》很快就运到基辅,要求必须转寄一部分给彼得堡组织。

致函在彼得堡的B.И.拉甫罗夫和叶·德·斯塔索娃,说将尽力派人帮助俄国社会民主工党彼得堡组织摆脱困境,要求他们详细报告彼得堡组织发生分裂的经过。

12月15日(28日)

在娜·康·克鲁普斯卡娅给萨马拉《火星报》国内组织常务局的信中附

言强调，当前的主要任务是巩固组织委员会，尽快筹备召开俄国社会民主工党第二次代表大会。

短评《关于“自由社”》在《火星报》第30号上发表。

12月19日（1903年1月1日）

致函在日内瓦的弗·德·邦契-布鲁耶维奇，告知已收到他的来信和19篇通讯稿，并且准备从这些通讯稿中选一些稿件登在最近几号《火星报》上。

致函在日内瓦的亚·尼·波特列索夫，请他为《火星报》写一篇纪念尼·阿·涅克拉索夫逝世25周年的文章，并告知对《生活》杂志停刊后弗·德·邦契-布鲁耶维奇寄来的书信和稿件表示满意。

12月20日（1903年1月2日）

致函俄国社会民主工党下诺夫哥罗德委员会，请把关于1902年为参加五一节游行示威而被判罪的下诺夫哥罗德工人的英勇行为写一封信寄到《火星报》编辑部来；说下诺夫哥罗德委员会给《火星报》编辑部关于部分地和有条件地为恐怖辩护的信已经收到；强调必须经常向编辑部报告委员会的活动情况。

阅读并修改娜·康·克鲁普斯卡娅写给在托木斯克的安·伊·乌里扬诺娃-叶利扎罗娃的信，信中说必须参加俄国社会民主工党委员会；告知建立了筹备召开俄国社会民主工党第二次代表大会的组织委员会。

读俄国社会民主工党顿河区委员会关于1902年11月罗斯托夫罢工事件的传单《告全俄公民》，并写引言和批注。

12月21日（1903年1月3日）

收到伊·瓦·巴布什金从彼得堡寄来的信，信中请求拟定一些同宣传小组成员进行谈话用的问题。

12月24日（1月6日）

致函在彼得堡的伊·瓦·巴布什金，提出10个问题作为考核彼得堡组织宣传员的大纲；要求宣传员们谈谈他们现在或今后的读书计划。

12月28日（1月10日）

致函在日内瓦的格·瓦·普列汉诺夫，请他催促从罗斯托夫来的同志尽快把写作关于罗斯托夫罢工小册子需用的材料寄来；还问及普列汉诺夫关于批驳社会革命党人的小册子和《无产阶级和农民》一文的完稿日期；请他对列宁本人打算在巴黎俄国社会科学高等学校作关于土地问题的讲演一事发表意见。

阅读娜·康·克鲁普斯卡娅写给哈尔科夫《南方工人报》编辑部的信，信中赞同他们向《火星报》编辑部介绍其全部活动的意图。列宁写附言说，必须更经常更详细地把筹备召开俄国社会民主工党第二次代表大会的工作情况报告《火星报》编辑部；认为迟迟未把要在《火星报》上发表的关于组织委员会成立的声明寄来是不可容忍的，建议尽快用传单形式发表这一声明。

致函在伯尔尼的柳·伊·阿克雪里罗得，请她尽快把写作关于罗斯托夫罢工小册子需用的材料寄到《火星报》编辑部来。

12月

撰写《一篇驳社会革命党人的文章的片断》。

《俄国社会民主党人的任务》小册子第2版出版。

12月—1903年1月

撰写《关于俄国社会民主工党各委员会和团体向全党代表大会的报告的问题》一信的提纲和信的本文。

1902年下半年—1903年4月

多次在怀特彻佩尔（伦敦工人区）给俄国侨民工人小组辅导学习俄国社会民主工党纲领草案。

1903年

1月1日（14日）

《莫斯科的祖巴托夫分子在彼得堡》一文在《火星报》第31号上发表。

1月2日（15日）

致函在彼得堡的叶·德·斯塔索娃，认为收到的彼得堡经济派的传单是乱七八糟的、恶毒的；坚决要求把经济派出版的所有文件都寄到《火星报》编辑部来；对俄国社会民主工党彼得堡委员会拖延出版回击经济派的传单表示不满；建议把伊·瓦·巴布什金选入组织委员会，以接替被捕的弗·潘·克拉斯努哈。

致函俄国社会民主工党哈尔科夫委员会，告知已经收到关于组织内部情况的来信，请详细报告“独立派”（经济派的拥护者）的活动情况和工人对待《火星报》的态度问题。

致函柳·伊·阿克雪里罗得，告知收到她寄来的关于罗斯托夫罢工的材料。

1月3日(16日)

致函在彼得堡的叶·德·斯塔索娃，告知收到刊登经济派反对彼得堡委员会关于支持《火星报》和《曙光》杂志的声明的《工人思想报》第16号，强调必须印发驳斥经济派的传单，同他们进行坚决的斗争。

致函在彼得堡的伊·瓦·巴布什金，强调必须立即开展同经济派的坚决斗争，要抛弃一切调和主义分子。

1月4日(17日)

致函在基辅的弗·威·林格尼克，对没有把《基辅社会民主党小报》及时寄给《火星报》编辑部表示不满；请他按时把全部小报寄来，并按时报告工作情况。

1月14日(27日)

致函在日内瓦的弗·德·邦契-布鲁耶维奇，告知已收到给《火星报》的材料，并说打算在《火星报》上刊登《西皮亚金在外省被杀》一文。

致函在萨马拉的格·马·克尔日扎诺夫斯基，询问为什么筹备召开俄国社会民主工党第二次代表大会的组织委员会的工作开展不起来；指出必须建立经常的通讯联系；希望克尔日扎诺夫斯基和莉·米·克尼波维奇去波尔塔瓦领导组织委员会的工作。

致函在瑞士蒙特勒的亚·尼·波特列索夫，对《生活》杂志停刊后的事务实际上没有集中在《火星报》编辑部，而集中在格·阿·库克林手里表示遗憾。

1月15日(28日)

致函在日内瓦的格·瓦·普列汉诺夫，告知寄去了《火星报》第32号和第33号将要刊登的材料；请他组织人手翻译刊登在《无产阶级报》（“亚美尼亚社会民主党人联合会”机关报）上关于民族主义和联邦制的材料并尽快把这些材料寄来；还说打算写一篇驳社会革命党人亚·鲁金的文章和出版自己驳社会革命党人的文集。

致函在彼得堡的叶·德·斯塔索娃,指出俄国社会民主工党彼得堡委员会对《工人思想报》第16号上的经济派的信必须提出坚决抗议;请她把所有出版的小报、俄国社会民主工党彼得堡委员会的募捐总结和工人通讯稿一并寄到《火星报》编辑部来。

为《关于"组织委员会"成立的通告》而写的后记和《通告》本文一起在《火星报》第32号上发表。

1月22日(2月4日)

致函母亲玛·亚·乌里扬诺娃,陈述自己在伦敦的生活情况,对不久前同娜·康·克鲁普斯卡娅一起听过演奏柴可夫斯基第六交响乐的音乐会感到满意;还想去俄国艺术剧院观看阿·马·高尔基的名剧《底层》。

1月22日或23日(2月4日或5日)

代表俄国革命社会民主党人国外同盟写信给巴黎的"国外俄国社会民主党人联合会",赞同"联合会"关于必须成立俄国组织委员会国外部的意见,说同盟将就这个问题立即写信给组织委员会,但是认为,在没有收到俄国组织委员会的复信之前就着手成立组织委员会国外部是不合理的和不完全正当的。

写《俄国组织委员会告俄国革命社会民主党人国外同盟、国外俄国社会民主党人联合会和崩得国外委员会书的草案》,建议成立组织委员会国外部。

1月23日(2月5日)

致函在日内瓦的格·瓦·普列汉诺夫,说已给他转寄去同盟对"国外俄国社会民主党人联合会"关于成立俄国组织委员会国外部问题来信的复信初稿,如果普列汉诺夫同意,就请他把复信转交给尼·尼·洛霍夫;如果不同意,则把初稿的修改稿提交同盟成员表决,或重新起草。信中还对约·波·巴索夫斯基往国内运送《火星报》的工作表示赞许。

致函在巴黎的尔·马尔托夫,告知随信寄去"国外俄国社会民主党人联合会"关于成立俄国组织委员会国外部问题的来信抄件、同盟给"联合会"的复信初稿以及《俄国组织委员会告俄国革命社会民主党人国外同盟、国外俄国社会民主党人联合会和崩得国外委员会书的草案》;请他就同盟的复信初稿和组织委员会的草案同现在国外的俄国组织委员会委员彼·阿·克拉西科夫和弗·亚·诺斯科夫取得一致意见,然后把这些文件转寄给在日内瓦的格·瓦·普列汉诺夫;强调俄国组织委员会的领导作用,它的国外部必须听从它的决定。

1月26日(2月8日)

致函在日内瓦的弗·德·邦契-布鲁耶维奇,告知不同意他提出的在缺乏写作力量的情况下而要出版《火星报》丛书的建议;说收到了给《火星报》的材料;谈为出版通俗书籍募集资金的办法和自己正在审订卡·考茨基的小册子《社会革命》俄译文。

2月1日(14日)

《论崩得的声明》和《论亚美尼亚社会民主党人联合会的宣言》两篇文章在《火星报》第33号上发表。

2月8日(21日)

致函在日内瓦的弗·德·邦契-布鲁耶维奇,告知正在准备到巴黎去作关于社会革命党和社会民主党的土地纲领的专题报告。

2月9日(22日)

致函母亲玛·亚·乌里扬诺娃,询问家中情况,告知最近将去巴黎。

2月10日(23日)以前

应巴黎俄国社会科学高等学校的邀请,起草题为《对欧洲和俄国的土地问题的马克思主义观点》的讲演稿,准备关于社会革命党和社会民主党的土地纲领的专题报告,阅读、研究和摘录关于土地问题的书刊。

翻译恩格斯的《法德农民问题》一文。

2月10日(23日)

抵达巴黎。

2月10日—13日(23日—26日)

在巴黎俄国社会科学高等学校作四次讲演,题目是《对欧洲和俄国的土地问题的马克思主义观点》。

2月10日和13日(23日和26日)之间

修改在巴黎俄国社会科学高等学校作的题为《对欧洲和俄国的土地问题的马克思主义观点》的第一讲笔记。

2月11日和15日(24日和28日)之间

致函在基辅的弗·威·林格尼克,对社会民主党人在工人中间的工作提出批评意见。

2月15日(28日)

《犹太无产阶级是否需要“独立的政党”》一文在《火星报》第34号上发表。

2月17日(3月2日)

致函格·瓦·普列汉诺夫,建议《火星报》编辑部增补列·达·托洛茨基为编委,充实《火星报》的力量。

不晚于2月18日(3月3日)

写关于社会革命党和社会民主党的土地纲领的专题报告的提纲。

2月18日—21日(3月3日—6日)

在旅居巴黎的俄国政治流亡者的会议上作关于社会革命党和社会民主党的土地纲领的专题报告;参加对报告的讨论,记录尤·米·斯切克洛夫、维·米·切尔诺夫、波·尼·克里切夫斯基、列·达·托洛茨基的发言;撰写总结发言的提纲;作总结发言。

2月20日或21日(3月3日或6日)

致函在伦敦的娜·康·克鲁普斯卡娅,说收到了筹备召开俄国社会民主工党第二次代表大会的组织委员会的信,并附去自己给组织委员会的回信初稿。在回信初稿中,指出代表大会议事日程的事先准备工作应由组织委员会去做,无须把这个问题提交各地方委员会去表决;建议尽快召开代表大会,采取一切措施,保证火星派在代表大会上取得绝对多数;还讲到关于自己在巴黎作的报告的讨论情况,并预定在星期日(2月23日(3月8日))返回伦敦。

2月21日和24日(3月6日和9日)之间

致函组织委员会,对组织委员会寄来的俄国社会民主工党第二次代表大会的章程草案表示满意;建议规定期限让各地方委员会对章程草案提出修改意见;说要给火星派各组织去信,建议立即和完全接受代表大会的章程草案。

2月24日(3月9日)

离开巴黎返回伦敦。

3月1日(14日)

《专制制度在动摇中……》一文在《火星报》第35号上发表。

3月1日和28日(3月14日和4月10日)之间

撰写小册子《告贫苦农民(向农民讲解社会民主党人要求什么)》;收集关于农民经济状况的资料,作统计计算,起草小册子的四个提纲,起草某些章节的提纲。

3月2日(15日)

致函格·瓦·普列汉诺夫,请他尽快把《不幸事件的日子》一文寄来;对彼·巴·马斯洛夫的《俄国农业发展的条件》和爱·大卫的《社会主义和农业》两本书提出批评;告知正在为农民写一本通俗小册子《告贫苦农民》,拟根据农村各阶层居民的具体材料来阐明关于农村阶级斗争的思想。

在娜·康·克鲁普斯卡娅寄往萨马拉给组织委员会格·马·克尔日扎诺夫斯基的信中附言,说《火星报》编辑部将从伦敦迁往日内瓦。

3月5日(18日)以前

在怀特彻佩尔(伦敦工人区)向俄国工人侨民作题为《民粹派和社会民主党》的报告,驳斥社会革命党人的纲领和策略。

3月5日(18日)

在怀特彻佩尔俄国工人侨民群众大会上发表纪念巴黎公社的讲话。

3月16日(29日)以前

同娜·康·克鲁普斯卡娅和她的母亲伊·瓦·克鲁普斯卡娅一起在星期日到伦敦郊外去游览。

3月16日(29日)以后

收到一位专门研究土地问题的统计学家从俄国寄来的回信,内有列宁要求的关于按份地数量划分农民的资料和关于28个省割地情况的资料。列宁在上面按省分类计算徭役租农民的平均百分比,在关于俄国不同地区割地的统计表上作总计,按农村阶级划分来统计土地分配的数字并编制图表。

3月18日(31日)

致函组织委员会,建议立即由组织委员会和波兰社会民主党共同发表关于表示波兰社会民主党完全赞同俄国社会民主工党并愿意加入该党的正式声明，这样，组织委员会就能邀请波兰社会民主党的代表参加代表大会；指出必须准备在俄国社会民主工党第二次代表大会上同崩得作顽强的斗争，直到把崩得驱逐出党；要求把代表大会代表名单寄来。

3月21日（4月3日）

致函在萨马拉的格·马·克尔日扎诺夫斯基，提出要尽一切力量加速筹备召开俄国社会民主工党第二次代表大会，并保证代表大会代表的多数是火星派；尖锐批判崩得所宣传的联邦制建党原则，并准备同它在代表大会上进行斗争直至发生分裂；告知打算出版一本给犹太工人的小册子，以说明同俄国工人紧密团结的必要性和崩得民族主义立场的荒谬性。

3月24日（4月6日）

由于组织委员会国外部想扩大自己的职权并监督《火星报》编辑部同俄国各地方委员会的通信往来，列宁写信给组织委员会，建议限制组织委员会国外部的职权。

3月28日（4月10日）

致函格·瓦·普列汉诺夫，告知收到他为《火星报》第38号写的《布列什柯夫斯卡娅女士和契吉林案件》一文；询问《废除连环保》一文的进展情况；请他尽快将《告贫苦农民》小册子付排。

3月—4月

写爱·大卫《社会主义和农业》一书的提要和札记。列宁在《告贫苦农民》一书中和其他著作中对这本书作了批判。

写卡·考茨基《社会主义和农业》一文的提要和对这篇文章的意见。

4月1日（14日）

《司徒卢威先生被自己的同事揭穿了》一文在《火星报》第37号上发表。

4月15日（28日）

《Les beaux esprits se rencontrent（俄语大意是：智者所见略同）》一文在《火星报》第38号上发表。

4月底

同尼·亚·阿列克谢耶夫谈话，阿列克谢耶夫嘲笑刊登在英国社会民主联盟中央机关报《正义报》上的一篇谈到社会革命即将来临的文章，列宁对此很不满意并坚决表示:“而我希望活到社会主义革命。”

在从伦敦迁往日内瓦之前,列宁患病将近两周。

由于《火星报》迁到日内瓦出版,列宁同娜·康·克鲁普斯卡娅离开伦敦去日内瓦。

5月初

恢复《火星报》的编辑工作和党的第二次代表大会的筹备工作。

5月9日(22日)

基辅组织委员会成员叶·米·亚历山德罗娃来信抱怨组织委员会的工作条件苦。列宁回信,指出结束地方组织工作的混乱状态的唯一方法是迅即召开党的第二次代表大会;阐述自己对崩得、波兰社会党的意见;批评亚历山德罗娃在关于党中央机关问题上的立场,强调必须建立两个中央机关,确定两个中央机关联合的正式办法,严格划分两个中央机关各个成员之间的职权;请她把这封信的内容告诉组织委员会的全体成员。

5月11日(24日)

致函在萨马拉的格·马·克尔日扎诺夫斯基,请他介绍关于筹备召开党的第二次代表大会的工作情况,指出他必须尽快抓紧这一工作,并且询问关于弗·威·林格尼克的近况。

不早于5月26日(6月8日)

Л.拉什科夫斯基就在士兵和新入伍者中进行宣传工作的方法问题写信给《火星报》编辑部。列宁对该信作文字上的修改,并写编辑部按语。

5月下半月—6月

起草俄国社会民主工党章程草案初稿。

5月

《告贫苦农民(向农民讲解社会民主党人要求什么)》小册子在日内瓦出版。

5月—6月

在瑞士的伯尔尼、日内瓦等城市作关于土地问题的讲演。

5月和7月17日(30日)之间

修改娜·康·克鲁普斯卡娅起草的《火星报》组织向俄国社会民主工党第二次代表大会提出的关于1901年4月—1902年11月期间国内组织

工作的报告。

写关于向俄国社会民主工党第二次代表大会作《火星报》组织工作的报告的笔记。

春天

草拟俄国社会民主工党第二次代表大会的议事日程。

写《一本驳社会革命党人的小册子的提纲》。

6 月底—7 月初

把在伯尔尼作讲演的收入上交，作为《火星报》的基金。

起草俄国社会民主工党党章草案第二稿，并向《火星报》编委和已经到达的第二次代表大会的代表介绍这一文件的内容。

6 月底—7 月上半月

继续制订俄国社会民主工党第二次代表大会的议事日程，起草《俄国社会民主工党第二次(例行)代表大会计划》。在对计划的第 24 条的解释中，第一次提出了党的领导核心的组成原则，即选出三人为中央机关报编辑部委员，三人为中央委员会委员。

6 月—7 月 15 日(28 日)

写《答对我们纲领草案的批评》一文。该文同彼·巴·马斯洛夫的一篇文章《论土地纲领》一起印成单独的小册子，散发给党的第二次代表大会代表，以代替关于土地问题的报告。

6 月—7 月上半月

会见前来出席俄国社会民主工党第二次代表大会的代表，同他们谈关于代表大会议程、党纲草案、党章草案、崩得的立场以及其他问题。

6 月—7 月 17 日(30 日)

同出席俄国社会民主工党第二次代表大会的萨拉托夫委员会代表马·尼·利亚多夫和彼得堡委员会代表亚·瓦·绍特曼谈话，向他们了解当地的情况，给他们介绍《火星报》编辑部的困难。

鉴于《火星报》编辑部内出现的严重局面，即在决定重要问题时常常出现两个三票(列宁、马尔托夫、波特列索夫——普列汉诺夫、阿克雪里罗得、查苏利奇)，致使编辑部无法开展工作，列宁再次建议增补第七名编委参加编辑部，并提名彼·阿·克拉西科夫为候选人。列宁的建议被通过。

为党的第二次代表大会起草关于崩得在俄国社会民主工党内的地位的决议草案、关于经济斗争的决议草案、关于五一节的决议草案、关于国际代表大会的决议草案、关于游行示威的决议草案、关于恐怖手段的决议草案、关于宣传工作的决议草案、关于对青年学生的态度的决议草案、关于力量配置的决议草案、关于党的书刊的决议草案。

6月底—不晚于7月17日(30日)

完成党的章程草案第二稿和章程草案的定稿。

7月3日(16日)

致函弗·德·邦契-布鲁耶维奇,请他设法弄到布罗克豪斯和叶弗龙合编的《百科辞典》载有《农民》、《农奴制》、《农奴制经济》、《徭役制》、《代役制》等条目的各卷,这些材料对于撰写《答对我们纲领草案的批评》一文是非常需要的。

7月上半月

写《一篇驳社会革命党人的文章的提纲》。

7月15日(28日)以前

在到达日内瓦的俄国社会民主工党第二次代表大会代表们的集会上作关于民族问题的报告,这份报告后来改写成《我们纲领中的民族问题》一文。

7月15日(28日)

《我们纲领中的民族问题》一文在《火星报》第44号上发表。

7月17日(30日)以前

列宁同其他俄国社会民主工党第二次代表大会代表一起离开日内瓦前往布鲁塞尔。

完成党章草案定稿,后来把这一草案定稿提交第二次代表大会党章委员会审查(定稿原文没有保存下来)。定稿区别于第二稿的地方是:第一,规定党总委员会不是党的仲裁机关,而是党的最高机关;第二,必须在一致同意的情况下才能增补中央机关报和中央委员会的成员,在增补时,要求中央委员会和中央机关报应互相监督。

在俄国社会民主工党第二次代表大会前夕估计在代表大会上将出

现的力量对比情况是：火星派分子 32 票、反火星派分子 8 票、动摇分子（中派、泥潭派）11 票——几乎同火星派分子分裂前代表大会上的斗争情况完全一致（火星派分子 33 名、反火星派分子 8 名、中派分子 10 名）。

参加出席代表大会的《火星报》组织成员会议。会议讨论选派代表的问题。由于《火星报》国内组织代表没有到会，会议决定把它的两份委托书交给国外同盟代表中的一人——列宁或马尔托夫。最后采取抽签的办法解决——马尔托夫成为《火星报》国内组织的代表，列宁成为国外同盟的唯一代表。

7 月 17 日—8 月 10 日（7 月 30 日—8 月 23 日）

参加在布鲁塞尔和伦敦举行的俄国社会民主工党第二次代表大会的工作，写各次会议的日志。

7 月 17 日（30 日）

出席俄国社会民主工党第二次代表大会第 1 次会议。格·瓦·普列汉诺夫于午后 2 时 55 分庄严宣布大会开幕。列宁提出选举 3 人组成代表大会常务委员会（主席团）的提案。代表大会通过列宁的提案，否决马尔托夫提出的选举 9 人组成主席团的提案。

经不记名投票，列宁当选为代表大会副主席和代表资格审查委员会委员。

在讨论代表大会规则时，三次发言：提议只有持委托书的代表才有表决权；说明有发言权的代表只能在讨论代表大会规则时参加表决；提议一切问题均由简单多数表决通过。

7 月 17 日（30 日）夜晚至 18 日（31 日）凌晨

出席代表资格审查委员会会议。

7 月 18 日（31 日）

上午，在代表大会第 2 次会议讨论议程问题时，两次发言：说明把崩得在俄国社会民主工党内地位问题列入第一项议程的理由；反对经济派分子弗·彼·阿基莫夫提出的把关于批准中央机关报的第三项议程放在讨论组织问题之后的提案。

在讨论代表资格审查委员会的报告时，列宁参加主席团的一个短会，讨论"南方工人"社代表、组织委员会成员叶·雅·列文提出的为同组织委员会的其他成员就邀请“斗争”社参加代表大会一事进行磋商而请求代表大会会议暂时休会的问题。常务委员会决定作为特殊情况宣布休会。组织委员会在开会以前本来就拒绝了“斗争”社关于准许其代表参加大会的要求。在休会期间召开的组织委员会会议上，又突然决定邀请“斗争”社的代表以具有发言权的代表资格参加代表大会，因此产生了所谓“组委会事件”。

晚上，列宁在代表大会第3次会议通过第一次会议记录时发言。

在分析“组委会事件”时，列宁两次发言，批评维护限权代表委托书原则的叶·雅·列文；指责组织委员会违反代表大会决议，恢复限权委托书；批评组织委员会某些成员的两面派行为；提议把组织委员会今后的活动局限于实际问题。列宁的提案以32票对16票的多数通过。

作为代表资格审查委员会委员，列宁就波兰社会民主党人参加代表大会问题两次发言，提议邀请他们以具有发言权的代表资格参加大会。列宁的提案被通过。

7月18日或19日(7月31日或8月1日)

出席《火星报》组织成员的第1次会议。会上讨论组织委员会成员、《火星报》组织成员叶·米·亚历山德罗娃声明自己退出《火星报》组织的行为。列宁对亚历山德罗娃的行为感到气愤，并提议指定一个委员会进行调查；宣布代表大会已揭露了在党内存在着许多以当火星派分子为耻的火星派分子。

7月19日(8月1日)

上午，出席代表大会第4次会议。会议讨论崩得在俄国社会民主工党内的地位问题。米·伊·李伯尔在报告中说明崩得要求以联邦制原则建设俄国社会民主工党的理由，列宁详细地记下了他报告的要点。

晚上，出席代表大会第5次会议。会议继续讨论崩得在党内的地位问题。

7月19日和21日(8月1日和3日)之间

对尔·马尔托夫等人在代表大会第4次会议上提出的关于崩得在俄国社会民主工党内地位的决议草案作文字上的修改。

7月19日(8月1日)以后

出席《火星报》组织的第2次会议，坚决谴责叶·米·亚历山德罗娃的行为。亚历山德罗娃表示可以在彼·阿·克拉西科夫退出会场的条件下作出自己的解释。列宁坚决抗议《火星报》组织部分成员对亚历山德罗娃的行为所采取的自由主义态度；列宁退出会场，以示抗议。

7月19日—20日(8月1日—2日)

写关于崩得在俄国社会民主工党内的地位问题的发言提纲。

7月20日(8月2日)

上午，出席代表大会第6次会议，就崩得在俄国社会民主工党内地位问题作长篇发言，指明崩得所坚持的联邦制建党原则的危害性。

7月21日(8月3日)

上午，出席代表大会第7次会议。会议继续讨论崩得在俄国社会民主工党内的地位问题。

晚上，出席代表大会第8次会议。会议继续讨论崩得在俄国社会民主工党内的地位问题。列宁发言反对崩得代表М.Я.列文松提出的立即(在通过决议以前)在代表大会上讨论崩得章程的提案，而提议把马尔托夫的关于崩得在俄国社会民主工党内地位的决议草案付诸表决；被选入纲领委员会；参加关于崩得在自治制原则上加入俄国社会民主工党的决议草案的记名投票表决，决议以46票对5票通过。

7月21日和29日(8月3日和11日)之间

出席纲领委员会第1、3、4次会议，发言反对马尔丁诺夫和阿基莫夫的修正案，记下波兰社会民主党人的修正案，写关于纲领委员会工作的笔记。

7月22日(8月4日)

上午，出席代表大会第9次会议，记录弗·菲·哥林对党纲原则部分的修改和补充，以及格·瓦·普列汉诺夫、弗·彼·阿基莫夫和其他人的发言要点；写关于党纲原则部分的发言提纲，并就这一问题作长篇发言，捍卫《怎么办？》一书中提出的关于工人运动的自发性和自觉性的理论原则。

晚上，出席代表大会第10次会议，就进一步讨论党纲草案问题发言。在驳斥经济派分子弗·彼·阿基莫夫和列·达·托洛茨基时指出，不能把党纲的总纲部分和专门部分分割开来，并提议或者把整个党纲提交委员会，或者继续就整个党纲进行辩论。代表大会以24票的多数通过了列宁关于把整个党纲全部交给委员会的提案。

发言支持普列汉诺夫的提案：选举一个委员会来审查由出席代表大会的波兰社会民主党人提出的关于波兰王国和立陶宛社会民主党与俄国社会民主工党合并的协议。

发言反对米·伊·李伯尔提出的关于承认《工人报》和《火星报》同样是中央机关报的提案，投票赞成下述决议：取消俄国社会民主工党第一次代表大会承认《工人报》为党中央机关报的决定。

7月23日(8月5日)

上午，出席代表大会第11次会议，就宣读和批准代表大会记录的程序问题两次发言。

晚上，主持代表大会第12次会议。会议讨论巴库委员会、萨拉托夫委员会、《火星报》国内组织和"南方工人"社等地方委员会的报告。

7月24日(8月6日)

晚上，出席代表大会第13次会议。会议继续讨论地方委员会的报告。

由于受到比利时警察局的追查，代表大会在布鲁塞尔的工作到这次会议被迫中断。

7月24日和29日(8月6日和11日)之间

列宁同娜·康·克鲁普斯卡娅、尼·埃·鲍曼、马·尼·利亚多夫一起启程去伦敦。俄国社会民主工党第二次代表大会工作转移到那里进行。

关心安置代表大会代表的情况，协助寻找代表大会会议地址，多次组织参观城市和游览名胜古迹。

7月29日(8月11日)

俄国社会民主工党第二次代表大会在伦敦复会。

上午，出席代表大会第14次会议；以代表资格审查委员会的名义提请两位同志以有发言权的代表资格出席代表大会(很可能是康·米·塔赫塔廖夫和阿·亚·雅库波娃，因为他们协助安排了代表大会在伦敦的正常工作)，列宁的提案被通过。

在转入第五项议程——党章时，列宁作关于党章的报告；在讨论这一报告时，详细记录弗·尼·罗扎诺夫、叶·雅·列文、米·伊·李伯尔，弗·彼·阿基莫夫等反对者的发言；发言说明中央委员会将如何建立党的地方委员会。

晚上，出席代表大会第15次会议。会议继续讨论党章草案。主席普列汉诺夫提议请列宁作总结发言。列宁说，总结发言将在委员会审订党章以后再作；被选入党章审订委员会；在《俄国社会民主工党第二次代表大会会议日志》上，为即将举行的纲领委员会会议拟定党纲草案中有关国家对工人保护的条文。这一条文稍经改动后在代表大会第18次会议上通过。

7月29日和8月10日(8月11日和23日)之间

同马·尼·利亚多夫谈话，对普列汉诺夫和多数派(坚定的火星派)站在一起反对马尔托夫分子表示非常满意。

7月30日(8月12日)

上午，出席代表大会第16次会议；在讨论党纲的一般政治要求的第1条时，发言反对康·米·塔赫塔廖夫提出的用“人民掌权”代替“人民专制”的修正案；在讨论第3条(“实行广泛的地方自治和区域自治”)时，提议去掉“区域自治”一词，因为这个词可能被解释为社会民主党要求把整个国家分成一些小的区域。在讨论第7条(“废除等级制，全体公民不分性别、宗教信仰、种族、民族和语言一律平等”)时，出现“使用语言平等的”事件，其实质在于：崩得和“南方工人”社的代表要求在党纲中专立一条谈使用语言平等的问题。列宁投票反对米·伊·李伯尔希望把使用语言平等问题专立一条的提案。

晚上，出席代表大会第17次会议。会议继续讨论党纲草案第7条。由于表决经科斯特罗夫修改后的第7条双方票数相等，列宁提议把这一条交纲领委员会解决。在讨论第8条(“关于民族自决权”)时，列宁投票反对崩得分子戈尔德布拉特和李伯尔提出的把民族文化自治的要求列入纲领的提案。在讨论第9条(“每个公民有权向法庭控告任何官吏，不必向其上级申诉”)时，列宁发言反对维·尼·克罗赫马尔提出的补充(在“公民”一词之后增加“以及外国人”)，认为这是多余的。

7月30日(8月12日)

晚上，出席党章审订委员会会议。会议讨论尔·马尔托夫对党章第1条的修正案和其他有争议的条文。

7 月 30 日—8 月 1 日(8 月 12 日—14 日)

出席纲领委员会为再次审订党纲草案第 7 条而召开的会议;起草关于第 7 条和第 11 条的决议。

不晚于 7 月 31 日(8 月 13 日)

俄国革命社会民主党国外同盟印行的载有彼·巴·马斯洛夫的《论土地纲领》和弗·伊·列宁的《答对我们纲领草案的批评》两篇文章的小册子分发给俄国社会民主工党第二次代表大会的代表。列宁的这篇文章就作为关于党纲土地部分的报告。

7 月 31 日(8 月 13 日)

上午,在代表大会第 18 次会议上,列宁担任主席,宣读提交主席团的关于第 17 次会议上的马尔托夫和李伯尔冲突事件的声明;代表主席团宣布事情已经了结,并号召各位代表避免使用侮辱性的词句;在讨论党纲的一般政治要求的第 12 条("用普遍的人民武装代替常备军")时,发言反对李伯尔提出的用"民兵"一词代替"普遍的人民武装"的提案,同时反对马尔托夫提出的补充党纲的一般政治要求的第 14 条的提案;在讨论党纲中关于劳动保护部分时,支持马·尼·利亚多夫提出的为工人要求每周有 42 小时休息时间的提案,反对米·伊·李伯尔提出的对小企业进行监督的提案。

晚上,出席代表大会第 19 次会议。会议继续讨论党纲的工人部分。列宁发言反对利亚多夫的修正案;对李伯尔关于各劳动部门是否都设立行业法庭的问题作肯定的回答;在讨论党纲土地部分时作长篇发言。

8 月 1 日(14 日)

上午,出席代表大会第 20 次会议,就土地问题作第二次发言,批判反火星派分子不相信农民革命的可能性。

晚上,出席代表大会第 21 次会议;在讨论党纲土地部分第 4 条(关于农民委员会的职能)时,两次发言,支持关于要特别指明消灭高加索农奴制关系的提案;在讨论党纲土地部分第 5 条("授权法庭降低过高的地租和宣布盘剥性契约无效")时,两次发言反对科斯特罗夫和李伯尔的补充;在会议结束时,参加对于整个党纲的记名表决。俄国社会民主工党纲领被一致通过(1 票弃权)。

8 月 1 日和 15 日(14 日和 28 日)之间

编制《不同作者刊登在中央机关报上的文章篇数统计表》,根据这张统计表计算,列宁撰写论文 32 篇(其中社论 15 篇),尔·马尔托夫——39 篇(社论 9 篇),格·瓦·普列汉诺夫——24 篇(社论 12 篇),亚·尼·波特列索夫——8 篇,维·伊·查苏利奇——6 篇,帕·波·阿克雪里罗得——4 篇。

不晚于 8 月 2 日(15 日)

为代表大会即将举行的一次会议起草关于俄国社会民主工党党章第 1 条条文的决议草案。

8 月 2 日(15 日)

参加党章审订委员会工作,在讨论党章引言时两次发言。

上午,出席代表大会第 22 次会议。会议讨论党章草案。在讨论党章引言部分时,列宁作为主席回答提出的问题;会议辩论时作简要记录;发言反对崩得代表主张先讨论崩得的章程,然后再讨论俄国社会民主工党党章草案的提案。代表大会支持列宁,决定先讨论俄国社会民主工党党章草案,然后再讨论崩得的章程。在讨论党章草案第 1 条时,列宁发言捍卫自己提出的条文,强调指出,这一条文能促进"组织起来!"列宁参加对党章第 1 条的记名投票,反对马尔托夫的条文。列宁提出的党章草案第 1 条条文被马尔托夫分子(不坚定的火星派分子)、经济派分子和崩得分子的多数票所否决(28 票对 22 票,1 票弃权)。列宁发言支持利亚多夫提出的把在物质上支持党这一原则列入党章第 1 条的提案;起草关于党章组织章程草案第 4 条("关于党总委员会的组成和任务")的提案。

8 月 3 日(16 日)

晚上,出席代表大会第 24 次会议;在讨论党章草案第 3 条时,反驳托洛茨基,提议只讨论这一条当中不涉及党的最高机关的那一部分,关于党的最高机关问题留待讨论完第 4、5、6 各条以后再回过来讨论。代表大会通过了列宁的提案。

8 月 4 日(17 日)

起草党章草案第 4 条的发言大纲。

上午,主持代表大会第 25 次会议,说明主席团提出关于加速代表大会工作的决议草案的理由;在讨论党章草案第4条("党总委员会的组成和任务")时,发言反对李伯尔关于先讨论中央委员会和中央机关报的职能,然后再讨论有关党总委员会的条文的提案;反对尔·马尔托夫和弗·亚·诺斯科夫的条文:由中央委员会和中央机关报的委员们任命(各提两个名额)党总委员会的四名委员,而党总委员会的第五名委员——由四名当选的委员任命;主张第五名委员和其他四名委员都应由代表大会选举产生。

晚上,出席代表大会第26次会议;在讨论党章第7条(授权中央机关报在思想上领导党)时,主张在党章中保留这一条;在讨论党章草案第10条(每一个党员都有权要求把他的声明原原本本地送达党的中央机关或党代表大会)时,反对马尔托夫取消这一条的提案;在讨论党章草案第12条(中央委员会和中央机关报有权增补新委员)时,反对叶·雅·列文提出的把法定多数的比例由$4/5$降低为$2/3$的提案;反对在增补时投反对票须说明理由的规定;赞同中央委员会和中央机关报有权对增补相互监督。

8月5日(18日)

上午,主持代表大会第27次会议。会议继续讨论党章草案第12条。列宁两次发言反对马尔托夫的新提案:如果在中央委员会和中央机关报增补时未能取得一致意见,党总委员会有权重新审议增补问题;反对把这一提案付诸表决,因为它和以前通过的关于中央委员会和中央机关报增补委员须经一致同意的条文是相抵触的;两次发言捍卫关于承认俄国革命社会民主党人国外同盟为俄国社会民主工党在国外的唯一组织的党章第13条;在讨论关于民族组织和关于崩得问题时,参加对崩得章程第2条的表决。章程第2条规定,崩得作为犹太无产阶级的唯一代表加入俄国社会民主工党。列宁和多数派一起投票反对这一条。崩得代表团声明崩得退出俄国社会民主工党,并离开代表大会。

出席代表大会主席团会议。会议讨论拒绝参加代表大会工作的马尔丁诺夫和阿基莫夫的声明。列宁起草关于这一问题的决议。

晚上,主持代表大会第28次会议;向代表大会报告主席团会议讨论马尔丁诺夫和阿基莫夫声明的情况,把这一问题提交代表大会讨论并发言；在会议根据马尔丁诺夫和阿基莫夫的要求宣布休会时，宣读马尔托夫提交主席团的关于崩得代表离开代表大会的决议草案；起草关于崩得退出俄国社会民主工党的决议；起草对马尔托夫关于崩得退出俄国社会民主工党的决议草案的补充。会议通过承认俄国革命社会民主党人国外同盟为俄国社会民主工党在国外的唯一组织的党章第 13 条，国外“联合会”的代表、工人事业派分子马尔丁诺夫和阿基莫夫当场退出代表大会，以示抗议。代表大会的力量对比发生了有利于坚定的火星派—列宁派分子的变化。

在代表大会第 28 次会议以后，出席《火星报》组织的第 4 次（最后一次）会议（有 9 名坚定的火星派分子和 7 名“不坚定路线”的火星派分子出席）。会议讨论中央委员会候选人问题。列宁投票反对叶·米·亚历山德罗娃作为候选人。列宁不愿分裂，提出由五人组成的“调和的名单”（多数派 3 名，少数派 2 名）。马尔托夫反对列宁提出的“调和的名单”，企图使少数派占有 3 个名额。以列宁为首的坚定的火星派分子通过了自己的中央委员会候选人名单（弗·亚·诺斯科夫、格·马·克尔日扎诺夫斯基、B.H.波波夫——后来换成弗·威·林格尼克）。于是，马尔托夫分子便向反火星派分子求援。《火星报》组织在中央领导机关的人选问题上发生分裂。

8 月 5 日或 6 日（18 日或 19 日）

起草关于各独立团体的决议。

8 月 5 日—10 日（18 日—23 日）

起草关于军队工作的决议和关于农民工作的决议。

8 月 6 日（19 日）

上午，主持代表大会第 29 次会议。会议讨论第七项议程：党的独立的组织。列宁在格·瓦·普列汉诺夫提出的关于解散国外俄国社会民主党人联合会的决议草案上写：“通过”。

晚上，主持代表大会第 30 次会议。会议就“南方工人”社问题展开热烈讨论。列宁在关于波兰社会民主党退出代表大会的决议上写：“通过”。在会议即将结束时，转入选举党的中央机关和讨论党中央机关报任命办法。列宁和格·瓦·普列汉诺夫一起从代表大会会场退出。坚定的火星派—列宁派分子主张选举三人小组进入中央机关报；马尔托夫分子主张批准旧编辑部。会议未作任何决议而结束。

8月7日(20日)以前

同代表大会代表亚·瓦·绍特曼谈话，详细说明党内分歧的实质。

8月7日(20日)

在代表大会第31次会议决定选举三人小组进入中央机关报以后，列宁和旧编辑部的其他编委一起被请入会场。列宁记下马尔托夫发言的主要论点；发言驳斥马尔托夫；在选举中央机关报编辑部时发言；记录表决波·米·克努尼扬茨关于选举三人进入中央机关报提案的结果；参加不记名投票选举中央机关报编辑部，在选票上写："普列汉诺夫"。列宁同普列汉诺夫和马尔托夫一起被选入中央机关报编辑部。在大会转入选举中央委员会时，列宁发言，对在代表大会上有一个"紧密的多数派"表示欢迎，主张立即选举中央委员会，支持波·米·克努尼扬茨提出的建议：中央委员会的表决结果由主席掌握，为保密起见，代表大会只宣布一个中央委员的名字。代表大会支持列宁的发言，否决了马尔托夫提出的关于推迟选举中央委员会的提案。列宁参加不记名投票选举中央委员会，投票赞成多数派的名单——弗·亚·诺斯科夫、格·马·克尔日扎诺夫斯基、弗·威·林格尼克。这三人当选为中央委员。列宁的拥护者在选举党的领导机关时获得多数，后来被称为布尔什维克；列宁的反对者获得少数，被称为孟什维克。

晚上，主持代表大会第32次会议。会议选举党总委员会第五名委员。列宁被选为统计选举党总委员会第五名委员选票的检票人；参加选举，在选票上写：普列汉诺夫；计算选举党总委员会第五名委员的选票，宣布选举结果：格·瓦·普列汉诺夫当选；在会议结束时提出下次会议的开会时间，要求秘书整理好记录；提醒必须就几项特别重要的问题作出决议；建议新当选的中央委员现在就开始就职，并应细致地了解各地方代表，同他们商量工作。

8月7日和10日(20日和23日)之间

由于马尔托夫拒绝参加中央机关报新编辑部，列宁委托几位代表，其中包括图拉委员会代表谢·伊·斯捷潘诺夫同马尔托夫谈话，以便对他有所影响并消除冲突。

8月7日和15日(20日和28日)之间

读崩得国外委员会报道崩得第五次代表大会及其各项决议的传单并在上面作批注;在《崩得民族主义的顶峰》一文中对这次代表大会的决议进行了批判,该文发表在《火星报》第46号上。

8月7日(20日)夜晚至8日(21日)凌晨

决定拒绝参加党中央机关报——《火星报》编辑部。

8月8日(21日)

上午,出席代表大会第33次会议,遇到一些多数派代表——从俄国来的地方党的工作者,向他们说明了自己拒绝参加《火星报》编辑部的决定。由于这些代表坚决不同意列宁的想法,列宁放弃了自己最初的决定。

晚上,出席代表大会第34次会议。会议批准第10、16、23、24、25、33次会议的记录。列宁发言反对托洛茨基提出的关于委托专门修辞委员会从文字上修改党纲的提案,提议把这项工作委托给纲领委员会。大会通过了列宁的提案。

8月9日(22日)

上午,出席代表大会第35次会议。会议批准第34、32、31次会议记录。列宁以代表大会主席团的名义起草关于公布记名表决结果的声明。

晚上,出席代表大会第36次会议;在批准第35次会议记录时发言;在讨论代表大会各项决议的宣读程序时两次发言,坚决主张代表大会的各项决议应立即在法律上生效。

8月10日(23日)

起草关于为教派信徒出版报刊的决议、关于对青年学生的态度问题的决议和关于格鲁吉亚—亚美尼亚报纸的决议。

出席代表大会最后一次——第37次会议;把拟好的关于为教派信徒出版报刊的决议草案、关于格鲁吉亚—亚美尼亚报纸的决议草案提交会议讨论;发言对这些决议草案加以说明;修改并签署普列汉诺夫的关于对自由派的态度的决议草案;发言反对亚·尼·波特列索夫提出的关于对自由派的态度的决议草案。

8月10日和25日(8月23日和9月7日)之间

写《代表大会的组成》。这一材料反映了代表大会上形成的各主要派别的情况。

8月10日(23日)以后

在第二次代表大会工作结束后,同多数派代表一起去海格特公墓参谒马克思墓。

8月11日(24日)

作为第二次代表大会选出的中央机关报编委,开始同普列汉诺夫一起编辑《火星报》。

同普列汉诺夫一起支持中央委员弗·亚·诺斯科夫提出的建议:在保证《火星报》编辑部有代表参加总委员会的条件下,即在两名代表当中一定有一名属于党内多数派的条件下,把全部四名旧编委都增补进去。党中央委员会的这一条件遭到马尔托夫分子拒绝。

8月11日(24日)以后

同其他多数派拥护者一起由伦敦返回日内瓦。同弗·德·邦契-布鲁耶维奇谈第二次代表大会的工作、分裂的原因以及同多数派拥护者团结一致的必要性。

8月11日和18日(24日和31日)之间

会见伊·克·拉拉扬茨,委托他通过同志式的谈话说服尔·马尔托夫参加编辑部并尽快消除冲突和分裂的危险。

同普列汉诺夫一起向俄国革命社会民主党人国外同盟的成员报告党的第二次代表大会的结果,说明自己对第二次代表大会出现分裂所持的态度。

8月11日(24日)和10月13日(26日)之间

与普列汉诺夫一起同《火星报》旧编委就撰稿问题进行谈判,建议他们在报上阐述自己的不同意见。以马尔托夫、托洛茨基和阿克雪里罗得为首的少数派拒绝以任何方式参加《火星报》的工作,他们为改变党的最高机关的组成制定斗争计划,开始出版秘密刊物,在国外散发这些刊物,并分发给各地方委员会。

1903年8月11日(24日)和1905年4月之间

致函在伦敦的尼·亚·阿列克谢耶夫,谈党内的严重形势,对《火星报》编辑部从伦敦迁到日内瓦表示遗憾。

8月15日(28日)

《改革的时代》和《崩得民族主义的顶峰》两篇文章在《火星报》第46号上发表。

8月25日(9月7日)

收到亚·米·卡尔梅柯娃从德累斯顿寄来的信,信中对火星派分子在俄国社会民主工党第二次代表大会上的分裂表示遗憾。

8月25日—26日(9月7日—8日)

复函在德累斯顿的亚·米·卡尔梅柯娃,分析代表大会上的斗争,指出斗争的原因。

8月28日(9月10日)以前

校对弗·德·邦契-布鲁耶维奇的《俄国教权主义的力量》一文的校样。这篇文章刊登在9月1日(14日)的《火星报》上。

8月31日(9月13日)

致函亚·尼·波特列索夫,分析俄国社会民主工党第二次代表大会以后党内发生分裂的原因和分裂的巨大危险性,说必须对采取错误路线的马尔托夫施加影响,使他改正错误。

不晚于8月31日(9月13日)

把《火星报》编辑部的委托书寄给在柏林的中央委员会国外代表马·尼·利亚多夫,派他出席在德累斯顿召开的德国社会民主党代表大会。

8月底

撰写短评《马尔托夫的矛盾和曲折》。

委派马·尼·利亚多夫巡视国外各社会民主党人居住区,并在所有重要的俄国侨民中心建立多数派拥护者小组。

委派马·尼·利亚多夫去柏林担任俄国社会民主工党新选出的中央委员会派驻德国社会民主党中央委员会的代表,要他向德国社会民主党领导介绍第二次代表大会的决议,捍卫多数派的路线;答应向利亚多夫通报今后同机会主义少数派进行斗争的情况并给他寄去各种指示。

8月—9月

写《关于革命青年的任务的信的提纲》。

9月1日(14日)以前

组织协助出版《大学生报》的工作,委托娜·康·克鲁普斯卡娅写信给中央委员格·马·克尔日扎诺夫斯基，让他筹集出版经费。

9月1日(14日)

《一项给遭受不幸事故的工人发放抚恤金的法令》一文在《火星报》第47号上发表。

9月7日(20日)以后

同参加德国社会民主党德累斯顿代表大会归来的马·尼·利亚多夫交谈，批评德国社会民主党领袖们同机会主义分子斗争不坚决。

委派马·尼·利亚多夫去柏林访问卡·考茨基，向他介绍俄国社会民主工党第二次代表大会的情况和在会上发生分裂的原因以及孟什维克的分裂活动。

9月9日和10月1日(9月22日和10月14日)之间

读崩得国外委员会为回答《火星报》第46号所载列宁的《崩得民族主义的顶峰》一文而发表的传单《第五次代表大会关于崩得在党内的地位的决议受到火星商行的卫士们的审判》，作批注并标出重点；在《最高的无耻和最低的逻辑》一文中对这份传单进行了批判。

起草《党的第二次代表大会》一文提纲。这篇文章没有写成。

9月13日(26日)

写《马尔托夫拟定的同〈火星报〉前编辑部谈判的基本条件的记录》。

9月15日(28日)

《拆穿了！……》一文在《火星报》第48号上发表。

9月上半月

写《俄国社会民主工党第二次代表大会记事》。

9月

《革命青年的任务(第一封信)》在《大学生报》第2—3号(合刊)上发表。

《列宁全集》第二版第7卷编译人员

译文校订：张　舆　张祖武

资料编写：丁世俊　盛　同　张正芸　张瑞亭　王丽华　刘方清
冯如馥　徐鸣珂　刘彦章　周秀凤

编　　辑：韦清豪　许易森　江显藩　李桂兰　蒋素琴　刘燕明

译文审订：胡尧之　屈　洪

《列宁全集》第二版增订版编辑人员

翟民刚　李京洲　高晓惠　张海滨　赵国顺　任建华　刘燕明
孙凌齐　李桂兰　门三姗　韩　英　侯静娜　彭晓宇　李宏梅
武锡申　戢炳惠　曲延明

审　　定：韦建桦　顾锦屏　王学东

本卷增订工作负责人：李桂兰　高晓惠　孙凌齐

项目统筹：崔继新
责任编辑：崔继新
装帧设计：石笑梦
版式设计：周方亚
责任校对：王　惠　高　敏

图书在版编目(CIP)数据

列宁全集.第7卷/(苏)列宁著;中共中央马克思恩格斯列宁斯大林著作编译局编译.—2版(增订版)-北京:人民出版社,2013.12(2024.7重印)
ISBN 978-7-01-010853-7
Ⅰ.①列…　Ⅱ.①列… ②中…　Ⅲ.①列宁著作-全集　Ⅳ.①A2
中国版本图书馆CIP数据核字(2013)第308882号

书　　名　列宁全集
LIENING QUANJI
第七卷
编 译 者　中共中央马克思恩格斯列宁斯大林著作编译局
出版发行　人民出版社
(北京市东城区隆福寺街99号　邮编 100706)
邮购电话　(010)65250042　65289539
经　　销　新华书店
印　　刷　北京新华印刷有限公司
版　　次　2013年12月第2版增订版　2024年7月北京第3次印刷
开　　本　880毫米×1230毫米 1/32
印　　张　19.625
插　　页　8
字　　数　492千字
印　　数　6,001—9,000册
书　　号　ISBN 978-7-01-010853-7
定　　价　52.00元